인간행동과 사회환경

조흥식 · 김혜래 · 신은주 · 우국희 · 오승환 · 성정현 · 이지수 공저

학지사

머리말

'인간행동과 사회환경(Human Behavior and Social Environment)' 교과목은 사회복지 교육의 핵심이 되는 필수과목으로서 전 세계 사회복지 교육에서 어떤 과목보다도 중요한 핵심적인 영역을 차지하고 있다.

사회복지학의 궁극적 목적은 인간으로 하여금 다양한 문제를 해결하여 행복을 추구하도록 도와주는 것이므로 인간의 문제를 해결하기 위해서는 인간행동과 사회환경에 대한 깊은 이해가 선행되어야 한다. 이는 사회복지를 공부하는 학생과 사회복지실천가에게 인간의 발달과 행동, 그리고 사회환경에 대한 이론적 기반을 실천에 옮기는 데 중요한 길잡이를 제공해 주기 때문이다. 좀 더 구체적으로 말하면 인간의 행동과 성격, 인간의 발달에 대한 내용, 가족 · 소집단 · 조직 · 지역사회 · 문화 등의 사회환경, 그리고 인간행동과 사회환경의 관계 등에 대한 이해를 돕는 사회복지 교과목이 바로 '인간행동과 사회환경'이므로 사회복지학을 배우는 사람이라면 누구나 이 교과목을 공부해야 할 것이다. 따라서 이 책은 사회복지학을 공부하는 사회복지학도를 위해 집필한 것이지만 사회복지실천 현장에서 일하는 사회복지사도 적절히 활용할 수 있도록 만들어졌다.

이 책이 갖는 중요한 특징은 사회복지학에서 강조하는 인간관인 환경 속의 인간(person-in-environment: PIE)이라는 이중적 초점하에서, 한국 사회라는 동양적인 사회환경의 특성을 기반으로 인간행동을 이해하고자 한 점이다. 지금까지 우리나라 사회과학의 대부분은 서양학문, 특히 역사성이 상대적으로 미약한 미국 학문 조류에 영향을 크게 받아 왔다고 해도 과언이 아니다. 사회복지학 분야도 예외는 아니다. 미국 중심 학문의 객관화에 치중하여, 정작 중요한 우리의 고유 문화세계에 입각한 학문의 고유성과 토착성은 등한시해 왔다. 이 책은 이러한 우리 사회복지실천의 고유성과 토착성에 도움을 줄 수 있는 인간의 발달과 행동, 그리고 복잡하게 얽혀 있는 사회환경에 대한 이론적 기반을 형성하는 데 조금이나마 도움을 주고자 하였다.

이 책은 전체 2부 14장으로 되어 있다. 한국사회복지교육협의회에서 발간한 '사회복지 교과목지침'에 기초하여 책의 목차를 구성하였고, 1부에서는 인간행동과 사회환경 관련 이론을, 2부에서는 인간발달과 생애주기를 다루었다.

1부에서는 사회복지를 이해하려면 우선 인간에 대한 이해가 필요하다는 점에서 인간을 대상으로 하는 사회복지를 제대로 알기 위해 우선 인간의 존재에 대한 여러 시각을 파악하도록 하였다. 그런 후 이 책에서는 사회복지실천 분야에서 현재 가장 많이 활용되고 있는 생태체계(eco-system) 입장에서 인간생활과 인간행동을 이해하도록 하였다. 그리고 미시적인 개인체계에서부터 거시적인 문화체계에 이르기까지 그 속에서 이루어지고 있는 여러 인간행동 이론에 대해 파악하고자 하였다.

제1장 인간행동 · 사회환경 · 사회복지에서는 사회복지학에서 '인간행동과 사회환경' 과목이 갖는 위상을 살펴본 후, 인간행동의 의미와 인간을 둘러싸고 있는 환경의 다양한 체계 간의 상호작용에 대한 내용 규명을 통해 인간행동과 사회환경의 관계가 사회복지실천에서 얼마나 중요하며, 어떻게 작용하는지에 대해 서술하였다. 이 장은 조흥식 교수가 집필하였다.

제2장 정신역동이론에서는 프로이트(S. Freud)의 정신분석학, 프로이트의 이론을 여러 면에서 확장시킨 에릭슨(E. H. Erikson)의 자아심리학, 아들러(A. Adler)의 개인심리학과 융(C. G. Jung)의 분석심리학 등을 소개하였다. 이 장은 김혜래 교수가 집필하였다.

제3장 인지행동이론에서는 행동주의 이론의 시발점인 파블로프(I. Pavlov)의

실험과 스키너(B. F. Skinner)의 행동적 기법, 그리고 반두라(A. Bandnra)의 사회학습이론을 살펴봄으로써 행동주의의 이론적 흐름과 주요 개념에 대해 논의하였다. 또한 인지발달이론의 토대를 쌓은 피아제(J. Piaget)와 인지이론을 이용하여 우울치료를 개발한 벡(A. T. Beck), 그리고 인지이론과 행동이론을 결합한 인지행동주의 이론가 엘리스(A. Ellis)에 대하여 살펴보고 인지이론 및 인지행동주의 이론의 흐름과 기본 개념을 논의하였다. 이 장은 김혜래 교수가 집필하였다.

제4장 인본주의이론에서는 인간의 본성이 생물학적인 것이 아니라 사회적 · 문화적인 데 있다고 주장하는 소위 신프로이트학파, 인간은 상호작용에서 그 행동을 규정하고 이해할 수 있다는 게슈탈트이론, 그리고 개인의 특수성과 통합을 주장하여 생활과 환경을 극히 개인적으로 특수하게 해석하려는 지각주의와 실존주의 학파 등을 소개하였다. 이 장은 오승환 교수가 집필하였다.

제5장 생태체계이론에서는 체계와 생태학은 개인을 하나의 체계로서 그리고 개인의 환경을 하나의 체계로서, 즉 생태학적으로 인간과 환경 간의 적응과 상호작용을 바라보는 것을 통해 통합을 강조하고자 하는 생태체계이론의 기초 이론으로 체계이론과 생태학이론을 살펴본 다음 생태체계이론의 특성을 서술하였다. 이 장은 오승환 교수가 집필하였다.

2부에서는 인간의 발달단계를 태아기 · 신생아기, 영아기, 학령전기, 아동기, 청소년기, 청년기, 중 · 장년기, 노년기의 8단계로 구분하여 ① 각 생애주기별 발달단계의 정의, ② 각 단계의 신체적 · 심리적 · 사회적 발달 특성, ③ 각 단계의 발달과업, ④ 미시수준(개인, 가족, 집단)의 사회환경과 사회복지실천, ⑤ 거시수준(조직, 지역사회, 제도, 문화)의 사회환경과 사회복지실천 등의 내용을 다루었다.

제6장 생애주기와 사회복지실천에서는 이러한 인간의 생애주기와 발달단계가 갖는 의미 그리고 이러한 생애주기이론이 동서양에서 어떻게 달리 전개되며, 사회복지실천과 어떠한 연관성을 갖는지에 대해 살펴보았다. 이 장은 조홍식 교수가 집필하였다.

제7장 태아기 · 신생아기에서는 먼저 태아기의 내용으로 임신에서부터 출산

까지의 과정 중 태아의 신체적 발달과 그에 영향을 미치는 요인을 중심으로 살펴보고 신생아기의 내용으로 신생아가 보이는 발달적 특징과 반사운동, 심리사회적 측면에서의 정서적 특징 등을 알아보았다. 그리고 태아기와 신생아기에 발생할 수 있는 위기를 지원하기 위한 사회복지실천으로서 인공유산과 산후우울증, 미혼모 문제에 대해 살펴보았다. 이 장은 성정현 교수가 집필하였다.

제8장 영아기에서는 영아기의 신체적 · 인지적 · 정서적 · 사회적 발달 양상과 발달과업을 살펴본 후, 여성의 경제활동 참여 증가로 인해 영아기 자녀양육의 방식이 크게 변화하면서 이에 대한 사회적 지원의 필요성을 강조하고 그에 대한 지원체계를 살펴보았다. 이 장은 이지수 교수가 집필하였다.

제9장 학령전기에서는 학령전기(만 3~6세) 아동의 신체적 · 인지적 · 정서적 · 사회적 발달 양상과 발달과업을 살펴본 후, 현대사회에서 가족은 빈곤 등 많은 위험요인을 안고 있어 이것이 아동의 성장에 특히 부정적인 영향을 미칠 수 있다는 점에 초점을 두고 그 대책에 대해 살펴보았다. 이 장은 이지수 교수가 집필하였다.

제10장 아동기에서는 아동기의 정의와 신체적 · 인지적 · 정서적 · 사회적 발달 양상과 발달과업을 살펴본 후, 이에 대한 사회적 지원의 필요성과 지원체계를 살펴보았다. 이 장은 신은주 교수가 집필하였다.

제11장 청소년기에서는 청소년기의 신체적 · 인지적 · 정서적 · 사회적 발달 양상과 발달과업을 살펴본 후, 한편으로는 아동이면서 다른 한편으로는 성인인 청소년에게 필요한 미시적, 거시적 수준에서의 사회복지실천에 대해서 살펴보았다. 이 장은 신은주 교수가 집필하였다.

제12장 청년기에서는 청년기의 정의와 심리사회적 특성, 발달과업 등에 대해 살펴본 후, 청년기에 나타날 수 있는 가족 및 사회 문제로서 만혼과 비혼, 신혼기 부부갈등, 저출산, 청년실업 문제를 이해하고 이를 해결하기 위한 사회적 노력을 살펴보았다. 이 장은 우국희 교수가 집필하였다.

제13장 장년기에서는 인생의 주기 가운데 장년기의 연령별 정의를 시작으로 하여 이 시기의 발달 양상과 발달과업을 살펴본 후, 이 시기에 발생할 수 있는

위기와 그에 따른 사회복지실천의 과제로서 성인병, 이혼, 중년기 퇴직 등에 대해 살펴보았다. 이 장은 성정현 교수가 집필하였다.

제14장 노년기에서는 노년기의 정의와 심리사회적 특성, 발달과업 등에 대해 살펴본 後, 노년기에 나타날 수 있는 가족 및 사회 문제로서 치매노인가족, 노인자살, 황혼이혼, 노인취업, 장기요양보호를 이해하고 이를 해결하기 위한 사회적 노력을 살펴보았다. 이 장은 우국희 교수가 집필하였다.

이렇게 일곱 명의 저자가 함께 집필하면서 여러 번의 토의과정을 거쳤지만 공저의 한계로 인해 체계성과 일관성을 지키는 일이 쉽지 않았다. 그리고 이 책을 접하는 독자들이 내용을 좀 더 쉽게 이해할 수 있도록 최대한 노력했으나 여전히 난해한 점들이 눈에 띈다. 더욱이 인간행동과 사회환경에 대한 우리나라 고유의 관점에 입각한 이론화 작업을 충분히 하지 못했다는 점은 이 책의 출간을 앞두고 가장 큰 아쉬움으로 남는다. 이러한 점은 앞으로 계속하여 수정・보완해 나갈 것이며, 독자 여러분의 지속적인 비판과 조언이 함께한다면 머지않아 더 좋은 책으로 만들어질 것이라 믿는다.

끝으로 늘 동행해 주시는 하나님께 감사를 드리며, 아울러 바쁘다는 이유로 많은 시간을 함께하지 못했음에도 나에게 변함없는 지지를 보내 준 사랑하는 가족에게 미안함과 고마움의 마음을 전한다. 그리고 무엇보다도 이 책이 출판되기까지 큰 도움을 주신 학지사 김진환 사장님, 최임배 상무님, 그리고 김경민 선생님을 비롯한 전 직원들께 감사드리며 사회복지학을 좀 더 가까이 하고자 하는 모든 분에게 이 책을 바친다.

2010년 8월 관악에서

집필자 대표 조흥식

차 례

머리말 / 3

제1부 이론적 접근

제1장 인간행동 · 사회환경 · 사회복지 / 19

1. '인간행동과 사회환경' 교과목의 위상 / 21

1) 사회복지 교육의 전제 가치 / 22
2) 사회복지 교육의 목적 / 22
3) 사회복지학 교과과정 영역과 교육 내용 / 23
4) '인간행동과 사회환경' 교과목의 위상 / 25

2. 인간행동의 이해 / 27

1) 인간행동 이해의 필요성 / 27
2) 인간행동의 의미 / 28
3) 인간행동 이해의 접근법 / 29

3. 사회환경의 이해 / 36

1) 사회환경 이해의 필요성 / 36
2) 사회환경의 의미 / 37
3) 사회환경 이해의 관점 / 40

4. 사회복지실천에서의 인간행동과 사회환경 / 41

1) 환경 속의 인간(PIE) 개념 / 41
2) 다중체계 개념 / 42
3) 체계영향 모델 / 45
4) 사회체계와 사회복지실천 / 48
5) 새로운 패러다임의 활용 / 53

제2장 정신역동이론 / 61

1. 프로이트 이론 / 63
1) 프로이트의 생애와 인간관 / 63 2) 주요 개념 / 65
3) 심리성적 발달단계 / 70

2. 에릭슨 이론 / 73
1) 에릭슨의 생애와 심리사회학적 관점 / 73
2) 주요 개념 / 74
3) 에릭슨의 발달단계 / 75

3. 기타 정신역동이론 / 80
1) 아들러와 개인심리학 / 80 2) 융과 분석심리학 이론 / 85

4. 정신역동이론과 사회복지실천 / 89

제3장 인지행동이론 / 95

1. 행동주의 이론 / 97
1) 파블로프의 고전적 조건형성이론 / 98
2) 스키너의 조작적 조건형성이론 / 101
3) 반두라의 사회학습이론 / 104

2. 인지주의 이론 / 108
1) 피아제의 인지발달이론 / 109
2) 벡의 인지이론 / 113
3) 엘리스의 인지이론 / 116

3. 인지행동이론과 사회복지실천 / 120

제4장 인본주의 이론 / 125

1. 인본주의 이론의 역사적 배경 / 127

2. 인본주의 이론의 주요 이론 / 129
   1) 로저스의 인간중심 치료 / 129
   2) 매슬로의 욕구위계이론 / 133
   3) 게슈탈트 이론 / 138
   4) 실존주의적 접근 / 141

3. 인본주의 이론과 사회복지실천 / 146

제5장 생태체계이론 / 151

1. 일반체계이론 / 153
   1) 일반체계이론의 주요 개념 / 154
   2) 체계이론의 인간관 / 157
   3) 사회체계의 유형 / 158
   4) 사회복지실천에 대한 체계이론의 기여 / 163

2. 생태학 이론 / 164
   1) 생태학 이론의 체계 구성 / 165
   2) 체계의 상호작용 / 168

3. 생태체계이론 / 169
   1) 생태체계이론의 구성 / 169
   2) 생태체계이론의 주요 개념 / 171

4. 생태체계이론과 사회복지실천 / 180
   1) 사정도구로서 생태체계이론 / 180
   2) 실천 모델로서 생활 모델 / 182

제2부 생애주기적 접근

제6장 생애주기와 사회복지실천 / 191

1. 생애주기와 발달단계의 이해 / 193
1) 인간의 발달에 관한 이해 / 193
2) 생애주기와 발달단계의 의미 / 196
3) 생애주기 관점의 중요성 / 198

2. 인간발달 단계에 관한 동양의 견해 / 201
1) 인간발달 단계에 관한 동서양 견해 차이 / 201
2) 동양의 인간발달 이론 / 207

3. 생애주기와 사회복지실천 / 211
1) 생애주기이론과 사회복지실천의 관계 / 211
2) 인간발달 단계이론의 사회복지실천에의 적용 / 213

제7장 태아기 · 신생아기 / 219

1. 태아기 · 신생아기의 정의 / 221

2. 태아기 · 신생아기의 발달적 특성과 영향요인 / 222
1) 발달적 특성 / 222
2) 태아와 신생아의 발달에 영향을 미치는 요인 / 230

3. 사회환경과 사회복지실천 / 235
1) 미시 수준 / 235
2) 거시 수준 / 238

제8장 영아기 / 245

1. 영아기의 정의 / 247

2. 영아기의 발달적 특성과 발달과업 / 248

1) 발달적 특성 / 248 2) 발달과업 / 262

3. 영아기의 사회환경과 사회복지실천 / 264

1) 미시 수준 / 264 2) 거시 수준 / 267

제9장 학령전기 / 275

1. 학령전기의 정의 / 277

2. 학령전기의 발달적 특성과 발달과업 / 278

1) 발달적 특성 / 278 2) 발달과업 / 291

3. 학령전기의 사회환경과 사회복지실천 / 294

1) 미시 수준 / 294 2) 거시 수준 / 299

제10장 아동기 / 309

1. 아동기의 정의 / 311

2. 아동기의 발달적 특성과 발달과업 / 313

1) 발달적 특성 / 313 2) 발달과업 / 322

3. 아동기의 사회환경과 사회복지실천 / 326

1) 미시 수준 / 326 2) 거시 수준 / 330

제11장 청소년기 / 339

1. 청소년기의 정의 / 341

2. 청소년기의 발달적 특성과 발달과업 / 344

1) 발달적 특성 / 344
2) 발달과업 / 353

3. 청소년기의 사회환경과 사회복지실천 / 358

1) 미시 수준 / 358
2) 거시 수준 / 363

제12장 청년기 / 371

1. 청년기의 정의 / 373

2. 청년기의 발달적 특성과 발달과업 / 374

1) 발달적 특성 / 374
2) 발달과업 / 378

3. 청년기의 사회환경과 사회복지실천 / 387

1) 미시 수준 / 387
2) 거시 수준 / 392

제13장 장년기 / 401

1. 장년기의 정의 / 403

2. 장년기의 발달적 특성과 발달과업 / 403

1) 발달적 특성 / 403
2) 발달과업 / 407

3. 장년기의 사회환경과 사회복지실천 / 416

1) 미시 수준 / 416
2) 거시 수준 / 420

제14장 노년기 / 429

1. 노년기의 정의 / 431

2. 노년기의 발달적 특성과 발달과업 / 432

1) 발달적 특성 / 432 2) 발달과업 / 438

3. 노년기의 사회환경과 사회복지실천 / 445

1) 미시 수준 / 445 2) 거시 수준 / 450

찾아보기 / 458

제1부 이론적 접근

제1장 인간행동 · 사회환경 · 사회복지
제2장 정신역동이론
제3장 인지행동이론
제4장 인본주의 이론
제5장 생태체계이론

제1장

인간행동 · 사회환경 · 사회복지

1. '인간행동과 사회환경' 교과목의 위상
2. 인간행동의 이해
3. 사회환경의 이해
4. 사회복지실천에서 인간행동과 사회환경

일반적으로 사회복지실천 과정은 인간이 살아가면서 직면하게 되는 위기 상황에 전문적으로 개입하는 과정이다. 사회복지사는 이러한 사람들이 바라는 욕구를 충족해 주고 그들이 각자 맡은 책임을 다할 수 있게 적절한 사회기능 수행(social functioning)의 향상을 돕는 일을 한다. 이러한 도움을 주기 위해 사회복지사는 인간행동에 대해 이해해야 하며, 능동적 주체로서 갖는 인간행동과 사회환경의 관계를 하나의 통합된 주체로 파악하는 관점을 가져야 한다. 이것이 바로 '환경 속의 인간(person in environment: PIE)'이라는 관점이다. 즉, 사회환경 안에서 인간행동을 전반적으로 이해하고자 하는 관점이다.

이 장에서는 우선 사회복지학에서 '인간행동과 사회환경(human behavior and social environment)' 과목이 갖는 위상을 살펴본 후, 인간행동의 의미와 인간을 둘러싸고 있는 환경의 다양한 체계 간의 상호작용에 대한 내용 규명을 통해 인간행동과 사회환경의 관계가 사회복지실천에서 얼마나 중요하며, 어떻게 작용하는지를 살펴보고자 한다.

1 '인간행동과 사회환경' 교과목의 위상

'인간행동과 사회환경' 교과목이 사회복지학에서 갖는 위상을 이해하는 것은 사회복지 교육에서 대단히 중요하다. 하나의 교과목은 반드시 독립된 고유 학문의 목적에 따르며 교육의 중요한 활용도구가 되기 때문이다.

일반적으로 사회복지 교육은 사회복지의 가치, 교육의 전제 가치, 교육의 목적, 교과과정 영역과 내용 등으로 구성된다. 그리고 사회복지의 가치와 목적을 학생들이 알 수 있도록 모든 교과과정정책, 교과과정, 교과목, 강의 내용, 현장실습 등에 반영하는 것을 원칙으로 한다.

1) 사회복지 교육의 전제 가치

사회복지 교육의 전제 가치는 빈곤한 사람과 억압당하는 사람에 대한 사회 책임과 사명감을 기초로 하며, 방법 면에서 과학적인 지식과 기술만이 아니라 정책결정 과정에 참여하여 교수, 학생, 실무자 사이의 상호 협조, 학생에 대한 교육과 훈련의 책임을 강조한다.

이러한 사회복지 교육의 전제 가치를 구체적으로 살펴보면 다음과 같다.

첫째, 사회복지 교육의 목적은 빈곤한 사람과 억압당하는 사람들에게 서비스를 제공하는 업무를 담당하고 빈곤, 억압, 차별대우를 완화시키는 일을 수행할 수 있는 자격이 있는 사회복지 전문가를 양성하는 데 있다.

둘째, 사회복지 교육은 구체적인 지식, 가치, 전문적인 기술, 그리고 전문 영역의 역사와 철학을 기초로 하며 계속 발전시킬 책임을 가져야 한다.

셋째, 사회복지 교육은 사회복지정책과 사회복지 서비스에 영향을 주는 실무자, 집단, 조직과 밀접한 상호관계를 유지해야 한다.

넷째, 사회복지 교육의 교과과정은 학생과 교수의 전문성 발전에 역점을 두어야 하며, 실무 경험을 통하여 새로운 지식과 기술을 발전시켜야 한다.

다섯째, 효과적인 사회복지 교육은 상호 의존적인 관계를 인식하고 전문가 간에 긴밀히 협조해야 한다.

여섯째, 새롭게 변화하는 지식을 교과과정에 반영하고 학생을 교육하고 훈련해야 한다.

2) 사회복지 교육의 목적

사회복지의 전문성은 인간의 복지를 향상시키고 빈곤과 억압을 경감시키는 임무를 가지고 있다. 일반적으로 사회복지는 다양한 상황에서 실시되는 것으로서 다음의 교육목적을 가진다.

첫째, 다양한 인간의 욕구, 사회복지 이념, 사상, 철학, 정책에 대한 이해를 높이고 여러 측면에서 문제해결 접근능력을 향상시킨다.

둘째, 인간의 과업을 성취하고 고통을 예방하고 경감시키며 도움이 필요한 개인, 가족, 집단, 조직, 그리고 지역사회의 기능 수행을 촉진, 회복, 유지, 향상시킨다.

셋째, 기본적인 인간의 욕구를 충족시키고 인간의 능력을 발전시키기 위하여 사회복지와 관련된 정책, 서비스, 자원, 프로그램을 계획하고 공식화하며 실행한다.

넷째, 위험한 상황에 처해 있는 집단에게 권한을 주고 사회적이며 경제적인 정당성을 향상시키기 위하여 조직 또는 행정의 지지를 받으며 정책, 서비스, 자원, 프로그램을 수행하고 사회행동 또는 정치행동을 한다.

다섯째, 이러한 목적과 관련된 전문 지식과 기술을 발전시키고 실험한다.

3) 사회복지학 교과과정 영역과 교육 내용

사회복지 교육의 역사가 깊은 영국과 미국을 중심으로 하는 선진국에서는 바람직한 사회복지 교육을 위하여 필요한 지식체계를 크게 7~9개 영역으로 분류하여 교육 내용과 그 범위를 설정하고 있다. 세계사회복지 교육협의회(International Association of Schools of Social Work: IASSW)와 국제사회복지사연맹(International Federation of Social Worker: IFSW)이 연합하여 2000년에 국제자격기준위원회(Global Minimum Qualifying Standards Committee)를 발족시켜 2004년 호주에서 확정시킨 사회복지 교육과 훈련의 국제기준 가운데 핵심 교과과정의 내용을 살펴보면 다음과 같다. 여기에서는 특히 교과과정은 국가와 지역적 특성에 따라 약간 다를 수는 있지만 핵심 교과과정은 전 세계적으로 다음과 같은 네 가지 영역에서 보편적인 내용을 담고 있어야 함을 강조하였다(IASSW, 2005).

첫째, 사회복지 전문직(social work profession) 영역으로서 사회구조적인 부적절성, 억압, 차별, 사회적 · 경제적 · 정치적 불의가 인간의 기능 수행과 발달에 미치는 영향, 인간 행동과 발달 및 사회환경에 관한 지식, 사회복지의 기원과 목적에 관한 비판적 견해, 그리고 사회보장, 화합, 상호존중과 집단결속이 인간의 기능 수행과 발달에 미치는 영향 등을 담고 있어야 한다.

둘째, 사회복지 전문가(social work professional) 영역으로서 자기성찰을 하는 실천가로서의 발전, 개인적 가치체계, 윤리조항에 대한 인식, 다양성에 기초한 민감성을 지니고 이를 준비 등을 하도록 하고 있어야 한다.

셋째, 사회복지실천 방법(method) 영역으로서 사정, 관계 형성과 원조과정, 가치와 윤리적 원칙, 지식과 기술의 적용, 사회복지 조사와 기법, 현장교육 등을 담고 있어야 한다.

넷째, 사회복지 전문직의 패러다임(paradigm) 영역으로서 인간의 존엄과 가치, 옹호, 역량강화, 서비스 이용자의 권리, 인간발달 생애주기에 따른 위기와 과업, 강점과 잠재력 인식, 다양성의 존중과 인정 등을 담고 있어야 한다.

우리나라에서도 한국사회복지 교육협의회가 1966년에 발족한 이후 교과과정 연구를 계속하면서 국제 수준에 맞고 한국 상황에 적합하도록 발전시켜 왔다. 그 결과 교육제도가 유사한 미국사회복지 교육협의회(Council on Social Work Education: CSWE), 세계사회복지 교육협의회(IASSW)에서 표준화한 내용과 전체적으로 일치하면서도 한국적인 특성을 갖게 되었다. 다음 교과과정 영역과 내용은 한국사회복지 교육협의회가 계속 발전시켜 온 것으로서 현재 사회복지 전공 교과목을 편성하고 결정하는 근거가 되고 있다.

한국의 사회복지 교과과정 영역과 교과목을 살펴보면 사회복지 교육 영역은 다음과 같이 9개 영역이며, 사회복지 교과목은 30개 과목으로 되어 있다(한국사회복지 교육협의회, 2006).

① 실천윤리와 가치 영역: 사회복지 윤리와 철학

② 사회복지 기초과목 영역: 사회문제론, 사회복지개론, 사회복지발달사

③ 인간행동과 사회환경 영역: 인간행동과 사회환경

④ 실천방법론 영역: 사회복지실천론, 사회복지실천기술론, 지역사회복지론

⑤ 법제, 제도, 정책 영역: 사회복지법제, 사회복지정책론, 사회보장론
⑥ 행정과 프로그램 영역: 사회복지행정론, 사회복지프로그램 개발과 평가
⑦ 조사와 자료분석 영역: 사회복지조사론, 사회복지자료분석론
⑧ 사회복지분야론 영역: 아동복지론, 청소년복지론, 노인복지론, 장애인복지론, 여성복지론, 가족복지론, 산업복지론, 의료사회사업론(의료사회복지론), 학교사회사업론(학교사회복지론), 정신건강론, 교정복지론, 자원봉사론, 정신보건사회복지론, 사회복지지도감독론
⑨ 사회복지실습 영역: 사회복지현장실습

한편 이와 같은 교과과정 내용은 국가시험인 사회복지사 1급 자격증 시험과 관련하여 다음의 과목을 포함하고 있다.

① 사회복지 기초 과목: 인간행동과 사회환경, 사회복지조사론, 사회복지 윤리와 철학
② 사회복지실천 과목: 사회복지실천론, 사회복지실천기술론, 지역사회복지론
③ 사회복지 정책과 제도 과목: 사회복지정책론, 사회복지행정론, 사회복지법제

4) '인간행동과 사회환경' 교과목의 위상

'인간행동과 사회환경' 교과목은 사회복지 교육의 기초가 되는 필수과목이다. 따라서 전 세계적으로 사회복지 교육에서 '인간행동과 사회환경' 교과목은 당당히 사회복지 교육의 한 영역을 차지하고 있다. 특히 사회복지사는 첫째, 사람들이 문제를 해결하고 상황에 적응하도록 도와주며, 둘째, 사람들이 필요한 자원과 서비스에 보다 용이하게 접근하도록 사회복지 서비스 기관이나 지역사회, 정부조직 같은 체계와 일하며, 셋째, 클라이언트가 자원이나 기회를 얻을 수

있도록 사람과 체계를 연결시켜 주는 기능(Baer & Federico, 1978)을 하기 때문에 인간의 행동과 발달 그리고 사회환경과의 관계에 대해 반드시 이해해야 한다.

사회복지학의 궁극적 목적은 인간으로 하여금 다양한 문제를 해결하여 행복을 추구하도록 도와주는 것이라고 할 수 있다. 인간의 문제를 해결하기 위해서는 인간행동에 대한 이해가 선행되어야 한다. 이는 사회복지를 공부하는 학생들에게 인간의 발달과 행동에 대한 이론적 기반을 형성해 주는 중요한 과목이기 때문이다. 즉, 이러한 인간의 행동과 성격, 인간의 발달에 대한 내용, 가족 · 소집단 · 조직 · 지역사회 · 문화 등의 사회환경, 그리고 인간행동과 사회환경의 관계 등에 대한 이해를 돕는 사회복지 교과목이 바로 '인간행동과 사회환경'이기 때문에 사회복지학에서 차지하는 이 교과목의 위상은 매우 높다고 할 수 있다. 인간행동과 사회환경에 관한 충분한 이해는 실제적인 사회복지실천의 밑바탕이 된다.

사회복지는 실천을 중시한다. 그러나 아무리 실천을 강조한다 할지라도 이론과 지식의 뒷받침이 없는 실천은 오류의 발생 가능성을 높인다. 사회복지 전문직에서는 심리학, 사회학, 정치학, 경제학, 인류학 등 다른 전문직의 기초 이론과 지식을 절충하고 통합적으로 활용하여 사회복지 전문직 나름의 실천이론을 구축하고 이를 근거로 인간을 원조하는 실천행위를 전개해 나간다. 따라서 사회복지사는 사회복지실천을 효과적으로 하기 위하여 인간행동과 사회환경에 관한 다양한 이론과 지식을 활용해야 한다.

물론 이때 사회복지사는 자신이 활용하고자 하는 특정 이론의 유용성을 비판적으로 평가하여야 한다. 그렇게 하지 않을 경우 특정 이론이 갖는 한계로 인하여 실천상의 오류를 범할 가능성이 높아진다. 그리고 사회복지사는 특정 이론 또는 지식이 자신의 실천 접근법과 일치한다면 다양한 이론과 지식을 특별한 사례에 개입조치를 취할 때 어떻게 적용할 것인지를 더욱 충실히 생각할 수 있게 될 것이다.

2 인간행동의 이해

1) 인간행동 이해의 필요성

사회복지 전문가는 왜 인간행동에 대해 이해해야 하는가? 이에 대한 답은 여러 가지가 있다.

첫째, 인간행동에 대해 잘 이해하는 것은 인간관계를 보다 자연스럽고 편안하게 유지시키는 자원이 될 수 있으며, 인간행동과 그 기능수행을 효율적이며 질적으로 발전시키는 정보로서 기능할 수 있도록 한다. 인간의 행동, 성격, 습관을 차근차근 따져 보고 그것을 변화시키는 방법을 생각해 보는 것은 인간관계에도 좋고 각자의 정신건강에도 도움이 된다. 사회복지사는 이러한 인간관계 기능을 활성화하는 데 도움을 주는 여러 가지 다양한 자원과 정보를 제공해 준다.

둘째, 인간행동에 대해 잘 이해하는 것은 집단 성원의 만족도와 자발적인 참여를 증대시키고, 집단의 목표 달성과 집단의 총 효율성을 극대화시킬 수 있도록 한다. 인간이 서로를 이해하고 편하게 대하면서 서로의 역량과 가치를 동시에 충족시키는 것이 바람직하다는 것을 알게 되면 자발적인 협력과 참여도 높아질 것이며, 총 효율성은 조직과 집단이 구성원에게 주체라는 인식과 자발적 참여를 얼마나 잘 자극하고 여건을 조성하느냐에 따라 달라질 수 있다.

셋째, 인간과 인간의 행동에 대한 보다 정확한 지식과 정보는 국가 사회복지 정책이나 사회복지 서비스 개혁의 효율성을 증대시키고, 사회정의와 공동체의 복지 증진에 기여할 수 있도록 한다.

넷째, 인간행동에 대해 잘 이해하는 것은 인간의 문제를 미리 파악하여 사회문제나 개인문제에 의한 사회병리 현상을 사전에 예방할 수 있는 계기를 마련해 준다.

2) 인간행동의 의미

인간행동은 단순히 인간의 신체적 움직임뿐만 넘어서 사고나 인지과정 등 정신적 행동까지 포함하는 개념이다. 즉, 인간행동은 의식적 · 무의식적으로 일어나는 것으로서, 특히 자극은 행동을 일으키는 동기이며 사회복지실천에서는 개인의 욕구라 할 수 있다.

사회복지실천과 관련하여 인간행동의 의미는 사회복지실천의 초기인 19세기 후반에서 20세기 초반까지는 주로 정신분석학과 행동주의 심리학의 영향을 많이 받았다. 정신분석학은 무의식에 저장된 아동 초기 경험의 기억이 인생을 통하여 행동에 지속적으로 영향을 준다는 입장을 가졌다. 그러나 정신분석학적 전통은 어릴 때의 경험이 인생 전체를 좌우하는 결정론적 기제로 작용함으로써 인간의 변화 가능성을 막는다는 한계를 내포하고 있었다. 그리고 행동주의 심리학은 의식적이거나 무의식적인 정신적 경험과 달리 행동은 측정되고 다른 사람에 의해 증명되어야 한다는 객관적이고 실험적인 면을 강조함으로써 인간의 자율성과 변화 가능성을 어느 정도 무시했으며, 또한 주변 환경의 영향을 고려하지 않음으로써 인간행동을 편향되게 이해한 한계가 있었다.

20세기 중반에 들어와서는 인본주의 심리학과 사회체계이론이 큰 변화를 가져왔다. 인본주의 심리학은 인간에게 자유의지가 있다고 보고 개인의 고유한 정신적 경험을 강조하였고, 사랑과 이타성, 건강한 인격의 발전과 인간 경험의 긍정적인 면에 중점을 두어 인간행동을 이해하였다. 사회체계이론은 세상의 모든 것은 서로 연관되어 있는 전체 질서와 그 아래에 현존하는 사회질서가 있다는 가정을 전제로 하여 인간행동을 이해하고자 하였다.

20세기 후반부터는 사회체계이론이 생태체계이론으로 발전하였다. 특히 21세기 들어와서는 새로운 패러다임에 의해 인간행동에 대한 의미에서 객관적 성격보다는 주관적 성격이 더 강조되기 시작했으며, 지구촌, 정보사회, 위험사회 등 전 지구적 사건들이 인간행동에 끼친 영향으로 인해 사회환경의 중요성이 더 강조되기 시작했다. 이러한 영향은 환경 속의 인간(PIE)의 의미를 더욱 중요하게 부각시켰다.

3) 인간행동 이해의 접근법

18세기 산업혁명 이후 인간은 자신들이 만물의 영장이며 자연을 정복하거나 마음대로 활용할 수 있는 존재라는 사고방식에 빠져 자연을 파괴하면서 개발하여 왔다. 이러한 인간우월주의 사고방식에 영향을 끼친 요인으로는 과학과 기술, 생산과 경영, 종교와 교육 등을 들 수 있다.

이후 20세기에 이르러 인간우월주의는 퇴색되기 시작했다. 제1, 2차 세계대전은 인간우월주의에 회의를 드러내었으며, 아울러 인간우월주의야말로 자연환경을 파괴하고 생태계의 균형을 무너뜨리며 결과적으로 인류의 파멸로 이어질 수 있음을 많은 사람이 경고하였다.

급기야 20세기 후반에 와서 인간을 생태계 내의 한 존재로서 이해하는 생태중심주의가 등장하게 되었다. 이것은 인간의 우월성을 최대로 발현하면서도 자연과의 조화를 통하여 인간의 생존과 발전을 도모할 수 있게 한다는 점에서 발전된 인간관이며 세계관이다. 그럼에도 생태중심주의가 발전도상국가에서는 지역개발이나 경제발전을 저해할 수 있으며, 신진국의 지배적인 위치를 영속화하려는 선진국 논리에 불과하다는 주장에 부딪혀 확산되지 못하고 있다.

벡(Beck, 2006)은 오늘날의 사회를 위험사회(risk society)라고 진단하고, 인간이 자기만의 이익 집착을 버리고 가까운 미래나 자기 주변에서만의 합리성에서 벗어나는 것만이 위험사회를 극복하는 길이라고 충고하고 있다. 이에 성장과 진보의 근대를 극복하고 위험사회의 대안이 될 수 있는 것으로 벡이 제시한 것은 '성찰적 근대성'이다. 이것은 자본과 과학기술의 맹목적 자기 확장을 반성적으로 사유하고 그 근간이 되는 도구적, 기능적 합리성을 해체하는 근대성이다. 성찰적 근대성이란 자기의식을 갖춘 개인이 자신과 자신의 공동체의 문제에 대한 지식을 비판적으로 적용시키는 능력을 확장시키는 것을 의미한다. 비판적 공공성의 복원은 이러한 성찰적 근대성의 기획에서 핵심 사안이다. 이것은 공동체적 능력, 즉 공동체를 사유하고 공동체를 통해 문제를 해결할 수 있는 능력을 가리킨다. 그런 의미에서 시민적 능력과 공동체적 능력은 동의어다. 이 능력을 통해 공동체적 존재로서의 자신의 삶의 조건을 반성적으로 사유할 수 있게 되며, 자신의 현실에 비판적으로 개입할 수 있는 힘을 가질 수 있게 된다. 그리고 궁극적으로 그 힘을 통해 현실의 변화에 참여하도록 제안하고 있다. 이렇게 볼 때, 벡은 시민의 비판적 공공성을 인간행동의 주요 원칙으로 제시하고 있음을 알 수 있다.

이러한 인간 역사의 흐름에서 인간행동을 정확히 이해하기 위한 방법은 무엇일까? 인간행동을 이해하기 위한 방법으로는 인간행동의 주된 결정요인인 성격에 대한 접근법, 인간의 수정에서부터 사망에 이르기까지의 변화와 안정성, 즉 인간발달에 대한 접근법, 인간의 이상행동 또는 부적응행동에 대한 접근법 등이 있다.

(1) 인간의 성격에 대한 접근법

인간행동은 주로 개인의 성격(personality)에 의해 결정된다. 그러므로 인간의 행동을 이해할 수 있는 첩경은 바로 그 사람의 성격을 이해하는 것이다. 따라서 인간의 성격에 대한 접근법은 행동의 원인과 행동 변화, 바람직한 행동으로 변화시킬 수 있는 방법을 예측할 수 있는 장점이 있다.

인간은 일찍부터 성격의 유형에 대해 많은 관심을 가져왔다. 서구에서는 체액에 따른 성격 유형으로 다혈형, 우울형, 담즙형, 점액형 등으로 분류하기도 했으며, 체형과 성격의 관계를 보아 외배엽형(예민하고 수줍어하고 내성적 성향), 중배엽형(활동적, 자기주장적, 정력적, 지배적, 냉담한 성격), 내배엽형(유쾌하고 이완되어 있고 편안함을 추구하며 사교적인 성격) 등으로 분류하기도 하였다.

우리나라에서는 조선후기 사상의학으로 이제마(李濟馬)가 자신의 책 『동의수세보원(東醫壽世保元)』(1894)을 통해 성격 유형을 분류하기도 했다. 즉, 태양인(과단성이 뛰어나고 머리가 명석하여 독창적인 일을 잘하며 대인관계에 능하지만, 고집이 강하며 쉽게 굽힐 줄 모르며 진취적 기상이 충만함), 소양인(남의 일에는 희생을 아끼지 않고 그 일에 보람을 느끼므로 자기 일을 돌볼 겨를이 없으며 판단력이 매우 빠르나, 계획성이 적고 일이 안 될 때는 체념을 잘함), 태음인(고집과 욕심이 많고 일의 착수는 느리나, 대범하고 한번 시작한 것은 끝까지 하는 강한 지구력을 소유함), 소음인(온순하고 윗사람을 잘 받들고 사람을 다스리는 데 능하지만, 소심하며 항상 집 안에 있으려고만 함) 등 인간의 체질을 네 가지로 분류하여 성격 유형을 만들었는데, 이는 현재도 한의학에서 활용되고 있다.

1 성격의 의미와 기능

성격이란 개인이 사회기능을 수행할 때 주위 사람에게 주는 피상적 수준의 사회 이미지라고 규정할 수 있다. 일반적으로 성격이 갖는 특성은 다음과 같다. 첫째, 직접 관찰될 수 없고 외적으로 접근할 수 있는 현상을 관찰한 것으로서 간접적으로만 측정할 수 있다. 둘째, 정신 · 신체적 체계의 통합과정을 거친다. 셋째, 개인마다 고유한 성격을 가지고 있다. 넷째, 인과성이 있다. 다섯째, 역동적인 특징을 갖고 있다.

이와 더불어 성격은 첫째, 개인이 부분적이고 비조직적으로 기능하지 않으면 통합적이고 조직적으로 기능할 수 있도록 하며, 둘째, 인간관계를 형성 · 유지하거나 사회생활을 도모하고 환경적 요구에 적응할 수 있는 기반을 제공하며, 셋째, 각 개인을 독특한 존재로 규정해 줌으로써 다른 사람과 구별되게 하며, 넷째, 실제로 그 사람이 어떤 사람인가 하는 인간본성을 이해할 수 있는 기반을 제공하는 등의 기능 수행을 한다.

2 성격 형성의 요인

성격은 타고나는 것인가, 아니면 후천적으로 습득되는 것인가에 대한 논의는 성격의 본질과 요인을 밝히기 위한 영원한 숙제다. 즉, 유전인가 혹은 환경인가의 문제다. 전자는 내적 · 생물학적 결정론(internal and biological determinism)의 입장으로서 인간이 태어나면서 갖고 있는 생물학적 · 유전적 요인이 우리의 성향과 행동을 결정한다는 주장이다. 반면에 후자는 외적 · 환경적 결정론

(external and environmental determinism)의 입장으로서 사회생태학(social ecology)이나 환경심리학(environmental psychology)을 하는 사람들이 지지하는 것으로 주변의 물리적 · 사회적 환경이 우리의 사고와 행동에 지대한 영향을 미친다는 주장이다.

그러나 성격이란 유전된 생물학적 힘에 의해 결정되는가, 아니면 학습, 경험과 환경에 의해 결정되는가에 대한 명확한 답은 아직 밝혀지지 않고 있다. 다만 성격이란 인간이 태어날 때 타고난 것이 실현되는 결과일 수도 있고, 후천적인 경험과 학습의 결과일 수도 있다. 따라서 생물학적 존재이면서 동시에 사회적 존재인 인간은 후천적 환경에 적응하는 과정에서 자신만의 독특한 행동방식이나 적응양식, 즉 성격을 형성해 나간다고 할 수 있다.

3 성격이론과 사회복지실천의 관계

현대 사회복지실천의 큰 흐름은 미시실천과 거시실천 또는 직접적 실천과 간접적 실천으로 세분화되고 있고, 특수화된 실천보다는 통합적 실천이 중시되고 있다는 점이다. 성격이론은 주로 미시실천과 직접적 실천과 밀접하게 관련되어 있다.

우선 개인 수준의 사회복지실천은 개인을 대상으로 하는 실천방법으로서 전문 사회복지방법으로 처음 등장한 것이다. 성격이론이 개인 수준의 사회복지실천에 긍정적 영향을 미친 것이 사실이기는 하지만 부정적인 영향을 미치기도 했다.

가족 수준의 실천 역시 다른 사회복지방법과 같이 인간행동 이론의 영향을 많이 받았다. 현재에도 부모역할훈련, 비행청소년가족, 약물남용가족 등을 치료할 수 있는 가족치료 프로그램이 개발 · 활용되고 있다.

그리고 인보관운동, 진보적 사회운동, 레크리에이션 운동 등에 뿌리를 두고 있는 소집단 수준의 실천은 개인 수준의 실천보다는 훨씬 늦게 전문 사회복지방법으로 인정받았지만 이러한 개인 수준과 소집단 수준의 사회복지실천은 미시실천 또는 직접적 실천 방법, 그리고 더 전문화된 것으로 임상사회복지실천

(clinical social work) 등으로 발전하였다.

(2) 인간발달에 대한 접근법

인간의 발달(development)에 대한 접근법은 전 생애 발달적 관점을 강조한다. 인간의 신체적 · 심리적 · 사회적 요인과 이들 요인 간의 상호작용은 수정에서부터 사망에 이르기까지의 전 생애에 걸쳐 성장, 성숙, 노화라는 역동적 과정인 발달을 통해 인간이 변화하고 성숙하는 것에 중점을 두어 이에 대한 정확한 이해를 하도록 한다.

인간행동은 생의 발달단계별로 특성을 지니기 때문에 사회복지사는 생의 발달단계에 따라 공통적으로 나타나는 여러 유형의 행동을 파악할 필요가 있다. 이러한 인간발달에 대한 자세한 내용은 이 책의 제6장에서 자세하게 다루어질 것이다.

(3) 인간의 이상행동 또는 부적응행동에 대한 접근법

인간의 이상행동 또는 부적응행동에 대한 접근법은 인간행동을 정상행동(normal behavior)과 비정상행동(abnormal behavior)으로 구분하여 비정상행동에 초점을 두어 인간행동을 파악하는 접근법이다.

1 이상행동 또는 부적응행동의 의미

일반적으로 인간의 이상행동 또는 부적응 행동은 첫째, 사회문화적 규범에서 벗어나는 행동, 둘째, 이상적 인간행동 유형에서 벗어나는 행동, 셋째, 통계적으로 보통 사람의 평균적 특성에 벗어나는 행동, 넷째, 환경의 요구에 순응하거나 환경을 변화시키는 환경과의 적응능력을 저하시키는 행동, 다섯째, 개인에게 불편감, 고통 또는 심리적 갈등을 유발하는 행동 등을 말한다.

로젠한과 셀리그먼(Rosenhan & Seligman, 1989)은 필요조건과 충분조건의 개념을 사용하여 더 엄격하게 이상행동의 정의를 내렸다. 필요조건은 모든 이상행동이 반드시 공유하는 자질이나 특성을 지녀야 한다는 것이다. 즉, 이상행동이라고 규정하기 위해서는 그 사람이나 행동이 반드시 이 속성을 지녀야 한다. 충분조건은 이상행동에만 존재하고 정상적인 행동에는 존재하지 않는 다음에 제시된 고유한 요소를 적어도 한 가지는 갖고 있어야 한다는 것이다.

첫째는 고통 요소다. 고통의 존재는 이상행동을 분간해 내는 데 고려되는 요소이기는 하지만 그 자체로 이상행동을 정의할 수 있는 필요조건이나 충분조건이 되지 못한다.

둘째는 부적응 요소다. 적응적인가 부적응적인가 하는 것은 이상행동을 정의하는 근본적인 요소다. 일반적으로 적응적 행동은 ① 그 행동이 그 사람의 생존을 증진시키는가, ② 그 행동이 개인의 안녕(well-being)을 증진시키는가, ③ 그 행동이 사회의 안녕을 증진시키는가의 세 가지 측면을 충족시키는 것이다. 따라서 개인과 사회의 삶의 질과 복지를 강력하게 저해하는 행동은 부적응행동 및 이상행동으로 평가하는 중요한 요소가 된다.

셋째는 비합리성과 불가해성(incomprehensibility) 요소다. 이는 구체적 증상이 객관적 현실에 전혀 기반을 두지 않은 인식, 비합리적이고 터무니없는 생각, 어떤 사고에서 전혀 연관성이 없는 다른 사고로 이어지는 정신적 과정 등으로서 객관적 이해가 불가능한 상태를 말한다.

넷째는 예측 불가능성(unpredictability)과 통제력의 결핍 요소다. 이는 일관성과 통제할 수 있는 능력이 결여됨을 말한다.

다섯째는 비인습성(unconventionality) 요소다. 자기가 할 의사가 없는 행동은 비인습적이고 비정상적인 것으로 평가된다.

2 이상행동과 사회복지실천의 관계

사회복지실천은 클라이언트의 이상행동과 부적응행동을 바람직한 적응행동으로 변화시키고 그의 사회기능 수행을 향상시키는 일을 한다. 이상행동에 관한 지식이 사회복지사에게 유용한 이유는 다음과 같다. 첫째, 이상행동에 관한 지식은 정신장애(mental disorder)나 사회일탈(social deviance)에 관련된 이론과 개념을 적절히 이해하고 적용할 수 있게 해 준다. 둘째, 다양한 인간행동을 설명하고자 할 때 이상행동에 관한 지식은 적응행동에 관한 여러 개념의 유용성과 한계를 파악할 수 있게 한다. 셋째, 이상행동에 대하여 올바른 평가를 내릴 수 있게 하며, 이러한 평가를 바탕으로 적합한 사회복지실천을 확립할 수 있게 한다(이인정, 최해경, 2007; 이현수, 2002).

이상행동과 관련된 사회복지사의 역할을 살펴보면 다음과 같다(이인정, 최해경, 2007).

- 이상행동에 대한 진단: 이상행동의 범위와 증상에 대하여 충분히 알고 있음으로써 적절한 개입이 적용되도록 하고, 부적절한 개입이 적용되는 것을 방지할 수 있다.
- 의뢰(referral): 이상행동에 대한 정확한 진단이 이루어진 후 그에 따라 적합한 전문가, 자원, 서비스의 연결이 이루어지도록 각각에 대한 정보를 확보하고 연결해 준다.
- 이상행동에 대한 치료: 첫째, 문제의 유형에 따라 사회복지사가 치료에 대한 일차적 책임자가 되기도 하고, 정신과 의사를 돕는 이차적 역할을 담당하기도 한다(책임의 정도). 둘째, 치료의 초점이 클라이언트의 행동이나 성격의 변화에 주어지는가 또는 환경의 변화에 있는가에 따라 사회복지사의 치료자로서의 역할은 달라진다(치료의 초점).
- 이상행동을 하는 클라이언트의 가족을 대상으로 활동: 가족의 역사 수집, 클라이언트의 문제가 가족에게 주는 고통을 잘 이해하고 이러한 고통을 극복하는 데 필요한 지지와 개입을 하는 것은 매우 중요하다.
- 이상행동에 관련된 홍보와 교육 활동: 이상행동에 관련된 전문적 · 비전문적 인력, 그리고 지역사회를 대상으로 홍보와 교육 활동을 함으로써 이상행동에 대한 편견이나 무관심을 감소시킨다.

3 사회환경의 이해

인간행동을 이해할 때 필수적으로 고려해야 할 요소는 바로 사회환경에 대해 이해하는 것이다. 인간의 생존과 번영은 환경과의 상호작용 질, 즉 환경의 요구에 얼마나 효과적으로 순응하며, 개인의 욕구에 맞게 환경을 얼마나 적절하게 잘 변화시킬 수 있는가에 의해 결정되기 때문이다.

1) 사회환경 이해의 필요성

사회복지 전문가가 사회환경에 대해 잘 이해해야 할 이유가 있다. 첫째, 역동적으로 변화하는 존재인 인간은 물리적 환경뿐만 아니라 사회환경의 조건에서 자신을 맞추어 가지만 환경을 자신에게 맞게 수정하거나 변화시키기도 하는 능동적 주체이기 때문이다.

둘째, 사회복지실천에서 사회환경이야말로 클라이언트 개인은 물론 그를 둘러싼 가족과 동료집단, 조직, 지역사회, 문화를 함께 이해하는 수단이 될 수 있기 때문이다. 클라이언트의 삶과 사회복지사의 활동은 사회환경 속에서 이루어지기 때문에 사회복지사는 사회환경을 철저히 이해해야 한다.

셋째, 사회환경은 인간행동에 영향을 미친다는 점뿐만 아니라 사회복지사의 자원 동원과도 밀접한 관계를 맺고 있다는 측면에서 중요한 개념이기 때문이다.

넷째, 사회환경은 인간 개개인의 행동에 지대한 영향을 끼치며, 특히 클라이언트의 행동을 분석하고 이해하는 데 매우 중요한 도구가 되기 때문이다. 사회복지실천에서 사회환경은 클라이언트에 대한 중요한 영향체계로서의 의미를 지닌다.

2) 사회환경의 의미

(1) 사회환경의 개념

사회환경은 인간을 둘러싼 조건, 상황, 대인적 상호작용 등을 포함한다. 개인은 생존과 성장을 위해 환경과 효과적으로 상호작용해야 한다. 사회환경은 사회나 문화에서 형성하는 물리적 환경, 예를 들어 사람들이 사는 주택의 형태나 직업의 종류, 법이나 사회규범 등을 포함한다. 또한 가족, 친구, 직장, 집단, 정부와 같이 개인이 접촉하는 체계를 포함하며, 보건이나 주택, 복지, 교육제도 등의 사회제도도 사회환경의 또 다른 측면이다(Zastrow & Kirst-Ashman, 2004).

이렇게 볼 때 사회환경은 인간의 제반 생활에 직접 혹은 간접으로 영향을 미치는 조건이나 상황, 형편 등을 나타낸다고 할 수 있다. 그러나 이러한 사회환경의 의미는 당시의 사회가 추구하는 사회 성격, 문화구조, 사회제도와 전통에 의해 이루어지기 때문에 국가마다, 지역마다 독특한 면을 가지게 된다.

사회환경 개념의 변천을 보면, 19세기 말 사회학자들은 환경을 내부 환경과 외부 환경으로 구분하여 내부 환경을 사회환경으로 간주하였다. 즉, 사회환경의 개념을 가족, 집단, 조직, 지역사회 등과 같이 인간이 구성원이 되어 만들어진 환경에 한정하였다. 그리고 외부 환경에 자연환경을 포함하였다. 20세기 중반에 와서는 사회체계이론을 바탕으로 사회환경은 더욱 폭넓은 개념으로 발전했다. 즉, 자연환경(지형, 고도, 기후, 날씨, 천연자원 등)과 인공환경(인간에 의해 만들어졌거나 건설된 환경)으로 구분하였으며, 21세기에 와서는 가상공간까지 포함한 모든 환경을 포괄하여 사회환경으로 간주하고 있다.

(2) 사회환경에서 체계의 영향

사회환경은 인간행동을 분석하고 이해하는 데 매우 중요하기 때문에 사회환경에서 체계의 영향을 살펴보는 것은 매우 중요하다. 사회복지실천은 개인과 환경의 다양한 체계 간 상호작용에 초점을 두며, 이러한 사회환경에서 체계의 영향과 관련된 주요한 내용은 다음과 같다(Zastrow & Kirst-Ashman, 2004).

1 상호작용

인간은 환경 속의 다른 사람들과 의사소통하고 관계를 맺는다. 이것이 바로 상호작용(transactions)이다. 상호작용은 무엇인가를 전달하고 교환하는 것이기 때문에 활동적이며 역동적이다. 또 상호작용은 긍정적이거나 부정적일 수 있다. 긍정적인 상호작용의 예는 내가 매우 사랑하는 사람도 나를 사랑한다는 사실을 아는 경우다. 일을 끝내고 급여를 받는 것도 긍정적인 상호작용이다. 부정적인 상호작용의 예는 15년간 일하던 직장에서 해고를 당한 것, 키우는 개가 밤새 짖어 이웃이 경찰에 신고한 것 등이다.

2 에너지

에너지(energy)란 인간과 환경 사이에 적극적으로 개입하는 자연발생적 힘으로 투입이나 산출의 형태를 띤다. 투입이란 인간의 삶 속으로 받아들이는 에너지다. 예를 들어, 건강이 좋지 않은 노인이 필요한 일과를 계속 수행하기 위해서는 신체적 지원과 정서적 지지 형태의 투입이 필요하다. 교사가 학생에게 기말고사 시험 결과를 알려 주는 것도 투입의 예다.

산출은 반대로 에너지가 인간의 삶에서 빠져나가는 것이다. 예를 들어, 부모는 어린 자녀를 양육하는 일에 상당한 양의 에너지를 소비한다. 또 자신이 지지하는 정치인의 선거유세에 참여하여 많은 시간과 노력을 쓰는 자원봉사자도 이 경우에 해당한다.

3 공유영역

생태적 관점의 공유영역(interface)은 체계이론에서 나온 공유영역 개념과 유사한 것으로 개인과 환경이 상호작용하는 지점을 말한다. 적절한 상호작용으로 변하기 위해서는 사정단계에서부터 이 공유영역의 개념을 명확히 다루어야 한다. 예를 들어, 결혼상담을 하는 부부가 처음에는 자신들의 문제가 자녀양육에 있다고 했지만, 구체적으로 탐색하면서 실제 문제는 상대방에게 자신의 감정을 적절하게 전달하는 능력이 부족했기 때문이라는 사실을 발견하였다. 의사소통에 어려움이 있다는 실제 문제가 바로 두 사람 사이에 영향을 미치는 공유영역이다. 만일 공유영역을 잘못 규정하면 실제 문제를 다루기 전에 많은 시간과 에너지를 불필요하게 낭비할 수 있다.

생태적 관점에서는 개인과 가족, 소집단에 관한 공유영역을 강조한다는 점에서 사회체계이론과 다르다. 왜냐하면 생태적 관점에서 공유영역 개념은 지역사회나 조직과 같은 대규모 체계에 적용하는 것이 힘들기 때문이다.

4 적응

적응(adaptation)이란 주변 환경조건에 맞추어 조절하는 능력으로서 변화를 의미한다. 개인이 효과적으로 기능하기 위해서는 새로운 조건과 환경에 따라 변하고 조절해야 한다. 사회복지사는 흔히 새로운 결혼 상대자나 새 직장, 새로운 이웃에 적응하는 과정에서 사람들을 돕는다. 적응은 대개 노력이라는 형태의 에너지가 필요하며, 사회복지사는 사람들이 가장 생산적으로 이러한 에너지를 사용하도록 돕는다.

적응과정에서 인간은 환경에 영향을 받을 뿐 아니라 환경도 인간의 영향을 받는다. 인간은 성공적으로 적응하기 위해 자신의 환경을 바꾼다. 예를 들어, 추운 곳에서 겨울을 나는 것이 어렵다고 깨달은 사람은 난방이 되는 건물을 지어 자신의 환경을 바꾼다. 따라서 적응은 개인과 환경 모두를 포함하는 쌍방의 과정이라고 볼 수 있다.

5 대처

대처(coping)란 적응의 한 형태로서 문제를 극복하기 위해 노력하는 것을 의미한다. 적응이 긍정적 또는 부정적인 새로운 조건에 모두 반응하는 것이라면, 대처는 부정적인 경험을 다루는 방법이다. 예를 들어, 사람은 부모의 갑작스러운 죽음이나 가장의 실직, 지역주민을 위협하는 폭력배, 갑자기 줄어든 공공부조 급여에 대처해야 한다.

다음은 중요한 다섯 가지 대처기술이다. 첫째, 적절하게 기능하는 데 필요한 여러 형태의 정보다. 예를 들어, 질병에 걸린 노인은 어떻게 건강보험 혜택을 받을 수 있는지 알아야 한다. 둘째, 계획을 세우는 데 필요한 대처기술이다. 예를 들어, 실직자는 다른 직장을 찾기 위한 계획을 세워야 한다. 셋째, 감정을 통제할 수 있는 대처기술이다. 예를 들어, 사소한 이견으로 고함치고 구타하는 심각한 부부싸움으로는 치닫지 않아야 한다. 넷째, 즉각적인 만족을 추구하려는 욕구를 통제할 수 있는 대처기술이다. 예를 들어, 가족은 새 TV를 사는 데 생활비를 다 쓰지 않도록 가계예산을 잘 짜야 한다. 마지막은 문제 상황에 접근하는 다양한 방법을 찾고 각 대안의 장단점을 평가할 수 있는 대처기술이다. 예를 들어 부모의 갑작스러운 사고로 남겨진 자녀의 양육 문제를 결정할 때 친족, 아동양육시설을 통한 보호 등 다양한 대안 중에 아동의 최선의 이익과 실현 가능성 등과 관련하여 최선의 방책을 강구하는 대안을 종합적으로 판단하여야 한다.

사회복지사는 클라이언트가 대처기술을 개발할 수 있도록 돕는다. 원조과정에서 주요 과제는 대안을 평가하고 클라이언트가 가장 적합한 것을 선택하도록 함께 일하는 것이다.

⑥ 상호의존

생태적 개념의 상호의존(interdependence)은 개인이 다른 사람이나 집단에 서로 의존하고 의지하는 것을 말한다. 개인은 다른 사람이 없다면 존재할 수 없다. 사업가는 농산물을 생산하는 농부와 상품을 구입하는 소비자가 필요하다. 사업가는 농부에게 씨앗과 농기구, 그의 생필품을 구입할 돈을 지급하며, 농부는 사업가의 고객이 된다. 고도의 산업사회에서 인간은 생존하기 위해 서로 필요한 상호의존 관계에 있다.

3) 사회환경 이해의 관점

(1) 전통적 관점

초기 사회학에서 강조하는 사회환경 관점은 인간에 의해 구성된 집합체에 중점을 두어 이들 집합체가 독립적으로 존재하는 객관적인 실체를 사회환경으로 보았다. 그러다 보니 인간의 행동에 영향을 미치는 체계 간의 상호작용을 이해하는 데 한계가 있으며, 인간행동과 사회환경을 따로따로 분리하여 이해하는 단점이 있었다.

(2) 생태학에 기초한 관점

생태학에 기초한 관점은 인간이 접하고 있는 자연환경(한대, 온대, 열대)에 중점을 두어 개인을 포함한 사회조직이 환경에서 받는 영향을 검증할 수 있는 틀을 제공하였다는 데 의의가 있다. 즉, 사회체계이론과 결합하여 생태체계적 관점으로 발전시킨 것이다.

이러한 관점은 사회환경은 인간행동에 영향을 미친다는 맥락에서 매우 중요한 개념이다. 따라서 이 관점에 따르면 사회복지사는 생태체계적 관점을 바탕으로 통합적 시각을 길러야 한다. 왜냐하면 사회복지 전문직에서는 인간과 환경 사이에 어떤 일이 진행되고 있는지에 관심의 초점을 두기 때문이다. 즉, 인간과 환경 간의 상호작용은 사회복지실천의 초점 영역이기 때문이다.

4 사회복지실천에서 인간행동과 사회환경

사회복지실천에서 인간행동과 사회환경의 내용은 생물학적 · 사회적 · 심리학적 · 문화적 체계가 인간행동에 의해 서로 영향을 주고받으면서 나타나는 상호작용을 이해할 수 있는 것이라야 한다.

1) 환경 속의 인간(PIE) 개념

사회복지 전문직의 기본적인 대상은 인간이다. 인간이 더욱 행복한 삶을 영위해 나갈 수 있도록 원조하기 위해서는 인간본성에 대한 이해가 필수적이다. 사회복지 전문직에서는 인간에 대한 이해를 바탕으로 개인, 가족, 집단, 조직, 지역사회, 더 나아가 전체 사회의 사회기능 수행 향상과 삶의 질 개선을 도모할 수 있도록 인간적이면서 효과적인 사회적 서비스를 제공해야 한다는 전문직의 사회 책임성과 사명을 충실히 이행하여야 한다. 사회복지 전문직에서 이러한 사명을 이행하기 위하여 초점을 두고 있는 영역은 바로 인간과 환경이다. 역동적으로 변화하는 총체인 인간은 환경적 조건에 자신을 맞추어 가기도 하지만 환경을 자신에게 맞게 수정하거나 변화시키기도 하는 삶의 능동적 주체다.

따라서 사회복지 전문직은 인간에 대한 이해에서 출발하고, 인간은 환경과 분리된 실체로서가 아니라 환경과 통합된 총체로서 이해되어야 한다. 즉, 사회복지실천에서 환경 속의 인간(PIE)이라는 관점이 유지되어야 한다. 사회복지 전문직에서는 인간과 환경 사이에 일어나는 상호작용 영역에 초점을 두고, 양자 간의 상호교환을 통하여 어떤 일이 진행되고 있는지에 관심의 초점을 둔다.

따라서 환경 속의 인간이라는 인간 이해의 도식은 사회복지 전문직에서는 없어서는 안 될 필수요소라고 할 수 있다. 환경 속의 인간이란 관점은 사회복지 전문직의 이론기반 구축과 실천기술의 발전뿐 아니라 전문직 자체의 정체성 확립에도 많은 기여를 하였다.

2) 다중체계 개념

인간은 사회환경과 지속적이며 역동적으로 상호작용한다. 인간과 그를 둘러싸고 있는 환경의 다양한 체계의 상호작용은 인간행동에 큰 영향을 미치기 때문에 이러한 상호작용의 여러 측면을 중시해야 한다. 클라이언트는 사회환경의 다른 체계와 지속적이며 역동적으로 상호작용하면서 영향을 주고받는데, 이러한 체계에는 가족, 집단, 조직, 제도, 지역사회 등이 있다. 따라서 다중체계 개념을 이해하여야 인간행동과 사회환경의 상호작용과 역동성을 잘 이해할 수 있다 (Zastrow & Kirst-Ashman, 2004).

(1) 미시체계, 중간체계, 거시체계

체계는 기능적으로 볼 때 완전체이며 상호관계가 있는 요소로 구성된다. 체계는 목적에 따라 세 가지 형태로 나눌 수 있다. 먼저 미시체계(micro system)란 개인과 가족, 소집단을 의미한다. 넓은 의미에서 인간은 생리적 · 심리적 · 사회적 체계의 한 형태다. 이러한 체계 모두는 상호작용한다. 사회복지실천에서 미시적 접근은 개별 클라이언트의 심리사회적 갈등과 이러한 문제를 효과적으로 치료하는 데 유용한 기술 향상을 강조한다. 따라서 미시적 실천은 개인, 가족, 소집단을 대상으로 그들의 기능 향상에 관여한다.

중간체계(mezzo system)는 직장, 여러 사교집단 등을 포함하는 조직과 지역사회를 의미한다. 미시체계(개인, 가족, 소집단)와 개인을 포함한 중간체계(조직, 지역사회)를 구분하는 일은 쉽지 않다. 개인은 자신과 친밀한 사람들과 상호작용하면서 연결되어 있기 때문이다. 따라서 미시체계와 중간체계는 함께 관련되어 중첩되는 경우가 많다.

마지막으로 거시체계(macro system)란 지역사회보다 큰 체계를 말한다. 거시적 접근은 개인문제를 야기하거나 만족스럽고 평등한 삶의 기회를 제공하는 제반 조건에 영향을 미치는 사회, 정치, 역사, 경제, 환경의 힘을 강조한다. 사회복지실천의 거시적 접근은 사회 전반을 개선하고 바꾸는 일에 참여한다.

이렇게 볼 때, 모든 문제는 미시, 중간, 거시 체계의 상호작용을 포함하는 사회환경이라는 맥락에서 이해해야 함을 알 수 있다.

(2) 미시체계와 중간체계의 상호작용

미시체계는 사회환경 내의 다양한 중간체계와 상호작용한다. 예를 들어, 16세 아동이 가출해서 거리를 방황한다는 사실은 가족 전체에 영향을 미칠 수 있다. 역으로 그 아동은 자신의 존재를 무시하며 자신의 행동에 질려 있는 가족 모두에게 큰 영향을 받을 수도 있다.

(3) 미시체계와 거시체계의 상호작용

미시체계는 사회환경 속에서 상호작용하는 거시체계의 영향을 지속적으로 많이 받는다. 개별 클라이언트에게 영향을 주는 네 가지 주요 거시체계는 문화, 지역사회, 제도(institutions), 조직으로 이들 모두가 상호연관성을 갖는다.

문화는 개별 미시체계가 살고 있는 사회의 관습이나 습관, 기술, 예술, 가치, 사상, 과학, 종교적 · 정치적 행동을 포괄한다. 지역사회란 일정한 지역에서 관련을 맺으면서도 서로 구별되는 공동체의 특성을 갖는다. 공동체의 특성은 이웃이나 직장과 같은 공동활동이나 종족의 정체성과 같은 관련성을 갖는다. 제도는 결혼, 법, 복지, 종교와 같은 기본적인 관습이나 문화적인 행동 유형을 말하며, 공공의 목적으로 설립한 조직이나 물리적 시설을 지칭하기도 한다. 조직이란 공통 목표를 위해 함께 일하는 집단으로서 다양한 부서로 나뉘어 업무를 수행한다. 조직은 이에 속한 사람과 아닌 사람을 구분하는 구성원의 자격을 명확히 규정한다.

(4) 사회적 힘의 영향

사회환경에 미치는 사회적 힘의 영향력은 대단하다. 사회환경의 변화에 영향을 주는 사회적 힘에는 최소한 정치적 힘, 경제적 힘, 환경적 힘, 그리고 사상적 힘의 네 가지가 있다.

정치적 힘은 정부의 조직구조, 법, 민중에 대한 힘의 분배 등을 말한다. 경제적 힘은 이용 가능한 자원, 자원의 분배방식과 활용방법 등을 포함한다. 환경적 힘은 폭발적인 인구 증가나 지속적인 산업화로 야기되는 물리적 환경 상태와 관계가 있다. 마지막으로 사상적 힘은 사회환경에서 인간이 추구하는 가치와 신념과 관련된다.

(5) 상호영향을 미치는 생리–심리–사회체계

사회복지사는 생리체계, 심리체계, 사회체계 가운데 어느 한 체계와 관련된 문제에만 관심을 갖고 다른 체계가 미치는 영향에 소홀해서는 안 된다. 일생 동안 인간은 공통의 인생 경험을 한다. 인생의 특정 시기에 흔히 겪는 특정 사건도 있다. 예를 들어, 청소년기는 정체감을 형성하는 시기로, 독립성을 얻기 위해 노력하면서 자신에게 맞는 사회적 동료집단에 어울리기 위해 탐색한다. 때로는 청소년기의 심한 스트레스가 가출이나 비행으로 나타나기도 한다. 결혼과 출산은 청년기와 중년기의 특징적인 사건이다. 어떤 사람은 이 시기에 갑작스러운 임신과 미혼부모의 경험을 하거나 이혼을 경험하기도 한다. 노년기에 경험하는 일은 퇴직과 자녀 출가 후의 결혼생활에 다시 적응하는 것 등이다. 더욱이 많은 노인은 심각한 건강문제와 질병을 극복해야 한다.

아울러 정체성 혼란이나 결혼, 육아, 퇴직, 고립과 같은 경험, 그리고 생애사건 등은 모두 인생의 특정 시기에 일어나는 경향이 있다. 따라서 각 사건이 특징적으로 일어나는 시기에 대해 파악하는 일은 사회복지실천에서 대단히 중요하다.

(6) 다양성, 억압, 위험집단

사회복지사는 인간의 다양성과 그것이 인간행동에 미치는 영향을 인식해야 한다. 개인은 언제든 사회 주류가 아닌 집단에 속할 수 있으며, 이때 차별을 포함해서 다양성의 영향을 받는다. 인종이나 민족, 문화, 계층, 성별, 성 정체감, 종교, 신체적 · 정신적 능력, 연령, 국적 등에 따라 영향을 받으며, 유색인종이나 여성, 동성애자는 특별한 관심을 받는 집단이다. 차별이란 인종이나 성, 종교, 민족성과 같은 특성을 근거로 가하는 선입관과 부정적인 처우를 말한다. 그리고 억압이란 개인이나 집단, 단체에 심각한 제한을 두는 것을 말한다.

3) 체계영향 모델

사회복지사는 클라이언트와 함께 문제를 해결할 뿐 아니라 클라이언트와 관련 있는 주요 체계와 함께 일해야 한다. 이것이 바로 체계영향 모델(systems impact modl: SIM)에서 제안하는 주요 내용이다. 체계영향 모델은 사회복지사가 클라이언트를 위해 기관이나 조직 차원에서 일하는 것을 강조한다. 목표는 서비스의 전달이나 자원의 배분을 바꾸고 개선하는 것일 수 있으며, 지역사회의 조건이나 서비스를 개선하는 것으로 바뀌기도 한다(Zastrow & Kirst-Ashman, 2004).

(1) 클라이언트 체계

무엇보다도 클라이언트 체계는 체계영향 모델의 중심에 있다. 클라이언트 체계는 어려운 문제로 고초를 겪는 개인이나 가족 또는 소집단일 수 있다. 클라이언트 체계는 또한 경제적으로 심각한 곤란을 겪는 지역사회일 수도 있다. 또는 생존과 발전에 필요한 자원을 확보하지 못한 조직일 수도 있다.

(2) 거시조직 체계와 클라이언트 체계의 관계

조직은 자원을 처리하고 클라이언트에게 배분하는 구조를 포함한다. 그리고 클라이언트는 조직 내에서 공식적인 역할이 없기 때문에 자신에게 제공되는 자원을 포함하여 대부분의 조직체계에 직접적인 영향력을 거의 행사하지 못한다. 그러나 클라이언트는 유사한 관심사를 가진 클라이언트와 연대하거나, 기관 행정가에게 변화 압력을 행사하는 전략을 사용하거나, 대중매체에 문제를 알린다거나, 정책결정가나 정치가에게 대안을 제시하는 등의 방법으로 기관의 변화를 유도할 수 있다. 그럼에도 클라이언트는 일반적으로 의사결정 책임자에 비해 상대적으로 변화를 일으킬 힘이 거의 없다. 따라서 클라이언트 체계에서 조직체계로의 연결은 약한 영향력을 가질 수밖에 없다.

(3) 지역사회 체계와 클라이언트 체계의 관계

지역사회란 서로 관련이 있고, 지역사회 구성원이 아닌 다른 사람과 구별 짓는 공통점을 공유하는 사람들의 집단이다. 지역사회는 자원이나 직업, 사회지지 체계로 사람들에게 필요한 것을 투입한다. 지역사회의 두드러진 문제는 지역사회 성원이 정상적으로 기능할 수 있는 능력에 심각한 악영향을 미친다. 예를 들어, 점점 증가하는 도시빈곤은 범죄와 비행, 약물중독 문제, 환경오염, 노인유기, 아동학대, 실업 등의 문제를 낳는다.

따라서 지역사회 체계는 클라이언트를 포함한 개인에게 중요한 영향을 미친다. 클라이언트는 커다란 지역사회의 구성단위 또는 하위체계다. 이 커다란 거시체계의 통합 부분으로 클라이언트는 자신의 지역사회에 영향을 미칠 수 있는 방법을 배운다. 그러나 커다란 지역사회 체계에 미치는 클라이언트의 힘은 크지 않다.

(4) 조직과 지역사회 체계의 관계

사회복지 서비스를 제공하는 조직체계는 지역사회 성원이 활용할 수 있는 자원에 고유한 영향력을 행사하며, 마찬가지로 지역사회 문제와 욕구는 서비스의 특성과 분배에 영향을 준다. 한 예로 효과적으로 기능하는 복지기관은 지역사회에 불필요한 서비스는 결코 제공하지 않는다.

(5) 제도적 가치의 거시체계

제도적 가치의 거시체계는 자원 분배를 결정하는 강력하면서도 역사적으로 오랜 뿌리가 있는 가치와 신념이다. 예를 들어, 부모를 포함한 어떤 성인도 아동에게 신체적으로 가해할 수 없다는 강한 제도적 가치가 있다. 이에 따라 아동폭력을 예방하고 중지하는 보호기관과 담당국을 만든다. 강한 제도적 가치의 다른 예로는 범죄에 대한 처벌로, 중앙정부와 지방정부의 교도체계를 들 수 있다.

(6) 클라이언트에 대한 제도적 가치와 조직적 거시체계의 영향

조직체계와 제도적 가치체계는 모두 클라이언트에게 영향을 미친다. 이 체계들은 클라이언트에게 필요한 자원과 서비스를 결정한다. 만약 조직체계와 제도적 가치체계가 자원을 긍정적으로 고려하지 않는 경우 자원을 제공하지 않게 된다. 예를 들어, 공공부조를 받는 미혼모가 직업훈련을 받고 직장을 구하는 동안 형편에 맞는 적절한 탁아소를 찾는 것은 매우 어렵다. 미혼모에게 좋은 보육서비스를 제공하는 것은 제도적 가치가 아니기 때문이다. 다시 말해, 미혼모에게 이러한 자원이 필요하지 않거나 이러한 서비스를 제공하지 않아야 한다기보다는 공권력을 가진 자들이 직업훈련 이외의 보육서비스와 같은 특정 자원에 대해 가치를 부여하지 않기 때문이다.

(7) 사회복지사 체계

체계영향 모델의 가장 중요한 부분은 사회복지사를 어떻게 활용하는가 하는 점이다. 사회복지사는 미시체계와 중간체계를 직접 다루면서 클라이언트 체계를 위해 다양한 자원을 조정하는 역할을 할 수 있다. 그러나 클라이언트에게 영향을 미치는 거시체계의 영향을 지속적으로 인식해야 한다.

이러한 거시체계 가운데 사회복지사는 조직체계와 관련해 두 가지 논점을 가진다. 첫째, 변화가 필요한 조직체계가 사회복지사 자신이 속한 조직이거나 클라이언트와 관련된 다른 거시체계일 수 있다. 이때 변화를 위해 사용하는 방법은 각각의 경우에 따라 매우 다를 수 있다. 둘째, 사회복지사가 조직에 고용되어 있다면 그 조직의 정책과 규제를 무시할 수 없다. 직무를 수행하고 직업을 유지하기 위해서 조직의 정책을 어느 정도 따라야 하는지를 결정해야 한다. 조직에 대항하며 변화를 모색하는 것처럼 체계에 저항하는 것도 충분히 가능하다.

또한 사회복지사가 거시체계 가운데 지역사회 체계와 관련해서 지역사회 문제를 사정할 때는 개선이나 변화에 대한 욕구가 있는지를 판단해야 한다. 그리고 클라이언트에 대한 지역사회 체계의 잠재적 영향력 때문에 거시적인 측면에서 지역사회의 영향을 사정하는 것도 중요하다.

4) 사회체계와 사회복지실천

인간은 사회체계와의 호혜적 상호관계를 통하여 영향을 주고받는다. 다음에서는 가족에서부터 집단, 조직, 지역사회, 문화, 가상공간에 이르기까지의 다양한 수준의 사회체계가 인간행동에 미치는 영향에 대해서 살펴보고자 한다.

(1) 가족과 사회복지실천

가족은 친밀한 대인관계 경험의 토대를 제공해 주는 사회환경으로서 개인의 행동과 성격 형성에 지대한 영향을 미친다. 가족체계는 가족 성원의 사회화, 사회통제라는 과업을 이행하는 과정에서 개인의 성격 형성에 영향을 미친다.

가족 내에서 일어나는 반복적인 상호작용 유형은 각 개인의 성격과 행동을 결정하는 요인이 된다. 가족체계의 역기능과 가족 성원의 정신장애는 밀접한 관련성이 있는 것으로 알려지고 있다.

가족에 대한 사회복지실천은 가족 성원 개개인에 초점을 맞추는 것이 아니라 생활상의 어려움에 처한 가족을 위하여 가족 전체에 초점을 두고 가족이 안정된 삶을 추구할 수 있도록 가족의 기능을 강화하는 사회 전체의 조직적 노력이라 할 수 있다.

(2) 집단과 사회복지실천

개인은 집단을 떠나서는 생활할 수 없으며, 집단의 한 부분으로 상호작용에 참여하면서 자아정체감을 형성하고 성취감과 좌절감을 경험하면서 성장해 나간다. 따라서 집단은 개인의 행동이나 성격의 변화에 많은 영향을 미친다. 집단은 구성원에게 대인관계의 장을 제공하고 집단과 개인의 목적을 달성할 수 있도록 지지하고 자극함으로써 그들의 성장과 변화를 촉진한다.

개인의 변화보다는 사회개혁이나 책임 있는 시민의 양성에 초점을 둔 사회복지사는 집단역학(group dynamics)을 잘 활용하여 집단 수준에의 개입에 관심을 기울여야 한다. 특히 집단 성원, 전체로서의 집단, 그리고 그 집단을 둘러싼 환경이라는 세 가지 영역에 초점을 두고 세 영역에서의 변화를 추구해야 한다.

(3) 조직과 사회복지실천

인간은 조직 내에서 태어나서 배우고 일하면서 생존과 욕구 충족에 필요한 자원을 획득하고, 조직 속에서 늙고 죽어 간다. 조직이란 목표 또는 사명을 성취하기 위해 특수화되고 상호 연계된 활동에 참여한 사람들의 집합을 말한다.

개인은 조직을 통해서 자신이 바라는 욕구를 충족시키려 하고, 조직은 그 개인들을 통해서 조직목적을 성취하고자 한다. 관료조직은 목표 달성에 공헌하는 대인관계만을 인정하고자 하며, 합리성만을 내세워 구성원의 감정은 무시하고 명령, 압력, 강요, 통제 등을 통하여 개인에게 영향력을 행사하려는 속성을 지니고 있다. 그러나 조직이 개인에게 부정적인 영향만을 끼치는 것은 아니다. 조직은 조직목적을 우선시한다는 점에서는 이익사회의 특성을 지니지만, 동시에 그 목적 달성을 위해서 구성원 간의 결속과 협력을 중시하는 공동사회의 특성도 지니고 있다.

사회복지실천 분야는 서비스가 이루어지는 조직에 따라 달라진다. 일반적으로 사회복지실천에서 조직은 사회복지 서비스를 전달하는 지원체계를 상정한다. 효과적인 사회복지실천을 위해서는 사회복지 시설 및 기관 등 사회복지조직의 합리적인 운영이 요구된다.

(4) 지역사회와 사회복지실천

현대사회에서는 지역사회가 이질적인 사회로 변화됨에 따라 인간의 삶이 더욱 소외되어 가고 있다. 지역사회는 지리적 영역으로서의 '공간기능'과 삶의 방식으로서 함께 하는 '공동체 기능'을 동시에 갖고 있다.

따라서 지역사회의 기능은 개인의 성격 형성과 행동발달에 많은 영향을 미친다. 지역사회는 구성원에게 사회규범에 순응하도록 요구하게 되는데, 이 과정에서 규범은 내면화되고 구성원 개인의 행동에 대한 통제력을 증진시키게 된다.

사회복지 변천의 역사를 볼 때 가족과 지역사회는 특히 사회복지의 주요한 체계로 활용되어 왔다. 클라이언트는 자신의 어떤 욕구가 충족되지 않거나 문제가 해결되지 않을 경우에 가장 먼저 가족에게 도움을 요청하며, 가족의 도움으로 문제가 해결되지 않을 경우 친구, 이웃 등의 순으로 도움을 요청한다. 그런데 이들 친구나 이웃 등은 지역사회의 일원이다. 따라서 지역사회는 스트레스 요인이기도 하지만 사회지지의 원천으로서 자원과 기회의 원천이 되기 때문에 사회복지실천에서 대단히 중요하다.

그리고 지역사회 전체가 사회복지실천의 대상이 되기도 한다. 지역사회는 더욱 안정된 상태를 유지하고, 긍정적인 변화를 도모하고자 하는 욕구와 해결이 필요한 문제를 지니고 있기 때문이다.

(5) 문화와 사회복지실천

인간은 자신이 속한 사회의 문화를 내면화하여 사회의 구성원으로서 사회화되어 가며, 인간관계나 상호작용을 통하여 새로운 문화를 만들어 내기도 한다. 문화는 인간이 사회 성원으로서 살아가는 삶의 방식을 말하는데, 사고하고 행동하며 소유할 수 있는 복합체로서 관념, 규범, 물질로 구성되어 있다. 문화는 역사적으로 전승되므로 시대, 국가와 지역사회, 심지어는 집단과 조직마다 서로 다르지만 서로 유사한 특성을 지니고 있기도 하다. 따라서 문화는 절대적인 속성보다는 상대적 속성이 강하다.

개인, 가족, 집단, 지역사회 등은 다양한 문화를 지니고 있으며 그들의 문화는 사회복지사 자신의 문화와는 다른 문화일 수 있다. 그리고 서구의 사회복지실천 이론과 기술은 우리의 문화 속에서 적절한 것도 많겠지만 상이한 것도 있다. 따라서 우리의 사회복지실천 이론과 기술을 개발하기 위해서는 가장 우선적으로 우리의 고유한 사회와 문화에 대한 사회복지 관점에서의 재해석과 그 적용방안에 대한 연구를 지속적으로 해 나가야 한다.

(6) 가상공간과 사회복지실천

인간의 삶의 영역이 현실세계에 국한되지 않고 점차 가상세계로까지 그 범위가 넓어짐에 따라 가상공간이 인간의 행동과 삶에 미치는 영향력은 현실세계 못지않게 커져 가고 있다. 가상공간은 사이버공간 혹은 사이버스페이스(cyberspace)라고 불리며, 이는 현실세계가 아닌 컴퓨터, 인터넷 등으로 만들어진 가상의 공간을 의미한다.

'사이버스페이스'라는 용어는 윌리엄 깁슨(William Gibson)이 1984년에 쓴 과학소설 『뉴 로맨스(New Romance)』에서 최초로 등장했다. 인공두뇌학(cybernetics)을 뜻하는 cyber와 공간을 뜻하는 space의 합성어로서 현실이 아닌 두뇌 속에서 펼쳐지는 또 다른 우주를 뜻한다. 이러한 사이버스페이스는 존 페리 발로(John Perry Barlow)가 의사전달 공간(communication space)이라는 개념으로 사용하면서부터 일반 용어가 되었다. 사이버스페이스에서는 국경과 이념의 한계가 없으며, 지리적 위치, 시간, 신분상의 제한을 받지 않고 누구에게나 실시간 또는 비실시간으로 정보의 선택 및 송수신이 이루어질 수 있다.

가상공간은 정보의 근원으로서의 기능, 쌍방향 매체로서의 기능, 네트워크로서의 기능, 새로운 삶의 터전으로서의 기능을 한다. 그리고 가상공간이 갖는 특성은 아이디와 아바타에 의한 혼용된 정체성을 형성하게 하고, '익명성'과 '비대면적 상황'을 낫게 하며, '소유'보다는 '관계' 위주의 공동체 형성의 상을 만들어 간다는 점이다.

그러나 가상공간은 다음과 같은 문제점도 가지고 있다. 첫째, 가상공간은 유교사상이 강조된 우리 사회에서 억압된 성에 대한 담론을 익명성이란 이름하에 자유롭게 논의할 수 있는 장을 제공해 준 반면 무절제한 성적 표현과 사이버 포르노의 범람, 사이버 섹스, 사이버 불륜, 사이버 성폭력, 사이버 성매매 등과 같은 각종 성적 일탈과 성범죄가 만연할 수 있는 환경을 만들어 낸다. 둘째, 가상공간 활용 면에서 기성세대는 뒤늦게 습득하여 서툴기도 하고, 혹은 아예 모르는 데서 오는 세대 간의 격차문제를 발생시킨다. 셋째, 사회적으로 가장 많이 거론되는 가상공간의 문제로 사이버 중독문제를 일으킨다(윤영민, 2003; 정태충, 한치근, 홍충선, 임병노, 백수희, 2005; 한양대학교 과학철학교육위원회, 2010; 홍성태, 1996).

따라서 사회복지사는 이러한 문제에 대해 관심을 갖고 현실공간에 존재하는 사회환경뿐 아니라 가상공간이 인간의 행동에 미치는 영향과 가상공간의 순기능을 제고하고, 역기능으로 인하여 파생되는 부적응이나 행동문제를 이해하고 해결할 수 있는 지식과 기술을 습득하여야 할 것이다. 특히 첫째, 클라이언트가 요구하는 정보를 시간과 공간에 제한 없이 제공해야 하고, 둘째, 그들의 욕구와 정보를 효율적으로 파악 · 처리하여 기록해야 하고, 셋째, 복지기관이나 시설 운영과 관리의 효율성 제고에 가상공간을 적극 활용해야 하고, 넷째, 클라이언트의 서비스 접근성 증진에도 활용해야 하고, 나아가서 가상공간에서의 상담과 가족치료도 이루어질 수 있도록 조치해야 하며, 다섯째, 사회복지정책에 대한 다양한 의견 수렴과 대안 모색이 가능해지도록 적극적으로 가상공간을 활용해야 한다.

5) 새로운 패러다임의 활용

(1) 패러다임의 변천

21세기는 지식정보사회다. 따라서 전통적인 패러다임에서 새로운 패러다임으로의 전환이 필요하다. 패러다임(paradigm)은 미국의 과학사학자이자 철학자인 토머스 쿤(Thomas Kuhn)이 그의 저서 『과학혁명의 구조(The Structure of Scientific Revolution)』(1962)에서 처음 제시한 개념이다. 쿤은 패러다임을 한 시대를 지배하는 과학적 인식, 이론, 관습, 사고, 관념, 가치관 등이 결합된 총체적인 틀 또는 개념의 집합체로 정의하였다. 그리고 그는 하나의 패러다임이 나타나면 그 패러다임에서 나타나는 갖가지 문제점을 해결하기 위해 과학자들은 계속 연구 · 탐구활동을 하는데, 이를 정상과학(normal science)이라고 하였다. 이어 정상과학을 통해 일정한 성과가 누적되다 보면 기존의 패러다임은 차츰 부정되고, 경쟁적인 새로운 패러다임이 나타난다. 그러다 과학혁명이 일어나면서 한 시대를 지배하던 패러다임은 완전히 사라지게 되고, 경쟁관계에 있던 패러다임이 새로운 패러다임으로 그 자리를 대신하게 된다고 하였다. 따라서 하나의 패러다임은 영원히 지속될 수 없고 항상 생성, 발전, 쇠퇴, 대체되는 과정을 되풀이함을 알 수 있다.

21세기에 들어와서 패러다임의 성격은 다음과 같이 바뀌고 있다. 첫째, 과학과 기술의 발전, 특히 생명공학과 인터넷의 발전이 가져다줄 인간사회의 문제점을 다루게 될 새로운 패러다임이 부상하게 되었다. 과학의 성과를 인정하면서도 그 문제점을 비판적으로 보면서 매체의 중요성을 이해하는 패러다임이 그것이다. 둘째, 환경문제를 전 지구적으로 다루는 생태 패러다임과 지구촌으로 확대된 생활 반경에 어울리는 새로운 패러다임이 필요하게 되었다. 따라서 행위문제를 다루는 윤리학이나 과학기술의 민주적 통제와 관리를 담당하는 비판적 패러다임은 여전히 유효하다. 셋째, 시대의 변화와 다양한 학문의 발전, 그리고 문화간의 만남으로 연구의 주제가 폭넓어지고 확대되어 가더라도 여전히 영원한 사유의 문제, 즉 인간의 본질, 존재의 본질, 생명의 본성, 공동체의 본성 등에 대한 탐구는 포기되지 않을 것이다.

(2) 전통적 패러다임과 대안가능 패러다임

전통적 패러다임(traditional paradigm)과 새로운 대안가능 패러다임(alternative possible paradigm)을 비교하면 다음과 같다(Schriver, 2004).

첫째, 앎의 방식에서 전통적인 패러다임은 실증주의적, 과학적, 객관적, 양적 개념 중심인 데 반해, 대안가능 패러다임은 해석적, 직관적, 주관적, 질적 개념 중심이다.

둘째, 전통적인 패러다임은 남성 중심적, 가부장적인 데 반해, 대안가능 패러다임은 여성 중심적이다.

셋째, 전통적인 패러다임은 백인 우월적 인종주의 중심인 데 반해, 대안가능 패러다임은 다양성을 기본으로 하는 다문화 중심적이다.

넷째, 전통적인 패러다임은 분리주의적, 몰개성적, 경쟁적인 데 반해, 대안가능 패러다임은 상호관계적, 개성적, 통합적이다.

다섯째, 전통적인 패러다임은 특권(privilege)을 중요시하는 데 반해, 대안가능 패러다임은 억압(oppression)을 중요시한다.

(3) 대안가능 패러다임과 사회복지실천

이제부터 새로운 대안가능 패러다임이 사회복지실천에 영향을 준 몇 가지 개념을 살펴보고자 한다.

1 역량강화

역량강화(empowerment)란 능력을 가지는 것, 능력을 향상시키는 것의 의미를 갖고 있다. 역량강화의 개념을 정의하기 위해서는 흔히 학습된 무기력, 자기효능감의 상실, 그리고 불안, 우울과 같은 부정적 정서의 의미와 관련지어 살펴볼 수 있다. 특히 만성적인 스트레스로 인해 발생한 학습된 무기력과 자기효능감의 상실, 대처행동 능력과 같은 개념은 생태학적 관점에서 스트레스에 대한 대처 패러다임에 기초하여 가장 잘 고찰될 수 있다. 따라서 역량강화는 개인, 집단, 지역사회가 그들의 환경에 대한 통제력을 얻고 그들 자신의 목표를 달성하여 결과적으로 그들 자신과 다른 사람을 원조하여 삶의 질을 최대화시켜 나가는 수단으로 정의된다.

이러한 역량강화 접근의 특성은 다음과 같다. 첫째, 생태체계 관점을 통합하고 있다. 둘째, 클라이언트의 결함보다는 강점을 지향한다. 셋째, 문제 확인보다는 문제 해결을 추구한다. 넷째, 처방에 따른 치료보다는 능력 향상을 추구한다. 다섯째, 전문가의 전문적 능력보다는 클라이언트가 변화과정의 모든 국면에서 완전한 동반자로서 참여해야 한다는 전제하에 전문가와의 협력적 동반자 관계를 강조한다. 여섯째, 환경은 잠재적 자원을 보유하고 있음을 강조함으로써 다양한 환경적 자원을 활성화하는데, 심지어 클라이언트로 하여금 자신을 자원으로 보도록 한다(조홍식, 김연옥, 황숙연, 김융일, 2009).

2 강점이론

역량강화가 클라이언트에게 동기, 능력, 기회 등을 제공하여 사회적 기능 수행을 가능하게 하는 힘을 도출하는 데 초점을 둔다면, 강점이론(strength theory)은 클라이언트가 지니고 있는 잠재능력, 재능, 자질을 강화시켜 줌으로써 사회적 적응을 보다 가능하게 하는 데 초점을 둔다.

강점이론은 총체적인 건강 개념에서 발달되어 왔다. 이 관점은 중증의 정신질환자에 대한 실천 모델로서 가장 잘 개발되어 왔는데, 병리보다 강점, 자기결정을 강조하며 정신질환자도 학습하고 성장하고 변화할 수 있다는 생각을 갖는다.

사회복지사가 클라이언트의 내재된 힘을 지지할 때 그들의 긍정적인 성장 가능성을 고양시킬 수 있는 것이다. 강점이론은 분배정의, 평등, 인간존중, 자율성 추구 등 사회복지의 기본적인 가치와 일치한다.

이러한 강점이론의 특성은 문제가 아닌 도전을 강조한다는 것, 병리가 아닌 강점을 강조한다는 것, 과거가 아닌 미래를 중시한다는 것이다(조흥식 외, 2009).

③ 생태여성주의

생태여성주의(eco-feminism)는 기본적으로 여성 억압과 자연 억압 사이에 중요한 결속관계가 있다는 인식에서 출현했다. 따라서 이 입장은 여성주의 이론과 실천이 생태적 조망을 포함해야 한다고 주장하면서 동시에 생태문제에 대한 해결책도 여성주의 조망을 포함해야 한다고 여긴다. 다만 문제는 여성주의자 간에 그런 결속의 본성에 대한 의견 일치를 이루고 있지 못하다는 사실이다(Warren, 1987).

④ 혼돈이론(카오스이론)

혼돈이론(카오스이론, chaos theory)은 특정 비선형 동역학계가 특정 조건에서 혼돈이라는 현상을 보이는 경우를 연구한다. 이 혼돈은 초기 조건이 조금만 달라져도 결과가 상당히 다르게 나오는 것을 의미한다. 카오스이론은 명칭만을 놓고 보면 자연계의 현상이 너무 혼돈스러워 예측이 불가능하다는 주장으로 오인될 수도 있다. 그러나 핵심 개념 중 하나인 '결정된 혼돈'에서 볼 수 있듯이 이 이론의 중추는 그것의 반대편에 서 있다. '결정적 혼돈'이란 피상적으로는 혼란스러워 보이는 어떤 현상 속에 기존의 설명체계(유클리드 기하학)로는 포착되지 않는 복잡한 구조의 질서가 숨어 있음을 암시한다.

이러한 혼돈현상은 '나비효과'로 잘 알려져 있으며, 지구의 대기, 판구조론, 경제/인구 현상, 다중성계의 궤도 변화 등을 이 이론으로 설명할 수 있다. 따라서 혼돈이론은 복잡한 사회체계 속에서 인간행동을 이해하는 데 무질서 속의 질서를 보여 준다는 점과 개인의 행동이 얼마나 사회체계에 영향을 미칠 수 있는

지를 보여 주는 좋은 단초가 될 수 있다는 점에서 앞으로 사회복지실천에서 효과적으로 활용할 수 있다.

5 가이아이론

가이아이론(Gaia theory)은 영국의 과학자 제임스 러브록(James Lovelock)이 1979년에 『가이아: 살아있는 생명체로서의 지구(Gaia: A New Look at Life on Earth)』란 책을 통해 주장한 새로운 가설이다. 여기서 가이아란 지구와 지구에 살고 있는 생물, 대기권, 토양, 대양까지를 포함하는 하나의 범지구적 실체를 말한다. 따라서 가이아이론은 지구를 생물과 무생물이 상호작용하는 생물체로 바라보면서 지구가 생물에 의해 조절되는 하나의 유기체임을 강조한다. 이 이론은 하나의 가설에 지나지 않지만 지구 온난화 현상 등 오늘날 지구환경 문제와 관련되어 새롭게 주목을 받고 있다.

가이아이론의 핵심 내용은 우선 자기조절 능력을 강조한다. 지구상의 모든 생명체는 외부 환경으로부터 자유 에너지를 섭취하여 자기 생존에 맞게 조절하는 능력을 지녔다는 뜻이다. 또한 살아 있는 지구를 강조한다. 지구의 생물권, 대기권, 대양, 그리고 토양까지를 포함하는 하나의 복합적인 실체를 은유적으로 가이아라고 표현하였다. 마지막으로 항상성을 강조한다. 가이아는 지구상의 모든 생물을 위하여 스스로 적당한 물리적 · 화학적 환경을 조성할 수 있도록 피드백 장치나 사이버네틱 시스템을 구성한 총합체인데, 이때 능동적 조절에 의한 균일한 상태의 유지를 항상성 유지라고 한다.

이러한 가이아이론은 생태체계를 강조하는 사회복지실천과 상당한 유사점을 갖고 있다.

요 약

인간행동과 성격, 인간의 발달에 대한 내용, 가족 · 소집단 · 조직 · 지역사회 · 문화 등의 사회환경, 인간행동과 사회환경의 관계 등에 대한 이해를 돕는 사회복지 교과목이 바로 '인간행동과 사회환경'으로 사회복지학에서 차지하는 이 교과목의 위상은 매우 높다고 할 수 있다. 인간행동과 사회환경에 관한 충분한 이해는 실제적인 사회복지실천의 밑바탕이 된다.

인간행동을 이해하기 위한 접근법으로는 ① 인간행동의 주된 결정요인인 성격에 대한 접근법, ② 인간의 수정에서부터 사망에 이르기까지의 변화와 안정성, 즉 인간발달에 대한 접근법, ③ 인간의 이상행동 또는 부적응행동에 대한 접근법 등을 들 수 있다.

한편 사회환경은 인간행동을 분석하고 이해하는 데 매우 중요하기 때문에 사회환경에서 체계의 영향을 살펴보는 것이 매우 중요하다. 사회복지실천은 개인과 환경의 다양한 체계 간 상호작용에 초점을 둔다.

사회복지실천에서 인간행동과 사회환경을 잘 이해하기 위해서는 ① 환경 속의 인간(PIE) 개념, ② 다중체계 개념, ③ 체계영향 모델, ④ 인간행동과 사회환경에 대한 상호관계 이론으로서 사회체계이론과 생태체계이론, ⑤ 가족에서부터 집단, 조직, 지역사회, 문화, 가상공간에 이르기까지의 다양한 수준의 사회체계가 인간행동에 미치는 영향, ⑥ 새로운 패러다임의 활용 등을 충분히 고려해야 한다.

핵심 용어

가상공간(cyberspace)　사이버공간 혹은 사이버스페이스라고 불리며 현실세계가 아닌 컴퓨터, 인터넷 등으로 만들어진 가상의 공간을 의미.

가이아(Gaia)　지구와 지구에 살고 있는 생물, 대기권, 토양, 대양까지를 포함하는 하나의 범지구적 실체.

다중체계(multiple system)　미시체계(개인, 가족, 소집단)와 개인을 포함한 중간체계

(조직, 지역사회), 그리고 지역사회보다 큰 사회 전체와 국가, 문화, 가상공간 등 거시체계를 통합한 체계.

이상행동 또는 부적응행동(abnormal behavior or maladaptive behavior) ① 사회문화적 규범에서 벗어나는 행동, ② 이상적 인간행동 유형에서 벗어나는 행동, ③ 통계적으로 보통 사람의 평균적 특성에 벗어나는 행동, ④ 환경의 요구에 순응하거나 환경을 변화시키는 환경과의 적응능력을 저하시키는 행동, ⑤ 개인에게 불편감, 고통 또는 심리적 갈등을 유발하는 행동.

인간발달(human development) 인간의 출생에서부터 사망에 이르기까지 전 생애에 걸쳐 연속적으로 일어나는 변화의 양상과 과정.

인간행동(human behavior) 인간의 신체적 움직임뿐만 아니라 사고나 인지과정 등 정신적 행동까지 포함하는 개념.

패러다임(paradigm) 한 시대를 지배하는 과학적 인식, 이론, 관습, 사고, 관념, 가치관 등이 결합된 총체적 틀 또는 개념의 집합체.

혼돈이론(카오스이론, chaos theory) 특정 비선형 동역학계가 특정 조건에서 혼돈을 나타내는 현상의 불확실성에 관한 이론.

환경 속의 인간(person in environment: PIE) 인간을 환경과 분리된 실체가 아닌 환경과 통합된 총체로서 이해하는 관점.

생각할 문제

1. '인간행동과 사회환경' 교과목이 사회복지학에서 차지하는 위상에 대해 논해 보시오.
2. 인간행동을 이해하기 위한 세 가지 접근법에 대해 설명해 보시오.
3. 환경 속의 인간(PIE) 개념, 다중체계 개념, 체계영향 모델 등에 대해 설명해 보시오.
4. 새로운 대안가능 패러다임이 사회복지실천에 영향을 준 주요 개념을 설명해 보시오.

참고문헌

김동배, 권중돈(2005). 인간행동이론과 사회복지실천(증보판). 서울: 학지사.

송명자(2008). 발달심리학. 서울: 학지사.

윤영민(2003). 사이버공간의 사회. 서울: 한양대학교출판부.

이인정, 최해경(2007). 인간행동과 사회환경(개정2판). 파주: 나남출판.

이현수(2002). 이상행동의 심리학. 서울: 대왕사.

정옥분(2004). 발달심리학: 전생애 인간발달. 서울: 학지사.

정태충, 한치근, 홍충선, 임병노, 백수희(2005). 인터넷과 사이버 스페이스. 서울: 인터버젼.

조홍식, 김연옥, 황숙연, 김융일(2009). 사회복지실천론(개정3판). 파주: 나남출판.

한국사회복지 교육협의회(2006). 사회복지학 교과목지침서. 서울: 한국사회복지 교육협의회.

한양대학교 과학철학교육위원회(2010). 인문사회계 학생을 위한 과학기술의 철학적 이해(제5판). 서울: 한양대학교출판부.

홍성태 편(1996). 사이버공간, 사이버문화. 서울: 문화과학사.

Baer, B. L., & Federico, R. C. (1978). *Educating the baccalaureate social worker*. Cambridge, MA: Ballinger.

Beck, U. (2006). 위험사회: 새로운 근대(성)을 향하여(홍성태 역). 서울: 새물결. (원저는 1986년 출간)

IASSW. (2005). *Global standard for social education and training: Final document*.

Lovelock, J. (2004). 가이아: 살아있는 생명체로서의 지구(홍욱희 역). 서울: 갈라파고스. (원저는 1979년 출간)

Rosenhan, D. L., & Seligman, M. E. P. (1989). *Abnormal psychology* (2nd ed.). New York: W.W. Norton.

Schriver, J. M. (2004). *Human behavior and the social environment* (4th ed.). Boston: Allyn & Bacon.

Shaffer, D. R. (2005). 발달심리학(송길연, 장유경, 이지연, 정윤경 공역). 서울: 시그마프레스. (원저는 2000년 6판 출간)

Warren, K. J. (1987). Feminism and ecology: Making connections. *Environmental Ethics, 9*, 4-15.

Zastrow, C., & Kirst-Ashman, K. K. (2004). *Understanding human behavior and the social environment* (6th ed.). Belmont, CA: Brooks/Cole.

제2장

정신역동이론

1. 프로이트 이론
2. 에릭슨 이론
3. 기타 정신역동이론
4. 정신역동이론과 사회복지실천

정신역동이론은 인간의 성격을 이해하려는 많은 연구자와 실천가에게 상당한 영향을 미쳐 다른 여러 성격이론을 발달시키는 기초가 되었다. 특히 정신역동이론의 창시자인 프로이트(S. Freud)의 정신분석이론은 인간 본성 및 성격발달 과정에 대한 이해에 있어서 행동을 동기화하는 정신역동적 요소로 무의식의 역할에 초점을 두는 새로운 시각을 제공했다. 정신역동이론 중 어떤 이론은 프로이트의 정신분석이론을 확장시켰거나 그 개념을 수정하였으며, 어떤 이론은 프로이트의 이론에 대한 반발로 생겨났다. 정신역동이론에는 프로이트의 정신분석이론, 프로이트의 이론을 여러 면에서 확장시킨 에릭슨(E. Erikson)의 심리사회적 발달이론, 아들러(A. Adler)의 개인심리학, 융(C. G. Jung)의 이론 등이 포함된다.

1 프로이트 이론

1) 프로이트의 생애와 인간관

(1) 프로이트의 생애

오스트리아의 신경과 의사였던 프로이트(Sigmund Freud, 1856~1939)는 정신분석 심리학의 창시자다. 프로이트는 1856년 체코에서 8형제 중 맏이로 태어났다. 양모 상인인 그의 아버지는 그 시대의 다른 아버지들처럼 권위적이었다. 그의 가정은 가난하였지만, 부모는 명석한 그에게 기대를 걸고 교육하였다. 프로이트는 다방면에 관심이 많았지만 결국 그는 의사가 되기로 결심하고 비엔나 대학교에서 의학 박사학위를 취득한다. 프로이트는 그의 스승 브뤼케(E. Brüke)의 '생명 조직체는 역동적 체계다'라는 정신역동(psychodynamics) 개념을 접하게 된 후 정신분석이론을 형성하고 확장하는 데 생애의 대부분을 투

Freud

자했다. 그 후 히스테리 증상에 흥미를 갖게 되었으며, 히스테리 증상이 정신적 갈등과 관련이 있음을 발견하고 자유연상을 치료에 도입하게 된다. 그는 40대 초반에 많은 정신·신체장애를 앓았으며 죽음에 대한 심한 공포증도 겪었다. 이 시기에 그는 자기 분석이라는 힘든 작업을 하고 있었으며 자신의 꿈의 의미를 탐색함으로써 성격발달의 역동에 대한 통찰을 얻게 된다. 어린 시절의 기억을 탐색하면서 아버지에 대한 강한 적대감과 어머니에 대한 성적 감정을 확인하였고, 후에 다른 환자에게서 발견한 사실과 자기 분석에서 발견한 사실을 통합하여 이론을 형성하게 된다. 1900년에 발간된 『꿈의 해석(Die Traumdeutun)』에서 프로이트는 자신의 꿈, 기억, 어린 시절을 분석하고 인간의 심리에 미치는 무의식의 절대적 영향력을 주장하였나. 프로이트는 전집을 총 24권이나 펴낸 매우 창조적이고 생산적인 이론가였다. 그의 이론은 신프로이트 학파라고 불리는 융, 아들러, 안나 프로이트(A. Freud)에 의해 더욱 발전되었다. 하지만 프로이트는 자신과 학문적 견해를 달리하는 동료에 대해 참지 못하고 그들과 결별했다. 융과 아들러가 대표적인 예다. 프로이트 이론은 심리학과 정신의학뿐 아니라 문학, 예술, 종교 등 20세기 인류문명에 광범위하게 영향을 주었다. 프로이트는 인간행동을 이해하는 새로운 기법을 개척한 이론가로서 현재까지도 다양한 성격이론 및 기법에 큰 영향을 미치고 있다.

(2) 프로이트의 인간관

프로이트는 인간본성에 대하여 기본적으로 결정론적 관점을 가지고 있다. 프로이트에 따르면 인간의 행동은 비합리적인 힘, 무의식적인 동기, 그리고 생의 초기 6년간 형성된 본능적 충동에 의해 결정된다. 본능은 프로이트적 접근의 핵심이다. 프로이트는 초기에 성적 에너지를 리비도(libido)라 불렀지만 후에는 모든 삶의 본능적 에너지를 리비도라 부름으로써 리비도라는 의미를 확장시켰다. 리비도는 인간의 성장, 발달, 창조성을 추구한다. 리비도는 성적 에너지를 포함하지만 그 이상의 동기의 원천으로 이해되어야 한다. 프로이트는 즐거움을 포함하는 모든 활동을 삶의 본능이라는 개념에 포함시키며 삶의 목표는 고통을 피하고 쾌락을 얻는 것이라고 하였다. 그는 죽음의 본능이라는 개념으로 공격적 욕구를 설명했다. 그에 따르면 인간은 때로는 자신이나 타인을 죽이거나 해치려는 무의식적 소망을 행동으로 나타낸다. 프로이트는 성적 충동이나 공격적 충동을 인간행동의 강력한 결정요인이라고 하였다(Corey, 2010).

2) 주요 개념

(1) 의식과 무의식

프로이트의 가장 큰 공헌은 인간의 행동을 이해하는 핵심인 무의식과 의식에 대한 개념이다. 프로이트는 눈에 보이지 않는 인간의 정신을 지도로 제시하여 가시화하였다.

프로이트는 인간의 정신과정을 빙산에 비유하며 의식(conscious), 전의식(preconscious), 무의식(unconscious)의 세 가지로 구성되어 있다고 하였다. 프로이트에게 의식은 전체 마음 가운데 얇은 표면에 불과하다. 빙산의 대부분이 수면 아래에 있는 것처럼, 마음의 대부분은 의식이란 표면 아래에 있다. 전의식은 물 위와 아래를 오락가락하는 수면의 경계 부분에 해당하고, 무의식은 물 아래 보이지 않는 부분이지만 인간의 사고와 행동을 전적으로 통제하는 정신세계다.

의식은 개인이 어느 순간에 인식하고 있는 모든 것을 나타내는 정신과정이다. 그러나 프로이트는 개인이 인식할 수 있는 의식은 정신생활의 극히 일부분이라고 믿었다. 프로이트의 관점에서 보면 의식은 일시적인 것이며 규칙적이기보다는 예외적인 것이다. 전의식은 즉시 인식되지는 않지만 조금만 집중하고 노력하면 접근 가능한 영역이다. 무의식은 욕구나 본능이 깊이 자리하고 있는 영역으로, 인식할 수 없고 직접적으로 확인할 수 없는 접근 불가능한 창고다. 무의식은 의식 밖에 존재하는 정신세계로 본능, 억압된 관념이나 감정 등이 잠재되어 있는 곳이다. 무의식은 직접 인식될 수는 없지만 행동으로부터 추론될 수 있다.

무의식에는 모든 경험, 기억, 억압된 재료가 저장되어 있으며 무의식적 과정은 모든 신경증적 증상이나 행동의 근원이다. 사람들이 동기를 의식해야 행동을 선택할 수 있기 때문에 정신분석적 접근 치료법의 목표는 무의식적 동기를 의식화하는 것이다.

(2) 원초아, 자아, 초자아

프로이트는 초기 성격구조이론의 중심을 무의식에 두었으나, 1920년대에 이 모형을 수정하여 인간의 성격구조는 원초아(id), 자아(ego), 초자아(superego)의 세 체계로 이루어져 있다는 이론을 제시하였다. 원초아는 생물학적 구성요소이고, 자아는 심리적 구성요소이며, 초자아는 사회적 구성요소다. 이 세 체계는 분리된 요소로서가 아니라 상호작용 속에서 전체로서 기능한다.

원초아는 사람이 출생할 때부터 존재하는 성격의 최초 세계다. 원초아는 정신에너지의 최초의 원천이며 본능적 욕구를 관장하는 곳으로 대부분 인식되지 않으며 무의식적이다. 원초아는 비논리적이고 도덕관념이 없으며 본능적 욕구 만족을 추구하는 쾌락원리(pleasure principle)의 지배를 받는다. 쾌락원리는 고통회피와 즉각적 긴장 감소를 목적으로 하며, 생각을 하지 않고 단지 요구하거나 행동한다.

자아는 현실이라는 외부 세계와 접촉하면서 형성된다. 자아는 성격을 지배하고 통제하고 조절하는 실행자다. 자아는 현실원리(reality principle)에 의해 지배되므로 현실적이고 논리적인 사고를 하며 욕구를 만족시키기 위해 행위에 대한 계획을 세운다. 자아는 원초아로부터 파생되어 발달하였기 때문에 원초아적인 에너지를 받아들이며 원초아로부터 독립적일 수 없다. 자아는 원초아적 욕구를 충족시키기 위하여 작용하지만 원초아의 맹목적인 충동을 견제하며 정신적 심상과 외부 세계의 사물을 구분한다.

초자아는 성격에 있어서 판사와 같은 부분으로 세 구조 중 마지막으로 발달하는 체계다. 초자아는 그 사람의 도덕원리로 행위의 선함과 악함, 옳고 그름을 구분하는 것이다. 초자아는 현실이 아닌 도덕적 목표와 이상을, 쾌락보다는 완전을 추구한다. 초자아는 선천적으로 타고나는 것이 아니라 부모로부터 아이들에게 계승되는 그 사회의 전통적 가치나 이상을 나타낸다. 초자아는 부모나 사회의 도덕적 가치가 내면화된 것으로 양심과 자아이상으로 구성되어 있다. 양심은 부모로부터 받은 비난과 처벌에 의해 형성되는 것으로 죄책감을 느끼는 것이다. 자아이상은 부모의 보상에 의해 형성되는 것으로 자부심이나 자기애와 관련이 있다.

(3) 불안과 방어기제

프로이트와 그의 딸 안나 프로이트는 불안이 어떤 것인지, 사람들이 불안에 대해 어떻게 대처하는지에 주목하였다. 사람은 누구나 어느 정도의 불안을 경험한다. 불안은 어떤 행동을 하도록 우리를 동기화시키는 긴장 상태를 말한다. 불안은 원자아, 자아, 초자아 사이의 갈등이 정신 에너지의 통제를 넘어설 때 생긴다.

불안은 신경증적 불안, 현실적 불안, 도덕적 불안으로 나타난다. 신경증적 불안은 성적 충동이나 공격적 충동과 같은 본능이 통제되지 않은 행동에 대한 공포다. 현실적 불안은 현실세계에 있는 위협적인 상황에 대한 두려움이다. 그리고 도덕적 불안은 도덕이나 양심에 위배되는 생각이나 행동에 대한 양심과 죄의식에 의해 생기는 불안이다. 현실적 불안은 실제 위험의 정도와 비례하나, 신경증적 불안과 도덕적 불안은 개인 내 힘의 균형이 위협을 받을 때에 생긴다. 자아가 합리적이고 직접적인 방법으로 불안을 통제할 수 없을 때는 자신을 불안으로부터 보호하기 위하여 무의식적으로 방어기제를 사용한다.

인간은 삶을 살아가면서 성적 충동, 공격적 충동, 적개심, 원한, 좌절감 등 여러 요인에서 오는 갈등을 경험하게 된다. 이때 인간은 갈등으로부터 자신을 방어하고 내적 긴장을 완화할 수 있는 다양한 심리적 기제를 사용하게 되는데, 이것이 자아방어기제다. 자아방어기제는 개인이 불안을 극복하고 자아가 불안에 압도되지 않도록 돕는 무의식 수준에서 일어나는 자아기능의 한 측면이다. 자아방어기제는 병적인 것이 아닌 정상적인 행동이다. 자아방어기제는 정신내적 갈등의 원천을 왜곡하거나 대체하거나 차단하는데, 대부분 한 번에 하나 이상의 방어기제가 동시에 동원된다. 이러한 방어기제는 불안을 감소시킬 뿐 아니라 긍정적인 사회적 결과를 가져오기도 하므로 정상인도 자주 사용하게 된다. 자아방어기제의 적절한 사용은 적응을 도모하고 정신건강을 유지하는 데 도움을 준다. 하지만 자아방어기제를 과도하게 사용하게 되면 실제의 감정이나 충동을 인식하지 못하고 현실을 정확하게 평가할 수 없기 때문에 정신건강 문제를 야기하게 된다. 개인이 사용하는 방어는 개인의 발달 수준과 불안 정도에 따라 다르다.

다음은 자아방어기제에 대한 간략한 기술이다.

① 억압

억압(repression)은 다른 자아방어기제나 신경증적 장애의 기초가 되는 것으로, 위협적이거나 고통스러운 생각, 감정을 인식하지 못하도록 하는 자기방어 수단이다. 특히 생의 초기 5년 동안의 고통스러운 생각은 억압에 의해 의식에서 배제되지만 의식의 배후에 남아 이후의 행동에 영향을 미치게 된다.

② 부인

억압과 유사한 방어적 역할을 하는 부인(denial)은 가장 원초적인 자아방어기제의 하나다. 부인은 일반적으로 전의식이나 의식 수준에서 작동하며, 충격적인 상황에서 개인이 생각하고 느끼고 지각한 것을 거부한다. 사람들이 재난과 같은 비극적이거나 충격적인 상황에서 고통스러운 현실을 인정하지 않고 스스로 눈을 감아 버리는 것이 부인의 예다.

③ 반동형성

사람들은 위협적 충격에 대해 때로는 적극적으로 상반되게 표현한다. 이와 같이 용납할 수 없는 감정이나 충동을 정반대의 감정이나 행동으로 대체시켜 표현하는 것이 반동형성(reaction formation)이다. '미운 놈 떡 하나 더 준다'는 속담은 반동형성을 잘 반영한 것이다.

④ 투사

투사(projection)는 받아들일 수 없는 자신의 욕망이나 충동을 타인에게 귀인하는 것이다. 윤리적으로 사랑해서는 안 되는 이성에게 성적 매력을 느끼는 경우 그 이성이 자신을 유혹한다고 주장함으로써 죄의식을 가질 필요가 없게 된다.

⑤ 전치

전치(displacement)는 자신이 위협적으로 느끼는 대상에서 보다 안전한 대상으로 불안을 이동시켜서 충동을 해소하는 것이다. 충동이나 욕구를 불러일으킨 원래의 대상이나 사람에게서 해소할 수 없을 때 다른 대상이나 사람에게로 에너지를 향하게 하는 것이다. '종로에서 뺨 맞고 한강에서 눈 흘긴다'는 우리 속담이 전치의 예다.

⑥ 합리화

상처입은 자아를 설명하기 위해 타당한 이유를 내세우는 것이 합리화(rationalization)인데, 이것은 행동을 정당화하고 실망과 관련된 충격을 경감하는 데 도움을 준다. 합리화에는 자신이 원한 목표에 도달하지 못하면 자신은 처음부터 그것을 원하지 않았노라고 자신을 확신시키는 신포도(sour grape)형, 자기가 현재 가지고 있는 것이야말로 바로 자신이 원하던 것이라고 스스로 믿는 달콤한 레몬(sweet lemon)형 등이 있다.

⑦ 승화

승화(sublimation)는 본능적 욕구나 충동 에너지를 사회적으로 허용되고 때로는 칭찬까지 받는 형태로 전환하는 것이다. 공격적 충동은 체육활동으로 전환될 수 있다. 또한 많은 위대한 예술작품은 성적 혹은 공격적 에너지를 창조적 활동으로 전환시킨 결과다.

8 퇴행

퇴행(regression)은 사람들이 실패 가능성이 있거나 불안한 상황을 벗어나기 위해 초기의 발달단계나 행동양식으로 후퇴하는 것이다. 학교생활을 두려워하는 아이들은 울기, 손가락 빨기, 숨기, 선생님에게 매달리기 등과 같이 자신의 나이에 맞지 않는 유아적 행동을 보이기도 한다.

9 동일시

동일시(identification)는 용납할 수 없는 충동 자체는 부정하고 그 충동을 가지고 있는 사람 또는 그 사람의 일면과 동일화하여 받아들이는 과정을 말한다. 아버지를 무시워하는 아들이 그 아버지를 닮아 가는 것이 동일시의 예다.

10 보상

보상(compensation)은 심리적으로 어떤 약점이나 제한점이 있는 사람이 그것을 보상받기 위하여 다른 어떤 것에 몰두하는 것이다. 그 예로 자신의 친부모에게 효도를 하지 못한 사람이 이웃의 홀로된 노인을 극진히 부양하는 경우를 들 수 있다.

3) 심리성적 발달단계

프로이트 정신분석학 이론의 중요한 공헌 중의 하나는 출생부터 성인기까지의 발달단계에 대한 기술이다. 프로이트의 발달단계는 심리성적 발달(psychosexual development)단계라 하는데 성적 에너지인 리비도가 집중된 부위에 따라 발달단계를 나누었기 때문이다. 프로이트의 발달이론은 생물학적 성숙과 심리적 발달의 관련성에 초점을 맞추었다. 정신분석이론에서는 사전에 결정된 단계가 전개됨에 따라 심리적 성숙이 이루어진다고 보았으며, 유전적 요인과 생의 초기 6년간의 생활 경험의 결과로 성격이 형성된다고 하였다.

(1) 구강기(생애 첫 1년)

프로이트는 생의 첫 1년을 구강기라고 하였다. 유아는 빨기를 통하여 성적 기쁨을 충족시키며, 탐욕과 욕심은 생의 초기 1년 동안에 충분한 사랑과 음식을 받지 못한 결과로 생길 수 있다. 구강단계에서 파생되는 성격문제로는 불신에 기초한 세계관, 타인에게 손을 내밀고 다가가는 것에 대한 두려움, 애정의 거부, 사랑과 믿음에 대한 두려움, 낮은 자존감, 고립과 위축, 긴밀한 관계 형성과 유지의 무능 등이다. 구강기의 주요 과업은 분리와 개별화, 대상관계의 형성이다.

(2) 항문기(1~3세)

1~3세 시기에 성감대가 항문 영역으로 옮겨 간다고 해서 항문기라 부른다. 이 시기의 아동은 계속적으로 부모의 요구에 직면하고 대상을 다루고 환경을 탐색하면서 욕구 좌절을 경험하고 배변 통제를 요구받는다. 배변훈련이 시작되면 아동은 원칙에 대한 최초의 경험을 한다. 배변훈련이 너무 엄격하면 아동은 부적절한 때와 장소에서 배변을 함으로써 자신의 분노를 표현하려 한다. 이런 행동은 잔인함, 부적절한 분노의 표현, 극단적인 무질서 등과 같은 성인기 성격의 기초가 될 수도 있는데 이를 항문기 공격형 성격이라 부른다. 반대로 어떤 부모는 자녀가 배변을 할 때마다 칭찬을 함으로써 배변행동을 지나치게 중요한 것으로 생각하게 만들 수 있다. 이러한 관심은 극단적인 질서정연함, 탐욕, 인색함, 고집 등과 같은 고착행동으로 나타나게 되는데 이를 항문기 보유형 성격이라고 한다(Corey, 2010).

(3) 남근기(3~6세)

이 시기에 아동의 성적 에너지는 성기에 집중된다. 남근기의 주요 갈등의 초점은 이성의 부모에게서 느끼는 무의식적 근친상간의 욕구다. 이 욕구는 매우 위협적이므로 대개의 경우 억압된다. 남근기의 소년은 어머니에 대한 근친상간적 감정 때문에 어머니의 관심을 바라고 아버지에 대해서는 적대감과 두려움을 갖게 된다. 이것이 오이디푸스 콤플렉스(Oedipus complex)다. 이때 소년에게 남근과 연관된 구체적인 공포가 생기는데 이것을 거세불안이라고 한다. 오이디푸스적 갈등이 적절히 해소되면 소년이 어머니에게서 느끼는 성적인 열망은 수용할 수 있는 애정으로 바뀐다. 여성의 발달에 대한 프로이트 학파의 관점은 많은 논쟁을 일으켰다. 소년의 오이디푸스 콤플렉스와 같이 이 시기의 소녀들은 엘렉트라 콤플렉스(Electra complex)를 갖는다. 소녀는 자기에게 남근이 없음을 알고 어머니에게 부정적 감정을 갖게 되는데 이것을 남근선망이라고 한다. 이 시기의 소녀는 아버지의 관심을 끌기 위해 어머니와 경쟁하려 하나, 어머니의 대적이 될 수 없음을 인식하게 되면 어머니와 동일시하게 된다. 프로이트의 성은 일반적으로 사용하는 의미보다 더 넓은 개념으로 모든 신체적 쾌락을 의미한다. 성에 관한 호기심, 성적 환상, 자위, 성역할 동일시, 성놀이 등이 이 시기에 나타난다(Corey, 2010).

(4) 잠복기(6~12세)

남근기가 지나가면 아동은 비교적 차분한 휴식기를 갖게 된다. 이 잠복기 동안에는 새로운 흥미가 아동의 성적 충동을 대신한다. 가정을 벗어나 더 넓은 사회에서 다른 사람과 접촉하면서 사회화가 일어나고, 아동은 흥미를 더 넓은 세계로 돌린다. 이 시기에 아동의 성적 충동은 학교에서의 활동, 취미, 운동, 동성 친구와의 우정 등으로 상당 부분 승화된다.

(5) 생식기(12세 이상)

이 시기의 아동은 이전 단계에 고착되어 있지 않는 한 생식기로 넘어간다. 이 시기에 청소년은 대개 이성 친구에게 관심을 보이고 성적 시도를 하고 성인으로서의 책임을 갖기 시작한다. 그들은 청년기를 지나 성인으로 성숙해 감에 따라 부모의 영향력에서 자유로워지고 가족 이외 타인에게 관심을 보이고 친밀한 관계를 형성하는 능력을 발달시킨다. 생식기 이전 시기가 자기애에 머물러 있는 시기라면, 잠복기에 들어서면서 서서히 외부 세계의 사물에 대한 관심이 시작되고, 생식기에는 자기애에서 벗어나 이타적 행동과 타인에게 관심을 갖게 된다.

2 에릭슨 이론

1) 에릭슨의 생애와 심리사회학적 관점

(1) 에릭슨의 생애

Erikson

에릭슨(Erik H. Erikson, 1902~1994)은 1902년 독일의 프랑크푸르트에서 덴마크인 아버지와 유태인 어머니 사이에서 태어났다. 부모는 에릭슨이 태어나기 전에 이혼하였고, 에릭슨이 3세 되던 해에 어머니는 지방의 소아과 의사인 유태인과 재혼하였다. 에릭슨은 유태인 사이에서 전형적인 덴마크인 외모 때문에 이방인 취급을 당하였고 학교에 잘 적응하지 못하였다. 그는 고등학교 졸업 후 1년간 유럽 여행을 하였고 잠시 미술공부를 하다가 다시 여행을 하였다. 그는 스스로 이 기간을 유예기라고 부른다. 이러한 방황 경험이 자아정체감 유예와 같은 심리사회학적 개념 형성에 영향을 미친다. 25세에 안나 프로이트가 설립한 어린이 연구소에서 아동을 가르치면서 아동 정신분석을 연구하였다. 그는 결혼 후 미국에 정착하여 아동분석가로 활동하였다. 예일 대학교에 재직 당시 인디언 보호지역에 들어가 살면서 그들에 대한 연구를 하였다. 이후 다른 지역의 인디언 부족에 대한 연구를 하면서 아동의 생활과 성격에 영향을 미치는 상이한 문화환경에 대한 연구를 하게 된다. 그의 이론을 심리사회적 성격이론이라고 칭하는 것도 그가 인간의 성격에 영향을 미치는 사회적 요소를 중시했기 때문이다. 에릭슨은 공식 학위는 없었지만 하버드 대학교의 교수로 임명되고 은퇴하였으며 1994년에 92세로 사망하였다.

(2) 에릭슨의 심리사회학적 관점

프로이트의 정신분석이론은 프로이트 사후에 많은 수정이 이루어지기 시작하였는데 그중 두드러진 이론이 자아심리이론이다. 자아심리 이론가들은 자아(ego)는 원초아(id)에서 분화되는 것이 아니고 독립적으로 형성되고 지속적으로 발달해 나간다고 하였다. 또 프로이트가 성격발달을 정신내적 갈등의 결과물로 규정한 데 비해, 자아심리 이론가들은 사회문화적 환경이 성격발달에 지대한 영향을 미친다고 하였다. 이런 관점을 지닌 대표적 학자가 바로 에릭슨이다.

에릭슨의 이론은 기본적으로 프로이트 이론에 바탕을 두고 있다. 에릭슨은 프로이트와 마찬가지로 기본적으로 인간의 행동이 생물학적 요인에 의해 동기화된다고 본다. 하지만 발달은 일생을 통해 이루어지며, 사회학적 관심에 대한 욕구와 환경을 통제하고자 하는 욕구 등의 사회적 요인에 의해 자극을 받는다고 보았다. 즉, 성격발달의 주요 초점이 환경과의 상호작용에 있다는 것이다. 에릭슨은 어떤 심리적 현상이라도 반드시 생물학적 · 행동적 · 경험적 · 사회적 요인 간의 상호작용으로 이해해야 한다고 하였다. 이와 같은 에릭슨의 심리사회학적 관점의 특징은 인간의 전 생애에 걸친 발달과 변화를 강조하고, 병리적인 것보다 정상적인 측면과 건강한 측면을 강조하며, 자아정체감의 확립을 중시하고, 문화적 · 역사적 요인과 성격구조의 관련성을 중시한 점이다(김동배, 권중돈, 2005).

2) 주요 개념

(1) 자아

에릭슨은 인간을 합리적이고 창조적인 존재로 보았으며, 인간행동은 의식 수준에서 통제가 가능한 자아에 의해 동기화된다고 보았다. 에릭슨은 자아를 일생 동안의 신체 · 심리 · 사회적 발달과정에서 외부 환경에 대처하고 적응하는 과정에서 형성되는 역동적인 힘으로 규정하였다. 또 에릭슨은 부모와 형제 그리고 주변 사람을 포함한 사회 구성원의 영향을 받아 인간의 성격은 형성된다고 보았다. 에릭슨에 따르면 자아는 개인이 직면하는 갈등이나 문제에 대한 합리적인 해결방안을 탐색하고, 현실을 검증하며, 창조적으로 문제를 해결해 나가는 한편 새로운 대안을 모색한다. 그리고 자아기능은 자율적이고 타고난 것이며, 개인과 환경 간의 관계를 중재하고 방어기제를 통하여 불안으로부터 개인을 보호하는 기능을 한다. 에릭슨은 자아의 기능 가운데 환경에 영향력을 행사하며 자아가 환경을 지배하고자 하는 자아통제(ego mastery) 역할이 중요하다고 하였다.

(2) 자아정체감

에릭슨의 심리사회이론의 초점은 개인이 자아정체감을 발전시키는 과정이다. 자아정체감은 개인이 '나는 누구이며 어느 위치에 서 있는가'를 알고자 하는 인식과 노력의 결과로 형성된다. 에릭슨은 자아정체감을 찾으려는 노력이 본격적으로 청소년기에 시작되기는 하지만 일생 동안 지속되는 과정이라고 보았다.

3) 에릭슨의 발달단계

에릭슨에 따르면 인간은 생리적 성숙과 단계별로 개인에게 부과된 사회적 요구로 인해 위기에 직면하게 되는데, 잠재력을 발휘할 수 있는 사회적 여건이 충족되어 각 단계에서 직면하는 위기를 극복하면 건강한 자아발달이 이루어진다. 이 때문에 에릭슨의 발달단계를 심리사회적(psychosocial) 발달단계라고 부른다.

에릭슨의 발달에 대한 관점은 각 단계는 이전 단계의 경험이 어떻게 해결되었는지에 따라 달라진다고 보는 점성원리(epigenetic principle)에 기초한다. 점성원리에 따르면 인생주기의 각 단계가 우세하게 출현하는 최적의 시기가 있으며 각 단계가 계획대로 전개될 때 이 모든 부분이 완전히 통합되어 기능하는 전체를 이루게 된다(Erkison, 1968). 에릭슨에 따르면 성격발달은 적절한 연쇄과정을 따르며, 결정적인 시간에 일어나고, 시간의 흐름에 따라 진보하며, 일생에 걸쳐 통합되는 과정이다. 에릭슨은 인간이 출생부터 사망까지 총 8단계에 걸쳐 발달한다고 하였다. 그리고 각 단계에서 겪어야 하며 극복해야 할 심리사회적 발달 위기를 제시하고 있다. 발달적 위기는 단계마다 서로 대립되는 양극의 개념으로서 긍정적 발달과 부정적 발달로 제시된다. 각 성격발달 단계의 특징을 살펴보면 다음과 같다.

(1) 신뢰감 대 불신감(trust vs. mistrust): 생후 1년

이 시기는 프로이트 발달단계의 구강기에 해당한다. 이 시기의 유아는 배고프거나 기저귀가 젖어 있을 때 자신을 돌보아 주는 사람이 자신의 기본적 욕구를 충족시켜 줄 것이라고 확신한다. 이 시기에는 절대 양육자인 어머니와의 관계의 질이 결정되는데, 어머니가 일관성 있고 확신 있는 양육태도를 보이면 영아는 배고프거나 힘들 때 누군가 항상 자신을 돌보아 줄 것으로 믿는다. 최초로 사회적 관계를 맺는 어머니를 통해 형성된 신뢰감으로 영아는 이후 다른 사람에 대한 믿음과 자신에 대한 믿음도 갖게 된다. 하지만 영아는 어머니의 거부적이거나 부적절하거나 일관성 없는 양육태도로 신뢰감을 갖지 못하게 되면 어머니와의 분리를 두려워하고, 어머니와 억지로 떨어지게 되면 자신이 버려질 것이라는 공포를 가지게 된다. 이 시기에 형성된 불신은 이후 정체감 혼란, 우울증 등의 문제를 야기할 수 있다.

(2) 자율성 대 수치심과 의심(autonomy vs. shame and doubt): 1~3세

이 시기는 프로이트 발달단계이론의 항문기에 해당한다. 이 시기에 유아는 독립성을 보이며 자율성을 획득한다. 특히 배변훈련은 자신의 행동에 대한 독립심을 키우고 자율성을 획득하는 데 기초가 된다. 배변훈련 과정에서 부모가 적절한 칭찬과 도움을 주게 되면 유아는 자신의 환경에 대한 통제력에 자신을 갖게 되고 자율성을 발전시켜 나간다. 하지만 배변훈련을 너무 엄격하게 시키거나 사소한 실수에 대해 비난한다면 아동은 수치심을 느끼고 자신의 능력에 대해 회의감을 갖게 된다. 반대로 부모가 과잉보호를 하게 되면 아동의 독립성을 방해하게 된다. 계속적으로 의존하도록 키워진 아동은 세상에 성공적으로 대처하는 자신의 능력을 의심하게 되고 무기력하게 될 것이다.

(3) 주도성 대 죄의식(initiative vs. guilt): 3~6세

이 시기는 프로이트의 남근기에 해당한다. 에릭슨의 이론에 따르면 이 시기에는 주도성과 죄의식을 경험하게 된다. 에릭슨은 유능감과 솔선감의 확립이 학령기 이전 아동의 주된 과제라고 한다. 이 시기에 유아는 새로운 것을 해 보려는 호기심을 가지고 여러 가지 사회놀이에 참여한다. 에릭슨은 이 시기 유아의 경우 성과 관련된 발달보다 사회적 발달이 더 중요하다고 강조하였다. 이 기간 동안 아동은 자신이 선택한 활동을 시작하고 지속하는 적극성을 발달시킬 수 있다. 그러나 유아의 신체활동과 언어활동을 제한하고 간섭하여 스스로 결정을 내리지 못하게 하거나 그들의 선택을 비웃거나 하면 아동은 자기주도적인 행동에 대해 좌절과 죄책감을 느끼게 되어 다른 사람이 자신의 결정을 대신해 주길 바라게 된다.

(4) 근면성 대 열등감(industry vs. inferiority): 6~12세

이 시기는 프로이트 이론의 잠복기에 해당한다. 이 시기의 아동은 처음으로 공식적인 학교생활을 통하여 문화에 대한 기초기능을 배우고 지적 능력을 개발할 뿐 아니라 또래 친구와의 사귐을 통하여 사회생활에 필요한 기술을 익히는 활동을 하는 등 기초적인 인지적·사회적 기능을 습득하게 된다. 에릭슨에 따르면 이 시기 아동의 중심 발달과제는 개인적으로 의미 있는 목표를 세우고 달성하는 것을 의미하는 근면함을 성취하는 것이다. 이 근면성을 통해 아동은 전 생애 동안 중요한 과업인 성실성을 갖게 된다. 사회생활 기술 습득이나 학습 후의 성취감, 또래집단에서도 자신이 잘할 수 있다는 우월감, 타인의 인정 등은 근면성 획득의 결정적 요소가 된다. 따라서 이 시기에 아동을 격려하고 재능을 발견하도록 고무시켜 줄 수 있는 교사와 부모의 태도가 아동발달에 중요한 역할을 한다. 이 시기의 아동에게 성취할 기회를 제공하지 않거나 성취한 결과에 대해 비난하거나 무리한 요구를 하여 좌절을 경험하게 하면 아동은 열등감에 빠지게 된다.

(5) 정체감 대 정체감 혼란(identity vs. identity confusion): 12～18세

이 시기는 프로이트의 생식기에 해당한다. 프로이트가 주로 생의 초기 6년간의 성적 문제에 관심을 집중하고 생식기를 전체 성인기의 연속으로 보아 생식기 이후의 발달에 대해서는 논의하지 않았다면, 에릭슨은 생식기 이후 청년기와 성인기의 발달에 미치는 힘에 대해 강조한다. 에릭슨에 따르면 청소년기는 개인 정체감의 형성이라는 발달적 갈등을 겪는 시기로, 이 시기의 발달과업인 자아정체감 확립이 전 생애를 통하여 가장 중요한 발달과업이다. 신체적 성장과 성적 성숙을 통하여 부모로부터 신체적·정서적으로 독립한 청소년은 자신의 내적 자아에 대해 관심을 가지게 된다. 즉, 청소년은 자신이 누구이며, 어디로 향해 가고 있으며, 어떻게 자신의 목적에 도달할 것인지에 대해 탐색하면서 집중한다. 동시에 적절한 성적 정체감의 발달, 진로와 직업에 대한 탐색과 선택, 인생관 확립도 이루어진다. 또한 이 시기에 청소년은 종교적 신념, 성윤리 등 생의 방향을 설정해 줄 가치체계를 통합해야 한다. 청소년이 자신의 역할을 정확히 인식하고 뚜렷한 목적의식을 가지며 자신에 대한 통찰력을 갖게 되면 자아정체감이 확립된다. 이러한 정체감 형성의 과정이 없다면 역할 혼미, 즉 정체감 혼란이 발생한다. 정체감 형성과정에서는 모델이 중요한 역할을 한다.

(6) 친밀감 대 소외(intimacy vs. isolation): 18～35세

청소년기를 거쳐 정체감 형성이라는 중요한 과업을 달성한 후 심리적으로 성숙한 성인이 성취해야 할 심리사회적 발달과업은 친밀감이다. 에릭슨에 따르면 친밀감은 확고한 자아정체감이 선행될 때 가능하며 자신을 유지하면서 타인을 받아들이고 자신을 타인에게 주는 능력을 말한다. 이 시기에 친밀감을 획득한 성인은 배우자를 선택하고 결혼을 하며 직업을 선택하여 사회적 활동을 왕성하게 하게 된다. 그러나 친밀감을 형성하지 못한 성인은 사회적 관계를 회피하며 다른 사람을 거절하고, 친밀감을 나타내는 것을 자신의 정체감에 대한 위협으로 보아 친밀감을 두려워한다(Schulz & Schulz, 1994).

표 2-1 프로이트의 심리성적 단계와 에릭슨의 심리사회적 단계 비교

발달시기	프로이트 심리성적 단계	에릭슨의 심리사회적 단계	발달과업	중심 사회관계
출생~1세	구강기	신뢰감 대 불신감	나는 세상을 신뢰할 수 있는가?	어머니, 주양육자
1~3세	항문기	자율성 대 수치심과 의심	나는 나 자신의 행동을 통제할 수 있는가?	가족
3~6세	남근기	주도성 대 죄의식	나는 부모로부터 독립하고 나의 한계를 찾을 수 있는가?	또래집단, 이웃
6~11세	잠복기	근면성 대 열등감	나는 생존과 적응에 필요한 기술에 숙달될 수 있는가?	학교 친구, 교사
청소년기	성기기	정체성 대 정체감 혼란	나는 누구인가? 나는 무엇을 할 수 있는 사람인가?	또래집단
성인초기	-	친밀감 대 소외	나는 다른 사람에게 나를 줄 수 있는가?	이성, 배우자, 파트너
성인중기	-	생산성 대 침체	나는 사회에 어떤 공헌을 하는가? 나는 다음 세대에 무엇을 줄 수 있는가?	다음 세대, 사회
노인기	-	자아통합 대 절망	나는 지나간 내 인생에서 역할과 성취에 만족할 수 있는가?	자아

출처: 윤혜미, 김혜래, 신영화(2010), p. 55에서 발췌 수정.

(7) 생산성 대 침체(generativity vs. self-stagnation): 35~60세

성인중기에 해당하는 이 시기에는 자신과 타인이 함께 창조적으로 살아가는 방법을 배우게 된다. 자녀를 낳아 교육하며 사회적 전통을 전수하고 가치관을 전달하는 부모로서의 역할을 통해 생산성을 획득한다. 생산성은 부모 역할뿐 아니라 직업, 여가활동, 사회적 봉사활동, 학문적 성취, 예술적 업적 등을 포함한 심리사회적 배려를 의미하는 폭넓은 의미다. 생산성의 과업을 성취하지 못하면 다음 세대에 대한 관심과 배려가 없고 자신을 제외한 누구에게도 관심을 주지 않게 되며, 인간관계는 황폐화되어 침체에 빠지게 된다.

(8) 자아통합 대 절망(integrity vs. despair): 60세 이상

성인후기는 신체적 · 사회적으로 상실을 경험하는 시기이자 지금까지 자신의 삶을 되돌아보는 시기다. 이 시기에는 신체적 노화에 적응해야 하고, 사회적으

로 은퇴하며, 배우자와 친구의 죽음을 직면하면서 자신의 삶을 되돌아보게 된다. 이 시기의 중요 위기는 자아통합과 절망이다. 삶을 되돌아보았을 때 겸허하게 자신의 인생을 수용하고 성공과 기쁨뿐 아니라 갈등, 실패조차 자신의 삶에서 의미 있는 일부분으로 받아들이는 사람은 자아통합을 성취했다고 볼 수 있다. 반면 자신이 살아온 인생이 무의미하고 가치 없다고 느껴 자아통합을 성취하지 못하면 절망과 자기혐오 속에서 생을 마감하게 된다.

3 기타 정신역동이론

프로이트 정신분석이론이 신경증을 지나치게 성적 충동으로 설명한다는 비판이 나오면서 개인의 성격 전체를 이해하여야 한다는 주장이 나타나게 되었다. 이러한 프로이트 이론에 대한 비판은 한때 프로이트와 함께 정신분석학회 활동을 했던 아들러에 의해 처음 시작되었으며, 프로이트의 제자 융도 '인간은 성이 아닌 다른 요소에 의해서도 영향을 받는다'고 프로이트를 비판하였다. 하지만 아들러와 융은 프로이트와 더불어 정신역동이론의 중대한 두 축이라 할 수 있다.

1) 아들러와 개인심리학

Adler

아들러(Alfred Adler, 1870~1937)는 스위스에서 중산층 유대인 상인이었던 아버지와 가정주부인 어머니 사이에서 여섯째 중 둘째로 태어났다. 태어나서 몇 년간 심하게 병치레를 한 아들러는 응석받이로 키워졌으나 후에 동생에게 이 자리를 빼앗기게 된다. 아들러는 아버지와는 신뢰가 있었으나 어머니와는 친밀감을 형성하지 못했고, 형을 질투해서 형제간에는 긴장관계가 있었다. 아들러의 초년기는 아동기의 유약함과 열등감을 극복하려는 투쟁이라고 볼 수 있다. 이런 가족 경험이 아들러의 이론을 형성하는 데 많은 영향을 미쳤다. 아들러는 어린 시절에는 성적이 좋지 않은 학생이었으나 각고의 노력으로 1895년 비엔나 대학교에서 의학 박사학위를 받는다. 이후 아들러는 비엔나에서 내과의사로 개업을 한다. 1902년 프로이트가 그를 토론 그룹에 초대한 이후 그 모임은 비엔나 정신분석학회로 발전했으며, 1910년 아들러는 이 학회의 회장이 된다. 그러나 자신의 이론에 대한 엄격한 충성과 획일화를 고집하는 프로이트와 잦은 마찰 끝에 아들러는 1년 후 이 모임을 탈퇴하고 정신분석학회와 결별하게 된다. 1912년 아들러는 자신만의 심리학 이론을 발전시켜 개인심리학회를 창설한다.

아들러의 이론은 신프로이트 학파 중의 한 이론이다. 프로이트가 인간의 성격이 생물학적 기원을 가진 무의식적인 원초적 본능의 힘에 의해 결정된다고 보는 반면, 아들러는 사회적 요인과 가족적 요인이 개인의 성격 형성에 많은 영향을 미친다고 보고 있다. 아들러는 프로이트에 비해 성격 형성에 있어서 사회적 영향을 더욱 중시하며, 인간행동이 사회적 힘에 의해 동기화된다는 사회목적론적 관점을 취하고 있다. 그리고 자아방어의 중요성을 높이 평가하지 않았다는 점에서 신프로이트 학파로 분류되고 있다.

아들러는 보통 사람에 대해 열정적 관심을 가지고 아동양육, 학교개혁, 갈등을 야기하는 편견 등에 대한 문제 제기를 함으로써 일반인의 관심을 이끌어 내었다.

(1) 아들러 개인심리학의 주요 개념

아들러는 사람을 통합된 완전한 존재로서 이해해야 한다는 의미에서 성격의 통일성을 강조했다. 그는 자신의 이론을 개인심리학(individual psychology)이라고 부른다. 개인(individual)이라는 단어의 어원적 의미처럼 인간을 정신과 신체 혹은 각종 정신기능 등으로 분리하지 않고 하나의 통합된 유기체로 보는 것이다. 또한 아들러는 인간을 사회적 동물로 전제하고 인간발달은 사회적 자극에 의해 동기화된다고 하였다.

1 가상적 목표

아들러는 인간의 궁극적 목적이 실현 불가능한 가상적인 생각에 의해 지배된다고 본다. 즉, 진실이 아닌 진실이라고 믿는 것에 의해 동기유발된다는 것이다. 가상적 목표는 완전해진 상태에 대한 개인의 이미지를 말하며, 사람은 항상 이를 추구하게 된다. '모든 사람은 동등하게 태어났다' '정직이 최상의 정책이다' 등이 가상적 목표의 예다.

2 열등감과 보상

어린 시절 늘 병약하여 신체적 열등감을 가졌던 아들러는 신체기관에 결함을 가진 사람들이 이를 보상하기 위하여 부단히 노력한다는 것에 주목하였다. 그 후 신체적 결함뿐 아니라 인생에서 경험하는 모든 불완전감과 부족감에서 열등감이 생겨나는 것으로 개념을 확장하였다. 열등감과 그에 대한 보상 노력이 개인을 더 높은 수준으로 자기를 발달시키도록 동기부여한다는 것이다. 아들러는 신체적 결함, 응석받이로 키움, 방임을 병적 열등감에 이르기 쉬운 환경이라고 하였다.

3 우월에 대한 추구

아들러는 '완전성의 추구'나 '숙련을 통한 열등감 극복'을 선천적이라고 강조한다. 그에 따르면 열등감을 경험하면 우월을 추구하도록 되어 있으며, 성공목표는 장애를 극복하도록 한다. 우월은 타인보다 뛰어나다는 의미가 아니라 낮은 자기 지각에서 높은 자기 지각으로, 부정적 느낌에서 긍정적 느낌으로의 이동을 말한다.

4 생활양식

생활양식은 자신과 세상에 대한 관점, 개인적 목표 추구의 독특한 행동이나 습관으로 개인의 실존을 특징적이게 만드는 '삶에 대한 개인의 기본적 지향'이다. 똑같은 생활양식을 발전시키는 사람은 없으며 개인은 각자에게 의미 있는 목표를 추구하며 독특한 생활양식을 만든다. 개인의 생활양식은 열등감과 이를 보상하려는 노력에 의해 형성되며 가족과 형제 관계에서의 경험으로부터 영향을 받는다.

5 가족형상

아들러는 사회적 요인이 성격에 미치는 영향을 강조하면서 가족 성원 간의 관계와 분위기가 유아기의 성격발달에 중요한 역할을 한다고 하였다. 즉, 가족 성원 간의 정서적 유대, 가족의 크기, 가족의 성적 구성, 출생순위, 가족 역할 모델 등 가족 분위기를 의미하는 가족 형상은 이후의 성격발달에 큰 영향을 미친다고 보았다.

(2) 성격발달

아들러는 특별히 성격발달 단계를 제시하지는 않았다. 아들러는 생후 5년을 성격 형성의 절대적 시기로 보고 그 이후에는 성격의 기본 구조가 거의 변화되지 않는다는 결정론적 관점을 취하고 있다. 아들러를 포함한 개인심리학의 전제는 성격은 전체적이며 체계적이라는 것이다. 즉, 사람은 특정한 가족적 맥락, 사회적 맥락, 문화적 맥락에서 성장하며 이런 맥락과 분리될 수 없다는 것이다. 아들러는 성격 결정에 생활양식이 중요한 역할을 한다고 하였다. 성격은 삶의 목표가 발전함으로써 통합되기 시작한다. 사고, 감정, 신념, 확신, 태도, 활동 등은 각 개인이 가진 독특성의 표현이며 이 모든 것은 스스로 선택한 삶의 목표를 향해 가는 삶의 계획을 반영하는 것이다.

아들러는 성격발달에 영향을 미치는 요인으로 유전적 요인, 체질적 요인, 문화적 요인을 들었다. 이러한 요인이 성격 결정에 주요한 영향을 미치지만, 중요한 것은 유전적 · 체질적 · 문화적 특성 자체가 아니라 아동이 그 특성을 어떻게 인식하는지다. 신체적 장애를 가지고 태어난 아동이 낙담하여 결함을 가진 것처럼 행동할 수도 있는 반면, 심리적인 보상을 추구하여 뛰어난 운동선수가 될 수도 있다. 모든 아동은 자신의 유전적인 재능과 자신이 속해 있는 환경적인 상황

을 어떻게 인지할 것인지에 대해 스스로 결정을 내린다.[1)]

아들러는 또한 형제관계와 가족 내 위치에 대해 특히 많은 관심을 가졌다. 아이들은 한 가족집단이라는 공통점은 있지만 심리적 환경은 출생순위에 따라 각기 다르며 그 서열적 위치는 연대순이라기보다 심리적인 것으로 보았다. 다음의 출생순위 유형론은 추정적 지침을 제시한다(Corey, 2010).

외동자녀는 부모의 사랑을 지나치게 많이 받아서 의존적이 될 수도 있다. 항상 무대의 중앙에 서기를 바라면서 자신의 위치가 도전을 받으면 불공정하다고 느낀다. 그러나 성인 역할을 해 볼 기회를 가짐으로써 더 유능하고 협동적인 가족 구성원이 될 수 있다. 맏이는 동생이 태어나기 전까지는 편애를 받는 위치에 있다. 의젓하고 열심히 일하며 앞에 나서려고 한다. 맏이는 첫째의 위치를 유지하고 그들의 경쟁자를 제2의 자리에 두려는 유형과 낙담하여 스스로 둘째 아이에게 정복당하도록 놔두는 유형이 있는데 이 사이에 다양성이 존재한다. 둘째 아이는 태어날 때부터 관심을 형제와 나누어 가진다. 일반적으로 둘째 아이는 경쟁 속에 있는 것처럼 행동하고 항상 압박을 받는 상태에 있다. 첫째와 둘째 간의 경쟁적 투쟁은 특히 두 아이의 나이가 비슷하고 성이 같을 때 더 심하다. 가운데 아이는 대개 압박감을 느끼며 자신에 대해 '형편없는 나'라는 태도를 가질 수 있다. 그러나 갈등이 심한 가족의 경우는 중간 아이가 상황을 결합시키는 조정자가 될 수 있다. 막내는 언제나 가족의 어린아이로 가장 많은 관심을 받는다. 막내는 자신의 길을 가는 경향이 있으며 가족 누구도 생각하지 못한 방향으로 행동하기도 한다.

1) 이런 의미에서 아들러는 정신분석운동의 초창기 멤버이지만 최초의 인지치료자로도 여겨진다. 아들러 이론과 프로이트 이론의 차이점은 첫째, 프로이트가 인성을 원초아, 자아, 초자아로 분리해서 보는 반면 아들러는 인성을 통합된 전체로 보는 점, 둘째, 인간의 행동 동기를 설명함에 있어서 프로이트는 성적 충동을 중요시한 반면 아들러는 인간이 일차적으로 사회적 충동에 의해 동기화된다고 한 점, 셋째, 아들러가 프로이트에 비해 인간의 인지에 보다 큰 비중을 둔 점이다. 아들러에 따르면 인간의 행동은 '생활양식(life-style)'에 의해 형성된다. 이 생활양식은 자신과 자기 이상적 기대, 그리고 세계관에 대해 갖는 개인의 생각과 믿음으로 구성되어 있으며, 올바른 문제해결 방법과 이 세상에 존재하는 방법에 대한 인지적 사고도 포함되어 있다. 따라서 심리치료와 인간서비스 분야에서 클라이언트의 변화를 주도하려면 '생활양식' 가정에 대한 철저한 조사가 필수적이라는 것이다(Turner, 1996).

개인을 정형화하는 것은 바람직한 방법은 아니지만 출생순위와 가족 내 위치를 사회심리적으로 파악하는 것은 개인의 성격발달을 이해하는 데 도움이 된다.

2) 융과 분석심리학 이론

Jung

융(Carl Gustav Jung, 1875~1961)은 스위스 케스빌에서 가난한 목사의 아들로 태어났다. 융은 까다로운 아버지와 심한 우울증을 가진 어머니의 긴장된 결혼생활 속에서 자라면서 고독하고 내향적인 소년으로 성장했다. 이런 성격의 융은 개인의 정신 내부에서 이루어지는 성격의 발달과정에 관심을 가지게 되었고, 꿈, 예술, 신화, 종교, 그리고 철학을 통한 정신세계의 이해를 강조했다. 아울러 그는 최초의 꿈 해석가는 아니지만 꿈의 분석 영역에서 가장 유명한 이론가다.

융의 이론은 무의식을 강조한다는 점에서 정신분석이론과 동일하지만 프로이트의 성욕 및 정신생물학적 결정론을 거부하였다. 융은 균형과 조화를 강조했다. 그는 사람이 총체성을 가지기 위해서는 의식적 자율성을 유지하면서 의식과 무의식을 통합하는 개별화 과정이 필요하다고 하였다. 그는 인간정신의 구조와 정신역동을 설명하면서 심리적 건강의 이상형은 의식이 무의식을 감독하고 지도하는 것이라고 하였다. 이는 의식과 무의식의 세계가 융화되어 양쪽이 모두 자유롭게 발달하도록 허용되어야 한다는 관점이다. 그는 정신을 이해함에 있어서 개인적·사회문화적 원형이 갖는 힘의 상호작용을 고려해야 한다고 하였다. 또한 융은 내향성-외향성 개념을 통하여 성격에 대한 이해를 넓혔다. 융 이론은 사회복지실천에 직접적 영향을 미치고 있지는 않지만 그의 이론을 발달시킨 MBTI(Myers-Briggs Type Indicator) 등은 현재 사회복지실천에서 개인의 성격을 이해하는 데 유용하게 활용되고 있다.

(1) 융 이론의 주요 개념

융 이론의 주요 개념은 자아, 콤플렉스, 집단무의식, 페르소나 등이다.

1 자아

자아(ego)는 의식적 지각, 기억, 감정, 사고 등으로 구성되어 있으며 자신에 대한 의식뿐 아니라 외부에 대한 지각까지도 포함한다. 자아는 매 순간 인식하는 의식적인 지각, 기억, 사고, 감정 등을 걸러내어 세상에 반응하도록 한다. 즉, 우리가 느끼고 생각하고 기억하는 것은 자아의 문지기 역할을 통해서라는 것이다.

2 개인적 무의식과 콤플렉스

융은 무의식이 두 개의 층으로 구성되어 있다고 하는데 그중 하나가 개인적 무의식(personal unconsciousness)이다. 개인적 무의식은 상실된 기억이나 억압된 불쾌함 등 의식에 올려지지 않은 것 등을 포함한다. 이런 것들은 자아와 지속적으로 작용하여 꿈으로 나타나게 된다. 개인적 무의식 속에 하나의 공통된 주제를 가진 감정, 사고, 기억 등의 조직된 덩어리를 콤플렉스(complex)라 한다. 콤플렉스는 전적으로 무의식일 수도 있고, 어떤 경우에는 의식하다가 다시 의식하지 못하게 되는 상대적 무의식일 수도 있다.

3 집단무의식과 원형

융의 무의식 개념 중 다른 하나는 집단무의식(collective unconsciousness)이다. 집단무의식은 사람들에게 유전되어 오는 잠재된 기억의 저장소로 모든 사람이 공유하고 있다. 집단무의식이 존재한다는 증거는 멀리 떨어진 지역의 상징 신화가 서로 비슷하다는 것이다. 집단무의식이 조직적으로 구성되어 있는 형태는 원형(archetypes)이라고 한다. 원형은 무의식적이고 선험적인 이미지로서, 선대의 경험이 축적되고 진화되어 후대 사람이 조상과 같은 방식으로 생각하고 느끼는 경향성이다.

④ 페르소나

페르소나(persona)는 자아의 가면으로 개인이 외부 세계에 보여 주는 이미지며 사회가 개인에게 담당하기를 기대하는 역할이다. 사회에 적응하기 위해서는 어느 정도의 페르소나가 필요하나, 개인이 사회적 역할에 맞추기 위해 자아와 페르소나를 동일시하면 내면세계로부터 유리될 위험이 있다.

⑤ 아니마와 아니무스

융은 인간은 생물학적 · 심리적으로 양성적 특질을 가지고 있으나, 유전적인 성차와 사회화로 인해 반대 성의 특질이 억압되고 약화되어 무의식 속에 존재한다고 보았다. 무의식 속에 감추어진 남성의 여성적 특질은 아니마(anima), 여성의 남성적 특질은 아니무스(animus)다. 아니마와 아니무스로 인해 이성의 본질을 이해할 수 있게 된다.

(2) 성격발달 단계 및 심리적 유형

① 성격발달 단계

융은 성격의 발달을 일생에 걸친 연속적인 과정으로 보았다. 융은 사춘기 이전까지를 한 단계로 보고 사춘기 이후 성인기의 발달에 초점을 두어 네 단계로 성격발달을 기술하였다. 첫 단계는 아동기로서 출생부터 사춘기 이전까지의 시기로, 이 시기는 의식적 자아가 발달하기 이전이라 의식의 연속성도 자아정체감의 감각도 없는 전적으로 부모에게 의지하는 시기다. 사춘기 시작부터 35~40세까지는 청소년기와 성인기라 하였다. 융은 청소년기를 정신적 탄생이라고 불렀다. 사춘기의 생리적 변화는 부모로부터 자아의 의식적 분리와 정신적 탄생을 야기한다. 성인기에는 외양적으로 성숙하며 외부 세계에 대처하는 능력이 발달한다. 남자는 남성적 원리를, 여성은 여성적 원리를 발달시킨다. 35~40세를 전후로 외부적 목표와 야망이 그 의미를 잃게 되며 정신적 변화가 오게 된다. 중년기에는 외부로 쏟았던 에너지를 자신의 내부 세계로 돌리기 시작하며 남녀 모두 자신과 상반되는 성적 측면을 표현하기 시작한다. 이는 의식에만 집중하던 경향이 무의식의 세계를 깨닫게 되기 때문이다. 노년기에는 자신의 인생이 이제는 마무리를 해야 할 단계임을 알고 자신에 대해 진지하게 관심을 갖는 것이 필요하다. 융은 나이가 들어 명상과 회고를 많이 하면 내적 이미지에 몰두하게 되며 노인이 내세의 이미지를 가지고 있어야 건전하게 죽음을 맞이할 수 있다고 하였다.

2 심리적 유형

융은 자아의 기본적 태도와 자아의 심리적 기능에 따라 개인의 성격이 결정된다고 하였다. 융은 자아의 태도를 외향성과 내향성으로 구분했다. 외향성은 리비도가 객관적 세계를 지향하고 있으며, 외향적 성격의 특성은 쾌활하고 남성적이며 적극적 · 능동적이다. 반면 내향성은 리비도가 주관적 세계를 지향하고 있으며, 여성적 · 소극적 · 수동적 성격 특성을 보인다. 모든 사람은 이 두 가지 성격 특성을 다 가지고 있으나 상대적으로 우세한 쪽으로 성격 유형이 결정된다.

융에 따르면 외향성과 내향성이라는 자아의 기본적 태도 외에 의식에는 자아의 심리적 기능이 있다. 그는 심리적 기능을 사고, 감정, 감각, 직관의 네 가지로 구분하고 이 중 어느 기능이 우세한지에 따라 사고형, 감정형, 감각형, 직관형으로 분류하였다. 사고와 감정은 평가 혹은 판단에 사용되는 기능이다. 사고는 다양한 생각을 연결시켜 사물을 이해하고 문제 해결에 이르는 지적 기능으로, 사고형의 주요한 행동은 감정을 누르고 생각을 통해 나온다. 이에 반해 감정형은 사물을 평가할 때 감정에 의해 판단한다. 즉, 어떤 생각이나 행동이 유쾌한지 불쾌한지에 따라 받아들이거나 거부한다. 지각의 다른 두 형태인 감각과 직관은 이성이 필요하지 않은 비합리적 기능이다. 감각이 오감을 통해 현실을 경험한다면, 직관은 경험하지 않더라도 육감을 토대로 하여 발생하는 심적 상태다. 감각형은 보이거나 만져지는 사물의 현재 있는 그대로의 모습에 관심이 있으나, 직관형은 미래 또는 가상의 가능한 모습으로 사물을 바라본다. 사람은 이 네 가지 기능 중 어느 기능을 주로 사용하는지에 따라 기본 성격이 달라진다. 자아의 두 가지 태도인 외향과 내향, 그리고 사고, 감정, 감각, 직관의 네 가지 심리적 기능의 결합에 따라 심리적 유형은 결정된다. 융의 심리적 유형은 인간을 기계적으로 틀 안에 고정시켜 개인을 이해하는 데 적용하는 것은 위험한 일이지만 성격의 다양성을 이해하고 인간 이해를 도울 수 있는 한 방법이 될 수 있다(이인정, 최해경, 2007).

이상에서 살펴본 대표적인 정신역동이론의 인간관과 개념을 정리 · 비교하면 〈표 2-2〉와 같다.

표 2-2 정신역동이론의 인간관과 주요 개념 비교

구분	정신분석학	자아심리학	개인심리학	분석심리학
대표 학자	프로이트	에릭슨	아들러	융
인간관	인간본성에 대한 결정론적 관점. 무의식적인 동기, 생애 초기 6년간 전개된 인간의 성적 충동, 공격적 충동이 인간행동의 강력한 결정요소임	인간을 합리적이고 창조적인 존재로 봄. 인간의 성격발달은 사회문화적 환경과의 상호작용 속에서 일생을 통해 발달함. 인간의 건강한 측면 강조함	인간행동은 사회적 힘에 의해 동기화된다는 사회목적론적 관점. 개인의 성격 형성에 사회적 요인과 가족적 요인이 영향을 미친다고 봄	의식과 무의식을 통합하는 개별화 과정을 통해 인간의 총체성은 이루어짐. 개인적 · 사회문화적 원형이 갖는 힘의 상호작용을 중시함
주요 개념	의식, 무의식, 원초아, 자아, 초자아, 불안, 심리성적 발달단계	자아, 자아정체감, 심리사회적 발달단계	열등감과 보상, 우월에 대한 추구, 가족 형상	자아, 콤플렉스, 집단무의식, 페르소나

4 정신역동이론과 사회복지실천

프로이트 이론에 대한 사회복지 분야의 관심은 사회복지실천의 과학적 기반을 찾으려는 고민에서 출발하였다. 리치먼드(M. Richmond)의 『사회진단(Social Diagnosis)』(1917)에서의 전제는 프로이트의 의료 모델에 근거한 것이며, 초기

사회복지 전문직 종사자들은 인간행동을 이해하는 데 프로이트 이론의 주요 개념에서 많은 도움을 받았다. 성인의 정신병리가 유아기 경험에 근원을 두고 있다는 프로이트의 이론은 사회복지실천에 영향을 미쳐 개인의 문제에 대한 사정 부분에 아동기 행동의 동기를 밝히는 것 등을 포함시키게 하였다. 하지만 초기 사회복지실천은 지나치게 정신분석이론에 치우쳐 있었다는 비판이 있다. 특히 초기 사회복지실천에서는 정신내적 현상에 대한 지나친 강조로 인해 오랫동안 개인에게 영향을 미치는 환경을 경시하고 클라이언트를 병리적으로 바라보게 하였다는 것이다. 여성의 관점에서 프로이트의 많은 개념, 특히 오이디푸스 콤플렉스나 엘렉트라 콤플렉스의 개념 규정은 한계점이 있다. 그리고 성격 형성에 있어서 어머니와 아동 관계의 역할을 지나치게 강조함으로써 잘못된 양육에 대한 비난을 주로 어머니에게 집중했다는 비판을 받고 있다.

에릭슨의 이론은 정신분석이론을 확대 · 발전시켜 자아의 성장 가능성을 제시하였고, 생애주기를 통한 전 생애의 발달 변화를 강조하였으며, 인간의 건강한 발달에 대한 가능성을 제시했다는 점에서 사회복지실천에 기여하는 바가 크다. 또한 가족 상황에서 부모와의 관계뿐 아니라 가족을 포함한 사회적 관계를 중시하고 자아발달을 사회적 · 문화적 요인과 관련시킨 것은 '환경 속의 인간(PIE)'을 핵심으로 하는 사회복지와 가치 면에서 일치하고 있어 사회복지실천의 기본적 지식 기반 형성에 중요한 영향을 미친 것으로 평가된다. 그러나 에릭슨이 자아발달의 여러 측면을 프로이트의 성적 신체 부위에 너무 무리하게 연결시키려고 한 점, 개념체계가 과학적 근거 없이 불명확하고 구체적 설명이 미흡하다는 점에서 한계가 있다.

아들러의 개인심리학은 개인을 통합된 완전한 존재로서 이해해야 한다는 의미에서 성격의 통일성을 강조하고 사회적 맥락에서의 개인을 강조한다. 특히 인간은 선택할 자유가 있고 자신의 행동에 대해 전적으로 책임이 있으며 개인의 삶의 목표 발견이 중요하다고 강조한 아들러의 이론은 인간을 전체로 보고 환경 속의 인간을 강조하며 클라이언트의 자기결정권을 중시하는 사회복지실천에 시사하는 바가 크다. 하지만 생활양식의 발달과 같은 아들러의 주요 개념은 아직 경험적 검증이 필요하다는 비판이 있다.

융의 이론은 현대 심리학뿐 아니라 정신의학, 철학, 예술 등 다양한 학문 분야의 발전에 기여하였다. 특히 인간본성의 양면성, 중년기 발달에 관한 관심, 심리적 유형 등은 일반대중에게도 많은 영향을 미쳤다. 그러나 개념의 불명료함, 이론 구성의 비체계성, 신비로움과 초자연적인 것에 대한 과학적 검증의 모호함 등에서 비판을 받고 있다.

요 약

정신역동이론에는 프로이트(S. Freud)의 정신분석이론, 프로이트의 이론을 여러 면에서 확장시킨 에릭슨(E. Erikson)의 심리사회적 발달이론, 아들러(A. Adler)의 개인심리학과 융(C. G. Jung)의 이론 등이 포함된다.

프로이트는 인간의 정신과정이 의식, 전의식, 무의식으로 구성되어 있고, 인간의 성격구조는 원초아, 자아, 초자아로 이루어져 있다는 이론을 제시하였다. 또한 프로이트는 인간발달 단계를 심리성적 발달단계라 하고 구강기(생애 첫 1년), 항문기(1～3세), 남근기(3～6세), 잠복기(6～12세), 생식기(12세 이상)로 구분하였다.

프로이트의 정신분석이론은 이후 많은 수정이 이루어지기 시작하였는데, 그중 두드러진 이론이 자아심리이론이다. 그 대표적 이론가인 에릭슨은 인간 성격발달의 주요 초점은 환경과의 상호작용에 있다고 보고 개인이 자아정체감을 발전시키는 과정을 중시하였다. 에릭슨의 심리사회적 발달단계는 신뢰감 대 불신감, 자율성 대 수치심과 의심, 주도성 대 죄의식, 근면성 대 열등감, 정체감 대 정체감 혼란, 친밀감 대 소외, 생산성 대 침체, 자아통합 대 절망의 단계로 구성된다. 사람을 통합된 완전한 존재로서 이해해야 한다는 의미에서 성격의 통일성을 강조한 아들러는 성격 형성에 있어서 가족적 요인과 사회적 요인을 중시하며 인간행동이 사회적 힘에 의해 동기화된다는 사회목적론적 관점을 취한다. 그는 성격발달에 영향을 미치는 유전적 요인, 체질적 요인, 문화적 요인 등을 중요시하였으며 형제순위에 관심을 가졌다. 그리고 열등감과 보상, 우월의 추구

등의 개념을 중시하였다.

융은 사람이 총체성을 가지기 위해서는 의식적 자율성을 유지하면서 의식과 무의식을 통합하는 개별화 과정이 필요하며, 의식과 무의식의 세계가 융화되어 양쪽이 모두 자유롭게 발달하도록 허용되어야 한다는 관점을 취한다. 융은 집단무의식, 페르소나, 아니마와 아니무스의 개념, 심리적 유형 등으로 인간의 성격과 행동을 설명하였다. 초기 사회복지 전문직 종사자들은 인간행동을 이해하는 데 프로이트 이론의 주요 개념에서 많은 도움을 받았다. 그러나 초기 사회복지실천에서는 정신내적 현상에 대한 지나친 강조로 인해 개인에게 영향을 미치는 환경을 경시하고 클라이언트를 병리적으로 바라보게 하였다는 비판이 있다.

핵심 용어

리비도(libido) 성적 충동을 의미하는 말로 프로이트가 제창한 용어임. 프로이트는 리비도를 정신의 거대한 무의식적 구조인 이드(id)에 포함된 본능적인 에너지나 힘으로 정의함.

방어기제(defense mechanism) 인간이 불안, 죄책감, 드러낼 수 없는 욕구 등으로부터 자신을 방어하고 충동을 타협시키고 내적 긴장을 완화할 수 있는, 무의식 수준에서 일어나는 다양한 심리적 기제.

자아정체감(ego-identity) 자신에 대하여 통합된 개념을 가지고 있느냐에 대한 개념으로, 자기의 성격, 취향, 가치관, 능력, 관심, 인간관, 세계관, 미래관 등에 대한 이해가 명료성, 지속성, 통합성을 가지고 있는 상태를 말함.

점성원리(epigenetic principle) 성장하는 모든 것은 기초 안을 가지며 기초 안에서 부분이 발생하고, 각 부분이 특별히 우세해지는 시기가 있으며, 이 모든 부분이 발생하여 기능하는 전체를 이룬다는 원리.

쾌락원리(pleasure principle) 고통을 피하고 긴장을 방출하려는 타고난 경향으로 무의식의 세계나 꿈의 세계에서 가치 기준이 됨.

페르소나(persona) 원래 페르소나는 고대 그리스극에서 배우들이 쓰던 가면을 일컫는

말인데, 융의 이론에 쓰이면서 자아의 가면으로서 개인이 외부 세계에 보여 주는 이미지, 타인에게 비치는 외적 성격으로 사회가 개인에게 담당하기를 기대하는 역할을 의미하기도 함.

현실원리(reality principle) 더 장기적인 쾌락을 위해 현재의 순간적 쾌락을 연기시키는 후천적으로 학습된 기능으로 일상생활과 의식세계의 가치 기준이 됨.

생각할 문제

1. 자신이 자주 사용하는 방어기제의 다섯 가지 실례를 들어 보시오.
2. 프로이트, 에릭슨, 아들러, 융의 인간본성에 대한 관점을 비교하시오.
3. 영화 〈가타카(Gattaca)〉(1997)를 보고 아들러의 개인심리학적 관점에서 분석해 보시오.
4. 프로이트 이론과 에릭슨 이론을 발달단계를 중심으로 비교 분석하시오.
5. 프로이트, 에릭슨, 아들러, 융의 대표적인 심리치료 기법을 각각 제시하고 설명하시오.

참고문헌

김동배, 권중돈(2005). 인간행동이론과 사회복지실천(증보판). 서울: 학지사.
손병덕, 강란혜, 백은령, 서화자, 양숙미, 황혜원(2008). 인간행동과 사회환경. 서울: 학지사.
윤혜미, 김혜래, 신영화(2010). 아동복지론(개정판). 서울: 청목출판사.
이근홍(2006). 인간행동과 사회환경. 고양: 공동체.
이인정, 최해경(2007). 인간행동과 사회환경(개정2판). 파주: 나남출판.
정옥분(2004). 발달심리학: 전생애 인간발달. 서울: 학지사.
최옥채, 박미은, 서미경, 전석균(2008). 인간행동과 사회환경(제3판). 파주: 양서원.

Corey, G. (2010). 심리상담과 치료의 이론과 실제(조현춘, 조현재, 문지혜, 이근배, 홍영근 공역). 서울: 시그마프레스. (원저는 8판 2009년 출간)

Erikson, E. H. (1968). *Identity: Youth and crisis.* New York: Norton.

Schulz, D., & Schulz, S. E. (1994). *Theories of personality* (5th ed.). Pacific Grove, CA: Brooks/Cole.

Turner, F. J. (Ed.). (1996). *Social work treatment: Interlocking theoretical approaches* (4th ed.). New York: Free Press.

제3장

인지행동이론

1. 행동주의 이론
2. 인지주의 이론
3. 인지행동이론과 사회복지실천

1960년대 중반에 대두한 인지행동이론은 현재 사회복지실천의 주요이론으로 자리 잡고 있다. 인지행동이론은 생각하고 정보를 처리하는 인지과정의 연구에서 도출된 개념과 행동주의와 사회학습이론에서 나온 개념을 통합 적용한 것이다.

인지행동이론의 초점은 무엇을 어떻게 생각하는가가 정서적 반응과 행동에 어떠한 영향을 미치는지에 있다. 따라서 인지행동주의는 행동주의 이론과 인지치료의 절충으로 생각할 수 있으며, 이 접근을 이해하기 위해서는 학습이론과 행동주의 치료에서 나온 몇몇 기본 개념을 이해할 필요가 있다.

1 행동주의 이론

1950년대와 1960년대 초반, 이전까지 우세했던 정신분석적 관점에서 벗어나 새로이 대두된 것이 바로 행동주의적 접근(behavioral approach)이었다. 행동주의 이론(behavioral theory)은 그 어떤 이론보다 인간을 환경 속에서 보려는 사회복지적 시각과 가까운 것으로서(최옥채, 박미은, 서미경, 전석균, 2008), 인간행동의 대부분은 외적 환경 내에서 학습되거나 학습에 의해 수정된다는 기본 전제에 근거를 두고 있기 때문에 학습이론(learning theory)이라고도 불린다(김동배, 권중돈, 2005).

개인과 환경 사이에서 일어나는 상호작용을 향상시키고 개인의 생활기술을 증진시키며 개인을 둘러싼 환경을 변화시키기 위하여 계획된 개입활동에 초점을 두는 행동주의적 접근은 20세기 초 러시아의 파블로프(I. Pavlov)와 손다이크(E. Thorndike)의 실험에서 출발한다. 이 초기의 행동주의는 정신, 의식, 내적 과정 등과 같은 정신적 개념을 거부하고, 눈에 보이지 않는 심리적 현상보다는 관찰 가능한 인간행동에 초점을 두며 학습을 통한 행동의 변화를 강조한다. 학습이 발생하는 두 가지 기본 과정은 크게 고전적 조건형성(classical conditioning)

과 조작적 조건형성(operant conditioning)으로 나눌 수 있다. 특히 스키너(B. Skinner)는 손다이크의 조작적 조건형성 개념을 적극 활용하여 인간행동을 수정할 수 있는 다양한 행동적 기법을 개발해 임상에 적용하였다.

그러나 스키너를 비롯한 급진적 행동주의는 인간행동에 영향을 미치는 사고과정, 태도, 가치 등 요인의 인지적 측면을 간과한다는 비판을 받았다. 이에 따라 초기 행동주의의 한계를 보완하고자 인간행동의 인지적 요인을 설명하는 인지학습이론이 주장되었다. 1960년대에 발달한 반두라(A. Bandura)의 사회학습이론(social learning theory)과 마이켄바움(D. Meichenbaum) 등의 인지적 행동치료(cognitive behavioral therapy)가 인지학습이론의 대표적인 예다.

이 절에서는 행동주의 이론의 시발점인 파블로프의 실험과 스키너의 행동적 기법, 반두라의 사회학습이론을 살펴보면서 행동주의의 이론적 흐름과 주요 개념에 대해 논의할 것이다.

1) 파블로프의 고전적 조건형성이론

(1) 파블로프의 생애

러시아의 생리학자인 파블로프(Ivan Petrovich Pavlov, 1849~1936)는 프로이트(S. Freud)와 같이 인간행동에 관한 연구를 하나의 과학으로 완성하는 데 중요한 공헌을 한 학자다.

파블로프는 중앙러시아의 랴잔에서 유년기를 보내고 1870년 상트페테르부르크 대학교에서 화학과 생리학을 공부했다. 상트페테르부르크의 임피리얼 의학아카데미에서 의사자격을 취득한 후, 순환계에 대한 연구를 지속하다가 1890년 임피리얼 의학 아카데미의 생리학 교수가 되어 1924년 사임할 때까지 그곳에서 일했다. 그는 새로 설립된 실험의학연구소에서 외과수술 후 조리와 건강을 유지할 수 있는 데 필요한 설비에 큰 주의를 기울여 동물을 대상으로 외과적인 실험을 시작했다.[1)] 그로부터 1902년까지 파블로프는 소화의 분비 활성에 대해 연구했고, 그 이후 1936년 사망할 때까지 34년간 조건반사를 통한 뇌 피질의 기능을

Pavlov

해명하는 데 전력을 다하였다.

조건반사(conditioned reflex) 개념을 만들어 낸 유명한 파블로프의 실험도 이 시기에 이루어졌다. 파블로프가 최초로 규정한 조건반사, 그리고 조건형성(conditioning)의 개념은 이전 심리학계를 지배하던 정신주의적 심리학에 대한 반동으로서 20세기 초 행동주의가 나타나는 단초로 작용하였다.

(2) 주요 개념

1 고전적 조건반사와 고전적 조건형성

파블로프는 음식에 대한 반응으로 개가 타액을 얼마나 많이 분비하는지를 측정하는 과정에서 개가 음식을 보거나 냄새를 맡기 이전부터 침을 흘리기 시작한다는 사실을 발견하였다. 음식을 주러 오는 사람의 발자국 소리와 같은 음식과 관련된 자극이 타액을 분비하도록 유도하는 힘을 갖는다는 것이다. 이러한 사실을 확인하기 위한 유명한 실험에서, 파블로프는 개에게 먹이를 주기 전에 종 울리기를 반복하였다. 이 과정을 계속하였더니 마침내 종소리만 듣고서도 개가 침을 흘렸다. 이 실험은 파블로프의 대표 명저 중 하나인 『조건반사(Conditioned Reflexes)』(1927)에서 상세히 설명되었다.

배고픈 개에게 음식을 주면 개는 타액을 분비한다. 여기서 음식은 사전 학습이나 경험이 없이 학습되지 않은 반응을 자연적으로 유도하는 무조건 자극(unconditioning stimulus)이며, 개의 타액 분비는 무조건 자극에 대한 반응인 무조건 반응(unconditioned response)이다. 그런데 만일 음식을 다른 사건, 다시 말해 종을 울리는 사건과 함께 반복적으로 짝지어 제공하게 된다면 개는 종만 울려도 침을 흘리게 된다. 이때 종소리는 조건 자극(conditioned stimulus)이고, 개의 타액 분비는 조건 반응(conditioned response)이다. 원래 종소리 자체는 음식 제공-타액 분비라는 기본적인 사건과 무관한 중성 자극인데, 이러한 중성 자극

1) "파블로프" 한국 브리태니커 온라인〈http://timeline.britannica.co.kr/bol/topic.asp?article_id=b23p0739b〉(2010. 1. 27) 기사에서 발췌함.

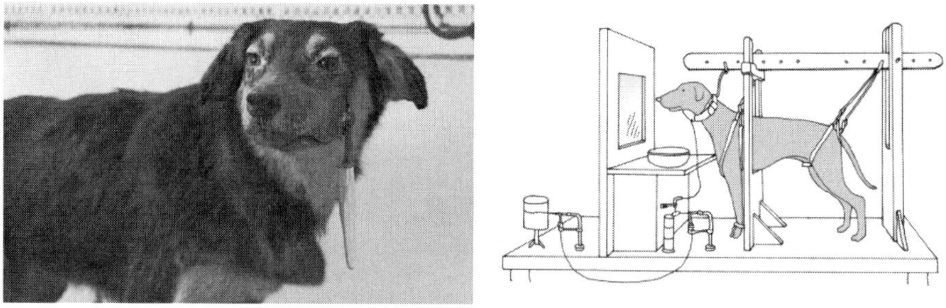

[그림 3-1] 파블로프의 실험[2)]

에 학습된 타액 분비 반응을 조건반사(conditioned reflex)라고 부르며, 이 학습 과정을 고전적 조건형성(classical conditioning)[3)]이라고 한다.

파블로프는 이러한 조건반사의 강도에 영향을 주는 요인으로 강화와 소멸, 일반화와 변별화라는 개념을 제시하였다.

2 강화와 소멸

강화(reinforcement)는 한 행동에 뒤따르는 자극사건이 그 행동을 다시 일으킬 가능성을 증가시킨다는 것을 의미한다. 하지만 조건형성이 한 번 이루어졌다고 해서 조건 자극이 계속해서 영원히 작용하는 것은 아니다. 종소리를 타액 분비를 위한 조건 자극으로 만들 수는 있으나 음식 없이 종소리를 몇 번만 제공해도 종소리는 그 효과를 잃게 되는데 이것이 소멸(extinction)이다.

3 일반화와 변별화

일반화는 원래의 자극과 유사한 조건 자극에 대하여 조건 반응하는 것을 의미한다. 이를테면 어떤 음조의 종소리에 타액을 분비하도록 조건형성이 된 개는 유사한 다른 음조의 종소리에도 같은 반응을 보일 수 있는데 이것이 자극일반화

2) 좌측 사진은 파블로프가 실험에 사용한 개(Pavlov Museum Ryazan, Russia)이며, 우측 그림은 파블로프 실험장치다.

3) 파블로프의 고전적 조건형성 개념을 인간행동에 적용한 대표적 행동주의 학자는 바로 왓슨(J. B. Watson)이다. 그는 자극과 반응에 의해 학습 또는 수정되는 직접 관찰 가능한 인간행동이 연구의 초점이 되어야 한다고 주장하면서, 아동의 정서 반응은 고전적 조건형성을 통한 학습의 영향을 받기 쉽다고 하였다.

(stimulus generalization)다. 반면 한 자극이 다른 자극과 변별되는 방식은 변별화(differentiation)다. 어두운 곳에서 공포를 느끼는 아동이 어두운 곳이라도 영화관과 같은 특정한 장소에서는 공포를 느끼지 않는 것이 변별화의 예다.

2) 스키너의 조작적 조건형성이론

(1) 스키너의 생애

Skinner

스키너(Burrhus Frederic Skinner, 1905~1990)는 미국 펜실베이니아 주에서 태어나 변호사인 아버지 슬하의 안정적인 가정환경에서 자랐다. 스키너는 어린 시절 보상과 처벌이 적절하게 주어지는 교육을 받으면서 학습을 중요하게 생각하였다. 그는 해밀턴 대학교에서 영문학을 전공했다가 파블로프와 왓슨의 연구에 흥미를 갖고 하버드 대학교 심리학과 대학원에서 동물행동을 전공하여 석·박사학위를 받았다. 이후 1936년까지 하버드에서 동물의 신경체계에 관한 연구를 하다가 1936년부터 1945년까지 미네소타 대학에서 교편을 잡으며 행동주의 이론가로서 명성을 얻었다.

스키너는 쥐나 비둘기 등의 동물을 관찰한 후 그 원리를 성인과 자폐증 아동 연구, 인간 언어 분석에 응용하여 티칭머신(teaching machine) 운동을 주도하고 '스키너 상자(Skinner box)'라 불리는 실험 장치를 개발하여 동물의 조작적 행동(operant behavior)에 대해 연구하였다.

(2) 주요 개념

① 반응적 행동과 조작적 행동

스키너는 인간의 모든 행동은 두 가지 범주로 나눌 수 있다고 보았다. 첫 번째 유형은 반사(reflexes)다. 파블로프의 실험에서 개가 음식을 보고 침을 흘리는 것과 같이 모든 유기체가 보이는 단순한 반사를 포함하는 이 반응을 스키너는 반응적 행동(respondent behaviors)이라고 불렀다. 반응적 행동의 특징은 반응을 유발하는 자극에 의해 전적으로 통제된다는 것이다. 즉, 자극이 있으면 반응하고 자극이 없으면 반응하지 않는 매우 단순한 모형이다. 예컨대, 인간의 경우 반응적 행동은 영·유아기에 특히 현저한데, 아기 입에 젖꼭지를 물리면 빨기 반응을 보이고 손바닥에 어떤 물체를 놓으면 잡기 반응을 보이는 것 등이다.

두 번째 유형은 조작적 행동(operant behaviors)이다. 여기서 '조작적(operant)'이라는 말은 바라는 결과를 얻기 위해 행해지는 노력을 의미하는데, 일반적으로 긍정적인 결과는 그 행동이 다시 발생할 가능성을 높이고, 부정적인 결과는 반대 결과를 초래하므로 처음 행동으로 인해 야기된 결과가 다음의 조작적 행동을 통제하게 된다는 것이다. 즉, 고전적 조건형성에서는 자극이 반응을 유발하지만, 조작적 조건형성에서는 반응이 자극을 유도한다고 볼 수 있다.

스키너는 인간행동의 대부분은 이러한 조작적 행동이라고 보았다. 그는 파블로프의 고전적 조건형성이 인간의 어떤 행동 유형은 설명할 수 있지만 보다 복잡한 행동 유형을 설명하는 데에는 조작적 조건형성(operant conditioning)이 더 적합하다고 주장했다.

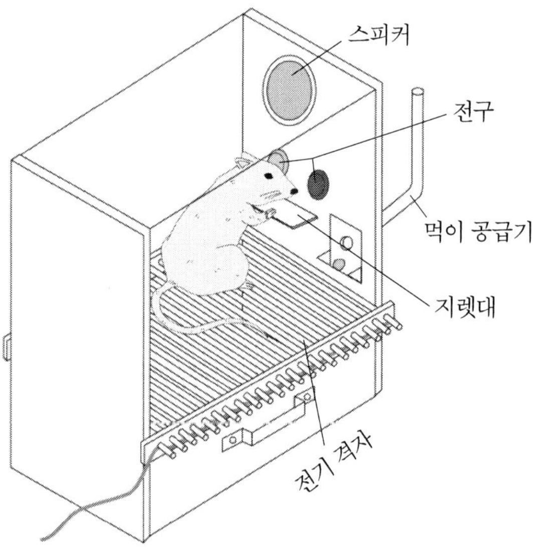

[그림 3-2] 스키너 상자 실험

스키너가 '실험 공간'이라 불렀던 '스키너 상자'는 이러한 조작적 조건형성 과정을 보여 주는 실험 장치다. 이 작은 상자 안에 있는 쥐는 마음대로 돌아다닐 수 있으며, 한쪽에는 지렛대가 있어 그것을 누르면 자동적으로 먹이나 물이 나온다. 쥐가 배가 고파서 상자 안을 이리저리 돌아다니다 우연히 지렛대를 눌러 먹이나 물을 보상으로 받게 되고, 그것이 반복되면 쥐는 먹이나 물을 얻고자 지렛대를 누르게 된다. 이렇듯 의도를 가진 자발적 행동을 조작적 반응이라고 하며, 이런 반응을 학습하는 과정을 조작적 조건형성이라고 한다.

2 강화와 강화인

조작적 조건형성을 통해 어떤 행동이 다시 발생하도록 유도하는 과정을 강화(reinforcement)라 하며, 어떤 행동이 다시 발생할 가능성을 증가시키는 자극을 강화인(reinforcer)이라고 한다(Skinner, 1953).

강화인에는 두 가지 종류가 있는데, 정적(positive) 강화인과 부적(negative) 강화인이 그것이다. 여기서 정적 또는 부적이라는 용어는 좋거나 나쁘다는 가치 판단과는 무관하게 행동의 제시 또는 철회를 의미한다.

정적 강화인은 행동의 제시가 기대 결과의 재발 확률을 증가시키는 자극이다. 예컨대, 자기 방 청소를 한 아동에게 용돈을 주거나 칭찬을 하는 것은 그 행동을 유지하도록 하는 매우 효과적인 방법이 될 수 있다. 반면 부적 강화인은 그것의 철회가 기대 결과의 재발 확률을 증가시키는 자극이다. 불쾌하거나 혐오스러운 것의 철회를 통해 기대 행동은 강화된다. 예를 들어, 다리에 박힌 파편을 제거하는 것은 불쾌한 것이 제거되는 것이므로 강화되는 것이라 볼 수 있다. 이 경우 파편을 제거하는 행위는 부적 강화인으로 작용한다. 부적 강화인은 정적 강화인과 마찬가지로 어떠한 행동이 발생할 확률을 증가시킨다(정옥분, 2004). 어머니가 아이에게 침대에서 자라는 잔소리를 하지 않게 되면(철회), 오히려 아이가 자기 침대로 가서 자는 경우가 많아지는 것(강화)이 부적 강화인의 예라고 볼 수 있다.

③ 소멸과 처벌

행동을 증대시키려는 강화와 달리, 행동 빈도를 감소시키거나 전적으로 중지시키려는 과정을 소멸(extinction)이라 한다. 소멸은 어떤 반응이 더 이상 강화되지 않을 때 발생한다. 그리고 이러한 소멸을 위한 것이 처벌(punishment)이다. 혐오스럽거나 불쾌한 자극을 제시하거나 혹은 정적 강화를 철회하는 것이 처벌에 해당되는데, 아동이 잘못을 했을 때 심하게 야단을 치거나 주려던 장난감을 주지 않는 것 등이 이 처벌인(punisher)에 해당할 것이다. 처벌인은 부적 강화인과 혼동될 소지가 있다. 그러나 처벌인은 어떠한 행동의 발생을 강화하는 목적을 가진 부적 강화인과 달리 어떤 행동이 발생할 확률을 감소시키려는 목적을 지니고 있다.

3) 반두라의 사회학습이론

(1) 반두라의 생애

Bandura

반두라(Albert Bandura, 1925~)는 캐나다 앨버타 주 출생이며, 1949년 캐나다 밴쿠버의 브리티시컬럼비아 대학교에서 심리학 학사학위, 아이오와 대학교에서 석·박사학위를 취득하였다. 아이오와 대학의 초기 연구들은 심리치료 과정, 가족 상황에서 아동의 공격성 등 임상심리학 중심의 것들이 주류를 이루었다. 특히 '보보 인형 연구' 등 실험을 통해 아동이 사회적 환경 내에서 관찰·모방을 통해 행위한다고 주장하면서 관찰학습의 이해에 관심을 고조시켰다. 행동과 환경뿐 아니라 사회적 환경 내에서의 인지가 인간행동 발달의 주요 요인이라는 반두라의 이러한 주장은 사회학습이론이라 불린다.

고전적 조건형성이론과 조작적 조건형성이론에서 기존의 행동주의자들이 사고과정의 역할, 태도, 가치 등 중재 개념에 대한 언급을 배제한 데 반해, 반두라의 사회학습이론은 상호적이며 중다양식적이다. 이는 개인의 행동과 환경 간의 상호작용에 중요성을 두고 사람들이 자기 지시적 행동 변화를 할 수 있다는 것을 기본 가정으로 한다(Corey, 2010).

(2) 주요 개념

1 모방

반두라가 사회학습에 있어 가장 중요하게 생각한 과정은 모방(imitation)이다. 인간의 반응은 직접적 강화를 받지 않더라도 타인의 행동을 관찰함으로써 변화할 수 있다는 것이다. 즉, 이는 학습을 위해서는 실질적인 행동을 반드시 수행하지 않아도 되며, 반응을 위해서 즉각적 보상이 꼭 필요하지는 않다는 의미다. 오히려 사람은 모델을 관찰함으로써 특별한 반응을 학습하여 일단 반응이 획득된 후에는 사회적 힘(social forces)이 학습과정에 영향을 주기 시작한다고 반두라는 주장한다(최옥채 외, 2008). 이를 모방 또는 모델링(modeling)이라고 한다.

이러한 모방 또는 모델링의 개념은 반두라의 실험인 '보보 인형 연구(bobo doll experiment)'에서 설명된다. 반두라는 4세 된 아동들에게 각각 한 남자 모델이 보보 인형을 향해 공격적 행동을 하고 있는 영화를 보여 주었다. 각 아동은 세 가지 다른 결말의 영화를 보게 되었는데, 첫 번째는 폭력 행사 후 모델이 칭찬을 받는 것, 두 번째는 모델이 벌을 받는 것, 세 번째는 모델이 상이나 벌 중 아무것도 받지 않는 것이었다. 영화 상영 후 각 아동은 즉시 인형이 있는 방으로 안내되어 모델이 했던 공격적 행동을 얼마나 모방하는지 관찰되었다.

그 결과 모델이 칭찬받는 것을 본 아이들은 모방적인 공격적 행동을 나타내었고, 처벌받는 것을 본 아이들의 공격성은 가장 약하게 나타났으며, 중립 모델에 노출된 아이들의 공격성은 중간 정도였다. 즉, 칭찬받는 모델을 더욱 모방하고 상대적으로 처벌받는 모델은 덜 모방한다는 것이다.

반두라(1963)는 이후의 실험연구에서 아동이 세상에 널리 알려져 있거나 사회적으로 명망 있는 이의 행동을 더 잘 모방하며, 또래집단이나 동성집단의 경우 모방의 정도가 강해진다고 추가적으로 밝혔다.

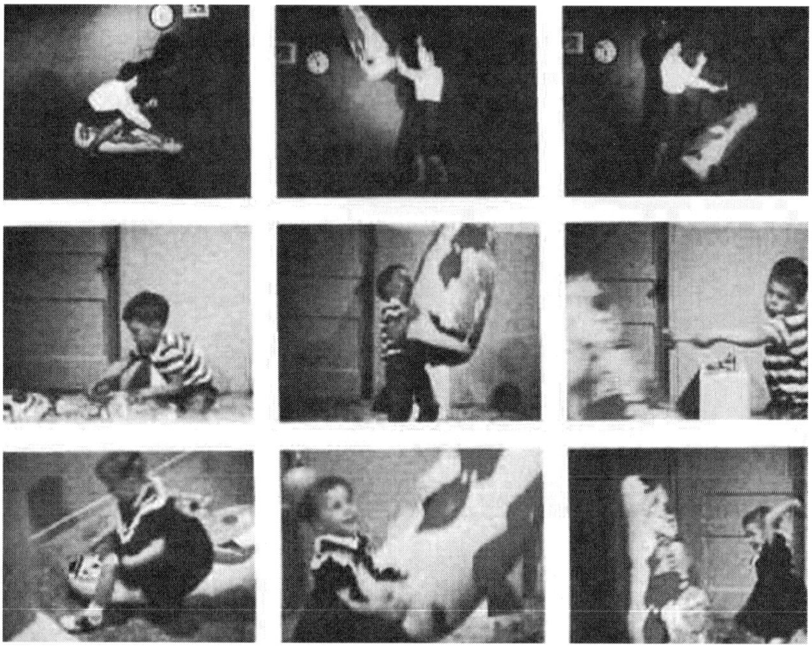

[그림 3-3] 반두라의 보보 인형 실험

출처: Bandura, Ross, & Ross(1961).

2 관찰학습

반두라는 타인의 행동을 관찰함으로써 발생하는 관찰학습(observational learning)을 사회학습이론의 기본으로 보았다. 관찰학습에는 주의(attention), 기억(memory), 운동재생(motoric reproduction), 동기유발(motivation)의 네 가지 과정이 있는데, 이 중에서 하나라도 빠지면 성공적 모방이 이루어질 수 없다.

먼저 주의단계에서 사람은 모델을 관찰하는 것만으로는 불충분하며, 관련된 자극에 주의를 기울여 집중하면서 관찰된 행동을 배우고 중요하지 않은 것을 걸러내야 한다.

둘째, 기억단계에서는 한 사건을 내면화하고 나중에 그 순서를 회상, 재생하며 이용한다. 반두라는 상징적 대상물을 저장하고 회상하는 능력에 있어 언어발달이 중요하며, 기억의 연속성이 중요한 요소라고 지적했다. 이 단계는 유지(retention)과정이라고도 할 수 있다.

셋째, 운동재생 단계에서는 전 단계의 기억을 행동으로 전환한다. 여기에서는 행동의 신체적 수행능력, 운동동작의 실천을 위한 반복과 교정이 필요하다.

마지막으로 동기유발 단계는 직접강화 또는 대리강화의 형태를 취한다. 직접강화는 전통적 자극-반응 모형이나 관찰학습에서 제시하는 강화와 같은 형태다. 반면 대리강화는 사회학습이론적 접근에서만 나타난다(정옥분, 2004). 예컨대, 자신의 행동에 대해서 직접적인 강화를 받지 않더라도 또 다른 잠재적 학습자가 보상이나 처벌을 받는 것을 관찰함으로써 간접적으로 강화를 받는 것을 대리강화라 할 수 있다.

3 상호결정론

상호결정론(reciprocal determinism)이란 인간의 성격이 개인적 · 행동적 · 환경적 요소 간의 지속적인 상호작용에 의하여 발달한다는 주장이다.

환경이 아동의 성격과 행동을 조성한다는 스키너의 연구와 달리, 반두라는 개인, 행동, 환경 간 관계가 양방향적이라고 주장한다(정옥분, 2004). 상호결정의 과정은 [그림 3-4]에서 보는 바와 같이 환경(environmental factors: E)은 사람이

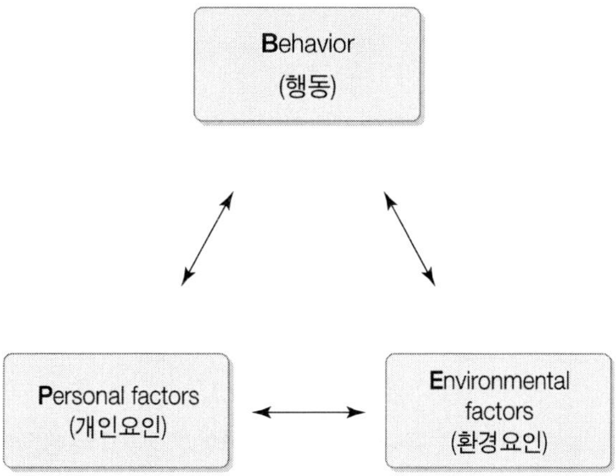

[그림 3-4] 반두라의 상호결정론 모형

출처: Pajares(2002).

행동하는 상황을 제공하고, 사람(personal factors: P)은 인지와 지각을 통하여 그 상황을 분석하고 어떤 행동을 선택할 것인지 결정하며, 행동(behavior: B)은 사람의 상황 분석과 관련된 정보를 제공하고 그 환경을 수정한다(최옥채 외, 2008).

즉, 아동이 경험하는 환경은 아동에게 영향을 미치고, 아동의 행동 또한 환경에 영향을 미친다. 이것이 시사하는 점은 아동은 자신의 성장과 발달에 영향을 미치는 환경 조성에 적극적으로 참여한다는 것이다(정옥분, 2004).

4 자기효능감

자기효능감(self-efficacy)이란 자신이 바라는 목적을 이루기 위해 특정 행동을 성공적으로 수행할 수 있다는 신념이다. 반두라는 개인이 주관적으로 개인적 효능감에 대하여 어떤 개념을 갖고 있느냐가 중요하다고 보았는데, 이 개념을 '인식된 자기효능감'이라고 하였다(최옥채 외, 2008). 자기효능감은 어떤 행동을 모방할지 결정하는 데 도움이 되며, 자신의 능력 범위 내에 있는 활동은 시도하고 능력 범위를 벗어나는 과제나 활동은 회피하도록 한다. 자기효능감은 단일한 개념이 아니라 다양하게 사용되며 개개인마다 상이할 수 있다. 예컨대, 어떤 사람은 운동에서는 고도의 자기효능감이 있어도 사회적 관계에서는 낮은 효능감을 지닐 수 있다(최옥채 외, 2008).

2 인지주의 이론

인지이론(cognitive theory)은 무엇보다도 인간의 사고가 인간 정서와 행동의 결정인자라는 것을 기반으로 한다. 즉, 인지이론은 사고의 획득과 기능에 초점을 두는 이론으로서, 개인이 무엇을 어떻게 알게 되고 생각하게 되는지 그리고 무엇을 느끼고 행동하는지에 초점을 두기 때문에 인간의 잠재력과 행동을 이해하고 그것을 변화시키는 데 있어서 필수불가결하다(김동배, 권중돈, 2005).

인지이론에서는 정신구조가 매우 중요한 의미를 갖는다. 이 점에서는 정신역동이론과 큰 차이가 없다. 하지만 정신역동이론이 개인의 무의식적 사고를 강조한다면, 인지이론은 개인의 의식적인 사고를 더욱 강조한다. 인지이론에서는 개인의 무의식에는 전혀 관심이 없으며 대신 합리적 사고과정을 중시한다(정옥분, 2004).

이 절에서는 인지발달이론의 토대를 쌓은 피아제(J. Piaget)와 인지이론을 이용해 우울치료를 개발한 벡(A, T. Beck), 그리고 인지이론과 행동이론을 결합한 인지행동주의 이론가인 엘리스(A. Ellis)에 대하여 살펴보고, 인지이론 및 인지행동주의 이론의 흐름과 기본 개념을 논의한다.

1) 피아제의 인지발달이론

(1) 피아제의 생애

피아제(Jean Piaget, 1896~1980)는 1896년 스위스에서 태어났다. 중세역사학자인 아버지를 둔 피아제는 어려서부터 과학에 깊은 관심을 가지고 10세 무렵 동네 공원에서 변종 참새 중의 하나인 알비노 스패로(albino sparrow: 흰 참새)를 관찰한 논문을 출판했다. 그리고 18세 되던 해에 스위스 뉴샤텔 대학교에서 학사학위를 받았고, 3년 후인 1918년에는 동 대학교에서 이학 박사학위를 받았다. 이때까지 진행했던 생물학 연구는 그로 하여금 '정신발달이 바로 근본적으로는 환경에 대한 적응과정이요, 생물학적 발달의 확장이다' 라는 훗날의 견해를 나오게 한 실마리가 되었다. 그는 유기체의 정신활동을 그 유기체의 전체적 기능에서 떼어 낼 수 없는 것으로 보기 때문에 그에게 지적 기능이란 생물학적 기능의 특수한 한 형태에 지나지 않는다. 다시 말해, 지적 활동이나 생물학적 활동은 모두 유기체가 환경에 적응하고 경험을 조직하는 전체 과정의 일부분이라는 것이다.

Piaget

박사학위를 받은 후 피아제는 관심을 심리학 분야로 돌렸다. 1918년에 취리

히로 가서 심리학적 임상을 연구하다가 그 이듬해 파리 소르본느 대학교로 건너가 2년간 공부하던 중, 그는 비네(A. Binet)의 실험실에서 심리검사의 표준화 작업에 참여하게 되었다. 처음에는 이 일을 지겹게 느낀 나머지 별로 열성을 가지지 못했으나, 검사에 반응한 아동들의 오답에 대한 호기심이 일어나 아동들이 반응한 추리과정을 캐내는 일에 몰두하게 되었다. 그리하여 그 후 2년간 아동의 사고발달을 관찰하면서 아동을 대상으로 한 심리검사를 계속하였다. 이 일이 피아제의 심리학 실험의 첫 출발이었다.

1921년, 그는 24세의 나이로 제네바 대학교의 루소 연구소 소장직을 맡게 되었다. 이후 아동의 심리발달 연구에 매진하였고 1960년대에 이르러 피아제의 이론은 미국의 교육학계 및 심리학계에 일대 변혁을 초래하였다(Wadsworth, 1989).

(2) 주요 개념

1 도식

도식(schema)은 사물이나 사건에 대한 전체적인 윤곽이나 개념을 말하는 것으로 주어진 자극에 대해 적합한 반응을 하는 반응체계다. 기본 도식은 본질상 생리적으로 가지고 태어나지만 환경과 접촉하는 행동과 경험 속에서 정신적 발달과 함께 변화한다. 피아제는 도식을 언어와 그 외 다른 상징적 체계들이 발달하기 전인 유아기의 개념과 개념적 연결에 해당된다고 보았으며, 유사한 상황 속에서 반복되면서 전승되거나 일반화되는 행동의 구조로 정의했다. 예컨대, 빨기는 본질상 반사적이지만 유아가 자라 숟가락을 사용하게 되면 형태상 변화한다. 즉, 빨기 도식은 구조상으로는 변했지만 기능상으로는 변한 것이 아니다.

2 조직화와 적응

인간은 많은 기본 도식을 가지고 태어나며 조직화(organization)와 적응(adaptation) 과정을 통하여 새로운 도식을 개발하고 기존의 것을 변화시킨다. 조직화는 인간이 성숙해 가면서 서로 다른 감각 정보를 상호 관련시키면서 상이

한 도식을 결합시키는 것이다. 유아가 사물을 본 후 잡는다는 것은 보는 것과 잡는 것을 결합한 행동이다. 정보의 재구성과 같은 논리적 결합이나 떠오르는 생각을 이치에 맞게 종합하는 것 등이 조직화다. 또 피아제는 환경과의 직접적인 상호작용을 통하여 도식이 변화하는 과정을 적응이라 하였다. 적응은 개인의 욕구를 충족시키기 위하여 개인이 변화하거나 환경이 수정되는 것을 포함하는 복잡한 과정이다. 적응은 동화와 조절이라는 두 가지 수단을 통해 진행된다.

③ 동화와 조절

동화(assimilation)는 새로운 환경 자극에 반응함으로써 이미 형성된 도식으로 새로운 자극을 이해하는 것을 말한다. 유아가 손에 잡히는 것을 모두 입으로 가져가는 것은 동화의 한 예다. 음식을 먹는 행위로 물건을 판별하는 기존의 도식에 새로운 물건을 짜 맞추려는 시도인 것이다. 이는 환경의 요구에 관계없이 하나의 도식을 사용한다는 것을 나타낸다. 이 경우 유아는 자신의 내적 욕구를 만족시키기 위해 환경을 변화시킨다.

조절(accommodation)은 기존의 도식에 동화시킬 수 없는 새로운 정보를 접했을 때 기존의 도식을 변경하는 것을 말한다. 아동이 사자를 보고 고양이라고 말할 때 누군가가 "아니야, 그것은 사자란다."라고 말해 줌으로써 잘못을 바로잡을 수 있다. 이때 아동은 '사자' 라고 불리는 새로운 도식을 형성한다.

④ 평형

피아제는 인간이 자신의 심리적 구조를 일관성 있고 안정된 행동양식으로 조직하려는 경향이 있다고 말한다. 즉, 인간 유기체의 심리구조는 평형(equilibrium) 상태를 유지하려 한다는 것이다. 여기서 평형이란 개인의 정신적 활동과 환경 간의 균형 상태를 의미한다. 쉽게 동화될 수 없고 조절할 수 없는 새로운 정보가 들어왔을 때, 개인의 심리구조는 평형을 잃어버리게 된다. 평형을 잃어버린 상태의 개인의 심리구조가 다시 평형화(equilibration)되었을 때는 보다 높은 차원의 심리구조가 획득된 상태다. 피아제는 이런 평형화의 원리를 인지발달의 주요 원리로 보고 있다.

(3) 인지발달 단계

피아제는 감각 및 운동능력의 결과로 이루어지는 인지발달에서 출발하여 추상적이고 논리적인 사고의 습득과 표현, 즉 형식적 사고로 완결되는 인지발달의 네 단계를 제시하였다.

1 감각운동 단계

출생부터 약 2세까지 지속되는 감각운동 단계(sensory motor stage)에서 지능과 인식은 유아의 반사적이고 급격히 발달하는 감각 및 운동능력의 결과다. 유아는 성숙과 유아의 환경에 대한 탐색을 통하여 더 높은 수준의 심리적 성장에 기반이 되는 개념을 발달시키고, 물리적 세계의 속성에 대한 기초적인 이해를 얻게 된다.

2 전조작단계

전조작단계(pre-operational stage)는 2～7세까지 지속된다. 여기서 조작(operation)이란 정보의 전환을 이해하는 정신능력, 즉 처음으로 되돌아갈 수 있는 능력을 의미한다. 전조작단계에 속한 아동의 경우, 예컨대 반으로 나뉜 동그라미가 다시 하나의 동그라미로 될 수 있다는 사실을 깨닫지 못한다. 이와 같이 정신적 표상에 의한 사고는 가능하나 아직 개념적 조작능력은 발달하지 않은 상태다.

이 단계에서 아동은 언어 습득을 통하여 상징적 표상능력을 지닐 수 있게 되고, 개념적 사고를 하기 시작한다. 지능은 지각에 의해 지배되는 경향이 있으며, 아동 자신의 관점과 사고가 옳다고 보는 자기중심적 관점을 갖게 된다. 이 단계에서의 사고는 비논리적이며, 환상이나 놀이는 상징적 표상이 문제 해결과 지배감을 갖게 되는 중요한 통로가 된다.

③ 구체적 조작단계

구체적 조작단계(concrete operational stage)는 7~11세까지 지속되며, 비논리적 사고에서 논리적 사고로 전환된다. 보존, 가역성, 연속성, 분류와 같은 기본적인 논리체계가 획득된다. 보존(conservation)은 형태와 위치가 변화하더라도 물질의 양은 동일하게 유지된다는 개념이다. 가역성(reversibility)은 시작한 곳까지 합리적으로 거슬러 올라갈 수 있는 능력을 말한다. 연속성(seriation)은 크기가 증가하고 감소함에 따라 요소들을 정신적으로 배열할 수 있는 능력이다(Wadsworth, 1989). 구체적 조작을 성취함으로써 아동은 논리적으로 사고할 수 있지만 이러한 논리를 언어나 가설적 문제에 적용하지는 못한다.

④ 형식적 조작단계

형식적 조작단계(formal operational stage)는 11~15세까지 지속된다. 이 시기에 아동은 자신의 지각이나 경험보다는 논리적 원리의 지배를 받으며, 추상적 사고가 가능하기 때문에 경험하지 못한 사건에 대한 가설적이고 추상적인 합리화를 통하여 과학적 사고를 할 수 있게 된다.

2) 벡의 인지이론

벡(A. Beck) 등을 위시한 인지이론가들은 인간의 자신과 세상에 대한 사고가 정서와 행동의 주요 결정요인이라는 기본 전제를 가지고 있다. 따라서 인지이론에 기초한 사회복지실천은 '클라이언트로 하여금 자신의 역기능적인 정서, 행동, 문제 해결을 유발하는 사고 패턴을 확인하고 변화시키도록 돕는 일'이다. 인지이론은 한두 학자에 의해 만들어진 하나의 사고체계가 아니며, 인간의 기능과 인간의 변화를 이해하려는 일관성 있는 사고지향으로 여러 학자가 이 이론의 구축에 기여하였다. 앞에서 정신역동 이론가로 소개한 프로이트와 함께 정신분석 운동의 초창기 멤버인 아들러(A. Adler)는 최초의 인지치료자라고 볼 수 있다. 아들러에 따르면 인간의 행동은 '생활양식(life-style)'에 의해 형성되며 이 생활양식은 자신과 자기 이상적 기대, 그리고 세계관에 대해 갖는 개인의 생각과 믿음으로 구성되어 있다. 더불어 올바른 문제해결 방법과 이 세상에 존재하는 방법에 대한 인지적 사고도 포함되어 있다. 아들러는 인성에 있어서 이러한 인지의 측면을 강조하였다. 이후 엘리스, 글래서(W. Glasser), 라자러스(A. Lazarus), 벡 등이 실천에서 인지이론을 활용한 치료법을 개발하였다. 이 중 부적응적 성격을 이해하고 치료하는 데 벡의 영향은 지대하다(이인정, 최해경, 2007).

(1) 벡의 생애

Beck

벡(Aaron Temkin Beck, 1921∼)은 1921년 미국의 로드아일랜드 주 유태인 이민사 가정에서 태어났다. 벡의 가정은 문학과 교육을 중시하는 환경을 그에게 제공하였으나, 벡의 어머니는 우울증을 앓고 있었다. 이러한 가족 배경으로 인해 벡의 우울증에 대한 관심이 시작되었다.

벡은 예일 대학교 의과대학에서 박사학위를 받고 펜실베이니아 대학교 정신의학 교수 및 동 대학교 인지치료센터 소장을 맡으면서 심리적 문제에 관한 연구를 계속하고 우울과 불안에 관한 여러 권의 명저를 썼다. 그의 인지치료는 초기에는 주로 우울증에 적용되었지만 후에는 다양한 심리장애로 확대 적용되었다.

(2) 주요 개념

① 도식

개인은 자신의 인지구조에 따라 특정 자극에 선택적으로 주의를 기울여 반응하게 되는데 이러한 인지구조가 바로 도식이다(최옥채 외, 2008). 인지이론은 인간 문제의 많은 부분이 효과적인 기능을 방해하는 도식에서 일어난다고 가정한다. 예컨대, 우울증의 경우 사람들이 때때로 세계에 대해 부정확하거나 왜곡된 생각을 발달시키게 된다. 이런 왜곡된 도식은 개인의 의지와 상관없이 자동적으로 작동하는데 이를 자동적 사고라 한다. 그리고 이 자동적 사고의 흐름이 감정

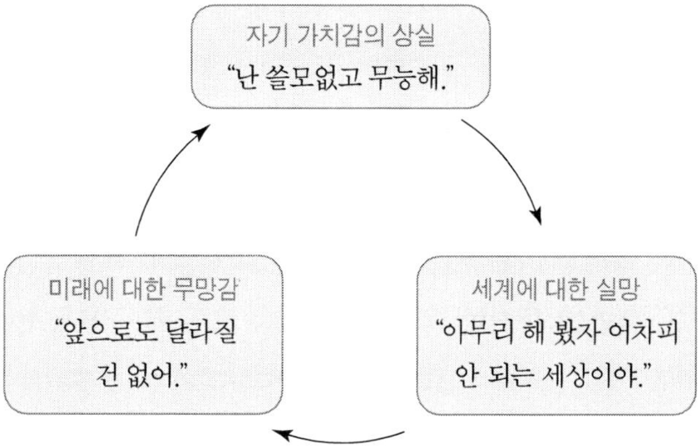

[그림 3-5] 벡의 인지삼제

과 영향에 부정적 영향을 미치게 되며, 정서적 고통 및 실제적 고통을 낳게 되는 것이다.

2 인지삼제

벡은 삶의 세 가지 중요한 측면에 대한 부정적인 생각을 표현하기 위해 인지삼제(cognitive triad)라는 개념을 적용하였다.

첫째는 자신, 세계, 미래에 대한 자기 가치감의 상실이다. 자신에 대한 부정적 견해는 '나는 결점이 많고 바람직하지 못하며 가치 없다'와 같은 자기 진술에서 나타난다(이인정, 최해경, 2007). 이는 한 가지 나쁜 결과를 전반적인 자기비하로 과잉 일반화하는 것, 다시 말해 충분한 증거가 없음에도 왜곡된 도식에 의거해 부정적 결론으로 비약하는 것이다.

둘째는 세계에 대한 실망감이다. 세상이 지나치게 자신을 핍박하고 인생은 좌절의 연속일 뿐이라는 태도가 이에 해당한다. 모든 문제가 악화될 것이고 한 가지의 나쁜 결과를 영원한 것으로 해석하는 것이다.

마지막은 미래에 대한 무망감(無望感)이다. 위에서 언급한 자기 가치감의 상실, 세계에 대한 실망감은 결국 이러한 무망감으로 나타나는데, 이에 해당하는 이들은 앞으로의 인생은 현재의 고통이 반복될 것이라고 단정한다.

3 인지치료

벡은 수년 동안 정신분석적 심리상담 치료자로 활동하면서 내담자의 자동적 사고에 큰 흥미를 느끼게 되었다. 정신분석적 연구의 한 부분으로서 그는 자기 내부로 향한 분노를 가진 우울한 내담자의 꿈 내용을 살펴보았다. 그는 프로이트가 우울증으로 개념화한 반전된 분노 이상으로 사고와 해석의 편향도 있었다는 것을 깨닫고, 객관적 증거와 맞지 않을 때도 지속되는 '부정적인 자동적 사고'를 관찰하여(Corey, 2010) 이 왜곡된 도식을 인정하고 교정하는 것이 정서장애를 치료하는 데 도움이 될 것이라고 보았다.

즉, 인지치료(cognitive behavioral therapy: CBT)는 내담자로 하여금 우울로 이끄는 잘못된 도식을 제거하고 새로운 도식을 형성하게 하는 것이다. 따라서 인지치료는 인지적 재구조화 혹은 인지적 재구성이라 불리기도 한다(이인정, 최해경, 2007).

벡은 교정할 대상이 되는 왜곡된 사고, 달리 말해 역기능적 사고로 근거 없는 성급한 추론, 부분만을 근거로 하는 선택적 추론, 과잉일반화, 어떤 상황을 실제보다 더 확대하거나 축소하는 것, 관련 없는 외적 상황까지 스스로와 관련짓는 개인화, 스스로에 대한 낙인 찍기,[4)] 극단적 사고 등을 제시하고 있다. 치료자는 내담자에게 상담과 평가 과정을 통해 이러한 역기능적 인지를 밝혀내는 것을 돕는다. 그리고 이러한 인지가 감정, 행동, 환경적 사상에까지 부정적 영향을 미친다는 것을 인식하게 하고, 결국 이러한 부정적인 자동적 사고를 조정하게 한다.

3) 엘리스의 인지이론

(1) 엘리스의 생애

엘리스(Albert Ellis, 1913~2007)는 피츠버그 출생으로 거의 일생 동안 뉴욕에서 살았다. 그는 자신이 사람들과 상담하는 데 재능이 있다는 것을 깨닫고 심리

4) 불완전성과 과거의 실수에 근거해서 자신의 정체감을 묘사하고 그것을 자신의 진정한 정체감으로 정의하는 것이다(Corey, 2010).

학자가 되기로 결심하였다. 초기에는 정신분석을 통한 상담치료에 집중하였으나, 이후 정신분석이 피상적이고 비과학적인 심리상담치료 형태라 비판하며 인본주의적 · 철학적 · 행동적 심리상담치료로서 합리적 정서행동치료(rational emotive behavioral therapy: REBT)를 개발하였다.

Ellis

어떤 면에서 엘리스는 자신의 청년기 동안의 광장공포증이나 여성공포증을 치료하고자 심리치료 연구를 하였다고도 한다. 실제로 엘리스는 인지행동적 기법을 적용하여 자신의 심리적 장애를 극복하였다(Ellis, 1997).

(2) 주요 개념

① 자기대화

엘리스의 합리적 정서행동치료는 모든 정서적 문제의 주요 원인이 그 상황에 대해 스스로 말하는 자기대화(self-talk)에 달려 있다고 전제한다. 자기대화에 따라 감정과 행동이 달라지므로 자기대화가 변화되면 감정과 행동도 변화된다는 것이다(최옥채 외, 2008). 외부적 스트레스에 대항하기 위해 스스로 다짐하는 말이 패배적일 경우 정서적 문제로 이어지는데, 이는 벡의 자동적 사고와 유사한 흐름이라고 볼 수 있다. 그러나 자기대화를 긍정적으로 변화시킨다면 뒤이어 나타날 부정적 사고 또한 통제할 수 있다. 이렇듯 엘리스는 외부적 사건은 변화시킬 수 없어도 자기대화를 변화시킴으로써 정서와 행동을 통제할 수 있다고 본다.

② 합리적 신념과 비합리적 신념

합리적 신념(rational belief: rB)은 우리의 행동을 합리적이고 효과적으로 통제하는 것으로 객관적 현실에 근거하여 다른 사람과의 불필요한 갈등을 피하고 편안한 감정을 느낄 수 있도록 하는 사고다. 반대로 비합리적 신념은 안정된 삶을 방해하고 많은 정서적 사회적 문제를 야기한다(최옥채 외, 2008). 이러한 비합리적 신념(irrational belief: iB)이 각인(imprint)되면 자기대화를 통하여 계속 재교화되고 부적절한 행동으로 이어진다.

엘리스는 사람들이 누구나 일련의 합리적 신념을 가지고 생활하고 있다고 말한다. 다른 사람과의 협력적인 상호관계를 유지하는 것이나 일상생활에서의 행동을 볼 때, 사람들 대부분은 자신의 행동을 방향 짓고 통제하는 데에 강한 합리적 신념을 사용하고 있다. 그러나 어떤 사건에 부딪혔을 때는 합리적 신념을 외면하고 순전히 비합리적으로 대응하게 될 수도 있다.

예컨대, 갑이 을과의 약속을 일방적으로 파기한다면, 을은 '갑이 나에게 한 행동은 정말로 좋지 않다. 나를 이렇게 무시하고 제멋대로 행동하다니 그는 정말 터무니없다!' 고 생각할 수 있다. 이것은 일면 합당하고 낭연한 독백으로 들릴지도 모른다. 그러나 다시 보면 앞 문장은 상황에 대한 을의 관찰과 판단을 의미하는 것이지만 뒤 문장에서 갑의 행동을 '터무니없는' 것으로 보는 것은 은연중에 비합리적 신념을 동원하여 이 상황을 보고 있는 것이다. 갑의 행동에 어떠한 이유가 있을 것이라는 예측이 아니라 이 상황을 그저 '터무니없다' 또는 '끔찍하다'고 여기는 을의 사고는 일상을 행복하게 영위하는 데 방해가 될 수 있다.

3 성격 형성

엘리스는 성격을 형성하는 기본 요소가 일상적인 일련의 자기대화라고 본다. 사람들은 어떤 사건이 일어나면 자동적으로 익숙한 자기대화를 보이게 되고 이것이 반복되면서 태도, 가치, 신념을 형성하게 되는데, 이것이 결국 자아개념에 영향을 주어 그 개인의 전반적인 감정과 행동을 결정하게 된다.

(3) 합리적 정서행동치료

엘리스의 합리적 정서행동치료(rational emotive behavior therapy: REBT)는 내담자가 보이는 정서장애나 문제행동을 제거하는 것이 아니라 문제행동의 배후에 있는 비합리적이고 자기패배적인 신념을 극소화시키고 삶에 대하여 보다 현실적이고 합리적인 가치관을 형성하는 데에 그 목표를 둔다.

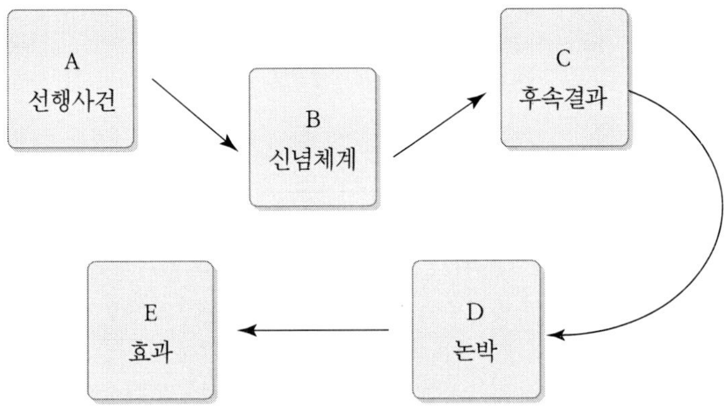

[그림 3-6] 엘리스의 ABCDE 모델

출처: Ellis(2009).

합리적 정서행동치료 과정은 ABCDE 모델로 설명이 가능하다. A는 선행사건(activating event)으로서 내담자에게 정서적 혼란을 야기하는 사건을 의미한다. 앞선 엘리스(1985)의 예에서와 같이 갑이 을의 약속을 일방적으로 파기하는 사건의 발생이 A에 해당한다. 다음 B인 신념체계(belief system)는 합리적 신념과 비합리적 신념을 통칭하는데, 개인은 합리적 신념이나 비합리적 신념 중 하나를 선택하여 사고하게 된다. 만약 을이 비합리적 신념을 선택하면 C의 후속결과(consequence)에서 을은 부정적 정서와 행동을 보일 것이다. 치료자는 여기에 D, 즉 논박(dispute)을 통하여 내담자가 갖고 있는 비합리적 신념에 합리적 신념으로써 도전하고 그것이 사리에 맞는지 검토하는 과정을 거친다. 갑이 매우 시급한 일이나 사고가 있어 약속을 지킬 수 없게 되었을지도 모른다고 가정해 보는 것이 그 예가 될 수 있다. 마지막 단계인 E는 효과(effect)로서 내담자가 논박 과정을 통해 스스로의 비합리적 신념을 합리적인 신념으로 대치하여 자기 수용적인 태도와 긍정적 감정을 얻는 것이다. 을이 치료자의 조언을 받아들여 상황을 이해하고 화를 가라앉힌 후 정확한 사정을 알아보려 하는 것은 효과로서 적절한 정서와 행동이라고 볼 수 있다.

이상에서 살펴본 행동주의와 인지주의의 인간관과 주요 개념을 정리 · 비교하면 〈표 3-1〉과 같다.

표 3-1 인지행동이론의 인간관과 주요 개념 비교

구분	행동주의		인지주의	
대표 학자	파블로프, 스키너, 반두라		피아제, 벡, 엘리스	
인간관	인간을 환경 속의 존재로 보고 인간의 관찰 가능한 행동에 초점을 둠. 인간행동은 외적 환경 내에서 학습되거나 학습에 의해 수정된다는 전제하에 학습을 통한 행동의 변화를 강조함		개인과 환경의 상호작용을 강조하고, 타인과 환경에 대한 인간의 사고가 인간의 정서와 행동의 결정인자라고 전제함. 인간의 행동을 이해하고 변화시키는 데 사고의 획득과 기능을 이해하는 것이 필수적임	
주요 개념	파블로프	고전적 조건형성, 일반화와 변별화	피아제	도식, 적응, 동화, 인지발달 단계
	스키너	조작적 조건형성, 강화와 소멸, 강화인	벡	인지삼제, 자동적 사고, 인지치료
	반두라	모델링, 관찰학습, 자기효능감	엘리스	자기대화, 합리적 정서행동치료(REBT), ABCDE 모델

3 인지행동이론과 사회복지실천

행동주의 이론은 정신분석이론만큼 잘 알려지지는 않았으나 사회복지실천에서 오랜 역사를 가지고 있다. 행동주의 이론이나 사회학습이론이 다른 많은 성격이론과 구별되는 기본 근거는 그것이 인간의 내적 동기, 욕구, 인식에 초점을 맞추지 않고 구체적으로 관찰 가능한 행동에 초점을 맞추었다는 것이다(손병덕 외, 2008). 따라서 행동주의 이론은 심리적 적응 또는 부적응보다는 행동에 더 많은 관심을 둔다. 이러한 강조는 정신분석이론이 인간행동을 지나치게 정신 내적이고 유전적으로 설명하려는 데 대한 반작용이었다.

행동주의적 기술은 다양한 인간의 문제나 학습적 상황에서 효과적이며, 특히 모방 개념은 아동양육 시 부모가 자녀를 대하는 방법으로서 주요하게 사용되기도 하며, 공포심을 줄이거나 사회적 기술을 발달시키는 많은 치료적 상황에서 유용하다.

그러나 행동주의적 접근은 때로 인간의 행동에 대한 환경의 결정력을 지나치게 강조함으로써 인간의 내적 특성과 자발성을 간과할 수 있으며, 동물실험의 결과를 인간에게 적용하는 과정 역시 인본주의적 입장에서 비판받고 있다. 그리고 인간을 지나치게 단순화, 객관화, 과학화하여 인간의 다양하고 복잡한 행동과 학습을 설명하는 데 한계를 지니고 있다.

이러한 한계를 보완하고자 인지행동이론에서 병행하여 고려하는 것이 인지이론이다. 인지이론은 지난 수십 년 동안 사회복지실천에서 중요한 입지를 차지해 왔다. 인지이론의 시발점이 된 피아제의 연구는 어떻게 아동이 생각하는 것을 배우는지, 그들이 세상에서 경험한 것들에 대해 어떻게 생각하는지를 이해하는 데 많은 도움을 주었다. 벡의 인지치료와 엘리스의 REBT 역시 우울증 및 불안장애를 다루는 사회복지실천에서 중요시되고 있다. 특히 인지이론들은 개인과 환경의 상호작용을 강조함으로써 사회복지실천의 '상황 속의 인간(person in situation)'에 대한 개입과 맥을 같이한다는 중요성을 지닌다. 사회복지사는 인간의 사회적 기능을 증진시키기 위해 인간과 환경의 상호작용을 이해하고 평가해야 하는데, 이런 측면에서 인지이론은 개인이 환경 속의 타인의 행동이나 사건, 상황에 어떤 의미를 부여하고 있는지에 접근할 수 있는 이론적 틀을 제시해 주었다(최옥채 외, 2008). 또한 인지이론은 사회복지사가 내담자의 관점을 이해하고 그 현실을 주관적으로 이해하며, 그 신념과 인지를 변화시키는 역량강화(empowerment) 접근의 근거가 되었다.

그러나 피아제의 이론은 인간의 다양한 배경(성, 인종, 계층 등)에 따른 경험의 차이를 간과하고 있으며, 개인의 발달에 영향을 미치는 사회적 · 환경적 상황을 과소평가한다는 비판을 받았다. 그리고 인지치료 역시 치료자가 내담자의 문화적 배경을 완전히 이해할 때까지 그 신념과 행동에 도전하는 데에 많은 주의를 기울여야 한다는 점에서 어려움을 갖는다. 만약 치료자가 내담자의 문화적 배경을 이해하지 못할 경우 논박적인 내용의 인지행동적 제안이 부정적으로 받아들여질 수 있다. 또한 치료자가 내담자에게 지시적이 될 수 있다는 점, 의존심을 조장할 수 있다는 점에서 한계점을 지니고 있다.

요 약

인지행동이론은 생각하고 정보를 처리하는 과정인 인지과정의 개념과 함께 행동주의와 사회학습이론에서 도출된 개념을 통합 적용한 것이다. 행동주의적 접근은 파블로프와 손다이크의 실험에서부터 출발하였다. 이 접근은 정신, 의식, 내적 과정 등과 같은 정신적 개념을 거부하고, 눈에 보이지 않는 심리적 현상보다는 관찰 가능한 인간행동에 초점을 두었다.

또한 고전적 조건형성과 조작적 조건형성 등 학습을 통한 행동의 변화를 강조한다. 스키너는 조작적 조건형성 개념을 적극 활용하여 인간행동을 수정할 수 있는 다양한 행동적 기법을 개발하였다. 급진적 행동주의는 인간행동에 영향을 미치는 사고과정, 태도, 가치 등 요인의 인지적 측면을 간과한다는 비판을 받았다.

이에 따라 초기 행동주의의 한계를 보완하고자 인간행동의 인지적 요인을 설명하는 반두라의 사회학습이론과 마이켄바움 등의 인지학습이론이 주목을 받게 된다. 인지이론에서는 개인의 의식적이고 합리적인 사고를 강조한다. 인지발달이론의 토대를 쌓은 피아제는 도식, 적응, 동화, 조절 등의 개념으로 인지발달을 설명하고 감각운동 단계, 전조작단계, 구체적 조작단계, 형식적 조작단계의 인지발달 단계를 제시하였다. 인지이론을 이용하여 벡은 우울 치료를 개발하였고, 엘리스는 인지이론과 행동이론을 결합하여 합리적 정서행동치료를 개발하였다.

핵심 용어

강화인(reinforcer) 어떤 행동이 다시 발생할 가능성을 증가시키는 자극을 강화인이라 함. 강화인은 행동의 제시 또는 철회에 따라 정적 강화인과 부적 강화인으로 분류함.

고전적 조건형성(classical conditioning) 특정 반응을 이끌어 내지 못하던 중성 자극이 그 반응을 무조건적으로 이끌어 내는 자극과 반복적으로 연합하면서 그 반응을 유발하도록 하는 과정.

도식(schema) 사물이나 사건의 전체적 윤곽으로 사고의 틀이라고 볼 수 있는데, 유사한 환경 안에서 반복에 의해 변화되는 일반화된 행동의 구조를 의미함.

인지발달이론(cognitive development theory) 인간의 인지발달을 유기체와 환경의 상호작용으로 파악한 이론으로 피아제의 이론이 대표적임. 비고츠키 이론 등 다양한 인지발달이론을 통칭하기도 함.

자기효능감(self-efficacy) 자신이 바라는 목적을 이루기 위해 특정 행동을 성공적으로 수행할 수 있다는 신념.

조작적 조건형성(operant conditioning) 어떤 반응에 대해 선택적으로 보상함으로써 그 반응이 일어날 확률을 증가시키거나 감소시키는 방법.

합리적 신념(rational belief) 인간의 행동을 합리적이고 효과적으로 통제하는 것으로, 객관적 현실에 근거하여 다른 사람과의 불필요한 갈등을 피하고 편안한 감정을 느낄 수 있도록 하는 사고.

생각할 문제

1. 자신의 주변 일상생활에서 행동주의 이론을 적용한 실례를 찾아 행동주의 이론에 근거하여 행동의 변화를 설명해 보시오.
2. 인근 사회복지기관에서 실제 실시하고 있는 프로그램 중 사회학습이론을 활용한 사회복지 프로그램에 대하여 조사해 보시오.
3. 4~6세 아동을 관찰하여 그 아동의 인지발달 수준을 피아제의 인지발달 단계에 맞추어 분

석해 보시오.

4. 자신이 주로 사용하는 비합리적 신념에 대해 인지이론에 근거하여 비합리성을 논박해 보시오.
5. 행동이론과 인지이론의 인간관의 차이를 비교 분석해 보시오.

참고문헌

김동배, 권중돈(2005). 인간행동이론과 사회복지실천(증보판). 서울: 학지사.

손병덕, 강란혜, 백은령, 서화자, 양숙미, 황혜원(2008). 인간행동과 사회환경. 서울: 학지사.

이인정, 최해경(2007). 인간행동과 사회환경(개정판). 파주: 나남출판.

정옥분(2004). 발달심리학: 전생애 인간발달. 서울: 학지사.

최옥채, 박미은, 서미경, 전석균(2008). 인간행동과 사회환경(제3판). 파주: 양서원.

파블로프 한국 브리태니커 온라인 http://timeline.britannica.co.kr/bol/topic.asp?article_id=b23p0739b.

Bandura, A.(1963). The role of imitation in personality development. *Journal of Nursery Education, 18,* 207-215

Bandura, A., Ross, D., & Ross, S. A. (1961). Transmission of aggression through imitation of aggressive models. *Journal of Abnormal and Social Psychology, 63,* 575-82.

Corey, G. (2010). 심리상담과 치료의 이론과 실제(조현춘, 조현재, 문지혜, 이근배, 홍영근 공역). 서울: 시그마프레스. (원저는 8판 2009년 출간)

Ellis, A. (1997). Postmodern ethics for active-diretive counseling and psychotherapy. *Journal of Mental Health Counseling 18,* 211-225

Ellis, A. (2009). *Personality theories: Critical perspectives.* Thousand Oaks, CA: Sage.

Pajares, F. (2002). Overview of social cognitive theory and of self-efficacy. Retreived month day, year, from http://www.emory.edu/EDUCATION/mfp/eff.html.

Skinner, B. E. (1953). *Science and human behavior.* New York: Free Press.

Wadsworth, B. J. (1989) *Piaget's theory of cognitive and affective development.* New York: Longman Pub Group.

제4장

인본주의 이론

1. 인본주의 이론의 역사적 배경
2. 인본주의 이론의 주요 이론
3. 인본주의 이론과 사회복지실천

인본주의 이론은 20세기 초반 동안에 미국 심리학에서 두 가지 주요 접근방법인 정신분석학과 행동주의보다 나중에 발달하였기 때문에 제3세력으로 분류되고 있다. 인본주의 이론은 프로이트 정신분석의 결정론과 장애행동을 연구하고 치료하는 데 대한 행동주의의 기계론에 대한 반응으로서 발달되었다. 인간성격은 창조적이고 만질 수 없고 종종 예측 불가능하다는 점에서, 많은 인본주의 이론가는 개인의 의식과 통제 밖의 정신내적 힘에 의해 모든 행동이 결정되는 것으로 보는 프로이트 식의 접근에서 벗어나 인간중심적인 이론을 주장하였다. 인본주의 이론은 인간의 본성이 생물학적인 것에 있는 것이 아니라 사회적·문화적인 것에 있다고 주장하는 신프로이트 학파, 인간은 상호작용에서 그 행동을 규정하고 이해할 수 있다는 게슈탈트 이론, 개인의 특수성과 통합을 주장하며 생활과 환경을 아주 개인적으로 특수하게 해석하려는 지각주의와 실존주의 학파를 포함한다.

1 인본주의 이론의 역사적 배경

인본주의 이론의 역사적 배경을 살펴보면 크게 인본주의적 전통, 현상학적 전통, 실존주의적 전통 등을 들 수 있다(최정훈, 1992, pp. 20-23).

우선 인본주의적 전통은 기원전 5세기부터 시작되었으며, 인간 자체에 대한 연구에 기반한 철학에 기초를 둔다. 프로타고라스는 '인간은 만물의 척도'라는 표현을 하였으며, 소크라테스 역시 물리적 본질보다는 사고와 행동의 이성적 기초를 연구하기 위해 인간 자체의 연구에 중점을 두었다. 중세기 동안 모호했던 인본주의는 14세기 후반에 다시 부활하게 되는데, 스콜라 철학의 메마르고 권위주의적이고 현학적인 전통과는 명확히 다른 관점임을 명시하기 위해 인본주의라는 용어를 채택하였다.

인본주의 관점은 인간의 삶의 발달과 보전, 개인이 지닌 위엄과 가치, 그리고 가장 뚜렷한 인간의 특징인 합리성에 대해 긍정적 태도를 취한다. 또한 인간의 삶의 질을 향상시키기 위해 변화와 성장을 지지하고, 물질보다 인간의 욕구와 가치를 우선시하며, 결핍과 제약에서 자유로워야 한다는 입장을 지지하고, 개인의 열망과 성취를 최대화하기 위해 후손의 삶과 복지에 공헌하는 각 개인의 중요성을 강조한다.

결국 인본주의적 전통은 여러 시대에 걸쳐 일관되게 고전적인 인간 덕목과 각각의 개인이 이러한 특성을 획득할 수 있음을 강조하였고, 인간 자신이 가진 자원을 통해 완전해질 수 있다고 보아 인간에 대한 낙관론을 주장하였다.

두 번째는 현상학적 전통이다. 사건의 현상적 외형과 사건 자체 간의 관계를 설명함에 있어서 현상학적 전동은 존재하는 것은 단지 우리의 감각이 그것을 경험할 때에만 일어난다고 본다. 다시 말해, 실재라는 것은 자신과 타인의 감각 경험을 통해 사람들이 만드는 것이다. 이러한 입장을 개인에 관한 연구로 전환시킨 것은 아들러(A. Adler), 랭크(O. Rank), 콤스(A. Combs), 로저스(C. Rogers) 등이다. 이들은 인간이 어떻게 지각하고 상상하고 생각하느냐에 따라 행동하며 개인을 알 수 있는 것은 바로 자기 자신뿐이라고 하면서, 공감적인 이해를 통하여 행동하는 개인의 입장에서 개인을 연구하려고 시도한다.

세 번째는 실존주의적 전통이다. 실존주의적 관점은 다른 이론보다 인간의 문제와 딜레마를 이해하려고 노력해 왔다. 사람들은 외부에서 가치와 진리, 의미를 빌려올 수 없으며 단지 내부에서 그것들을 창조해 내야 한다. 그것은 지속적 경험의 존재와 자기 존재의 산물이어야 하며, 바로 이를 인식하는 것이 진정 실존적인 것이라 할 수 있다. 삶이란 소외나 무의미, 책임감, 죽음과 같은 궁극적 문제에 대한 불가피한 직면의 결과로서 개인에게 주어지는 짐이며, 개인은 경험과 선택, 진정한 존재에 대한 자유와 더불어 자신의 존재에 대한 책임의 수용에 이르러야 한다.

2 인본주의 이론의 주요 이론

1) 로저스의 인간중심 치료

Rogers

인간중심 치료는 로저스(Carl Ransom Rogers, 1902~1987)의 인간의 잠재력에 대한 깊은 신뢰를 바탕으로 성립된 이론으로, 인간은 유기체로서 경험을 통해 자신의 가치를 형성해 간다는 신념에서 비롯되었다.

로저스는 시카고의 단란한 기독교 가정에서 태어났다. 위스콘신 대학교에서 중세사를 전공한 그는 목사가 되기로 작정하고 유니온 신학교에서 2년간 수학한 후 컬럼비아 대학교에서 임상 및 교육 심리학 박사과정을 마쳤다. 로체스터에 있는 가이던스 센터(Guidance Center)에서 12년간 재직하면서 임상 경험에 기초한 그의 이론이 구축되기 시작하였다. 1940년부터 1945년까지 오하이오 주립대학교의 심리학과 교수, 1945년부터 시카고 대학교의 심리학과 교수로 재직하면서 로저스는 내담자를 중심으로 하는 심리치료법을 개발하였으며, 성격이론을 공식화하였고, 심리치료에 관한 연구를 지도하였다. 1964년 위스콘신 대학교의 교수를 그만두고 샌디에이고의 서부행동과학연구소로 옮긴 후 1968년 인간연구센터를 창설하였다. 1974년에는 내담자 중심을 인간 중심으로 바꾸고 그의 상담이론을 상담뿐만 아니라 생활지도, 교육, 사회사업, 종교, 산업경영, 조직에까지 적용하려는 시도를 하였다.

로저스의 인간중심 이론은 인간을 이해하는 데 있어 문제의 역사보다 '지금-여기(here and now)'를 강조하므로 현상학적 이론이라 불린다. 로저스는 인간이 통합된 유기체로서 행동하기 때문에 전체론적 관점에서 접근해야 한다는 입장을 가졌다. 인간의 의식과 자아인식이 성격을 설명한다고 보았으며, 특히 자아를 중요시하였다. 인간의 행동을 가장 잘 이해하기 위해서는 개인의 내적 준거 틀의 이해가 필요하며, 인간본성의 핵심은 근본적으로 합목적적이고, 점진적이며, 건설적이고, 현실적이며, 신뢰할 수 있는 것이라고 주장하였다(이인정, 최해경, 2007).

인간중심 치료는 프로이트의 치료자중심보다는 내담자중심을 강조했고, 지시적 접근보다는 비지시적 접근의 입장을 가졌다. 로저스는 상담자의 주요 세 가지 태도로서 진솔성, 무조건적인 긍정적 존중, 정확한 공감을 강조하였다. 그는 내담자가 이러한 태도를 보이는 상담자와의 새로운 경험을 통해 이전과는 다른 가치화 과정을 거쳐 변화한다고 보았다.

(1) 인간관

로저스는 인간이 경험하는 유기체로서 자신을 실현화하기 위한 기본적 동기를 갖고 있다고 본다. 인간중심 접근 상담자는 유기체의 지혜를 믿으며 인간이 기본적으로 신뢰성 있는 유기체라고 본다. 우리 각자는 주체적으로 자기실현을 위해 삶을 주도하며 살아간다. 우리는 똑같은 환경이나 장에서도 각자 현상적으로 혹은 주관적으로 매우 다른 경험을 한다. 따라서 인간중심 접근에서는 삶의 주체로서 우리가 외관을 통해 매 순간에 경험하며 느끼는 감정을 중시한다.

로저스는 인간이 경험을 통해 가치를 형성해 가기 때문에 경험을 중시하였다. 심리적으로 건강한 사람은 모든 경험에 대해 자신을 경험하며, 자신에 대한 가치화 과정을 이루기 때문에 우리 각자가 매 순간에 경험하는 것이 무엇보다 중요하다.

인간은 또한 전체로서 현상적 장을 경험하고 지각한다. 유기체는 외부에서 주어진 어떤 자극에 대해 전체로서 반응한다. 이런 점에서 인간중심 접근은 인간 행동을 주관적인 가치를 배제해 버리고 외현적인 자극-반응으로 설명하는 행동주의의 입장과 인간을 결정론적으로 보는 프로이트의 입장을 비판한다. 로저스는 인생을 지속적인 변화의 과정으로, 인간은 되어 가는 과정으로 존재한다고 파악한다.

(2) 주요 개념

로저스는 인간의 발달과 변화에 초점을 두었으며, 성격의 구조적인 구성 개념은 거의 강조하지 않았다. 하지만 그의 이론을 이해하는 중요한 구성 개념은 자아, 자아실현 경향성, 훌륭한 삶의 성격 등이다.

① 자아와 자아실현

자아(self) 또는 자아실현의 개념은 로저스 심리학에 있어서 매우 중요한 것이다. 자아는 현재 자신이 어떤 인간인가에 대한 개념으로, '나는 무엇인가' '무엇이 될 수 있는가' 등의 지각을 포함하여 지각된 자아는 세상에 대한 지각과 개인의 행동에 근거가 된다. 로저스는 자아를 행위자로서의 나와 대상물로서의 나, 그리고 나와 다른 사람, 나와 세계의 관계에 대한 일관성 있고 조직된 지각, 태도, 가치의 실체라고 정의했다. 자아개념은 자기의 현재 모습에 대한 지각뿐만 아니라 자기가 되어야 하며 또 되고자 생각하는 것까지도 포함한다.

그리고 인간은 자신을 유지하려는 경향성과 향상시키기 위하여 자신의 능력을 개발하려는 경향성을 선천적으로 지니고 태어난다. 이를 자아실현 경향성이라고 한다. 성격의 관점에서 자아실현 경향성의 가장 중요한 점은 자아실현을 지향하는 개인의 충동이다. 자기발달을 지향하는 움직임은 다소의 투쟁과 고통을 수반하지만 충동이 강하기 때문에 그것을 인내한다. 이러한 자아를 실현하는 과정에서 유기체적 평가과정을 겪는다. 자기를 유지 혹은 향상시키는 것으로 지각된 경험은 더욱 추구되고 긍정적으로 평가되므로 개인은 그 경험에서 만족감을 얻는다. 반대로 자기 보존이나 증진을 부정하거나 반대하는 것으로 인식된 경험은 부정적으로 평가되어 피하게 된다(손병덕 외, 2008).

② 훌륭한 삶의 성격: 완전히 기능하는 인간

로저스가 말하는 훌륭한 삶이란 고정된 상태가 아니므로 흔히 이야기하는 덕행, 만족, 해탈 또는 행복의 상태가 아니다. 즉, 훌륭한 삶이란 그 사람이 적응하거나 충족 · 실현한 상태가 아니다. 로저스는 훌륭한 삶이란 존재하는 상태가 아닌 과정이며, 목적이 아닌 방향을 뜻한다고 하면서 훌륭한 삶이 갖는 공통적인 다섯 가지 특징을 제시하였다(이인정, 최해경, 2007).

첫째, 경험에 대해 개방적이다. 자신의 경험에 완전히 개방적일 수 있으면 모든 자극은 방어기제에 의해 왜곡되지 않은 채 신경체계를 통해 자유롭게 전해진다. 자신의 감정을 민감하게 인식하고 억압하지 않으므로 경험에 완전하게 개방적인 사람은 그 자신에 대해 들을 수 있으며, 자신의 내면에서 무엇이 일어나고 있는지 체험할 수 있다. 그는 공포, 실망, 고통의 느낌에 개방적이며 용기, 애정, 경외의 느낌에도 개방적이다. 느낀 대로 주관적으로 살 만큼 자유롭고 또 그 느낌을 깨닫는 데도 자유롭다.

둘째, 매 순간 충실하게 산다. 새로운 경험에 완전히 개방적인 사람은 매 순간이 새롭다. 그는 자신이 다음 순간에 무엇이 될지와 무엇을 할 것인지가 이 순간에서 비롯되며, 자신 또는 다른 사람에 의해 미리 예측될 수 없음을 깨닫는다. 즉, 완전히 기능하는 사람은 실존적인 삶을 산다. 실존적인 삶이란 인간이 존재의 매 순간을 충분히 만끽하며 사는 것을 뜻한다. 현재의 자기나 미래의 자기는 그 순간에서 나오며 사전에 예측될 수 없다. 실존적 삶에서 개인의 자아와 성격은 경험에서 나타난다. 이는 개인이 스스로 유기체 경험의 지속적인 과정의 참여자이며 관찰자가 되는 것을 의미한다.

셋째, 자신을 신뢰한다. 이는 실존적 상황에서 가장 만족스러운 행동에 도달하는 방법이다. 완전히 기능하는 사람은 자신의 유기체적 경험을 그가 해야 할 것과 하지 말아야 할 것을 결정하는 기준으로 삼는다. 자기의 경험에 완전히 개방적인 사람은 그의 행동이 의거하는 모든 가능한 정보를 입수할 것이다. 그 결과 현재 상황에서 욕구를 최대로 만족시키는 행동이 나온다.

넷째, 자유로움을 가진다. 완전히 기능하는 사람은 자기의 느낌과 반응에 충실히 산다. 건강한 사람은 억제나 금지 없이 생각과 행동 과정의 대안 사이에서 자유롭게 선택할 수 있다. 또한 완전히 기능하는 사람은 일시적 생각이나 주변 환경, 과거 사건들에 의해 미래를 결정하는 것이 아니라 삶에 대한 개인적인 지배감을 갖고 스스로 미래를 결정한다.

다섯째, 창조성을 가진다. 모든 경험에 개방적이고 유기체로서 자신을 신뢰하며 결정이나 행동에서 자유로운 사람은 자기 실존의 모든 영역에서 독창적 사고력과 창조적 삶으로 스스로를 표현한다. 창의적이고 자발적인 사람은 사회문화적 구속에 동조하거나 수동적으로 적응하지 않는다.

2) 매슬로의 욕구위계이론

인본주의 이론으로서 욕구위계이론을 제시한 학자는 매슬로(Abraham Harold Maslow, 1908~1970)다. 매슬로는 뉴욕 시 브루클린에서 러시아에서 이민 온 유대인 가정의 7남매 중 첫째로 태어났다. 그의 부모가 그에게 많은 격려와 지원을 해 주었지만, 매슬로는 유태인이 전혀 살지 않는 곳에서 아주 고독한 아동기와 청소년기를 보냈다. 사람들이 보다 풍요로운 삶을 살도록 도와주고자 하는 그의 바람은 그 자신의 갈망에서부터 시작되었을지도 모른다.

Maslow

매슬로는 위스콘신 대학교에서 심리학 학사학위를 받은 후 1931년에는 석사학위를 그리고 1934년에는 박사학위를 취득하였다. 초기에는 행동주의가 인간의 모든 수수께끼를 풀어 줄 것이라고 믿었지만, 첫딸이 태어난 후에는 행동주의로 인간을 이해하는 데는 한계가 있다는 것을 깨달았다. 1937~1951년까지 브루클린 대학교에서 교수로 재직하면서 매슬로는 히틀러를 피해서 온 유럽 지성계의 중심 인물들과 교류를 시작했는데, 그들은 프롬(E. Fromm), 아들러(A. Adler), 베네딕트(R. Benedict) 등이었다. 매슬로는 1951~1969년까지 브랜티스 대학교의 교수로 재직하면서 미국 심리학계의 인본주의 운동의 가장 유명한 인물이 되었다.

매슬로는 그동안의 심리학이 인간의 강점보다 약점에 초점을 맞춘 나머지 염세적이고 부정적인 면을 지나치게 부각시켜 왔다고 생각하였다. 심리학에서 고통이나 갈등, 수치심, 적개심보다 사랑, 행복, 충만, 안녕 등을 강조해야 한다고 주장하였다. 그는 행동주의 이론이 인간의 삶에 풍요로움과 존엄성을 주는 요인을 지나치게 간과하고 있다고 비판하며, 정신분석학의 염세적 비관론과 절망에 대해서도 반대하면서 인간에 대해 보다 희망적이고 낙관적인 이론을 제시하였다.

(1) 주요 개념

매슬로는 인간이 가지고 있는 내적 본성에 대한 몇 가지 기본적인 가정을 제시하고 있다(Maslow, 1968).

- 인간은 본질적으로 생물학적인 내적 본성을 가지고 있는데, 이에는 성장과 자아실현을 위한 기본적인 욕구와 충동이 포함된다.
- 이러한 내적 본성의 일부는 보편적 특성이나, 일부는 개인 특수적이다. 왜냐하면 우리는 모두 특수한 소질이나 기질, 능력 등을 가지고 있기 때문이다.
- 내적 본성은 자아실현을 향해 나아가도록 하는 데 길잡이 역할을 하는 긍정적인 힘이며, 환경은 자양분을 제공하는 역할을 수행한다.
- 내적 본성은 동물의 본능처럼 강하지 않으며, 미묘하고 섬세하며 여러 가지 면에서 약하다. 내적 본능은 학습이나 문화적 기대, 공포나 비난 등에 의해 쉽게 압도된다.
- 내적 본성은 대체로 아동기에 억제된다. 아동은 대부분의 문제에 대해 내적 지혜, 즉 자신의 감정과 내적 자극을 통해 해결할 수 있다. 그러나 성인이나 사회는 흔히 아동의 선택을 존중하지 않고 아동의 잘못을 지도하고 가르치려 한다. 따라서 아동은 자기 자신이나 자신의 감각을 믿지 않게 되고 다른 사람의 견해에 의존하기 시작한다.
- 자아실현을 향한 충동과 더불어 내적 본성은 비록 약하기는 해도 완전히 사라지지는 않으며 성인기에도 여전히 남아 있다. 그것은 무의식 속에 남아서 내면의 소리를 통해 우리의 잠재력을 발휘하도록 인도해 준다.
- 자아실현을 이룬 사람은 성인이 되어서도 내적 본성이나 성장을 향한 충동

에 여전히 반응적이다. 그들은 문화적 압력에 별로 영향을 받지 않으며, 보다 자발적이고 어린아이와 같은 천진난만한 태도로 세상을 보는 능력을 간직하고 있다.

(2) 인간 욕구의 위계

매슬로(1971)에 따르면 인간은 삶에 의미와 만족을 주는 일련의 욕구에 의해 동기화된다. 이 욕구는 강도와 그 중요성에 따라 일종의 계층적 위계로 배열된다. 인간의 욕구에는 기본적으로 다섯 가지가 있는데, 그 강도의 위계에 따라 생리적 욕구, 안전의 욕구, 애정과 소속의 욕구, 자아존중감의 욕구, 자아실현의 욕구 순으로 나눌 수 있다.

① 생리적 욕구

생리적 욕구(physiological needs)는 음식, 물, 공기, 수면에 대한 욕구와 성욕을 말한다. 이들 욕구의 충족은 우리의 생존을 위해서 필수불가결하다. 생리적 욕구는 모든 욕구 중에서 가장 강렬하여 그것이 충족되지 않으면 안전, 애정, 자아실현 등의 다른 욕구는 모두 하찮은 것이 되어 버린다. 생리적 욕구가 만족되지 못하면 우리는 보다 높은 단계로 나아가지 못한다.

② 안전의 욕구

생리적 욕구가 해결되고 나면 안전의 욕구(safety needs)에 의해 동기가 유발된다. 안전의 욕구에는 안전, 안정, 보호, 질서, 불안과 공포로부터의 해방 등과 같은 욕구가 포함된다. 부모간의 갈등, 별거, 이혼, 죽음 등은 가정환경을 불안정하게 만들기 때문에 아동의 심리적 안녕감에 해가 된다.

③ 애정과 소속의 욕구

애정과 소속의 욕구(love and belongings needs)는 특정한 사람들과 친밀한 관계를 맺고 어떤 집단에 소속되고자 하는 욕망으로 표현된다. 즉, 단체나 집단에 가입하여 소속감을 느끼려고 하고, 특정한 사람과 친밀한 관계를 가짐으로써 애정의 욕구를 만족시키려고 한다. 이러한 관계에서는 사랑을 받는 것도 중요하지만 사랑을 주는 것 역시 중요한다. 이러한 애정과 소속의 욕구를 충족시키지 못하면 소외감과 외로움을 느끼게 된다.

④ 자아존중감의 욕구

자아존중감의 욕구(self-esteem needs)는 기술을 습득하고 맡은 일을 훌륭하게 해냄으로써, 작은 성취나 칭찬 및 성공을 통해서, 그리고 다른 사람에게서 긍정적인 평가를 들음으로써 충족된다.

자아존중감에는 다른 사람이 자기를 존중해 주기 때문에 갖게 되는 자아존중감과 스스로 자기를 높게 생각하는 자아존중감이 있다. 다른 사람이 존중해 주기 때문에 갖게 되는 자아존중감은 명성, 존중, 지위, 평판, 사회적인 성과 등에 기초를 두는데, 이는 쉽게 사라질 수 있다. 반면에 자기 스스로를 높게 생각하는 자아존중감을 가진 사람은 자신이 가치 있는 사람이라고 생각하므로 자신에 대해 안정감과 자신감이 생긴다. 자아존중감의 욕구를 충족시키지 못하게 되면 열등감, 좌절감, 무력감, 자기비하 등의 부정적인 자기 지각을 초래하게 된다.

⑤ 자아실현의 욕구

자아실현의 욕구(self-actualization needs)는 인간의 욕구 위계 중 가장 높은 것으로서 자신의 잠재력을 성취하고 싶은 욕구다. 한마디로 자기가 원하는 종류의 사람이 되려는 것이다. 앞선 네 가지 욕구를 충족시킨 사람들이 자아실현의 욕구를 성취할 수 있는데, 그런 이들은 자신의 능력과 재능을 최대한 활용하는 성숙하고 건강한 사람들이다. 인간은 누구나 자아실현의 욕구를 가지고 있지만 대부분은 그것을 실현시키지 못한다.

(3) 결핍동기와 성장동기

인간은 기본적으로 삶을 유지하려는 동기와 삶을 창조하려는 동기를 가지고

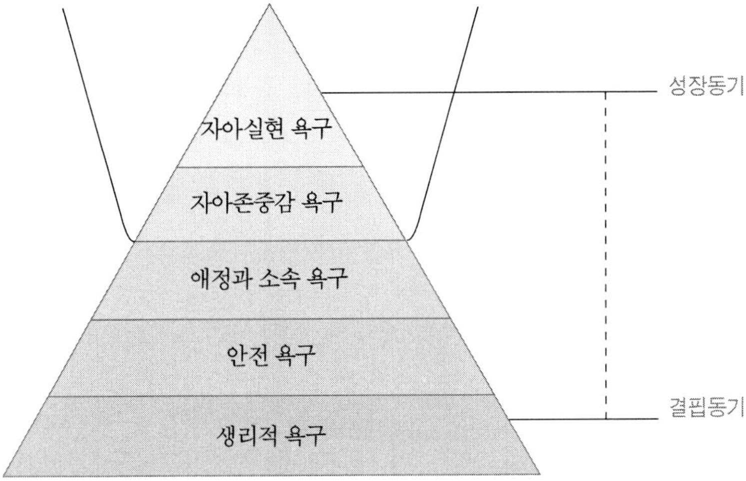

[그림 4-1] 매슬로의 욕구 5단계와 동기 개념

있다. 사람들은 삶을 유지하기 위해 호흡, 배설, 수면, 식욕, 성욕, 안전, 애정, 자기존중 등의 욕구를 충족시키려 하는데, 이러한 것은 기본 욕구 또는 결핍동기라고 한다. 결핍동기는 음식이나 애정과 같은 결핍으로 인해 생기는 동기를 말한다.

한편 삶을 창조하고자 하는 동기는 자신의 잠재력을 실현하고 자기를 완성하고자 하는 동기로서 메타동기 또는 성장동기라고 한다. 진, 선, 미, 독창성, 정의, 질서 조화 등이 성장동기의 예다. 성장동기는 결핍동기가 어느 정도 충족된 후에 작용한다. 기본 욕구가 대부분의 경우 위계적 순서로 배열되어 있다면, 메타욕구는 위계가 없으며 서로 쉽게 대치될 수 있다.

성장동기는 결핍동기만큼 본능적이거나 선천적인 것은 아니다. 하지만 인간이 심리적으로 건강하고 완전한 성장에 이르려면 성장동기 또한 충족되어야 한다. 그렇지 못할 때 인간은 심리적으로 병들게 되는데, 이것이 바로 메타병리다. 소외, 고민, 냉담, 무관심, 우울, 무기력 등이 메타병리로 인해 나타나는 증상이다.

3) 게슈탈트 이론

Perls

게슈탈트(Gestalt) 치료이론은 펄스(Fritz Perls, 1893~1970)에 의해 발달되었다. 펄스는 독일 베를린에서 유태인 부모 슬하에서 태어나 독일에서 교육을 받았으며, 1920년 28세 때 프리드리히 빌헬름 대학교에서 의학 박사학위를 받았다. 그후 1925년부터 7년간 신경정신과적 훈련을 받았으며, 1926년에는 프랑크푸르트에서 쿠르트 골드슈타인(Kurt Goldstein)을 만나서 전체로서의 통합된 유기체 이론을 접하고 깊은 감명을 받았다. 1934년에 나치의 탄압을 피해 독일을 떠났고, 1935년에는 남아프리카로 이주하여 아내와 함께 정신분석가로 개업하고 정신분석 연구소도 설립하였다. 1942년에는 프로이트 이론에 반대하는 새로운 형태주의 심리이론을 개발하였으며, 1950년에는 게슈탈트 치료라는 용어를 도입하였다.

게슈탈트 치료는 경험적이고 실존적이며 실험적인 접근이다. 즉, 언어를 통해 정신적인 조작을 하는 것보다 행동을 강조한다는 점에서 경험적이고, 개인의 독립적 선택과 책임을 강조한다는 점에서 실존적이며, 개인이 매 순간 느끼는 감정을 표현하도록 촉진하다는 점에서 실험적이다.

인간은 경험하는 유기체로서 자신의 사고, 감정, 행동을 통해 내적 및 외적으로 야기되는 사건과 접촉을 하며 살아간다. 이렇게 인간이 매 순간 경험하는 유기체로서 환경적 장에서 살아간다는 점에서 현상학적이다. 자신이 접촉하여 경험하는 현상을 있는 그대로 매 순간 자각하여 수용하며 살아가는 것은 유기체의 지혜를 신뢰하는 것이다. 펄스는 우리가 실존적 주체로서 책임을 회피하는 환경지지를 버리고 자기 지지를 바탕으로 자신을 신뢰하고 책임지며 살아갈 것을 강조하였다.

(1) 인간관

인간을 현상학적으로 바라보는 게슈탈트 치료에서는 자각의 확장, 개인적 책임감의 수용, 개인의 단일성, 자각이 방해받는 것의 경험 등과 같은 개념을 강조한다(노안영, 2005).

치료자는 개인이 자신에 대한 책임을 떠맡을 능력이 있으며, 통합된 개인으로서 충만하게 살아갈 수 있음을 믿는다. 개인의 경험이 의미 있는 전체를 구성할 때 건강한 성격이 존재하며, 거기서 즉각적인 자각의 초점이 되는 경험과 배경에 있는 경험 간에 원활한 교류가 이루어질 수 있다.

게슈탈트 치료의 목적은 개인이 즉각적인 경험을 자각할 수 있도록 치료적 개입을 하고 도전을 함으로써 통합과 성장을 향해 나아가도록 돕는 것이다. 개인은 성숙을 방해하는 경험을 인식하고 경험함에 따라 보다 진실하고 생기가 넘치는 삶을 위해 그들의 잠재력을 이용할 수 있게 된다.

이러한 게슈탈트 이론의 참조틀을 이루는 인간본성에 대한 기본 가정은 다음과 같다(최정훈, 1995, pp. 237-238).

- 개인은 서로 관련된 부분으로 구성된 전체다. 신체, 감정, 사고, 감각, 지각 등의 어느 것도 개인의 전체적인 맥락을 떠나서는 이해될 수 없다.
- 개인은 또한 그의 환경의 일부분이므로 환경을 떠나서는 이해될 수 없다. 개인은 내적 · 외적 자극에 어떻게 반응할지를 스스로 선택하며, 환경에 대한 반응자가 아닌 행위자다.
- 개인은 자신의 모든 감각, 사고, 정서, 지각을 완전히 자각할 수 있는 잠재력을 가지고 있다.
- 이러한 자각을 통하여 개인은 선택을 할 수 있다.
- 개인은 그 자신의 삶을 효율적으로 통제할 수 있는 능력이 있다.
- 개인은 자신의 과거와 미래를 경험할 수 없으며, 단지 현재에서 자기 자신을 경험할 수 있다.
- 개인은 근본적으로 선하거나 악하지 않다.

(2) 주요 개념

주요 개념으로는 '지금-여기' '자각과 책임감' '미해결 과제와 회피' 등이 제시되고 있다(노안영, 2005).

게슈탈트 치료에서 가장 중요한 개념은 '지금'이다. 지금 이외에 아무것도 존재하지 않으며, 과거는 지나갔고 미래는 아직 오지 않았으므로 오직 현재만이 중요하다. '지금-여기'와 현재 순간을 충만하게 인식하고 경험하는 것을 강조한 것이 게슈탈트 치료가 심리치료 분야에 기여한 점이다. 펄스는 내담자가 과거에 초점을 두는 것이 현재를 충분히 경험하는 것을 회피하는 한 방식이라고 보았다.

개인은 현실에서 멀어져 미래에 몰두하게 될 때 불안을 느끼는데, 펄스는 불안을 현재와 미래 사이의 간격으로 개념화하였다. 이때 개인은 당면한 현재에 살기보다는 현재와 미래 사이의 간격을 결심 계획 그리고 비전으로 채우려고 노력하게 된다.

따라서 치료자는 개인이 단지 그들의 경험에 대해 말하기보다는 생생하고 즉각적으로 그들의 경험에 접할 수 있도록 도와야 한다.

또 한 가지 중요한 개념은 미해결 과제(unfinished business)다. 미해결 과제는 개인에게 어떤 욕구가 출현한 후 해결되지 못해 게슈탈트를 완성하지 못할 경우 발생하게 된다. 이 개념에는 분노, 고통, 불안, 슬픔, 죄책감, 증오, 소외감과 같은 표현되지 않은 감정이 포함된다. 이러한 감정은 비록 표현되지는 않았으나 특정 사건에 대한 뚜렷한 기억과 연합되어 있다. 이러한 감정은 그것이 개인의 자각 내에서 충분히 경험되지 않았기 때문에 배경에 오래 머무르게 되고, 자신과 타인과의 효과적인 만남을 저해하는 방식으로 현재의 생활에 영향을 미친다. 미해결 과제는 개인이 그것에 직면하여 억압되었던 감정을 다루지 않는 한 계속 지속된다.

미해결 과제와 관련된 개념이 회피다. 회피는 사람들이 미해결 과제를 직면한다거나 미해결 상황과 관련 있는 불편한 정서를 경험하는 것을 방해하는 데 사용하는 수단이다. 대부분의 사람은 변화에 필요한 것을 실행하기보다는 고통스러운 정서를 경험하는 것을 피하려고 한다. 그래서 그들은 옴짝달싹할 수 없게 되고, 난국을 극복할 수 없으며, 그들의 성장 가능성을 저해한다.

따라서 게슈탈트 치료의 일차적 목표는 클라이언트가 성숙하여 자신의 삶을 책임지고 접촉을 통해 게슈탈트를 완성하도록 조력하는 것이다. 또 다른 목표는 클라이언트가 느끼는 불안을 삶의 부분으로서 수용하고 처리하도록 조력하는 것이다.

4) 실존주의적 접근

실존주의에서는 인간을 제한된 존재로서 세상에 던져진 것으로 본다. 세상에 던져진 존재로서의 인간은 존재론적 불안에 직면하면서 성장한다. 불안을 극복하고 성장을 이루기 위해서는 위엄과 자기존중을 유지하며 자기 인생을 살고자 하는 진실성과 용기가 있어야 한다.

실존주의적 접근은 분리된 하나의 학파도 아니고 정리된 기법을 가진 체계적인 모델도 아니다. 실존주의 접근에 영향을 미친 이로는 키르케고르(S. A. Kierkegaard), 니체(F. W. Nietzsche), 하이데거(M. Heidegger) 등의 실존주의적 철학자와 부버(M. Buber), 틸리히(P. Tillich) 등의 종교철학자, 그리고 빈스방거(L. Binswanger), 프랑클(V. Frankl), 메이(R. May), 얄롬(I. Yalom) 등의 실존주의적 상담자들이다.

실존주의 접근에서는 인간본성에 관한 결정론적 관점에 반대하며, 인간에게는 자유의지가 있다는 가정에 기초를 둔다. 메이는 개인의 자기 삶에 대한 책임감을 강조하였으며, 프랑클도 프로이트의 결정론적인 관점에 반대하며 자유, 책임성, 삶의 의미, 가치 추구와 같은 기본 개념을 중시하는 의미치료를 발달시켰다.

이렇게 실존주의 접근은 인간이 현재의 삶에서 자기 자신을 변화시킬 수 있다는 입장을 고수하며, 과거가 현재의 생활방식을 결정하지는 않는다고 믿는다.

(1) 인간관

실존주의적 접근에서는 인간의 조건에 초점을 두며, 인간에게 영향을 주기 위해서 치료기법보다는 인간에 대한 이해를 강조한다. 실존이란 인간 존재의 특유한 존재방식을 뜻한다. 따라서 그것은 어디까지나 인간의 현재에 관계하는 것이며, 인간의 본질이 무엇인가 하는 본질 규정의 문제는 직접적인 관심사가 아니다. 실존은 외부에 나타나 있는 것을 의미하므로 실존철학 역시 인간의 숨겨진 본질보다는 드러나 있는 인간의 존재방식을 묻고 그것을 규명하려는 노력에 관심을 둔다. 실존은 현실의 존재, 사실의 존재, 진실의 존재에 대한 새로운 표현이라고 할 수 있다.

인간본질에 대한 실존적 관점은 인간의 실존적 의미가 고정되어 있는 것이 아니며 인간은 스스로 자신을 끊임없이 재창조해 나간다고 본다. 즉, 실존적 관점에서 인간이 된다는 것은 우리가 스스로의 실존을 인식하고 만들어 나가는 과정이다.

실존주의적 인간관을 요약하여 살펴보면 다음과 같다(노안영, 2005, pp. 264-265).

- 인간 실존의 특성은 이 세상에 우연히 내던져진 존재라는 점이다. 그러나 인간이 다른 동물과 다른 점은 인간은 삶의 특징이 우연성과 피투성이라는 것을 자각하며, 과거와 현재와 미래의 연속선상에서 인간 자신의 영향력을 의식하는 것에 있다. 이로 인하여 인간은 선택과 결단이 가능하다. 인간은 비록 유전, 환경, 문화에 의하여 제약을 받기는 하지만 이러한 외적 영향에 의하여 전적으로 결정되는 존재는 아니다. 즉, 개인은 자신의 본성을 스스로 창조하며 결정할 수 있다. 따라서 인간은 자유로운 존재이며, 그 자신의 본질에 대한 책임은 스스로에게 있다.
- 주체와 객체는 별개의 것으로 생각할 수 없으며 양자가 상호연관을 갖는 참 만남 속에서 자각이 가능하다.
- 이에 인간은 정적인 존재가 아니라 의미 있는 전체로서 끊임없이 생성되고

변천되는 상태에 놓여 있다.

- 인간은 언젠가는 죽을 수밖에 없는 존재라는 사실을 알고 있다. 즉, 존재는 비존재를 수반하기 마련이므로 고립, 허무, 개인적 의미나 주체성의 상실, 소외를 의식하지 않을 수 없다.
- 이처럼 비존재에로의 위협을 느끼게 되는 것이 '정상적인' 불안과 적개심, 공격성의 조건이 된다. 실존 자체에 대한 상실을 두려워하는 것을 '실존적 불안'이라고 한다. 실존적 불안은 현재 누리고 있는 안전 상태를 상실하는 것과 새로 나타날 잠재능력 간의 갈등도 내포한다.
- 인간의 자존감이란 타인이 자신을 평가해 주는 관점에 의거해서 형성되는 것은 아니다. 자존감은 물론 사회적 관련성 밑에서 어느 정도 형성될 수 있지만 본질적으로는 자기정체감을 전제로 한다. 각 개인은 누구와도 비교될 수 없이 독자적이며 일회적이고 중요한 존재다.
- 인간은 과거를 떨치고 일어나 즉각적인 상태에서 자신을 초월할 수 있는 능력을 가지고 있다. 이와 같은 초월의 능력이 있으므로 선택의 가능성이 생긴다.

(2) 주요 개념

실존주의 접근에서는 인간의 궁극적 관심사와 관련하여 자유와 책임, 삶의 의미성, 죽음과 비존재, 진실성에 대해 중요하게 생각한다(노안영, 2005, pp. 267-271; 최정훈, 1995, pp. 248-249).

① 자유와 책임

인간은 여러 선택 가운데서 선택할 수 있는 자유를 가진 자기 결정적인 존재다. 인간은 근본적으로 자유롭기 때문에 삶의 방향을 지시하고 운명을 이루어 나가는 데 책임을 져야만 한다. 실존주의적 접근은 자유, 자기 결정, 의지, 결단을 인간 존재의 중심부에 둔다. 만약 의식과 자유가 인간에게서 사라진다면 인간은 더 이상 인간으로서 존재하지 못한다. 바로 의식과 자유가 인간에게 인간

됨을 부여하는 능력이기 때문이다.

실존적 견해에서 개인은 스스로의 결단으로 자신의 운명을 결정하고 자신의 존재를 개척해 나간다. 개인은 자신이 되고자 결심하는 대로 되기에 자신의 인생 행로에 대해 책임을 져야 한다.

자유는 자신의 발전에 관계하고 여러 선택 중에서 선택하는 능력이다. 확실히 자유에는 한계가 있고, 선택은 외부 요인에 의해서 제한된다. 그러나 인간은 선택할 수 있는 요소를 가졌으며, 선택에 대한 책임을 진다. 즉, 인간은 자기 삶과 실패에 전적으로 책임이 있으며, 자유와 책임은 항상 병행한다.

2 삶의 의미성

삶의 중요성과 목적을 향한 노력은 인간의 독특한 특성이다. 인간은 의미와 개인 정체감을 찾으며 실존적 질문 등을 할 수 있다. 실존주의자에 따르면 삶은 그 자체 내에 긍정적 의미를 가지고 있는 것이 아니며 우리가 의미를 창조했느냐에 달려 있다. 종종 의미 없고 모순되게 보이기조차 하는 세상 속에서 우리는 이전에 도전하지 않았던 가치에 도전하고, 우리 자신의 새로운 국면을 발견하고 갈등과 모순에서 화합하려고 노력한다. 그리고 이런 일을 하는 가운데 우리는 세상 속에서 우리의 의미를 창출한다.

인간은 본질적으로 혼자이나 다른 사람과 관계를 맺고자 하는 욕구를 가지고 있으며, 다른 사람과 의미 있는 관계를 맺지 못할 때 소외감, 고독, 외로움을 느끼게 된다.

3 죽음과 비존재

실존철학의 가장 중요한 문제는 죽음이다. 인간은 미래의 언젠가는 자신이 죽는다는 것을 자각한다. 죽음은 자신에게 엄습해 오는 기분 나쁜 무엇이며, 실존이 불가능하게 되는 가능성이다.

그럼에도 실존주의자들은 죽음을 부정적으로 보지 않는다. 인간의 현저한 특성 중의 하나는 미래의 개념과 죽음의 불가피성을 터득할 수 있다는 것이다. 점차적인 비존재의 인식, 그것이 바로 존재에 의미를 준다. 그것이 모든 인간의 행위를 중요하게 하기 때문이다.

또한 실존주의자들은 삶이 시간의 제한을 받기 때문에 의미를 가지고 있다고 주장한다. 만약 우리가 우리의 능력을 실현화시키는 영원한 시간을 가지고 있다면 조급해할 필요가 없을 것이다. 우리의 제한된 시간성 때문에 죽음은 우리에게 진지하게 생을 살아가도록 자극한다. 죽음의 불가피성은 생의 가능성을 제한시킨다. 따라서 현재는 귀중한 것이다. 그것이 우리가 실제로 가진 전부이기 때문이다.

④ 진실성

진실한 존재로 있는다는 것은 우리를 정의하고 긍정하는 데 필수적인 것에 대해 그것이 어떤 것이든지 한다는 것을 의미한다. 개인은 진실된 실존 속에서 언젠가 일어나야 할 비존재의 가능성에 직접적으로 직면하게 되고, 불확실성에 직면해서 결정하고 그에 대한 책임을 진다.

진실된 실존에 이를 때 우리는 계속적으로 우리가 도달할 수 있는 능력 있는 개인이 되는 것이다. 진실하게 사는 것은 우리의 한계를 알고 받아들이는 것을 수반한다. 비진실성과 관련된 개념이 죄책감인데, 이러한 실존적 죄책감은 불안전감을 느낄 때와 그리고 인간이 스스로 충분히 할 수 있는 것을 달성하지 못했을 때 발생하게 된다. 궁극적으로 존재의 자각에 대한 상실은 심리적인 병을 유발한다.

이상에서 살펴본 대표적인 인본주의 이론의 인간관과 주요 개념을 정리 · 비교하면 〈표 4-1〉과 같다.

표 4-1 인본주의 이론의 인간관과 주요 개념 비교

구분	인간중심 치료	욕구이론	게슈탈트	실존주의
대표 학자	로저스	매슬로	펄스	얄롬
인간관	인간의 잠재력에 대한 깊은 신뢰, 경험을 통해 자신의 가치를 형성해 감	인간은 삶에 의미와 만족을 주는 일련의 욕구에 의해 동기화됨	인간은 매 순간 경험하는 유기체로서 환경적 장에서 생활함	인간은 제한된 존재로서 세상에 던져진 존재이며, 스스로 자신을 끊임없이 재창조함
주요 개념	자아, 자아실현, 훌륭한 삶	욕구위계이론, 결핍동기와 성장동기	지금-여기, 자각과 책임감, 미해결 과제와 회피	죽음과 불안, 자유와 비존재

3 인본주의 이론과 사회복지실천

인본주의 이론의 공동 관심사는 인간의 존재와 성장에 있다. 인간은 성장하고 역동적인 유기체이며, 각기 독특한 성장과정을 가지는 특수체인 것이다. 인본주의 이론은 발달, 성장 및 인간의 복지 증진을 촉구하는 모든 분야에 걸쳐 점점 더 그 영향력을 증대시키고 있다. 이러한 인본주의 이론과 사회복지실천 간에는 유사하거나 일치하는 영역이 많다. 특히 기본 이론과 실천에서 유사성이 있다고 평가할 수 있다. 이는 인본주의적 철학의 기본 가치와 신념이 초기부터 사회복지 전문가의 인정을 받아 왔기 때문이다. 심리학에서 내담자중심 이론을 받아들이기 이전에 사회복지실천에서는 '환자'와 반대되는 용어로서 '클라이언트'라는 용어를 널리 사용하였다. 로저스는 사회복지 실천가의 영향을 받아서, 또한 사회복지 실천가에 대한 관찰을 통해서 인간중심 이론의 많은 기본 원칙을 개발하였다고 언급하고 있다(Turner, 1980). 특히 로저스의 인간중심 이론은 사회복지실천에서 클라이언트와 사회복지사 간의 관계의 질을 강조하고 사회복지사에게 치료원칙을 제시하는 역할을 하였다.

한편 게슈탈트 이론은 사회복지실천에서 사회복지사로 하여금 '클라이언트의 상황은 어떠한가'와 같이 '지금-여기'를 강조하고 있다는 점에서 사회복지실천에 기여하고 있다. 게슈탈트 이론에서 치료자가 경험의 장과 개체로 묘사하는 것은 사회복지사가 생태학적 관점에서 인간을 이해하는 것과 유사하다. 사회복지사는 인간의 신체적 · 인지적 · 행동적 · 언어적 측면 등을 모두 포함한 총체적 인간에 관심을 가지고 있는데, 이는 게슈탈트의 인간의 전체성에 대한 초점과 일맥상통한다. 또한 게슈탈트 이론에서는 치료자의 자아를 긍정적으로 활용할수록 클라이언트와 치료자의 자기 지각이 증가한다는 것을 강조한다.

실존주의 접근 또한 사회복지실천의 다양한 방법과 관련해 철학적 가치를 제공하고 있다. 실존주의 접근은 인간의 독특성에 대한 강조를 통해 기계적 사회에서 아노미의 위험을 자각하고 클라이언트 중심으로 동화하도록 도와준다. 선택과 행동을 통한 인간성장에 관한 관점으로부터 클라이언트와 함께 경험적 변화를 추구하고자 하는 중요한 목적이 나타날 수 있다. 실존주의 접근은 사회복지실천에서 두 가지 중요한 필요를 충족시켜 준다. 첫째로 클라이언트의 문제와 관련된 가치문제를 강조하는 사회복지실천의 접근이다. 인간 소외와 아노미 현상의 증가와 함께 사회복지실천은 이러한 가치문제에 대해 반응하는 방법이 필요할 수 있다. 둘째로 한 인간으로서의 클라이언트에 대한 무이론적 이해와 치료적 관계에서 인간적 요소의 강조는 인본주의적 원조에 대한 회복에서 기인하는 것이다.

요 약

인본주의 이론은 인간중심치료의 로저스, 욕구이론의 매슬로, 게슈탈트의 펄스, 실존주의의 얄롬 등으로 대표되는데, 인간의 삶의 발달과 보전, 개인이 지닌 위엄과 가치, 그리고 가장 뚜렷한 인간의 특징인 합리성에 대해 긍정적인 태도를 취한다. 또한 인간의 삶의 질을 향상시키기 위해 변화와 성장을 지지하고, 물질에 비해 인간의 욕구와 가치를 우선시하며, 결핍과 제약으로부터 자유로워야 함을 지지하고, 개인의 열망과 성취를 최대화하기 위해 후손의 삶과 복지에 공헌하는 각 개인의 중요성을 강조한다.

인본주의 이론과 사회복지실천 간에는 유사하거나 일치하는 영역이 많다. 특히 기본 이론과 실천에서 유사성이 있다고 평가할 수 있다. 이는 인본주의적 철학의 기본 가치와 신념이 초기부터 사회복지전문가에게 인정을 받았기 때문이다. 특히 로저스의 인간중심이론은 사회복지실천에서 클라이언트와 사회복지사 간의 관계의 질을 강조하고, 사회복지사에게 치료원칙을 제시하는 역할을 하였다.

또한 게슈탈트 이론은 사회복지실천에서 사회복지사로 하여금 '클라이언트의 상황이 어떠한가'라는 '지금-여기'를 강조하고 있다는 점에서 사회복지실천에 기여하고 있다. 그리고 실존주의 접근 또한 사회복지실천의 다양한 방법과 관련된 철학적 가치를 제공하고 있다. 실존주의 접근은 인간의 독특성에 대한 강조를 통해 기계적 사회에서 아노미의 위험을 자각하고 클라이언트 중심으로 동화하도록 도와준다. 선택과 행동을 통한 인간성장에 중요한 목적이 나타날 수 있다.

핵심 용어

결핍동기(deprivation motive) 유기체의 긴장, 특히 생리적인 욕구 그리고 안전의 욕구로부터 발생하는 욕구를 제거하는 것을 목표로 하는 동기.

경험(experience) 신체적·정신적으로 또는 외부에서 발생한 것 모두에 대한 느낌과 이해의 총체.

미해결 과제(unfinished business) 개인에게 어떤 욕구가 출현하여 해결되지 못해 게슈탈트를 완성하지 못할 때 발생하게 되는 과제.

생리적 욕구(physiological need) 인간 욕구 중에서 가장 기본적이고 강력한 욕구로서 물, 음식, 산소, 수면 등에 대한 욕구.

성장동기(growth motive) 자신의 잠재력을 실현하고자 하는 선천적 충동과 관련된 높은 수준의 욕구에 의해 발생하는 동기.

소속과 애정의 욕구(need of belonging and love) 타인과 친한 관계를 맺도록 동기화시키는 욕구.

안전의 욕구(safety need) 개인으로 하여금 그의 환경에서 질서, 구조, 예측성을 획득하도록 동기를 부여하는 기본 욕구.

자아개념(self-concept) 현재 자신이 어떤 존재인가에 대한 개인의 개념 또는 자기 자신에 대한 자아상으로 현실적 자아와 이상적 자아를 포함함.

자아실현(self actualization) 성장을 유지하고 증진시킬 수 있는 방향으로 자신의 능력을 개발하려는 본질적 경향 또는 특성.

자아존중의 욕구(self-esteem need) 다른 사람의 인정과 존중을 받으려는 개인의 기본 욕구.

자유(freedom) 인간이 그 자신의 세계, 자신의 인생 설계, 자신의 선택과 행동에 책임이 있다는 사실을 의미함.

죽음(death) 가장 분명하고 쉽게 직관적으로 알게 되는 관심사로, 인간은 무서운 공포를 가지고 반응함.

현상학적 자아(phenomenal self) 각 개인이 자신만의 독특한 방식으로 지각하고 있는 자아 이미지.

현실자아(real self): 현재 자신의 상태에 대한 인식을 의미하는 자아 상태.

생각할 문제

1. 인간중심 치료의 관점이 가지고 있는 장점에 대해 설명해 보시오.
2. 매슬로의 욕구위계에 따라 자신의 욕구성취 정도를 분석해 보시오.
3. 정신분석이론과 인본주의 이론의 인간관의 차이를 비교 분석해 보시오.
4. 죽음에 대한 두려움이 인간의 발달에 미치는 영향에 대해 토론해 보시오.

참고문헌

권중돈, 김동배(2005). 인간행동과 사회환경. 서울: 학지사.

노안영(2005). 상담심리학의 이론과 실제. 서울: 학지사.

손병덕, 강란혜, 백은령, 서화자, 양숙미, 황혜원(2008). 인간행동과 사회환경(2판). 서울: 학지사.

이인정, 최해경(2007). 인간행동과 사회환경(개정2판). 서울: 나남출판.

정옥분(2007). 전생애 인간발달의 이론(개정판). 서울: 학지사.

최정훈(1992). 인본주의 심리학. 서울: 법문사.

Johnson, L. C., & Yanca, S. J. (2001). *Social work practice: A generalist approach* (7th ed.). Boston: Allyn and Bacon.

Maslow, A. (1968). *Toward a Psychology of Being* (2nd ed.). Princeton, NJ: D. Van Nostrand.

Maslow, A. (1971). *The farther reaches of human nature*. New York: Viking.

Shaffer, D. R. (2005). 발달심리학(송길연, 장유경, 이지연, 정윤경 공역). 서울: 시그마프레스. (원저는 2000년 6판 출간)

Sheafer, B. W., Horejsi, C. R., & Horejsi, G. A. (1998). 사회복지실천기법과 지침(서울대학교 사회복지실천연구회 역). 서울: 나남출판. (원저는 1997년 4판 출간)

Turner, F. J. (Ed.). (1979). *Social work treatment* (2nd ed.). New York: Free Press.

제5장

생태체계이론

1. 일반체계이론
2. 생태학 이론
3. 생태체계이론
4. 생태체계이론과 사회복지실천

효과적인 사회복지실천가가 되기 위해서는 인간의 다양한 행동을 이해할 수 있는 능력이 기본이 된다. 인간의 행동은 인간의 내재적 요인뿐만 아니라 다양한 환경과 상호작용하면서 나타나는 결과물로 이해된다. 인간행동이 발생하는 맥락, 즉 '환경 속의 인간(Person in Environmant: PIE)'이라는 관점에서 인간과 환경에 대한 지식은 인간행동을 이해하기 위해 반드시 필요하다.

사회복지실천의 기초로서 인간행동에 관한 이해를 도울 수 있는 유용한 이론은 개인-환경 상호관계의 본질을 조명해 주는 것이어야 하는데, 생태체계이론은 이에 가장 적합한 이론으로 평가된다. 생태체계이론은 사회복지실천을 인간행동에 대한 단선론적 인과관계를 가진 의료적 모델에서 다원론적인 관점으로 전환시켰다는 점에서 기여한 바가 크다.

사회복지실천의 중심이론으로서 생태체계이론을 이해하기 위해서는 우선 생태학과 체계이론의 의미를 이해하는 데서 출발해야 한다. 생태체계이론은 생태학 이론과 체계이론이 통합된 관점으로서 나타나고 있는데, '체계'와 '생태학'은 개인을 하나의 체계로서, 개인의 환경을 하나의 체계로서, 그리고 '생태학적으로' 인간과 환경 간의 적응과 상호작용을 바라봄으로써 통합된다. 따라서 다음에서는 생태체계이론의 기초이론으로 체계이론과 생태학이론을 살펴본 다음 생태체계이론의 특성을 살펴본다.

1 일반체계이론

체계이론은 생물학자인 베르탈란피(Ludwig von Bertalanffy, 1901~1972)에 의해 1940년대에 처음으로 제시된 이후 1960년대부터 주목을 받게 되었다. 체계이론은 현실을 관찰하고 구성요소 간의 관련성을 파악하여 조직화할 수 있는 방법을 제시해 주며, 세포에서부터 사회 그리고 모든 형태의 인간 연합체에 모두 적용할 수 있다(권중돈, 김동배, 2005).

Bertalanffy

일반체계이론은 '전체는 부분의 단순한 총합 그 이상이다'라는 말로 지칭되는 상호작용의 복합적 상황을 분석하는 방법을 찾고자 하는 공학에서부터 사회학에 이르기까지의 다양한 학문에 의해 발전되어 왔다. 일반체계이론이 처음 사회사업에 도입된 것은 1956년 루츠(W. Lutz)에 의해서였다. 그러나 실천적인 분야에 적용된 것은 1960년대 말경부터로 메이어(C. H. Meyer), 골드스타인(H. Goldstein), 핀커스와 미나한(A. Pincus & A. Minahan), 그리고 시포린(M. Siporin) 등이 체계이론의 풍부한 개념과 기술을 도입·소개하였다(Meyer, 1983). 특히 핀커스와 미나한(1973)은 일반체계이론을 사회사업 실제에 응용하여 사회복지사가 실천과정에서 다루게 되는 대상을 네 가지 체계, 즉 클라이언트 체계, 변화매개체계, 표적체계 및 행동체계로 분류했다. 그리고 콤프턴과 갤러웨이(Compton & Galaway, 1984)는 이 네 체계에 전문가체계와 문제인식체계를 덧붙였다.

1) 일반체계이론의 주요 개념

체계란 상호 의존적이고 상호작용하는 부분으로 구성된 전체, 즉 부분 간에 관계를 맺고 있는 일련의 단위로 정의된다(Bertalanffy, 1968). 체계는 인과적인 관계 속에서 직접적 또는 간접적으로 관련된 제 구성요소의 복합체이며, 각 구성요소는 특정한 기간 내에 안정적으로 다른 구성요소와 관련되어 있다.

일반체계이론에서 사용되는 주요 개념으로는 체계의 구조적 특성을 나타내는 개념인 경계(boundary), 개방체계(open system), 폐쇄체계(closed system), 위계(hierarchy) 등과 진화적 특성을 나타내는 안정 상태(steady state), 항상성(homeostasis)의 개념 그리고 체계의 행동적 특성, 즉 에너지의 흐름과 관련된 개념인 투입(input), 산출(output), 환류(feedback) 등의 개념이 있다.

(1) 구조적 특성

살아 있는 체계는 정보의 교환을 통하여 조직되고 기능하는 물질과 에너지로 구성되는 체계로 간주된다. 이 체계는 시간과 공간 속에 존재하며 경계(개념적이 아닌 경험적 관계)를 갖고 있다. 경계(boundary)는 체계를 외부 환경과 구별 짓고 독특한 정체성을 제공하는, 선정된 변수를 둘러싼 폐쇄된 둘레로 정의된다. 이 경계는 적어도 부분적으로는 침투할 수 있으며 그들 간에 에너지와 정보의 전달을 허용하고 있다.

1 개방체계

사회체계이론에서 중심적인 개념은 그 체계를 개방적인(open) 것으로 보는 것이다. 이것은 체계의 계속성과 변화의 본질적인 요인이 환경과의 상호교환 속에 관여되고 있음을 의미한다. 개방체계는 환경으로부터 투입(input)을 받아들이며, 산출(output)을 생산하여 환경으로 보낸다. 환경 및 그 환경과의 상호교류가 체계 존립의 기본이 된다. 인간체계가 성장하고 발전하는 것은 이러한 개방성 때문이다.

2 폐쇄체계

폐쇄체계는 다른 체계와 상호작용하지 않는다. 그들은 투입을 받아들이지 않으며 산출을 생산하지도 않는다. 그러한 체계는 엔트로피(entropy)라 불리는 성질을 갖고 있다. 그것은 체계요소의 분화가 적어지고 조직과 기능이 상실되는 경향을 의미한다.

3 위계

체계의 각 부분은 여러 가지 방식으로 서로 연결되어 있다. 모든 체계의 기본 단위는 활동이나 에너지 기능을 위해서 그것의 상위체계에 의존하며, 또 그것의 하위체계에 방향을 제시해 주어야 하는데, 위계란 그러한 하위체계, 체계 및 상위체계 사이의 관계를 말한다.

(2) 체계의 진화적 특성

체계는 완전한 변화나 완전한 현상 유지 상태로 존재하지 않는다. 체계는 항상 어떤 일정한 시각에 스스로를 변화시키고 있을 뿐만 아니라 더불어 유지도 하고 있다. 이러한 체계의 특성을 나타내는 개념이 바로 안정 상태와 항상성의 개념이다.

1 항상성

인간체계의 개방성과 체계의 경계 내 제 요소의 상호작용 때문에 이러한 체계가 정태적(static)이라고 생각하는 것은 불가능하다. 체계는 끊임없는 변화와 운동의 과정 속에 놓여 있다. 그리고 인간체계의 이러한 운동은 목표 지향적인데, 인간체계는 목표를 향한 이러한 운동이 유지될 수 있도록 내적 질서의 향상과 체계의 경계를 넘어서 수용된 외적 자극의 배열과 선정을 갈구한다. 체계는 지속적으로 변화 상태에 놓여 있는 동시에 역동적인 균형 상태를 유지해야 한다. 이것이 바로 항상성(homeostasis)의 개념이다.

2 안정 상태

항상성이 체계가 생존을 위해 환경과 성공적으로 타협할 수 있는 능력을 말한다면, 안정 상태(steady state)는 부분 간의 관계를 유지시키고, 쇠퇴해서 붕괴하지 않게 하려고 에너지가 계속적으로 사용되는 상태다.

안정 상태에 있는 체계의 유지 자체는 에너지의 활용과 지속적인 성장과정이 동시에 이루어지는 것으로 특징지어진다. 안정 상태는 정체체계가 평형적인 상태이며, 체계의 목표와 통합성을 유지하려는 체계의 의도적이고 자체 지향적인 노력에 의해 수정된다고 할 수 있다. 이렇게 볼 때 안정 상태는 체계의 지속적인 정체 유지이며 체계가 거쳐 온 이전의 연속 상태를 의미한다.

(3) 체계의 행동적 특성

1 투입-전환-산출

투입(input)이란 체계가 환경으로부터 에너지, 사물, 정보 등을 받아들이는 방법을 말한다. 생물학적 · 심리사회적 생존과 성장은 투입과정을 통해서 보장받는다. 투입체는 일단 체계 내부로 입수되고 나면 영향을 받고 변형되며, 규제받고 체계의 기능 수행을 위해 활용된다. 이러한 투입체가 활용되는 단계를 전환(through-put)이라고 하는데, 일단 이러한 처리과정이 시작되면 체계는 적극적으로 환경에 반응하게 된다. 산출(output)이라고 불리는 이 같은 반응은 환경에 직접적으로 영향을 미치며, 다른 체계에 대해 투입으로 작용하는 동시에 그 자체에 대해 환류를 통해 다시 투입으로 작용하게 된다(Meyer, 1983).

2 환류

환류(feedback)는 정보의 투입에 반응하는 행동을 가져오며, 새로운 정보에 자신의 행동 결과를 포함시켜 그것에 의하여 다음의 행동을 수정하는 의사소통의 조직망을 의미한다. 이러한 환류는 체계의 평형을 유지시키거나 변화를 촉진함으로써 체계를 혼란시키는 작용을 하며, 긍정적 및 부정적 환류로 구성되어 있다. 부정적인 환류는 체계가 그 목적 달성을 어렵게 하는 행동을 하고 있는 정도를 전달하며, 체계행동의 수정을 가져온다. 긍정적인 환류는 체계가 그 목적과 관련하여 올바르게 행동하고 있으며 같은 종류의 행동이 더 많이 요청되는 것을 의미한다.

2) 체계이론의 인간관

체계이론은 인간을 통합된 하나의 체계로 간주하는 전체적 인간관을 가지고 있다. 체계는 상호 의존적이고 지속적으로 상호작용하는 부분의 총체로 규정되고, 체계 내 어느 한 부분의 변화는 다른 부분 간의 상호작용의 속성을 변화시키기 때문에 체계 전체의 속성을 변화시킨다고 가정된다. 따라서 한 개인은 심리

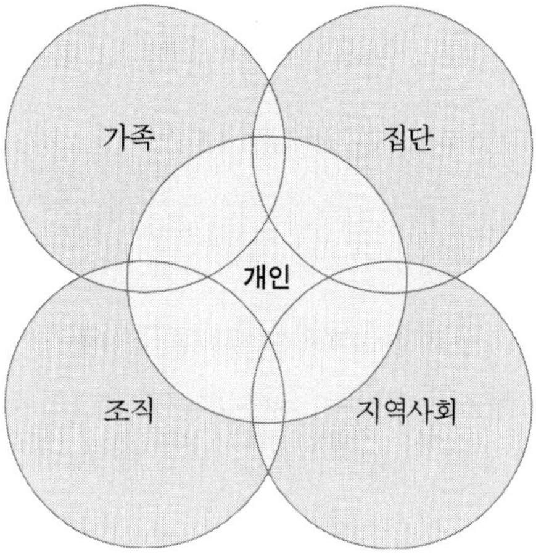

[그림 5-1] 인간행동에 관련된 다양한 체계

적 · 생물적 · 신체적 · 사회적 부분으로 분리된 존재가 아닌 하나의 통합된 체계로 기능하고, 이러한 전체의 기능 수준은 신체, 심리, 사회라는 각 부분의 기능 정도를 단순히 합한 것 이상의 것이며, 한 영역의 변화는 전체 인간의 사회적 기능에 영향을 미친다고 보고 있다(권중돈, 김동배, 2005).

또한 하나의 통합된 체계로서 인간은 외부체계(가족, 집단, 조직 또는 지역사회)와 끊임없이 상호작용하며 상호 의존하는 존재다. 따라서 인간은 자신의 욕구에 맞게 환경을 수정할 수 있을 뿐만 아니라 환경의 욕구에 맞게 자신의 행동을 수정할 수 있는 능력을 가지고 있다. 따라서 인간의 행동은 집단, 가족 또는 다른 사회적 단위를 포함하는 전체적인 사회적 상황의 결과로 파악된다.

3) 사회체계의 유형

(1) 가족

가족은 인간이 최초로 접하는 사회의 기본적 단위로서 인간의 성장과 발달에 매우 중요한 역할을 수행한다. 인간은 가족과의 관계에서 성격 형성의 기초를 이루게 되며, 가족 구성원과의 상호작용을 통해서 서로에게 영향을 주고받는 하나의 사회체계다.

가족은 성, 혈연 및 애정에 의해 이루어진 결합체다. 혼인관계를 통해 남녀가 결합하여 가족을 구성하고, 자녀를 출산하여 자녀와 혈연관계를 이루며, 출생한 자녀를 애정을 바탕으로 양육한다.

가족은 구성원을 위해서나 더 큰 사회를 위해서 다양한 기능을 수행한다. 즉, 가족은 구성원을 보호하고 그들 상호 간에 친밀한 관계를 유지하는 보호와 애정의 기능, 구성원을 경제적으로 부양하는 경제적 기능, 자녀를 양육하고 사회화시키는 기능, 성행위를 대외적으로 통제하고 종족을 보존하는 기능을 한다. 아울러 새로운 사회적 역할을 부여하며, 자녀를 교육시키고, 종교적 활동을 수행하는 등의 다양한 기능을 수행하게 된다.

이렇게 가족은 사회를 구성하는 구성요소로서 가족 구성원에게 정서적 안정과 지원을 제공하며, 구성원 간의 상호작용을 통해서 서로에게 영향을 미치는 하나의 사회체계다. 가족 구성원은 상호 의존적인 관계에 있으므로 한 사람의 행동이 다른 식구에게 영향을 미치게 된다. 그리고 반복적인 상호작용 행동이 유형화되면서 가족은 체계로서 통합성을 갖게 되며, 외부체계와 구분되는 경계를 형성하게 된다. 가족의 경계는 가족 구성원이 가족체계 외부에 대해 나타내는 행동에서 드러난다. 사회적 환경으로서 대부분의 가족은 다른 사회체계보다 상대적으로 개방체계이므로 정보 혹은 변화의 영향을 받기 쉬우며, 다른 사회체계의 변화에 전략적으로 반응하는 적응력을 발휘할 수 있다. 가족의 하위체계는 부부체계, 부모자녀체계, 형제체계 등으로 구성되어 있으며, 각 하위체계는 서로에게 영향을 주고받기도 하면서 가족 전체의 기능에 기여한다.

또한 가족은 집단, 조직, 지역사회, 국가 등과 같은 상위체계와의 상호작용을 통해서 영향을 받으면서 유지하고 발전한다. 가족체계가 상위체계와의 관계에서 개방적일수록 다른 사회체계의 변화에 쉽게 적응할 수 있으며 자원을 효율적으로 활용할 수 있다.

(2) 집단

집단이란 공통의 목적이나 관심사를 가지고 있는 두 명 이상의 사람이 모인 집합체로서, 일정한 목적을 달성하기 위해 구성원 간에 상호작용을 하면서 일관된 행동을 하는 총체다. 집단은 소속감과 규범을 통해서 결속력을 가지고 활동하며 구성원 상호 간에 영향을 미치는 집합체다.

집단은 그 구성목적에 따라 일차집단과 이차집단, 성장집단과 치료집단, 자조집단과 형성집단 등 다양한 형태를 가지고 있으며, 의사소통, 목적, 규범, 역할, 정서적 유대 등에 의해 많은 영향을 받는다. 집단은 구성원의 상호작용을 통해서 구성원 각자에게는 물론 집단 전체에 영향을 미치게 되는데, 이렇게 집단 변화에 미치는 힘을 집단의 역동성이라고 한다.

집단은 하나의 사회체계로서 구성원의 상호작용을 바탕으로 개인의 사회적 관계를 증진시키며, 다양한 욕구를 충족시키고 문제를 해결한다. 집단의 상위체계는 그 집단 구성원이 속한 다른 집단이나 가족, 직장, 학교, 지역공동체 등이다. 집단의 하위체계는 집단 내에서 동일한 관심사나 성향을 중심으로 형성되는 하위집단이다. 서로 공유된 경계를 의미하는 공유 영역은 그 집단체계에서의 행동 유형과 상위체계의 행동 유형 중 양 체계가 합의한 관계양식을 일컫는다. 전환과정의 구조로는 집단 내의 지위와 역할이 있고, 상호작용은 집단 구성원의 실제 행동이 된다. 집단 구성원 간의 수직적 상호작용과 다른 집단이나 조직체의 구성원과의 수평적 상호작용이 이루어진다. 집단의 과업 산출은 친근감 혹은 대인관계 기술의 향상 같은 것이며, 유지 산출은 집단이 지속되는 상태를 일컫는다. 그리고 집단목적과 관계없는 데에 쓰인 모든 시간과 노력은 소모에 해당된다.

(3) 조직

조직은 특정한 목적을 달성하기 위해서 의도적으로 설립된 체계로서, 일정한 크기와 구조를 가지고 구성원의 업무에 의해서 상호 관련되어 있는 사회적 단위체계다. 조직은 일정한 형태를 가지고 있으며, 구성원의 분업적인 업무를 통해서 특정한 목적을 수행한다. 이렇게 조직은 개인적인 노력으로 해결할 수 없는 기능 수행이나 문제 해결을 할 수 있도록 사람들을 결합시킨 사회체계다. 실버먼(Silverman, 1970)은 조직을 사회체계로 보는 기본적 가정을 세 가지로 규정하고 있다. 첫째, 조직의 각 부분은 전체에 대하여 무엇인가 기여하고 있으며, 동시에 전체로부터 무엇인가 받고 있다. 둘째, 체계로서의 조직이 존속하기 위해서는 만족되어야 할 특정의 요구가 있는데, 조직은 그것을 끊임없이 충족시키려 한다. 셋째, 체계로서의 조직은 스스로 행위능력을 갖고 있으며, 동시에 그 안에서 조직 구성원의 개별적 행위도 이루어진다.

조직은 그 목적을 달성하기 위하여 일정한 구조를 가지고 있으며, 구성원이 통제와 지도력을 바탕으로 분업을 통해서 각자의 책임을 수행한다. 조직은 기능 수행상의 목적에 따라 경제조직, 정치조직, 통제조직 및 사회조직으로 구분할 수 있다(Parsons, 1960).

조직 구성원인 개인은 조직과의 상호작용을 통해서 다른 구성원뿐만 아니라 전체 조직에 영향을 미치며, 조직은 또한 구성원 각자의 행동에 영향을 미친다. 즉, 개인은 조직을 통해서 자신의 욕구를 충족시키고 다른 구성원의 조직행동에 영향을 미치며, 조직은 개인을 활용하여 목적을 달성한다.

조직을 체계 특성으로 살펴보면, 조직체계의 경계는 누가 특정 조직의 구성원인지 그 기준에 근거한다. 대규모의 공식적 조직은 경계유지 기능을 책임지는 하위체계를 가지고 있다. 공식적 조직의 상위체계로 간주할 수 있는 것은 그 조직의 상위조직이다. 또한 모든 공식적 조직은 다양한 공유 영역을 가진다. 조직은 사회환경과 상호작용을 하면서 생존해 나간다. 조직은 끊임없이 환경 변화를 선택적으로 수용하면서 환경에 적응하며, 사회환경은 조직 내의 개인이나 집단의 행동에 직접적 또는 간접적으로 영향을 미친다. 이와 같이 조직과 사회는 상호의존적이며, 조직은 사회를 떠나서 존립할 수 없고, 사회는 조직의 업적을 통해서 변화된다.

조직과 사회는 투입과 산출을 통해서 상호교환 관계를 유지하고 있다. 사회는 조직이 필요로 하는 투입을 제공해 주며, 조직은 특정한 목적의 달성을 통해서 사회에 산출을 공급한다. 즉, 조직은 사회로부터 구성원, 금전, 물자 등을 공급받아 유지하고 발전하며, 산출물을 생산하여 사회에 공급한다.

(4) 지역사회

지역사회는 지리적 조건에 의해 형성된 지역공동체로서, 제한되고 인접된 지역에서 함께 거주하는 주민으로 구성된 집합체다. 지역사회는 공동의 생활양식과 문화를 공유하고 통일된 지역사회 의식을 가지며, 주민끼리 상호 간에 협동하면서 생활하는 공동사회다.

지역사회는 지역주민의 유대관계 형태에 따라 공동사회와 이익사회로 구분할 수도 있으며, 지리적 지역사회와 기능적 기역사회 등으로 구분할 수도 있다. 지역사회는 지역성과 관련된 중요한 사회적 기능을 수행하는 사회적 단위와 체계의 결합으로서, 생산 · 분배 · 소비, 사회화, 사회통제, 사회참여 및 상호원조의 기능을 수행한다(Warren, 1978).

지역사회는 가족, 집단 및 조직과 같은 하위체계와 사회나 문화와 같은 상위체계 사이에서 중간적인 역할을 하는 중요한 사회체계다. 지역사회는 사회의 중요한 부분이며 그 자체가 하나의 사회다. 지역사회는 그에 속한 가족, 집단 및 조직의 행동에 영향을 미치며, 또 그들에게서 영향을 받으며 변화된다. 지역사회는 주민의 공통적인 욕구를 충족시키고 문제를 해결하며, 그들을 사회화시키고 그들에게 문화를 전달한다. 또한 지역주민 각자는 지역사회와의 상호작용을 통해서 지역사회의 발전에 기여하며, 지역사회의 영향을 받는다.

지역사회가 인간행동에 미치는 영향을 살펴보기 위해서는 지역사회의 물리적 · 사회적 환경에 초점을 두어야 한다. 인간공동체의 물리적 · 사회적 환경으로는 직장, 학교 등이 주위 환경을 구성한다. 집, 건물, 농촌마을, 도심아파트 지역 같은 물리적 환경이 거주자의 생활양식, 연령, 성, 문화적 양식에 적합한 방식으로 가정생활, 대인관계, 직장생활, 종교생활을 하도록 사회적 환경을 지원해야 한다. 만일 적합하게 환경이 지원되지 않으면 문제가 발생하게 된다. 즉, 영구임대아파트의 설치는 불량주택과 불량한 위생환경의 문제는 해결했지만 공동

빈곤가구가 밀집한 영구임대아파트가 개인에게 미치는 영향

영구임대아파트의 경우 여러 가지 문제점이 나타나고 있다. 동일 아파트 단지 내 국민기초생활보장 수급자와 비수급자가 동시에 거주하여 주민 간의 갈등이 존재하며 주민의 지역사회에 대한 애착이 부족하다. 또한 아동 및 청소년의 경우 성장환경에 있어 모범이 될 수 있는 건전한 성인상과 청년상이 부족하여 다양한 문제를 경험하고 있으며, 낮은 진학률과 높은 중퇴율로 인해 빈곤의 악순환이 지속되고 있는 것으로 보고되고 있다(이선우 외, 2002).

체 의식과 사회관계망의 단절 등의 새로운 문제를 발생시키게 된다.

4) 사회복지실천에 대한 체계이론의 기여

체계이론은 그 자체가 지식의 실체는 아니며 사회복지사가 취할 수 있는 행동에 관한 처방도 갖고 있지 않다. 오히려 체계이론은 많은 과학으로부터 지식을 수용할 수 있는 분석도구를 우리에게 제시해 준다. 체계이론은 사고방식에 있어 원인에 대한 단선적인 접근을 포기할 것과 그 분야의 모든 부문 간 상호관계의 이해와 상호작용의 초점을 요구한다.

체계이론은 사회복지실천에 통합적 관점을 제공해 준 이론으로서 실천의 초점을 크게 변화시킨 것으로 평가받고 있다(Compton & Galaway, 1984). 체계이론의 영향으로 사회복지실천에서는 문제 원인에 대한 단선론적 원인론에 입각한 의료적 모델에서 벗어나 여러 가지 원인에 의해 문제가 발생한다고 보는 순환적 원인론으로 전환할 수 있게 되었다. 즉, 개인의 행동에 초점을 맞추던 방식에서 벗어나 인간과 환경 간의 상호작용을 살펴보고 그것을 이해할 수 있는 구조를 제공해 주었다.

2 생태학 이론

생태학은 조직과 환경 간의 상호관계를 이해하고자 하는 것이다. 즉, 종들이 어떻게 환경을 활용하며 그것을 파괴하지 않고 자신의 요구에 맞게 변형시킴으로써 자신을 유지하는지, 그리고 그러한 적응과정이 환경의 다양성을 어떻게 증진시키며 생명을 지지하는 환경의 속성을 어떻게 향상시키는지를 이해하고자 하는 것이다. 즉, 유기체와 환경이 어떻게 적응적 적합성(goodness of fit)과 적응적 균형을 이루는가, 그것들이 어떻게 그리고 왜 그에 실패하는가, 인간에게 유익한 것은 무엇인가, 어떻게 그들의 환경이 인간의 성장·발달에 생물학적·인지적·사회적·심리적으로 해가 되지 않게 할 수 있는가 등을 탐구한다.

Bronfenbrenner

생태학 이론을 인간발달에 적용한 대표적 학자는 브론펜브레너(Urie Bronfenbrenner, 1917~2005)다. 브론펜브레너는 러시아의 모스크바에서 출생했으나 6세 때 미국으로 이주하여 생활하였다. 1938년 음악과 심리학을 전공하여 코넬 대학교에서 학사학위를, 하버드 대학교에서 심리학으로 석사학위를, 1942년 미시간 대학교에서 박사학위를 취득했다. 1948년부터 코넬 대학교의 교수로 재직하였다. 브론펜브레너는 발달이론과 그에 관한 연구가 실제로 적용되는 것에 많은 관심을 가졌으며, 헤드스타트(Head Start) 프로그램의 창시자 중의 한 사람으로 활동하였다. 그는 아동발달에 있어서 가정의 중요성, 특히 부모 역할의 중요성을 강조하였으며, 1979년 『인간발달생태학(The Ecology of Human Development)』이라는 저서를 발표하였다.

브론펜브레너는 생태학 이론을 '활동적이고 성장하는 인간과 환경 간의 일생동안 이루어지는 진보적이고 상호적인 적응과정을 연구'하는 것으로 규정하고 있다. 그는 활동적이며 성장하는 인간이 환경과 어떻게 관련되어 있는지를 이해하는 방법으로 인간발달의 생태학을 생각하였다. 그는 유아의 발달이 이루어지는 주변 세계와 더 넓은 세계와의 관계를 이해하려 하였고, 유아의 주변 세계에 대한 해석과 그 해석이 어떻게 변화하는지에 초점을 두었다.

브론펜브레너는 인간발달 과정을 분석하는 가운데 체계론적 관점을 확대하여 '생태적 체계'라는 용어를 사용하였다. 그리고 인간을 둘러싸고 있는 생태학적 환경을 가장 가까운 것에서부터 가장 먼 것에 이르기까지 네 개의 구조체계로 구분하였으며, 이후에 시간체계를 추가하였다.

1) 생태학 이론의 체계 구성

(1) 미시체계

미시체계(micro system)는 개인 혹은 인간이 속한 가장 직접적인 사회적 · 물리적 환경으로서 즉각적인 환경 내에서의 상호관계의 복합체다. 미시체계는 항상 사람들에게 영향을 주며, 변화하는 일상 경험은 물론이고 성숙과정 때문에도 끊임없이 변화한다. 인간은 넓은 의미에서 생리적 · 심리적 · 사회적 체계의 한 형태이며, 이러한 체계는 모두 상호작용하게 된다. 미시체계의 대표적인 유형으로는 부모, 친구, 학교, 종교단체, 교사의 신념 등이 있다.

미시체계는 인간과 직접적이고 대면적인 상호작용을 함으로써 인간에게 영향력을 미치며, 미시체계 내에서 아동과 부모, 또래, 교사와 같은 요인 간에는 직접적인 상호작용이 이루어진다.

개인의 특성과 성장시기에 따라 미시체계의 영향력은 달라지게 되는데, 유아기에는 가족이 미시체계이지만, 청소년기에는 또래집단이 가족보다 더 큰 영향을 미치는 미시체계로 기능하게 된다.

(2) 중간체계

중간체계(mezzo system)는 두 가지 이상의 미시체계 간의 관계 혹은 특정한 시점에서의 미시체계 간 상호작용을 의미한다. 즉, 가족, 직장, 여러 사교집단 등 소집단이나 가족과 같은 개인을 둘러싸고 있는 두 가지 이상의 환경에서 발생하는 과정과 연결성을 중간체계라고 한다. 이 체계에는 학교와 가정 간의 관계, 형제간의 관계, 가정과 또래집단 간의 관계 등이 포함된다.

미시체계와 중간체계 간에는 어려움을 경험할 수 있다. 첫째, 여러 다른 미시체계가 제각기 다른 가치관을 표방할 때에는 잠재적인 위험이 따른다. 예를 들면, 또래집단은 음주, 흡연, 비행행동을 영웅시하고 격려하지만 부모와 교사는 이러한 행동을 부정적으로 보며 처벌한다. 둘째, 극도로 빈약한 중간체계 내에는 미시체계 간의 의미 있는 연결이 거의 또는 전혀 없다. 즉, 개인생활이 각기 분리되어 있는데, 자녀의 친구를 거의 알지 못하는 부모, 같은 학교에 다니지 않는 친구 등이 그 예다.

한편 중간체계의 상호작용은 개인이 자녀, 학생, 회원으로서 동시에 다중적 역할에 참여하는 것을 의미한다. 사람들이 서로 다른 환경에서 다른 역할을 수행한다는 것, 즉 시간에 따라 그리고 어떤 환경에서 다른 환경으로 옮겨 감에 따라 역할이 바뀐다는 것은 중간체계 개념에 포함되는 중요한 개념이다.

(3) 외(부)체계

외체계(exo system)는 개인과 직접 상호작용하지는 않으나 미시체계에 영향을 주는 사회적 환경으로서 부모의 직장, 대중매체, 정부기관, 문화시설 등을 말한다. 개인은 외체계에 직접 참여하지는 않지만 이러한 환경은 인간의 행동에 많은 영향을 미친다.

아동학대의 경우 빈약한 주거환경, 장기간의 빈곤은 모두 외체계의 요인으로 부모의 통제권이 미치지 않는 요인이다. 그럼에도 외체계의 요인은 아동학대의 발생 확률을 높이는 요인이다. 한편 예방요인도 외체계에 존재할 수 있는데, 활발한 사회관계망과 그 구성원에게서 제공받는 사회적 지지는 아동학대의 가능성을 줄여 주는 요인으로 작용할 수 있다.

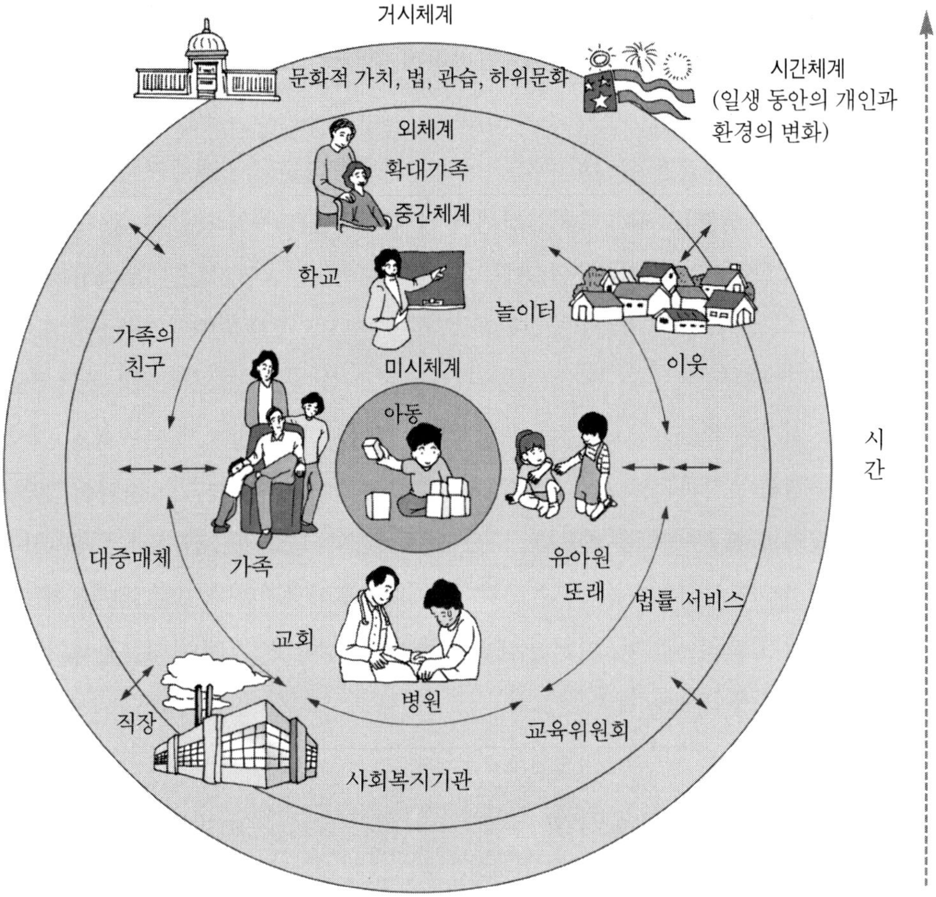

[그림 5-2] 브론펜브레너의 생태학적 체계 모델

출처: Shaffer(1999).

(4) 거시체계

거시체계(macro system)는 개인이 속한 이념이나 제도의 일반적인 형태 혹은 개인에게 영향을 미치는 환경요소로서 정치, 경제, 사회, 법, 문화, 관습 등을 말한다. 거시체계는 개인의 생활에 직접적으로 개입하지는 않지만 간접적으로도 강한 영향력을 발휘하며, 하위체계에 대한 지지 기반과 가치 준거를 제공한다. 즉, 거시체계는 신념, 태도, 전통을 통해 개인에게 영향을 미치는데, 개인이 속해 있는 사회문화적 배경은 개인의 발달에 지속적인 영향을 미친다. 거시체계는 일반적으로 다른 체계보다 더 안정적이지만 때로는 사회적 변화에 따라 변할 수 있다.

개별 미시체계는 사회환경 속에서 상호작용하는 거시체계의 영향을 지속적으로 받고 있으며, 사회복지실천에서 거시적 접근은 사회 전반을 개선하고 바꾸는 일에 참여하는 것이다.

(5) 시간체계

시간체계(time system)는 개인의 전 생애에 걸쳐 발생하는 변화와 역사적인 환경을 포함하는 체계다. 어떤 시대에 출생하여 성장했는지에 따라서 개인은 발달과 삶에 큰 영향을 받는다. 부모, 가족, 친구, 학교 등 개인을 둘러싼 미시체계에서부터 문화, 관습, 이념 등의 거시체계에 이르기까지 모든 생태체계는 개인에게 영향을 미치며, 이러한 생태환경은 과거, 현재, 미래의 시간체계의 변화 속에서 작용한다.

2) 체계의 상호작용

모든 체계는 사회환경 내에서 상호작용한다. 사회환경은 주변 조건이나 상황, 인간의 상호작용이며, 생존과 번성을 위해 환경과 효과적으로 상호작용하는 것이 필요함이 강조된다.

미시체계는 사회환경 내의 다양한 중간체계와 역동적으로 상호작용하며, 거시체계로부터 지속적으로 많은 영향을 받는다. 사회복지실천의 중요한 측면은 개별 클라이언트에 미치는 거시체계의 영향을 사정하는 것인데, 이러한 실천에 대한 주요한 이론적 관점이 조직이론과 지역사회이론이다.

한편 사회환경에 미치는 사회적 힘의 영향력도 중요시해야 한다. 정치적인 힘(정부의 구조, 법, 국민에 대한 힘의 분배 등), 경제적인 힘(가능한 자원, 자원의 분배 방식과 활용방법 등), 환경의 힘(급격한 인구 증가, 지속적인 산업화 등), 이념의 힘

(인간이 추구하는 가치와 신념 등) 등이 있는데, 이러한 힘이 사회환경에 미치는 영향을 고려해야 한다.

따라서 사회복지사는 개인을 둘러싼 두 가지 상호작용 측면, 즉 ① 개인의 정상적인 주요 사건과 ② 체계가 어떻게 영향을 주고받는지를 이해해야 한다. 이를 위해서 사회환경 내의 다중적인 상호작용(중간 또는 거시 체계 간의 상호작용)을 파악할 수 있어야 하며, 동시에 개인의 정상적인 삶에 지속적으로 작용하는 생리적 · 심리적 · 사회적 체계의 영향력을 이해해야 한다.

3 생태체계이론

1) 생태체계이론의 구성

Germain

생태체계이론은 생태학의 개념과 일반체계이론을 기반으로 하여 파생된 이론인데, 인간과 환경적 힘이 상호작용하는 방법에 대한 실천가의 관점을 중시한다. 대표적인 학자로는 저메인(Carel B. Germain)과 지터먼(Alex Gitterman)을 들 수 있다. 생태체계이론은 생태학으로부터는 개인과 환경 사이에 존재하는 상호 적응의 개념을 빌려왔으며, 일반체계이론으로부터는 체계와 관련된 다양한 개념인 상호작용성, 개방체계 및 폐쇄체계, 위계성, 항상성, 환류의 개념 등을 빌려왔다. 이 외에도 동물행동학, 자아심리학, 스트레스 이론, 역할이론, 인류학 이론, 인본주의 이론 등과 같은 다양한 이론의 영향을 받았다.

Germain(1983)은 이러한 생태체계이론은 일반체계이론의 주요 개념을 그대로 받아들이고 있지만 생태학적 관점에 의해 일반체계이론의 몇 가지 한계점을 극복하고 있다(최경원, 1987, p. 46, 재인용).

- 생태체계이론은 일반체계이론에서 충분한 설명이 없었던 체계 간의 공유 영역에 대해 적응과 상호교류라는 개념으로 그 중요성을 강조하고 있다.
- 체계의 변화 속성만을 강조한 일반체계이론에 비해 생태체계이론은 변화와 동시에 체계의 유지기능을 동등하게 중시한다.
- 생태체계이론은 일반체계이론보다 실제 생활 속에서 살아가는 인간의 문제에 관심을 가져 이론에 인간적 관심과 실천적인 경향을 띤다. 즉, 생태체계이론에서 적응적 적합성과 같은 개념은 사회사업실천에서 체계의 건전성 평가의 도구로서의 역할을 해 준다.

요킨대, 생대체계이론은 일반적인 체계의 구조와 성질을 설명해 주는 고도로 추상화된 일반체계이론에 생태학의 인간주의적이고 실천적인 차원을 더하여 사회복지실천을 위한 이론틀로서 보다 유용성을 갖는다고 할 수 있다.

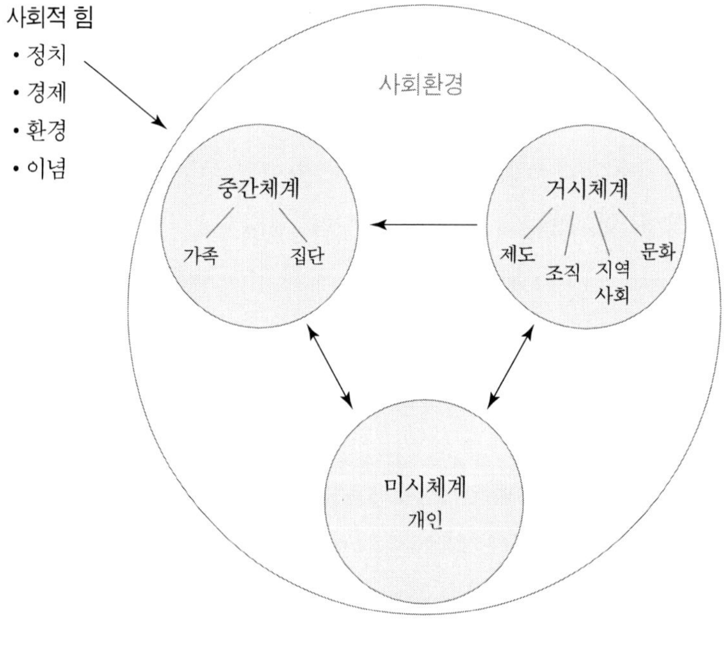

[그림 5-3] 사회환경 속에서 다양하게 상호작용하는 체계

2) 생태체계이론의 주요 개념

(1) 인간과 환경 간의 관계

생태체계이론의 인간과 환경 간 관계에 대한 관점을 정리하면 다음과 같다(장인협, 1999, pp. 32-34).

① 상황 속의 인간

생태체계이론은 인간을 매우 복잡한 체계로 바라본다. 인간은 사고, 감정, 관찰 가능한 행동을 가진 생물학적 · 심리적 · 정신적 · 사회적 · 문화적 존재다. 인간은 환경에 대한 반응자일 뿐만 아니라 환경의 자극제이기도 하다. 생태체계이론은 인간이 의식적 · 의도적으로 반응하며, 동시에 무의식적 · 자동적으로 반응한다는 것을 인식한다. 인간은 내부에 부분들을 가진 복잡한 전체이면서 동시에 보다 큰 집단의 부분이다. 인간으로서 우리는 변화하는 환경에 적극적으로 적응하고 있으며, 또 우리를 형성하는 환경에 영향을 미친다. 이러한 관점에서 인간은 완전히 강력한 존재도, 무력한 존재도 아니다. 대신에 인간은 우리 자신의 삶을 형성하는 사건을 창출하는 데 적극적인 역할을 수행한다.

② 인간과 환경 간의 상호교류

인간과 환경은 지속적으로 상호 적응하면서 발달한다. 이는 소위 상호교류라고 불린다. 상호교류는 호혜적인 상호작용으로 '인간이 지속적으로 그들의 환경을 형성하고 또 그들에 의해 형성되어 가는 과정'이다. 상호교류는 체계의 기능을 유지하고 변화를 촉구하는 에너지의 출처로서 기능한다. 부족하고 비생산적인 상호교류는 성장을 저해하며, 심지어 기본적 생존조차 위협할 수 있다.

상호교류의 개념은 사회적 기능에 대한 사회복지실천의 초점을 재확인시킨다. 바틀릿(Bartlett, 1970)은 사회적 기능을 "사회적 환경의 요구와 인간의 대처 노력 간의 균형 혹은 생활 상황에 대한 사람들의 대처"로서 개념 지었다. 이 정의는 환경에 대한 융통성 있는 개인의 적응을 강조한다. 오늘날 상호교류의 개념은 사회적 기능의 호혜적 차원, 인간과 환경 모두가 변화할 수 있다는 관점을 강조한다. 인간이 환경의 요구에 반응할 뿐만 아니라 환경 또는 인간의 요구에 적응한다는 것이다.

③ 발달 개념으로서의 변화

생태체계이론은 인간의 변화를 진보적 발달로 파악한다. 그것은 인간이 내외적 힘에 반응하여 성장, 변화, 안정화되어 간다고 본다. 인간이 신체적 · 정서적 · 지적으로 성숙함에 따라 그들의 행동은 이러한 내적인 변화를 드러내고 그에 반응한다. 그러나 체계 내에서의 변화가 인간행동의 유일한 결정인자는 아니다. 내신에 이러한 내적 경험은 상황적 사건에 영향을 미치고 반응한다.

(2) 적응적 적합성 및 적응

① 적응적 적합성

생태체계이론은 현재 행동을 인간과 환경 상호 간에 편안한 균형을 찾고 유지하는 것으로 설명한다. 모든 개인과 사회체계는 그들이 필요로 하는 것과 제공해야 하는 것 그리고 세계에 대한 그들의 요구 간에 조화를 유지하려고 노력한다. 특정 시점에서 우리가 행동하는 방식은 우리 내부에서 일어나고 있는 것, 우리를 둘러싸고 있는 세계에서 일어나고 있는 것, 그리고 그러한 사건을 해석하는 방법의 총합으로부터 나온다. 저메인(Germain, 1983)은 이것을 적응적 적합성(a goodness of fit), 즉 환경과의 적응적 균형에 도달하기 위한 인간의 적극적인 노력으로 언급한다. 인간은 우리 자신과 환경 간의 최상의 적합성을 끌어내는 방식으로 행동한다.

대부분의 개인과 환경 사이의 상호작용이 성공적이고 적응적일 때, 즉 주요 타인, 사회적 조직, 정치경제적 구조와 정책, 물리적 환경이 개인의 성장과 발달 그리고 물리적 · 정서적 안녕을 지지할 때 적응적 적합성이 달성된다.

2 적응

적응(adaptation)은 개인과 환경 사이의 활발한 상호작용을 포함한 개인-환경이라는 하나의 단위 내에서 이루어지는 과정이다. 개인은 환경과 상호작용을 하며, 환경과의 관계에서 적응적 적합성을 이루기 위해 상호 간에 영향을 미치고 반응을 한다. 따라서 인간은 자신의 욕구에 적합하도록 환경을 변화시키고, 또 이러한 환경의 변화에 적응할 수 있어야 한다. 이와 같이 적응은 인간의 내적 영향력과 생태적 환경의 영향력에 의해 이루어지는 상호 의존적인 과정이다(Meyer, 1983).

따라서 생태체계이론에서 부적응적 · 역기능적이란 용어는 적용되지 않는다. 인간행동이 개인의 내면적 욕구와 환경적 요구를 충족시키기 위한 인간의 적응이라면 어떤 행동도 부적응적일 수 없는 것이다. 따라서 부적응적인 결과 혹은 수용되기 어려운 행동이 나타난다고 할지라도 적어도 그것이 그 환경 안에서는 적응적인 것이며, 모든 행동은 그 상황 안에서는 의미가 있는 것이다. 이러한 생태체계이론의 적응에 대한 관점은 역기능에 대한 전통적인 개념과 대조된다. 그리하여 사회복지사로 하여금 클라이언트에 대한 그리고 그들을 돕는 방법에 대한 그들의 견해를 수정하도록 한다.

3 스트레스와 대처

인간과 환경 간의 복잡한 상호작용에서 일상적인 적응적 균형 또는 적응적 적합성상 혼란이 일어날 수 있는데 이것을 스트레스(stress)라고 한다. 생태체계이론의 실천 모델인 생활 모델에서는 스트레스를 욕구 또는 능력과 환경적 자원 간의 불일치로 생기는 심리사회적 상태로 본다(Germain & Gitterman, 1980).

한편 경험되는 모든 스트레스가 불쾌하거나 심지어 바람직하지 못한 것은 아니다. 어떤 스트레스는 필요하다. 스트레스가 없는 생활은 무미건조할 수 있기 때문이다. 또한 특별한 사건이나 과정이 모든 사람에게 반드시 부정적으로 또는 긍정적으로 똑같이 경험되는 것은 아니다. 인간과 환경 간의 일상적 적합성 또는 균형의 혼란 상태로서의 스트레스는 대처 유형과 환경의 특징이 접하는 공유

영역에서 생기는 것이다.

개인은 스트레스를 경험하게 될 때 정서적 고통을 통제하기 위하여 자연스러운 행동을 하게 되는데 이러한 행동이 대처다. 생태체계이론에서는 사람들이 생활문제를 완화하도록 원조할 수 있는 적응적 전략을 제공한다. 개인은 대처능력을 갖추기 위해 내적 자원과 외적 자원이 필요하다. 내적 자원에는 자존감과 문제해결 기술이 포함되며, 외적 자원에서는 가족, 사회관계망, 조직의 지원이 필요하다.

(3) 환경

생태체계이론에서는 생활상의 문제가 환경적 문제와 어떤 연관성을 가지고 있는지에 관심을 갖는다. 생태체계이론에서 환경은 기존 이론에서 포함되지 않았던 사회적 환경과 시간 그리고 공간까지 포함하는 종합적 개념이다. 생태체계이론에서 환경은 층(layer)과 조직 · 구성물(texture)로 이루어져 있는데, 층은 사회적 환경과 물리적 환경이고, 조직은 시간과 공간이다(장인협, 1989; Germain &

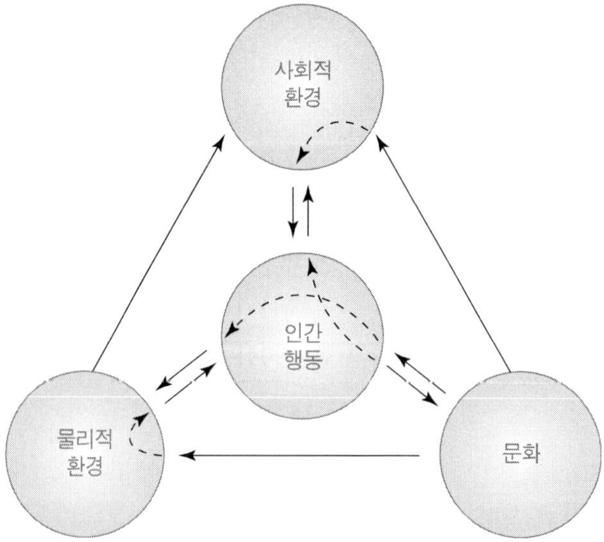

[그림 5-4] 인간행동과 환경의 관계

Gitterman, 1980). 물리적 · 사회적 환경은 서로를 형성하면서 복잡한 방식으로 상호작용한다. 그것들의 상호작용은 그들과 문화적 환경으로까지 확대되어 나간다. 가치, 규범, 지식과 신념체계, 정치 형태, 그리고 경제가 사람들이 물리적 환경을 사용하고 반응하는 방식에 영향을 미치며, 역시 사회적 관계의 유형과 사회적 구조의 기능을 형성한다. 따라서 물리적 · 사회적 환경과 문화 간의 상호작용은 인간의 행동에 영향을 미치며, 호혜적으로 인간의 행동도 물리적 · 사회적 환경에 영향을 미치고 변화시키며, 문화적 규범과 가치의 개발과 방향성에 영향을 미친다.

1 사회적 환경

사회적 환경은 2인군의 관계에서부터 사회 자체에 분포하는 조직의 여러 수준(level)에 있는 다른 사람의 인간적 환경(인간관계망)이다. 사회적 환경의 주요 관심은 사회복지실천에 밀접히 접해 온 사회관계망과 관료조직에 있다.

관료조직은 사회적 환경의 두드러진 특징으로서 현대생활에서 강력한 힘을 발휘한다. 건강, 교육, 사회적 서비스를 제공하는 기관은 거의 모든 사람의 삶에 지대한 영향을 미친다. 이러한 조직은 사회적 목적을 수행하기 위하여 조직의 사명을 발전시키고, 그 기능을 수행하기 위하여 구조를 변화시킨다. 말하자면 관료조직은 노동의 분화, 정책과 규율, 권위와 의사결정 구조에 의해 효과적이고 공정하게 인간의 욕구를 충족하기 위해 만들어진 조직이다. 그러나 관료주의적 조직이 점차적으로 체계 유지적으로 되어 감에 따라 서비스 기능과 서비스 사용자의 욕구 충족이라는 본래의 욕구는 조직의 욕구와 관심에 종속된다. 그 결과 서비스가 사람에 따라 개별화되지 못하고, 조직의 규칙, 공식적 · 비공식적 낙인과정, 그리고 비유동적이고 비인간적인 정책에 따라 제공된다는 문제점을 발생시켜 전문가 집단과 서비스를 받는 대상자 사이에 긴장과 갈등을 초래하고 있다.

또한 사회관계망은 구성원 간의 연계가 행동에 영향을 미치는 하나의 관계체계로, 개인이나 가정의 생활공간에서 일어나는 친족, 친구, 이웃, 동료, 자조집단 등을 포함한다. 일반적으로 사회관계망은 도구적이고 정서적인 기능을 제공한다. 도구적 기능은 자원의 교환, 정보 제공, 그리고 대처기술의 교습이다. 정서적 기능으로는 정서적 지지를 제공해 주고, 자기 동경과 가치 있음을 느끼도록 하며, 상호적인 보호의 경험을 제공한다.

이러한 기능을 이행할 때, 사회관계망은 정체성, 자율성, 능력, 인간적 관련성의 자양분을 제공하는 환경이 될 수 있다.

2 물리적 환경

물리적 환경은 자연적 환경과 인위적 환경으로 구성된다. 자연적 환경에는 기후, 지리적 조건 등이 포함되며, 인위적 환경에는 건축물, 대중매체, 교통체계 등 자연직 환경 내에 인간이 배치한 구조나 대상이 모두 포함된다.

물리적 환경의 색상, 온도, 후각적 단서는 인간의 발달을 촉진할 수 있는 자양분적인 자극이 되는데, 이러한 자극의 결핍은 대처와 적응에 부정적 영향을 미치게 된다. 또한 기압과 온도, 계절적 변화 같은 기후적 특성 또한 인간의 감정과 행동에 영향을 미치며, 긴장의 원인으로 작용하기도 한다.

자연환경은 밤과 낮, 하루, 계절, 1년이라는 리듬의 변화를 포함하고 있다. 이러한 자연환경 리듬의 변화는 인간의 모든 생활 속에 반영된다.

개인이 거주하는 건물, 이용하는 교통편의체계와 대중매체 등과 같은 인위적 세계도 인간의 생활에 영향을 미친다. 이러한 인위적인 물리적 환경은 이웃주민

최저기준 미달 주거가 개인에게 미치는 영향

최저기준 미달 주거가 개인에게 미치는 영향에 관한 국내 연구를 살펴보면, 지하 주거에 사는 사람의 경우 같은 저소득 주거지인 재개발지역에 비해 이웃 간에 교류가 적고, 지상층 거주자에 비해 천식, 재채기, 알레르기 등의 발생 위험이 높은 것으로 보고되고 있다(최승철, 2007). 또한 주거 내 방이 하나이거나 상하수도, 화장실, 부엌 등을 하나라도 공동으로 사용하는 빈곤주거 아동의 학업성취는 비빈곤주거 아동에 비해 더 낮은 것으로 보고되고 있다(이봉주, 임세희, 2009).

과의 상호작용, 생활양식에 영향을 미친다. 특히 인위적 환경의 변화는 개인의 사회관계망에 손실을 일으키며, 친숙한 장소와 구조를 상실하게 만들기 때문에 정체감의 혼란을 가져오기도 한다.

③ 시간과 공간의 구조

시간과 공간의 구조, 즉 인간의 시간적 · 공간적 행동은 사회적 · 물리적 환경과 관련이 있다. 사람들의 시간과 공간에 대한 경험은 나이, 성, 문화, 경험 그리고 물리적 조건에 의해 매개된다(Germain, 1976, pp. 419-423).

첫째, 시간은 보조(pacing), 지속(duration), 리듬(rhythm)에 관련되어 있다. 생태학적 관점에서 체계의 관계망에 있는 각 체계는 그 자신의 시간주기와 구조를 가지고 있다. 개인, 가정, 조직, 언어, 문화, 그리고 사회는 사람들의 가치와 생활양식에 영향을 미치는 시간에 대한 독특한 태도를 가지고 있다. 따라서 개인 존재에 깊이 내재된 시간적 측면을 거스르면 생리학적 · 정서적 스트레스가 생긴다는 것을 알아야 한다.

둘째, 공간 또한 인간의 안녕 상태에 중요한 영향을 미친다. 공간의 개념은 사회복지기관의 설계와 같은 건축양식에 적용될 수 있으며, 또래집단과 같은 관계 영역에 적용될 수 있고, 거리감이나 정서적 공간과 같은 개인적 지각에도 적용될 수 있다.

사회적 시간 개념의 적용

90세 택시기사 · 99세 한의사… 100세 은퇴는 없다

개인의 생물학적 · 심리적 · 사회적 발달 역시 '사회적 시간', 즉 가족, 집단, 지역사회 내의 집단적 생활 이슈의 시간에 의해 영향을 받는다. 현대사회에서는 학업을 시작하고 마치는 시기, 부모로부터 독립하는 시기, 독신이나 결혼생활을 지속하는 시기, 자녀를 갖는 시기, 새로운 직장을 갖고 시작하는 시기, 은퇴하는 시기 등에 대한 시간적 계획이 지속적으로 변화하고 있다(헤럴드경제, 2010년 4월 10일).

이렇게 인간의 공간적 행동의 이해를 위한 사회심리적 준거틀은 프라이버시(privacy), 개인적 거리(personal distance), 영역(territory), 혼잡함(crowding) 등의 개념으로 구성된다. 이런 준거틀은 한편으로 인식, 인지, 그리고 감정의 내면적 현상과 다른 한편으로 사회적 환경과 문화에 의해 매개되는 물리적 환경의 공간적 특징 간의 상호작용에 초점을 맞춘다(Germain & Gitterman, 1980).

④ 문화

문화는 사람들이 어떻게 생활하느냐와 관련된 생활방식이며, 인간이 소유한 능력의 소산으로서 생활하는 관습의 전체다. 즉, 의식주를 포함하여 사회생활, 종교생활, 경제생활 등을 어떤 방식으로 해 나가느냐 하는 것과 관련된 생활의 모습이다.

문화는 특정한 인간집단이나 지역에 특징적으로 나타나는 생활양식으로서, 선천적으로 가지고 태어나는 것이라기보다는 특정한 사회에서 성장하는 과정에서 후천적으로 학습하는 것이다. 문화는 인간의 생존을 위한 필수요소이면서 거의 무의식적으로 인간의 행동과 사고에 영향을 미친다. 또한 문화는 어떤 사회의 전체 생활양식으로서 특정한 민족이나 사회가 오랫동안 수많은 시행착오를 거듭하면서 이룩한 역사적 산물로서의 생활의 지혜다.

한편 문화는 시간적인 차원에서 볼 때 정체되어 있지 않고 항상 변화한다. 계속적으로 누적되어 구성원이 공유하고 있지만, 장기간에 걸쳐 항상 똑같은 형태를 지니지 않고 점진적으로 변화되어 간다. 문화에서 한 부분의 변화는 다른 부분으로 연쇄적인 변화를 일으켜 전체로서의 문화변동이 일어나게 한다. 계속적으로 변화하는 과정 속에서 문화는 그에 속한 사람들의 사회적 안전과 균형 상태의 유지에 기여한다.

사회체계로서 문화의 속성을 살펴보면, 문화는 전체 사회 속에 존재하는 개인, 집단, 조직 및 지역사회에 영향을 미치는 거시체계로서 세대 간에 전승되면서 직간접적으로 사회의 모든 성원에게 영향을 미친다.

문화는 개인이 습득해야 할 기존의 적응양식을 제공해 줄 뿐만 아니라 개인에

문화와 인간발달: 한국 사회는 단일문화사회인가? 다문화사회인가?

1997년 38만 7,000명에 불과하던 국내 체류 외국인이 2009년 8월 말 현재 110만 7,000명으로 증가하여 총인구의 2.2%를 차지하고 있다. 이 중 다문화가족으로 불리는 결혼이민자는 16만 7,000명이며, 여자 결혼이민자가 15만 명(89.8%)으로 대다수를 차지하고 있다. 출신 국가로는 중국 61.3%(조선족 32.2%, 한족 29.1%), 베트남 18.4%, 필리핀 3.2%, 일본 3.2%, 몽골 1.5% 등으로 대부분 아시아 국가로 구성되어 있다. 한편 이들 결혼이민 인구는 2050년 약 216만 명으로 전체 인구의 5% 정도를 차지할 것으로 예측되고 있다.

다문화가족의 상당수가 경제적으로 어려움을 경험하고 있는 것으로 나타났으며, 가정보육의 취약, 보육과 교육 서비스에 대한 접근성 미흡, 학교교육에서의 소외 등으로 사회통합에 어려움을 경험하고 있는 것으로 보고되고 있다(이삼식 외, 2009).

게 일상생활의 구체적인 행동 지침을 제공해 주고, 개인의 행동을 인도해 주기도 하며 통제하기도 한다. 또한 문화는 사회통합의 기회를 제공하기도 하지만 문화갈등으로 인하여 대인관계상의 긴장이나 갈등의 단초를 제공하기도 하고, 특정 계층에 대한 억압이나 인간 소외의 원인적 요소가 되기도 한다.

문화는 가장 작고 기본적인 요소인 문화 특질로 나누어지며, 각각의 특질이 모여 복합적인 형태인 문화복합을 이루고, 다양한 하위문화 등이 모여 전체 문화를 구성한다. 하위문화는 한 사회 속에서 공존하며, 특별한 생활양식, 가치체계, 행동양식 등을 발전시키고 사회의 문화적 내용을 이루어 다양한 집단에 영향을 미친다. 이와 같이 문화는 사회의 가치, 규범, 신념체계 등을 사회 구성원에게 내면화시켜 그들의 행동에 중대한 영향을 미친다.

이상에서 살펴본 대표적인 생태체계이론의 인간관과 주요 개념을 정리·비교하면 〈표 5-1〉과 같다.

표 5-1 생태체계이론의 인간관과 주요 개념 비교

구분	체계이론	생태학	생태체계
대표 학자	베르탈란피	브론펜브레너	저메인, 메이어
인간관	인간은 체계로서 상호작용하는 부분으로 구성된 전체임. 인간은 하나의 부분으로 분리된 전체가 아니라 통합된 체계로 파악해야 함	생물학적 종으로서 인간은 환경과의 적응적 적합성을 이루어 가는 존재임	인간은 환경과 지속적으로 상호작용하면서 발달하는 존재임. 인간의 내적 영향력과 생태적 환경의 영향력이 적절할 때 적응을 이루게 됨
주요 개념	경계, 폐쇄체계와 개방체계, 항상성	미시체계, 중간체계, 외(부)체계, 거시체계, 시간체계	상황 속의 인간, 적응적 적합성, 스트레스와 대처, 생활 모델

4 생태체계이론과 사회복지실천

생태체계이론은 인간의 다양성과 환경 사이의 관계를 이해하는 개념적 준거틀을 제시할 뿐만 아니라 구체적인 개입방법을 제공한다. 즉, 클라이언트의 현재 상황을 체계적 · 전체적 시각에서 사정하는 효율적인 사정도구로서의 역할을 할 뿐만 아니라 구체적인 개입 방향을 제시하고 있다.

1) 사정도구로서 생태체계이론

생태체계이론은 인간의 다양성 및 인간과 환경 간의 관계를 이해하기 위한 방법을 제공한다. 개인, 가족, 그리고 소집단과 직접적인 실천을 할 때, 사회복지사의 자료수집과 사정 활동은 환경 속의 개인(PIE)을 강조한다. 이는 개인의 욕구, 바람, 능력과 그의 환경이나 외부 세계의 요구 사이의 적합성을 말한다. 따라서 사회복지사의 사정은 최소한 전인적 인간의 모든 차원과 인간 경험 그리고 이런 차원이 자신의 기본적 욕구를 충족시키고 사회적 역할을 수행할 개인의 동기, 능력, 기회와 어떻게 관련되는지에 주의를 기울인다. 생태체계이론은 이렇게 '환경 속의 인간'의 관점을 유지하면서 클라이언트를 사정할 수 있는 중요한 관점을 제공한다. 환경 속의 개인의 관점을 가장 잘 보여 주는 사정도구는 사회적 사정 보고서 또는 사회력이다. 사회력에서는 사회적 기능 수행, 즉 클라이언트의 기능 수행과 그의 상황에 관련된 사회적 · 관계적 · 상호작용적 측면에 초점을 둔다. 사회적이란 단어는 사람과 사람 사이, 사람과 중요한 사회환경체계(가족, 학교, 직장, 병원 등) 사이의 상호작용을 의미한다(Sheafer, Horejsi, & Horejsi, 1998).

또한 생태체계이론에서는 다양한 크기의 사회관계망을 분석하고 클라이언트와 환경 사이의 상호교류를 시각적으로 활용할 수 있는 유용한 사정도구를 활용하고 있는데, 대표적인 것인 생태도(eco-map)와 사회관계망 지도다.

생태도는 생활공간 속에서 개인 또는 가족이 차지하는 위치를 그림으로 표시해 주며, 개인이 관계를 맺고 있거나 개인에게 영향을 미치는 조직이나 환경요인을 원을 사용하여 나타냄으로써 그것들을 사회적 환경의 맥락 속에서 파악할 수 있게 해 준다.

사회관계망 지도나 사회관계망 표는 클라이언트가 적절하고 효과적인 사회적 지지를 사용하도록 돕기 위해서, 또는 클라이언트의 잠재적인 사회적 지지를 확인하고 사정하는 데 참여시킬 때 사용하는 도구다. 클라이언트의 사회관계망 속에 있는 중요한 사람들을 조사하면서 그들의 생활 영역, 사회적 지지의 유형별 제공 정도, 원조의 방향, 친밀성, 빈도 등을 사정하게 된다.

생태체계이론에서 중요한 사회환경 중의 하나인 지역사회를 사정하기 위해서는 지역사회에 대한 기초적인 정보뿐만 아니라 지역사회에 영향을 미치는 주요 요인인 경제, 정치, 교육, 사회문화, 사회복지 서비스 체계 등에 대한 자세한 정보도 제공되어야 한다.

이러한 생태체계적 이론의 사정 모델은 클라이언트가 가지고 있는 사회관계망 등 자원이나 강점에 초점을 둔 강점이론이나 역량강화 모델의 이론적 기초가 되었다. 즉, 클라이언트를 문제 중심으로 보는 것이 아니라 강점 중심으로 봄으로써 클라이언트의 잠재 역량 및 자원을 인정하고 클라이언트 내외의 적응 유연성이 있음을 전제하여 클라이언트가 자신의 삶을 통제할 수 있도록 권한 혹은 힘을 부여하고자 한다. 이러한 생태체계이론에 기초한 강점 모델, 역량강화 접근, 적응유연성 이론은 다양한 인구집단, 특히 사회적 약자집단에 매우 유용한 것으로 나타나고 있다.

2) 실천 모델로서 생활 모델

생태체계이론의 사회복지실천 모델은 생활 모델(life model)이다(Germain & Gitterman, 1980). 생활 모델은 클라이언트가 환경과 상호 교류하는 과정에서 어느 정도의 적합성을 성취하는가에 초점을 둔다. 즉, 생활 모델에서는 개인이 환경과의 상호작용 과정에서 특별한 생활과업과 성숙 욕구를 충족시킬 수 있는 적합성을 성취함으로써 적응적인 삶을 유지할 수 있다고 본다. 그래서 클라이언트가 자신의 생활에 대해 더 많은 통제력을 획득할 수 있도록 원조하는 데 강조점을 둔다.

생활 모델에서는 개인이 자신의 욕구와 능력과 환경적 자원 간의 불일치가 발생할 때 심리사회적 스트레스를 경험하며 개인-환경 적응, 즉 적응적 적합성이 붕괴될 때 생활문제가 발생한다고 보고 있다. 이러한 생활문제가 발생되는 원인으로는 ① 생활전이 또는 새롭게 부과되는 발달상의 욕구와 역할, ② 조직적 자원과 사회관계망의 자원, 물리적 · 사회적 환경 내에서의 어려움을 포함하는 환경적 압력, ③ 가족 또는 다른 일차집단에서의 의사소통과 관계 유형에서의 장애를 포함하는 부적응적인 대인관계 과정이라는 상호 관련된 세 가지 생활 영역이 포함되어 있다.

생활 스트레스를 경험하는 사람을 돕는 과정에서 사회복지사는 개인, 가족, 집단, 지역사회, 사회관계망, 조직, 물리적 · 정치적 환경에 개입하도록 요청된다. 생활 모델에서 사회복지사는 전문가의 전공이나 선호하는 이론적 관점이 아

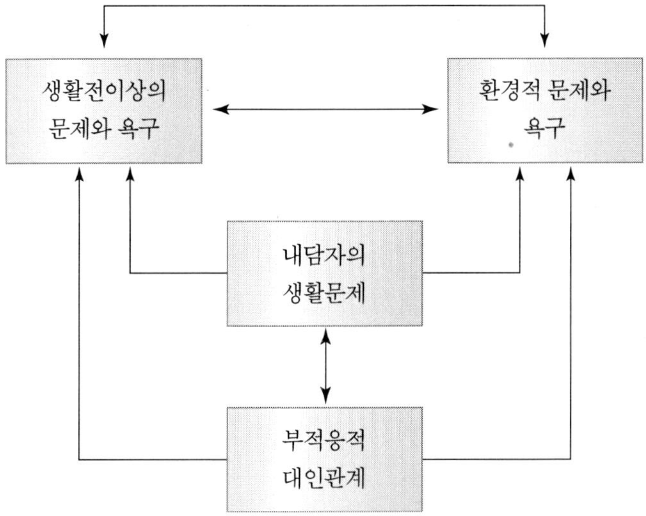

[그림 5-5] 생활 모델

니라 생활 스트레스 요인에 대한 상호 사정과 개인-환경 적합성 수준에 따라 실천양식을 결정하게 된다.

생활 모델은 사회복지실천의 오랜 관심이었으나 실천 기반이 상대적으로 미약했던 인간과 환경의 상호작용이라는 문제에 보다 실용적으로 접근할 수 있는 실천 모델을 제공하였다는 점에서 의의가 있다.

요 약

사회복지실천의 기초로서 인간행동에 관한 이해를 도울 수 있는 유용한 이론은 개인-환경 상호관계의 본질을 조명해 주는 것이어야 하는데, 생태체계이론은 이에 가장 적합한 이론으로 평가된다. 생태체계이론은 일반적인 체계의 구조와 성질을 설명해 주는 고도로 추상화된 일반체계이론에 생태학의 인간주의적이고 실천적인 차원을 더하여 사회복지실천을 위한 이론 틀로서 더욱 유용성을 갖는다.

생태체계이론은 인간을 첫째, 상황 속의 인간이라는 관점으로, 둘째, 환경과 상호 교류하는 존재로, 그리고 인간의 변화를 진보적 발달로 파악한다. 또한 인간은 사회적 환경과 물리적 공간 그리고 시간과 공간에 의해 종합적으로 영향을 받는 존재로 본다.

생태체계이론은 인간의 다양성과 환경 사이의 관계를 이해하는 개념적 준거 틀을 제시할 뿐만 아니라 구체적인 개입방법을 제공한다. 즉, 클라이언트의 현재 상황을 체계적 · 전체적 시각에서 사정하는 효율적인 사정도구로서의 역할을 할 뿐만 아니라 구체적인 개입 방향을 제시하고 있다.

핵심 용어

개방체계(open system) 환경과의 에너지 교환이 활발하게 이루어지는 체계로서 보다 목적 지향적이고 적응능력이 높음.

경계(boundary) 체계의 내부와 외부를 구분 짓는 한계로서, 체계 내부로의 에너지 투입과 외부로의 에너지 산출을 규제함.

균형(equilibrium) 환경으로부터의 에너지 투입 없이도 내적인 평형 상태를 유지할 수 있는 체계의 능력.

상호작용(interaction) 체계 사이 그리고 체계 성원 사이의 정보나 자원의 교환으로 두 사람 이상 사이에서 일어나는 지속적이고 상호적인 일련의 접촉.

생활 모델(life model) 생활과정을 통한 자연적 성장과정에 기반을 둔 사회복지실천 모델로서 생태체계이론의 개입 모델임. 클라이언트가 자신의 생활에 대해 더 많은 통제력을 획득할 수 있도록 원조하는 데 강조점을 둠.

스트레스(stress) 개인의 지각된 욕구와 그것을 충족시키기 위하여 자원을 활용할 수 있는 능력 사이의 불균형 상태.

안정 상태(steady state) 체계의 역동적 균형 상태. 안정 상태를 유지하는 체계는 투입과 산출을 효과적으로 활용함으로써 적응하고 성장해 나감.

유능성(competence) 환경과 성공적으로 상호 교류하는 상태. 확고한 결정을 내리고,

자신의 판단을 신뢰하여 자기 확신을 갖고, 환경에 바람직한 영향을 미칠 수 있는 능력.

적응(adaptation) 개인과 환경 사이에서 일어나는 상호교환의 적합성. 적합성의 주준은 환경이 개인의 전반적인 안녕 상태를 지지하고 개인이 보다 높은 수준의 유능성을 갖고 행동할 수 있도록 하는 경우에 더 높음.

적응적 적합성(goodness of fit) 개인의 적응적 욕구와 환경적 특질이 부합되는 정도.

적응적 체계(adaptive system) 환경과 적절히 분화되어 있으면서 효과적으로 상호작용하는 체계.

폐쇄체계(closed system) 환경과의 활발한 상호교환이 적은 체계로서, 목적지향성이 낮고 행동을 수정할 수 있는 능력이 낮은 특성을 지닌 체계.

항상성(homeostasis) 균형을 유지하고 균형이 위협을 받을 때 이를 회복하고자 하는 체계의 경향.

생각할 문제

1. 자신에게 영향을 미치는 환경체계의 주요 특성에 대해 조사하고 자신과의 상호작용에 대하여 설명해 보시오.
2. 인근 사회복지기관에서 실제 실시하고 있는 프로그램 중 생태체계이론을 활용한 사회복지 프로그램에 대하여 조사해 보시오.
3. 사회력을 활용하여 사회복지기관에 상담을 요청한 중학생에 대한 사정을 실시해 보시오.
4. 생태체계이론을 활용하여 자신의 생태도를 작성해 보시오.
5. 제시된 사정도구 틀을 활용하여 자신이 거주하는 지역사회를 사정해 보시오.

참고문헌

권중돈, 김동배(2005). 인간행동과 사회환경. 서울: 학지사.

이근홍(2006). 인간행동과 사회환경. 고양: 공동체.

이봉주, 임세희(2009). 최저기준 주거가 아동의 학업성취에 미치는 영향. 사회복지연구, 40(3), 243-265.

이삼식 외(2009). 다문화가족의 증가가 인구의 양적-질적 수준에 미치는 영향. 서울: 한국보건사회연구원.

이선우 외(2002). 저소득층 집중주거에 따른 문제점 및 개선방안 연구. 서울: 한국보건사회연구원.

이인정, 최해경(2007). 인간행동과 사회환경(개정2판). 파주: 나남출판.

장인협(1989). 사회복지실천방법론(상). 서울: 서울대학교출판부.

장인협(1999). 사회복지실천론(중). 서울: 서울대학교출판부.

정옥분(2007). 전생애 인간발달의 이론(개정판). 서울: 학지사.

최경원(1987). 사회사업이론에 있어서 체계론적 관점에 관한 연구. 서울대학교 대학원 석사학위논문.

최승철(2007). 사회경제적 약자의 환경권과 환경정의: 지하주거환경실태를 중심으로. 환경과 생명, 51, 117-132.

Bartlett, H. M. (1970). *The common base of social work practice*. New York: NASW.

Bertalanffy, L. V. (1968). *General system theory*. New York: Braziller.

Compton, B. R., & Galaway, B. (1984). *Social work processes* (3rd ed.). Homewood, IL: Dorsey Press.

Germain, C. B. (1976). Time: An ecological variable in social work practice. *Social Work, 57*, 419-426.

Germain, C. B. (1983). Knowledge base of clinical social work. In A. Rosenblatt & D. Waldfogel (Eds.), *Handbook of clinical social work*. San Francisco: Jossey-Bass.

Germain, C. B., & Gitterman, A. (1980). *The life model of social work practice*. New York: Columbia University Press.

Johnson, L. C., & Yanca, S. J. (2001). *Social work practice: A generalist approach* (7th ed.). Boston: Allyn and Bacon.

Meyer, C. H. (1983). *Clinical social work in the eco-systems perspective*. New York: Columbia University Press.

Parsons, T. (1960). *Structure and process in modern societies*. Glencoe, IL: The Free Press.

Pincus, A., & Minahan, A. (1973). *Social work practice: Model and method*. Itasca, IL: Peacock Publishers.

Shaffer, D. R. (1999). Developmental psychology: Childhood and adolescence (5th ed.). Belmont, CA: Brooks/Cole.

Shaffer, D. R. (2005). **발달심리학**(송길연, 장유경, 이지연, 정윤경 공역). 서울: 시그마프레스. (원저는 2000년 6판 출간)

Sheafer, B. W., Horejsi, C. R., & Horejsi, G. A. (1998). **사회복지실천기법과 지침**(서울대학교 사회복지실천연구회 역). 서울: 나남출판. (원저는 1997년 4판 출간)

Silverman, D. (1970). *The theory of organization: A socialogical framework*. London: Heinemann.

Warren, R. L. (1978). *The community in America* (3rd ed.). Chicago: Rand McNally.

Zastrow, C., & Kirst-Ashman, K. K. (2002). **인간환경과 사회환경**(김규수, 김인숙, 박미은, 설진화, 우국희, 홍선미 역). 서울: 나눔의 집. (원저는 2001년 5판 출간)

제2부 생애주기적 접근

제 6 장 생애주기와 사회복지실천

제 7 장 태아기 · 신생아기

제 8 장 영아기

제 9 장 학령전기

제10장 아동기

제11장 청소년기

제12장 청년기

제13장 장년기

제14장 노년기

제6장

생애주기와 사회복지실천

1. 생애주기와 발달단계의 이해
2. 인간발달 단계에 관한 동양의 견해
3. 생애주기와 사회복지실천

인간은 임신을 통한 출생에서부터 죽음에 이르기까지 전 생애에 걸친 시간적 변화 상태에 의한 생애주기를 갖는다. 이러한 생애주기는 인간의 발달상에서 어떤 과업의 성취와 특정한 측면의 발달이 이루어지는 삶의 기간을 뜻하는 발달단계로 표현되기도 한다. 발달단계를 구분하는 연령은 발달적 전환이 이루어지는 시기를 말하며, 개인마다 다소 차이가 있다. 그리고 발달단계는 연속적으로 일어나며 한 단계에서 일어난 발달은 그 이후의 모든 단계에 영향을 미친다. 이러한 인간발달 단계는 몇 단계로 구분할 수 있으며, 그 내용에 대해서는 학자마다 분분하다. 이 책은 인간의 발달단계를 태아기 · 신생아기, 영아기, 학령전기, 아동기, 청소년기, 청년기, 중 · 장년기, 노년기의 8단계로 구분한다.

이 장에서는 이러한 인간의 생애주기와 발달단계가 갖는 의미와 이러한 생애주기 이론이 동서양에서 어떻게 달리 전개되며, 사회복지실천과 어떠한 연관성을 갖는지에 대해 살펴보고자 한다.

1 생애주기와 발달단계의 이해

1) 인간의 발달에 관한 이해

(1) 인간발달의 개념

인간의 발달(development)이란 수정에서부터 죽음에 이르기까지 전 생애를 통해 이루어지는 모든 변화(change)의 양상과 과정을 의미하며 양적인 변화뿐만 아니라 질적인 변화도 포함한다. 다시 말하여, 발달은 유전과 환경의 상호작용에 의해 이루어지는 인간의 총체적인 변화라 할 수 있으며, 이러한 인간의 역동적 변화를 설명해 줄 수 있는 개념이 바로 발달 개념이다.

따라서 발달은 우선 성장(growth)과 구분된다. 성장은 신체 크기의 증대, 근력 증가 등과 같은 양적 확대를 의미하며, 생리적으로 이미 설계되어 있는 계획

표에 따라 양적 확대가 이루어지다가 일정한 시기가 지나면 정지되는 인간의 부분적 측면, 특히 신체적 부분에 국한된 변화를 설명하고자 할 때 주로 사용된다.

둘째, 성숙(maturation)과도 다르다. 성숙은 내적 · 유전적 요인에 의해 발달되는 변화가 통제되는 신체적 · 심리적 변화과정을 말한다. 즉, 인간의 발달은 유전과 환경의 상호작용에 의해 이루어지는 데 반해 성숙은 부모에게서 받은 유전인자가 지니고 있는 정보에 따라 변화가 일어나기 때문에 경험이나 훈련과는 관계가 없다. 성숙의 대표적인 예로는 사춘기에 나타나는 2차 성징, 태아의 모체 내에서의 발달 등을 들 수 있다.

셋째, 학습(learning)과도 구분된다. 학습은 직간접적 경험의 산물로서 인간의 발달을 이끄는 환경적 요소의 총체를 말한다. 다시 말해, 특수한 경험이나 훈련 또는 연습과 같은 외부 자극이나 조건인 환경에 의해 개인이 내적으로 변하는 것을 말한다.

따라서 발달은 성장, 성숙, 학습과는 달리 신체뿐만 아니라 심리적 측면과 사회적 측면에서의 변화를 모두 포함한다. 또한 양적 확대뿐만 아니라 양과 질에서의 상승적 또는 퇴행적 변화를 모두 포함하면서 유전과 환경의 상호작용에 의해 이루어지는 인간의 총체적인 변화라 할 수 있다. 즉, 발달은 유전적 요인과 환경이 끼치는 영향의 비중은 다르지만 양쪽의 상호작용으로 진행되며 성장, 성숙과 학습에 의존하게 된다고 할 수 있다(송명자, 2008; 송하나, 최경숙, 2010; Zastrow & Kirst-Ashman, 2002).

(2) 인간발달의 영역과 특성

일반적으로 인간발달이 이루어지는 영역은 신체적 · 심리적 · 사회적 영역으로 구분할 수 있다(송명자, 2008; 송하나, 최경숙, 2010; Shaffer, 2005).

첫째, 신체적 영역은 인간이 지배할 수 없는 기질이나 유전자에 의한 선천적 능력과 유기체로서 기능하게 하는 모든 요소로 구성된다. 그리고 이 영역은 주로 생물학적 발달을 주도하는 요인이 된다. 다시 말해, 인간의 선천적 능력과 유기체를 기능하게 하는 골격, 감각기관, 호흡기관, 내분비물, 순환, 찌꺼기 제거,

성적 생식, 소화, 신경계 등 모든 요소를 발달의 주요 원인으로 본다. 신체적 영역이 중요한 이유는 개인의 유전형질이 심리적 발달에 중요한 기능을 하기 때문이며, 질병이나 사고로 인한 개인의 신체적 조건 변화는 심리적으로나 행동상의 수행능력에 변화를 가져온다.

둘째, 심리적 영역은 개인의 인식, 감정, 행동의 측면으로 구성된다. 이 영역은 발달을 개인의 인식, 감정, 행동 상태와 그 과정들의 밀접한 관계로 본다. 여기서 인식은 지식, 신뢰, 견해 등의 지성적 측면과 감각, 기억, 상상, 판단, 언어 등을 포함한다. 감정은 개인의 정서적인 삶인 동기, 욕구, 충동, 감정, 관심사 등과 관련된다. 행동은 매너리즘, 습관, 개인 간의 대화기술 등과 관련된다. 그리고 이러한 심리적 영역은 일반인에게 적용되는 내적 혹은 상호작용의 과정으로서 인생의 발달 단계를 통해 변화가 가능하다.

셋째, 사회적 영역은 개인의 가족, 집단, 조직, 지역사회, 사회 등에서의 역할, 상호작용 등으로 구성된다. 이는 주로 경험과 훈련에 의해 가치관, 태도 등을 형성하면서 기술을 습득하고 지식을 얻는 과정인 '학습'과 그리고 개인이 자기가 속한 사회집단(가족, 지역사회, 국가와 민족)의 구성원으로서 자연스럽게 동화되어 가는 과정인, 즉 그 안에서 통용되는 사회적 기대, 관습, 가치, 신념, 역할, 태도 등을 배우는 것을 뜻하는 '사회화(socialization)'로 구성된다.

그리고 인간발달은 다음과 같은 특성을 가진다. 첫째, 삶의 모든 단계에서 일어난다. 둘째, 이전 단계의 발달에 기초해 현재의 경험이 융합되어 이루어지므로 연속성과 변화를 보여 준다. 셋째, 신체적 · 심리적 · 사회적 영역의 상호작용으로 이루어지므로 총체적 인간(전인, whole person)으로 이해해야만 하는 속성을 가진다. 넷째, 개인이 처한 상황과 관계의 맥락 속에서 이해되고 분석되어야 한다. 다섯째, 발달의 속도는 항상 일정한 것이 아니라 빠르게 진행되는 시기도 있고 더디게 진행되는 시기도 있는 '속도의 불규칙성'을 가진다. 여섯째, 유전과 환경의 상호작용으로 진행된다. 일곱째, 발달은 보편적인 성장의 과정을 거치지만 개인차도 존재한다. 여덟째, 연령이 증가하면 발달 경향에 대한 예측이 점점 어려워진다.

(3) 인간발달의 원리

인간발달은 다음과 같은 원리에 입각하여 이루어진다(송명자, 2008; 이인정, 최해경, 2007; 송하나, 최경숙, 2010; Shaffer, 2005; Zastrow & Kirst-Ashman, 2002).

- 분화(differentiation)와 통합(intergration)의 원리: 이는 발달이 점진적으로 분화하고 전체로 통합되는 과정을 가진다는 원리다.
- 점성(epigenesis) 원리: 이는 성장하는 모든 것은 기초를 기반으로 하여 부분적으로 발달하며, 먼저 발달한 부분에 토대해 다음 발달이 이루어짐을 의미한다. 즉, 점성원리는 이전에 이루어진 발달에 토대해 다음 단계의 발달이 이루어지게 되는 것을 의미하며, 발달은 특히 이전 단계의 발달이 함축되어 전반적으로 영향을 미친다는 점을 강조하는 원리다.
- 적기성(critical period)의 원리: 이는 발달은 어느 시기에나 가능한 것이 아니라 발달 영역에 따라 가장 용이하게 이루어지는 결정적 시기 혹은 최적의 시기가 있다는 원리다.
- 기초성(fundamentality)의 원리: 이는 어릴 때의 발달이 이후 모든 발달의 기초가 된다는 원리다.
- 불가역성(irreversibility)의 원리: 이는 특정 시기의 발달이 잘못되면 그 이후에 충분히 보상적 자극이나 경험을 제공받는다고 하더라도 원래의 발달 상태로 회복되지 않는다는 원리다.

2) 생애주기와 발달단계의 의미

(1) 생애주기와 발달단계의 개념

인간의 생애주기(life span)란 임신을 통한 태아기와 출산과정을 거쳐 영아기, 학령전기(유아기), 아동기, 청소년기, 청년기(결혼에 이르는 성인 초기), 출산 · 육아 · 자녀 독립 등을 경험하는 중 · 장년기, 은퇴 후 노후생활을 하게 되는 노년기에 이어 죽음에 이르게 되는 인간의 전 생애에 걸친 시간적 변화 상태에 의한 생활주기(life cycle)를 말한다.

여기서 주기라고 할 때는 단계별 공통성과 이질성을 지니면서 서로 관련되어 있다는 전제에서 각 개인의 연령에 따라 생활주기가 변화한다는 의미가 담겨 있다. 즉, 각 주기는 고유한 특징이 있어서 그 이전 단계나 이후 단계와는 구분되며, 그러면서도 발달을 위한 방향이 있고 새로운 단계는 이전의 단계까지 이루어진 발달을 통합하게 된다. 따라서 한 주기에서 수행해야 할 과업이 적절하게 이루어지지 않으면 그다음 단계의 주기에서 난관에 봉착할 가능성이 높아진다.

이런 의미에서 주기는 인간의 발달상에서 어떤 과제의 성취와 특정한 측면의 발달이 강조되는 삶의 기간을 말하는 발달단계(stages of development)로 표현되기도 한다. 발달단계를 구분하는 연령은 개인마다 약간의 차이가 있으며, 대략 이러한 연령을 전후해서 발달적 전환이 이루어진다. 그리고 발달단계는 연속적으로 일어나며 한 단계에서 일어난 발달은 그 이후의 모든 단계에 영향을 미친다.

자아심리학자인 에릭슨(Erik H. Erikson)은 인간의 생활주기론에 입각하여 인간의 발달을 8단계로 구분하였으나, 최근에는 발달단계가 더 세분화되는 경향이 있다. 우선 유전적 요인과 같이 인간의 전 생애에 걸쳐 영향을 미치며 태내의 발달에서 비롯되는 요인의 중요성 때문에 태아기가 첨가되는 경향이 있다. 또한 노인의 평균수명 연장에 따라 노년기가 크게 확장되었기 때문에 노인기를 비교적 나이가 적으며 자주적으로 생활할 수 있는 노인, 나이가 많아 건강이나 기능면에서 타인에게 의존해야 하는 노인, 그리고 이 둘의 중간단계에 있는 노인의 세 시기로 나눠 구분하기도 한다. 앞서 언급했듯이, 이 책에서는 에릭슨의 생활주기를 기반으로 하여 인간의 발달단계를 태아기 · 신생아기, 영아기, 학령전기, 아동기, 청소년기, 청년기, 중 · 장년기, 노년기의 8단계로 구분하여 살펴본다.

(2) 발달과업

모든 인간은 특정 연령이나 발달단계에 이르면 수행해야 할 역할이나 해결해야 할 중요한 과업을 가질 수밖에 없다. 이러한 인간발달의 특정 연령이나 발달

단계마다 수행해야 할 역할 또는 해결해야 할 과업을 발달과업(developmental tasks)이라고 한다. 이것은 각 발달단계에 놓여 있는 인간에 대한 교육적 입장에서 하나의 과제로 설정한 것으로서 사회나 문화의 차이에 따라 그 내용은 달라진다.

이러한 발달과업은 연령 및 발달단계에 따라 변하지만, 신체적 성숙이나 사회적 기대, 개인적인 노력으로 얻을 수 있다. 그리고 발달과업은 인간이 환경을 점차 지배하도록 하는 기술과 능력으로 구성되며 신체적 · 인지적 · 사회적 · 정서적 기술의 획득을 목적으로 하는데, 여기에는 성장단계에서 반드시 취득해야 하는 기술, 지식, 기능, 태도 등이 포함된다. 이러한 발달과업의 구체적인 예로 신체적 성숙이나 건강에 관한 과업, 사회적 요청에 역점을 둔 과업, 개인의 인성(personality), 자기(self), 욕구(needs) 등에서 일어나는 과업 등을 들 수 있다.

그러나 발달단계 중 한 단계에서 발달과업을 성취하지 못하면 그 단계에 성공적으로 적응하지 못하고, 다음 단계에서 발달과업을 성취하는 데 지장을 받게 된다. 즉, 각 발달과업의 성공 혹은 실패 경험은 이후 발달에 영향을 미치게 된다.

따라서 발달과업 개념은 사회에서 각 연령에 맞는 정상적인 발달이 어떤 것인지를 아는 데 도움을 준다. 특히 사회복지실천에서 문제를 조사하거나 평가하는 과정에서는 발달과업에 대한 이해가 반드시 필요하다(권중돈, 김동배, 2005; 이인정, 최해경, 2007; Zastrow & Kirst-Ashman, 2002).

3) 생애주기 관점의 중요성

(1) 생애주기 관점의 의미

생애주기 관점은 시간 흐름에 따라 조직의 구조나 기능의 질적 변화가 일어나듯이 인간도 시간 변화에 따라 역할이나 관계가 변한다고 본다. 이러한 변화 외에도 생애주기 관점은 사회적 · 거시적 수준이 우리 생애에 관여되고 있다는 점을 강조한다. 따라서 생애주기 관점은 다중적인 시간 맥락의 중요성, 사회구조 맥락, 통시적인 과정 변화, 이질성, 다학제적인 평가의 문제를 주요 주제로 다룬다. 즉, 생애주기 관점은 인간발달과 인간생활에서 시간, 맥락, 과정 의미의 중요성을 강조한다.

이러한 생애주기 관점은 개인의 발달뿐만 아니라 가족발달 측면까지 확장하여 다룬다. 다시 말해, 이러한 개개인의 생애주기 이론이 시간 경과에 따른 개개인의 생활사건, 개인발달, 관계발달에 사회적 · 역사적 사건에 가치를 부여하는 데 비해, 가족발달이론은 시간 경과에 따른 가족생활주기와 가족 구성원의 역할 변화와 과제에 초점을 두고 발전해 오고 있는 것이다. 생애주기적 관점에서는 가족을 시간과 공간상의 끊임없이 변화하는 사회 맥락 안에서 역사를 공유하는 개인들의 집합으로 보며, 거시사회적 맥락 내에 있는 미시집단으로 간주하고 있다.

(2) 생애주기 관점의 주제

생애주기 관점에서 중요하게 논의되는 세 가지 이슈가 있다. 첫째는 천성/양육 이슈다. 인간발달은 주로 천성에 의해 결정되는가 혹은 양육에 의해 결정되는가 하는 문제다. 둘째는 능동/수동 이슈다. 인간은 자신의 발달에 능동적으로 개입하는가 혹은 수동적으로 관여하는가 하는 문제다. 셋째는 양적 변화/질적 변화 이슈다. 인간발달은 양적이고 연속적인 과정인가 혹은 질적으로 구별되는 일련의 발달단계를 거치는 비연속적 과정인가 하는 문제다. 이러한 이슈는 인간발달에 대한 연구를 서로 다른 방식으로 해결하며 논쟁을 이끌어 나가고 있다.

그럼에도 인간발달에 관한 생애주기 관점의 여러 주제를 정리해 보면 다음과 같다.

첫째, 발달의 다중적 시간 맥락에 관한 것이다. 이와 관련해서는 개체 발생적 시간, 세대의 시간, 역사적 시간 등으로 구분하여 접근해 볼 수 있다.

둘째, 발달의 다중적 사회 맥락에 관한 것이다. 이와 관련해서는 사회구조적 위치, 발달과 생활사건에 대한 사회적 의미구조, 발달에서 거시/미시 수준의 교차 등으로 구분하여 접근해 볼 수 있다.

셋째, 발달에 대한 통시적인 관점에 관한 것이다. 이와 관련해서는 시간 경과에 다른 연속성과 변화의 변증법, 발달에 대한 연령/동년배집단/기간의 영향력, 변화의 호혜성과 효과에 대한 피드백 등으로 구분하여 접근해 볼 수 있다.

넷째, 발달과 관련된 구조와 과정에서의 이질성에 관한 것이다. 이와 관련해서는 다양성 차이, 노화에 따른 다양성 증가, 사회적 변화에 따른 다양성 증가 등으로 구분하여 접근해 볼 수 있다.

다섯째, 발달에 대한 다학제적 관점의 유용성에 관한 것이다. 이와 관련해서는 심리, 사회, 인구, 인류, 역사, 경제, 생물학의 맥락 등으로 구분하여 접근해 볼 수 있다.

(3) 생애주기 관점의 중요성

생애주기 관점은 다음 몇 가지 점에서 중요성을 갖는다. 첫째, 생애주기 관점은 환경 속의 인간(PIE) 관점과 직결되어 인간발달을 설명하는 데 유용성을 제고해 준다. 생물체로서의 인간과 사회환경과의 상호작용으로서의 인간행동이 곧 인간발달의 관점이 되어야 함을 중요시한다.

둘째, 생애주기 관점은 인간의 변화를 질적, 양적으로 다양하게 분석하게 해 준다. 인간발달이 이루어지는 전 생애 동안 세월의 변화와 시간의 변화, 인생사건이 어떻게 재창조되고 독창적으로 이루어지는지 관찰하고 분석할 수 있도록 한다. 즉, 인간의 연령이 증가하면서 나타나는 평균적인 발달의 변화를 정확히 기술하게 해 주며, 왜 그와 같은 발달 변화가 일어나는지를 잘 설명해 준다. 아울러 연령에 따른 평균적인 발달과정과 그 원인에 대한 설명을 기초로 하여 개인차를 잘 설명해 준다.

셋째, 생애주기 관점은 개인발달 수준 외에도 개인발달에 영향을 주는 가족, 집단, 조직, 지역사회, 사회 등의 특이성, 역사성, 인생사건, 사회문화적 경험, 경제 상황, 역사적 위치, 가치관을 총체적으로 고려하여 변화를 이해하고 접근하도록 해 준다.

넷째, 생애주기 관점은 현상적인 해석을 가능하게 해 준다. 한 사람의 생애는 고유한 것이나 여러 수준의 사건과 영향 속에서 형성된다. 객관적 사실이 있더라도 주관적 인식과 판단은 주체적인 인간의 몫이라고 볼 때 인간발달에 관한 현상적인 해석은 가치가 있다.

2 인간발달 단계에 관한 동양의 견해

1) 인간발달 단계에 관한 동서양 견해 차이

(1) 특별한 해당 연령에 이름 붙이기

우리나라를 비롯한 동양에서는 인생주기에서 각 발달단계마다 특별한 해당 연령에 이름을 붙여 주어 각별한 의미를 부여하였다.

- 신생아—농경(弄璟)과 농와(弄瓦): 아이가 막 태어났을 때를 의미하는 것으로서 예전에는 아들을 낳으면 구슬, 즉 환(璟) 장난감을 주었다고 하는데, 여기서 유래한 말이 농경이다. 특히 아들을 낳은 경사를 농경지경(弄璟之慶)이라고 한다. 이와 달리 딸을 낳으면 여아에게 구슬 대신 실패, 즉 와(瓦)를 준 데서 농와라는 말이 생겨났다. 그래서 딸을 낳은 경사를 농와지경(弄瓦之慶)이라고 한다.
- 2~3세—제해(提孩): 제해의 제(提)는 손으로 안는다는 뜻이며, 해(孩)는 어린아이란 뜻이다. 아기가 처음 웃을 무렵을 뜻하는 것으로서, 때로는 해아(孩兒)라고 쓰기도 한다.
- 15세—지학(志學): 지학은 공자가 15세에 학문에 뜻을 두었다는 데서 유래한다. 주(周)나라의 척도에 1척(尺)은 두 살 조금 지난 아이의 키를 뜻한다. 그래서 6척(六尺)은 15세를 뜻하며, 삼척동자(三尺童子)는 키가 3척이 되는 10세가 채 못 된 아이를 가리키는 말이다.
- 16세—과년(瓜年): 과년의 과(瓜)자를 파자(破字: 글자를 분해)하면 '八八' 이

되므로 여자 나이 16세를 나타낸다. 특별히 16세를 강조한 것은 옛날에는 16세 정도 시기가 결혼 적령기였기 때문이다.

- 20세—약관(弱冠), 방년(芳年): 약관은 20세 전후한 남자를 말한다. 요즘은 없어졌지만 옛날에는 원복(元服: 성인이 되는 성례 때 쓰던 관)식을 행했다고 한다. 『예기(禮記)』「곡례편(曲禮編)」에 "二十日弱하니, 冠이라."라는 구절이 나오는데, 이는 '20세는 약(弱)이라 해서 갓을 쓴다'는 말로 그 속의 의미는 갓을 쓰는 성인이 되었지만 아직은 약하다는 것이다. 그리고 방년은 20세를 전후한 왕성한 나이의 여자를 말하는 것으로, 꽃다운[芳] 나이[年]를 뜻한다.
- 30세—이립(而立): 이립은 공자가 30세에 자립(自立)했다고 말한 데서 유래하였다.
- 40세—불혹(不惑), 강사(强仕): 불혹은 공자가 40세에 모든 것에 미혹(迷惑)되지 않았다는 데서 유래하였다. 그리고 강사는 『예기(禮記)』「곡례편(曲禮編)」에 "四十日强 而仕"라는 구절이 나오는데, 이는 '마흔 살을 강(强)이라 하며, 이에 벼슬길에 나아간다'는 것에서 유래하였다.
- 48세—상년(桑年): 상(桑)의 속자(俗字)는 '十'자 세 개 밑에 나무 목(木)을 쓰는데, 이를 파자하면 '十'자 4개와 '八'자가 되기 때문에 특별히 48세를 상년이라 하였다.
- 50세—지명(知命): 공자가 50세에 인생의 의미[天命]를 알았다는 뜻으로서 지천명(知天命)을 줄인 말이다.
- 60세—이순(耳順): 공자가 60세가 되어 어떤 상황이나 사건에 처해도 순화시켜 잘 받아들였다는 데서 유래한다.
- 61세—환갑(還甲), 회갑(回甲), 환력(還歷), 화갑(華甲): 61세를 회갑, 환력이라고도 한다. 이는 태어난 해의 간지(干支)로 돌아간다는 뜻이다. 화갑은 화(華)자를 파자하면 십(十)자 6개와 일(一)자가 되어 61세라는 뜻에서 유래하였다.
- 62세—진갑(進甲): 우리나라에서 환갑(61세) 다음 해의 생일을 말하며, 새

로운 갑자(甲子)로 나아간다[進]는 뜻이다.

- 64세—파과(破瓜): 과(瓜)자를 파자하면 '八八'이 되는데, 여자는 8+8해서 16세를 과년이라 한다. 남자는 8×8로 64세를 말하고, 벼슬에서 물러날 때를 뜻하는 말이다.
- 70세—종심(從心), 고희(古稀): 종심은 공자가 말한 종심소욕 불유구(從心所欲 不踰矩)의 준말이다. 이 말은 공자는 70세에 마음먹은 대로 행동해도 법도에 어긋나지 않았다는 뜻이다. 그리고 고희(古稀)는 두보(杜甫)의 시 「곡강(曲江)」의 구절인 "人生七十古來稀(사람이 태어나 70세가 되기는 예로부터 드물었다)"에서 유래하였다.
- 71세—망팔(望八): 80세를 바라본다는 뜻이다. 71세가 되면 이제 80세까지 바라보게 되는 것을 말한다.
- 77세—희수(喜壽): 희(喜)자를 초서(草書)로 쓸 때 '七十七'처럼 쓰는 데서 유래하였는데, 일종의 파자다.
- 80세—산수(傘壽): 산(傘)자의 약자가 팔(八)을 위에 쓰고 십(十)을 밑에 쓰는 것에서 유래하였다.
- 81세—반수(半壽), 망구(望九): 반수는 반(半)자를 파자하면 '八十一'이 되는 데서 왔다. 그리고 망구는 90세를 바라보는 나이를 말하는데, 81세에서 90세까지 장수(長壽)를 기원하는 말이다. '할망구'의 어원은 '~망구'다.
- 88세—미수(米壽): 미(米)자를 파자하면 '八十八'이므로 88세를 미수라 부른다. 그리고 농부가 모를 심어 추수할 때까지 88회의 손질이 필요하다는 데서 쌀 '미(米)'를 사용하여 88세를 표현하기도 하였다.
- 90세—졸수(卒壽): 졸(卒)의 속자가 아홉 구(九)자 밑에 열 십(十)자를 사용하는 데서 90세를 졸수라 불렀다.
- 91세—망백(望百): 71세 때 80세를 바라보듯이, 91세 때 100세를 바라보는 것을 말한다.
- 99세—백수(白壽): 백(百)에서 일(一)을 빼면 백(白)자가 되므로 99세를 나타낸다.

(2) 인간발달 단계에 관한 동서양 견해의 차이

① 인간발달의 주요 요소인 학습에 관한 동서양 견해의 차이

서양에서는 이론적인 요소를 'nature'라 하고 환경적인 요소를 'nurture'라고 한다. 서양학자 중에는 인간학습에서 유전적인 요소, 즉 선천적인 요소만을 중시해 결정론을 주장하는 사람도 있고, 외적인 요소인 후천적인 요소의 상호작용을 강조하는 구성주의를 주장하는 사람도 있다.

동양에서는 타고난 유전적인 요소인 성(性)과 생활 속에서의 환경적인 요소인 습(習)의 상호 교섭을 인간학습의 원리로 삼고 있다. 즉, 학습은 크게 선천적이며, 유전적인 요소와 사회문화적이며 환경적인 요소의 상호작용에 의해서 이루어진다고 보았다. 따라서 동양의 학습이론은 서양의 구성주의 이론이나 초월론적 이론과 크게 다르지 않다.

그러나 인간과 사물의 위치에 대한 관점에는 동서양 간에 차이가 있다. 동양에서는 격물치지(格物致知)를 강조한다. 격물치지에서 격(格)은 이른다는 뜻이고, 물(物)은 일을 뜻한다. 이러한 일을 이루기 위해서는 반드시 이(理)를 가져야 한다. 이는 사람에게만 있는 것이 아니라 사물에도 있다. 격물이란 사물의 이에 끝까지 도달하여 그 극에 도달하려는 것을 뜻한다.

그리고 모든 사물에는 이가 내재해 있으며, 인간의 성은 모든 사물을 가지고 있다. 그러므로 천하 사물의 이를 공부하는 것은 곧 인간 마음의 성 속에 있는 이를 공부하는 것과 마찬가지다. 공부를 많이 하면 만물의 이가 다 내 성 속에 있음을 알게 된다고 하는데, 이것은 곧 치지(致知)에 이른 것이다. 그런 점에서 옛 사람들은 공부를 물리(物理)를 깨우치는 것이라고 하였다.

이황

우리나라에서는 퇴계 이황 선생이 학습이론을 집대성하였다. 이황은 주자와 대학의 학습이론을 확장하여 거경궁리(居敬窮理)의 학습이론을 강조했다. 거경(居敬)은 자신에 대한 반성적 사고를 의미하며 궁리(窮理)는 사물의 이치를 이해하는 것을 말한다. 즉, 현실적으로 인간은 불완전하므로 객관적인 이(理)를 탐구하여야 하며, 외물과 접촉에 의해서도 정이나 욕심이 발동

되지 않도록 경건(敬虔)하여야 한다는 것이다. 또한 이황은 한두 가지 사물의 이치를 집중하여 철저하게 이해하면 모든 사물의 이치를 이해하게 되는데, 모든 사물의 이는 하나임을 강조하였다.

이와 같이 동양에서는 학습(공부)은 머리로만 하는 것이 아니라 몸 전체로 하는 것이라고 보았다. 인간은 머리로만 생각하고 느끼는 것이 아니라 몸으로 생각하고 몸으로 판단하고 몸으로 느낀다는 것이다. 그러므로 몸으로 하는 모든 것이 공부라고 생각하여 운동을 하는 것, 춤을 추는 것, 악기를 연주하는 것, 농사를 짓는 것, 책을 보는 것, 부모를 공경하는 것 등 모두를 공부라고 생각했다.

2 인간발달 단계에 관한 동서양 견해의 차이

동서양에서 인간의 생애와 발달을 보는 관점과 해석은 비슷한 점도 있지만 차이점도 있다. 동양의 사상은 인간이 우주의 일부분이므로 인생도 우주 전체의 각도에서 고찰하여야 한다는 하나의 커다란 철학적 명제에서 출발하여 부분을 도덕적 관점에서 유추 · 해석하는 연역적 방법을 주로 사용하고 있다. 그래서 세부 현상에 대한 서술이 적고 불분명하다. 반면 서양의 발달심리학은 객관적 자료를 수집해서 과학적으로 해석하여 하나의 명제를 도출해 내는 귀납적 방법을 주로 사용하고 있다. 그리하여 세부 현상에 대한 서술은 풍부하나 철학적 근거가 동양에 비해서는 상대적으로 부족하다고 할 수 있다.

서양의 발달심리학에서는 유전론, 환경론, 그리고 이 둘의 상호작용론 등의 견해로 발달의 원리를 설명하고 있다. 반면에 동양 사상에서 발달을 설명해 주는 원리를 찾는다면 음양오행(陰陽五行) 사상이 될 수 있다. 음양오행의 운동법칙은 우주의 변화법칙이며, 만물의 생사법칙이며, 정신의 생성법칙이므로 우주의 모든 변화가 이 법칙 밖에서 일어날 수는 없다는 것이다. 음양학설과 오행학설은 동양 고대의 자연관으로서 당시의 천문, 역산, 지리, 농업, 의학 등과 같은 자연과학은 모두 그 영향을 받았으며 이를 응용하여 자연계의 각종 현상을 해석하였다(한동석, 1990). 다시 말해 동양의 인간관 혹은 인생관은 우주관에 의해 결정되는데, 동양에서는 예로부터 자연을 대우주, 인간을 소우주로 여겼기 때문에 우주의 근본원리가 곧 인생의 근본원리이자 인생의 준칙, 도덕의 준칙이라고 보았다. 즉, 세상의 모든 생명체는 우주 변화의 원리인 음양오행의 법칙에 따라 자기를 변화시킨다고 본 것이다.

그러면 음양오행에 대해 간단히 살펴보도록 하자. 우선 음양(陰陽)이란 언덕에 햇빛이 비치는 곳과 비치지 않는 곳을 의미한다. 여기에서 햇빛이 비치는 것과 비치지 않는다는 것은 완전히 햇빛이 비치지 않는 암흑과 그 반대의 것을 의미하는 것이 아니라 상대적으로 햇빛이 많이 비치는 곳과 햇빛이 적게 비치는 곳을 의미한다. 그리고 태양의 운행에 따라서 음지가 양지가 되기도 하고 양지가 음지가 되기도 하는 가변성이 있다. 이러한 양면(兩面)으로서 우주를 관찰하고 표현하려는 체계이므로 음양은 빛이 비치는 곳과 비치지 않는 곳이란 구체적인 의미를 떠나서 추상화되는데, 음양은 한마디로 사물의 상대적 관계를 의미한다고 할 수 있다(김완희, 1990).

그리고 오행(五行)은 자연의 운행을 뜻한다. 오행의 변화과정은 생(生), 장(長), 화(化), 수(收), 장(藏)이란 다섯 과정으로 파악된다. 음양은 두 가지 국면의 상대성으로 우주현상을 관찰하는 방법이지만, 오행은 다섯 가지 국면의 연쇄적 관계, 유기적 순환성을 설명하는 방법이다. 즉, 오행은 목(木), 화(火), 토(土), 금(金), 수(水)의 상호 억압·조장하는 기화(氣化)관계에 의하여 우주의 모든 현상과 만물의 생존을 관찰하여 설명한 사상체계로 천체의 운행, 계절의 기후, 생물의 성장 등 모든 사상을 상생(相生)과 상극(相剋)으로 설명한다. 오행의 상생과 상극은 목, 화, 토, 금, 수의 다섯 가지 요소 사이에 상호 자생(相互資生)과 상호 제약(相互制約)의 연계가 존재하고 있음을 가리키는 것이다. 또한 상생 중에 상극이 있고 상극 중에 상생이 있어서[生中有克克中有生] 자연계가 하나의 연결된 전체라고 본다. 이를 인간발달과 관련지어 보면, 인생도 생겨나고[生], 자라나고[長], 왕성하고[壯], 늙어 가고[老], 죽어 가는[死] 다섯 과정으로 파악할 수 있다.

이와 같이 비록 신체적 발달에 국한된 내용이기는 하지만, 예로부터 동양 사상에서는 인간의 발달이 보편적 순서에 따라서 전 생애에 걸쳐 일어남을 명시하고 있다. 그러나 이러한 동양의 인간발달 원리를 서양의 유전론과 환경론적으로 해석한다면, 유전론에 가까운 유전과 환경의 상호작용론이라 할 수 있다.

임산부가 임신 중에 모든 일에 대해 거친 행동을 삼가고, 말과 마음가짐을 조심하여 태아에게 정서적 · 신체적으로 좋은 영향을 주기 위한 태중교육(胎中敎育), 즉 태교를 중시한 것은 환경을 강조한 것이다. 반면에 결혼을 할 때 배우자 집안의 유전력을 본다거나 자녀를 임신하려고 할 때 교접을 해서는 안 되는 금욕 시기(태어날 아이의 정기를 손상케 하는 그믐과 초하루, 상현과 하현의 달과 보름달이 뜰 때, 천둥, 번개와 지진, 바람이 불거나 천지가 어두워졌을 때, 음식을 배불리 먹었을 때와 술에 만취했을 때, 소변 직후나 몸의 상태가 본래대로 회복되기 전, 먼 길을 걸은 후나 심한 노동으로 피로가 회복되기 전, 음탕한 이야기를 한 후 등)를 반드시 갖도록 한 것은 유전의 중요성을 보여 준 것이다.

2) 동양의 인간발달 이론

서양의 인간발달 이론이 다양한 심리학 이론의 도움을 많이 받았듯이, 동양의 이론도 공자나 장자, 중용, 불교 등에서 인간발달 이론을 찾아볼 수 있다. 그리고 우리나라의 경우도 이황, 이이의 심론, 이제마 등에서 찾아볼 수 있다.

여기서는 공자, 불교, 이제마의 인간발달 이론을 중심으로 살펴보고자 한다.

(1) 공자의 인간발달 이론

공자는 논어를 통해서 자신의 삶을 비유하여 인생 체험과정을 몇 단계로 나누어 설명한 바가 있다. 이것은 각 연령에 따라 성취해야 할 인격의 정도를 말해 주는 것으로 인생발달 과정을 제시하는 것이라고 볼 수 있다. 공자가 생각하는 인생발달 단계는 세분화하고 미세한 부분을 실증적으로 연구한 것과는 달리 인간의 발달을 총체적 또는 종합적으로 보고 있다. 이것은 인간 삶의 전체를 살펴보는 데 큰 도움이 된다.

공자

공자는 늙어 「위정편(爲政編)」에서 다음과 같이 인생을 회고하였다.

"子日 五十有而志千學 三十而立 四十而不惑 五十而知天命 六十而耳順 七十而從心所欲不踰矩(나는 15세에 학문에 뜻을 두었고, 30세에 뜻을 굳건히 세웠으며, 40세에는 어떤 것에도 미혹됨이 없었고, 50세에는 하늘의 뜻을 알았다. 그리고 60세에는 밖에서 들려오는 소리에 거슬림이 없었고, 70세에는 마음이 하고자 하는 바를 좇아도 법도에 어긋남이 없었다)."

이러한 공자의 인간발달 단계는 다음과 같이 정리해 볼 수 있다.

- 1단계(15세): 학문에 뜻을 둔 지천학(志千學) 단계다. 배움을 향한 인식과 자각을 하고 인간과 세계에 대한 최초의 깨달음의 시기다.
- 2단계(30세): 학문의 기초가 확립되는 이립(而立) 시기다. 주변인의 도움 없이 스스로의 힘으로 서는 것을 뜻하며 자신의 인생에 청사진이나 방향 감각이 완성되는 시기다.
- 3단계(40세): 세상일에 정신을 빼앗겨 갈팡질팡하거나 판단을 흐리는 일이 없게 됨을 뜻하는 불혹(不惑)의 단계다. 다른 사람과 의견이 상충될 때 올바른 자기 주관에 따라 판단하고 행동하는 시기다.
- 4단계(50세): 천명을 안다는 지천명(知天命)의 의미는 하늘의 뜻을 알아 그에 순응하거나 하늘이 만물에 부여한 최선의 원리를 안다는 것이다. 주관적 확신성보다는 보편적 가치기준에 대한 확신을 먼저 생각하는 단계다.
- 5단계(60세): 귀가 순해져 사사로운 감정에 얽매이지 않고 모든 말을 객관적으로 듣고 이해할 수 있는 이순(耳順)의 단계다. 즉, 자신의 고집을 버리고 감정을 순화시켜 매사에 원만함을 보이는 시기다.
- 6단계(70세): '종심소욕불유구(從心所欲不踰矩)'를 직역하면 '욕심나는 바의 마음대로 좇아 산다'는 뜻이다. 그리고 의역하면 진정한 자유를 누리는 단계로서 '마음이 원하는 바를 그대로 좇아 행동해도 법도에 어긋나지 않는 경지'의 단계를 뜻한다.

(2) 불교의 인간발달 이론

불교에서는 인간이 스스로 창조되고 또 창조하고 있다고 생각한다. 인간이 자신을 스스로 창조하는 것을 윤회(輪廻)라고 부른다. 윤회란 개인의 삶의 행위가 행위 자체로 단절되는 것이 아니라 그것이 업(業)이 되어 시간 속에서 영속된다는 뜻으로 고통스러운 생사의 생활을 되풀이하는 것을 말한다. 그런 생활은 마치 수레바퀴가 도는 것과 같기 때문에 '윤회'라고 부른다.

또한 불교에서의 시간은 시작도 끝도 없는 원(圓)이므로 인간은 죽음이 끝이 아니며, 또 다른 삶의 출생과 죽음의 유사한 과정을 거치게 되어 삶의 순환을 반복한다고 본다. 이것을 '삶의 바퀴'라고 하며 서로 원인이 되고 결과가 되므로 '연기적 사슬'이라고도 한다.

연기적 사슬에 의한 인간발달은 과거 2단계, 현재 8단계, 미래 2단계로 모두 12단계인데, 이것을 십이지인연(十二支因緣), 십이인연(十二因緣) 또는 십이연기(十二緣起)라고 한다. 이러한 십이지인연이란 열두 가지의 인연(사람의 고통[苦])이 어떻게 성립되는지를 열두 항목으로 밝힌 것이다. 아울러 존재의 기본 구조를 연기(緣起)의 도리로써 규명하였다. 한마디로 불교의 인간발달 이론은 과거와 현재와 미래를 인과적 단계로 설명하고 있다고 할 수 있다.

(3) 이제마의 인간발달 이론

이제마

이제마(李濟馬, 1837~1900)는 사상체질의학(四象體質醫學)을 창시함으로써 우리나라 의료역사학으로 볼 때 불후의 자취를 남긴 조선 말기의 한의학자다. 주역(周易)의 태극설인 태양(太陽), 소양(小陽), 태음(太陰), 소음(小陰)의 사상(四象)을 인체에 적용하여 기질과 성격에 따라 인간을 네 가지 유형으로 나누었다. 그리고 그에 적합한 치료방법을 제시한 사상의학(四象醫學)을 제시하였다. 이제마는 심오한 철학관을 바탕으로 한 창의적인 연구로 명저 『동의수세보원(東醫壽世保元)』을 통해 사상체질의학을 체계화함으로써 한의학의 새로운 장을 개척하였으며 현대 한의학계에도 커다란 영향을 미치고 있다.

이제마의 인간발달 이론은 서구 심리이론과는 달리 감정의 조절을 발달의 가장 중요한 변인으로 보고 인간사의 모든 일이 희로애락의 감정 조절의 적절함, 부적절함과 관계가 있다고 보았다. 그리고 특히 유년기와 소년기의 교육은 자기 조절에 중점을 두어야 한다고 강조했다.

이제마는 인간발달 단계를 1～16세는 유년기, 17～32세는 소년기, 33～48세는 장년기, 49～64세는 노년기로 구분하여 각 단계의 특성을 다음과 같이 설명하고 있다.

- 1단계(유년기, 1～16세): 보고 듣기를 좋아하며 사랑하고 공경할 줄 알므로 봄에 돋아나는 새싹과 같은 시기다. 이 시기에 문자를 좋아하는 것은 유년의 호걸이 된다. 7, 8세 전에 보고 듣는 것이 부족하고 감정을 잘 조절하지 못하면 심신이 건강하지 못하므로 어머니의 적절한 도움이 반드시 필요하다.
- 2단계(소년기, 17～32세): 용맹스러움을 좋아하고 사방으로 치달으며 싸워 이기기를 좋아하니 마치 여름에 자라는 묘목과 같은 시기다. 이 시기에 어른과 노인을 공경하는 사람은 소년의 모범이 된다. 24, 25세 전에 용맹스럽지 못하면서 자신의 감정을 잘 조절하지 못하면 심신이 건강하지 못하므로 지혜 있는 아버지와 유능한 형의 도움이 반드시 필요하다.
- 3단계(장년기, 33～48세): 널리 사람 사귀기를 좋아하며 수신하여 삼갈 줄 아니 가을에 거두는 열매와 같은 시기다. 이 시기에 사람을 널리 사랑하면 장년의 모범이 된다. 38, 39세 전에는 어진 동생과 벗의 도움이 필요하다.
- 4단계(노년기, 49～64세): 계획하는 것을 좋아하며 비밀을 잘 지킬 수 있으니 겨울에 감추어 두는 뿌리와 같은 시기다. 이 시기에 바른 사람됨을 보전할 줄 알면 노년의 모범이 된다. 56, 57세 전에는 효자와 손녀의 도움이 필요하다.

3 생애주기와 사회복지실천

1) 생애주기이론과 사회복지실천의 관계

(1) 사회복지실천이 생애주기 이론에 관심을 갖는 이유

베버리지(W. Beveridge)의 '요람에서 무덤까지'라는 말에는 국가가 국민의 전 생애에 걸쳐 사회복지를 제공해야 한다는 의미가 담겨 있다. 나아가 현대 복지국가가 생활주기의 더 확장된 개념인 '태아에서 무덤까지'라는 말을 사용하고 있음은 현대에 와서는 국가나 사회가 인간의 생애 전반에 걸쳐 국민의 욕구와 문제 해결을 위해 노력해야 한다는 점이 강하게 부각되어 있음을 보여 준다.

생애주기에 대해서 사회복지실천이 관심을 가지는 이유는 다음과 같다(김상균, 최일섭, 최성재, 조홍식, 김혜란, 2000).

첫째, 모든 인간은 전 생애에 거쳐 삶을 영위하는 데 연령별 혹은 시기별로 다양한 욕구를 공통적으로 가지며, 이러한 연령별 혹은 시기별 욕구를 충족시키지 못할 때 대다수 인간은 문제에 봉착하거나 위험에 빠짐으로써 복지 증진을 이룰 수 없음을 미리 알고 사전 대책을 강구할 수 있기 때문이다.

둘째, 사회복지에서 문제 해결을 위한 프로그램이나 서비스를 고안할 때 발달단계에 입각한 접근은 상당히 유용하기 때문이다. 생애주기에서 인간발달 단계의 발달적 특징을 이해하면 인간의 욕구와 이용 가능한 자원을 더 잘 파악할 수 있다.

(2) 생애주기 이론과 사회복지실천의 연관성

생애주기 이론을 비롯한 인간발달에 관한 연구는 여러 분야의 학문에서 이루어져 왔으나 공통적으로 다음의 주제에 대해 탐구하고 설명하고 있다.

- 태아기 · 신생아기, 영아기, 학령전기, 아동기, 청소년기, 청년기, 중 · 장년기, 노년기의 8단계를 거치면서 생애 발달을 설명할 수 있는 기제는 무엇이며, 그것은 생애 각 단계에서 어떻게 다르게 나타나는가?
- 전 생애에 걸친 인간의 변화와 안정(지속성)을 밑받침하는 요인은 무엇인가?
- 인간발달에서 신체적 · 심리적 · 사회적 기능 간의 상호작용은 어떤 성격을 지니고 있는가?
- 사회환경 속에서의 여러 다양한 관계는 인간의 발달에 어떤 영향을 미치는가?

사회복지실천은 기본적으로 인간에 대한 개입이므로 그 성공을 위해서는 인간의 성장과 발달에 대한 정확한 이해가 선행되어야 한다. 지금까지 인간의 성장과 발달, 변화에 대한 많은 이론이 나왔으며, 이 이론들을 생애주기 이론, 인간발달 이론이라 칭하고 있다. 생애주기 이론, 인간발달 이론은 대부분 인간의 신체적 · 심리적 · 사회적 기능 간의 상호작용과 사회환경이 인간의 발달에 미치는 영향을 설명하고 있다.

사회복지실천의 기본적인 5단계 과정은 초기과정, 문제와 상황에 대한 조사 및 평가, 개입에 대한 계획 수립, 실제적인 개입, 종결로 이루어진다. 이 모든 단계에서 생애주기 이론, 즉 인간의 발달단계에 관한 지식은 기본이 된다. 특히 인간발달에 관한 이론을 이해하는 것은 사회복지실천을 할 때 클라이언트의 문제를 평가하고 이해하는 데 매우 중요한 역할을 한다.

인간의 보편적 발달에 관한 지식은 문제를 정확하게 평가하는 데 도움을 준다. 사회복지실천에서 문제, 문제를 가진 사람, 그리고 문제가 놓여 있는 상황에 관한 정확한 평가는 매우 중요하다. 정확한 평가를 바탕으로 효과적인 개입계획을 수립할 수 있으며 더 나아가 성공적인 개입이 가능해지기 때문이다.

인간발달에 관한 지식은 사회복지실천에서 문제 해결을 위한 자원을 파악하고 활용하는 데에도 유용하다. 클라이언트의 성장에 관하여 그의 신체적 체계와 자아체계, 그리고 사회적 체계를 이해한다면 클라이언트 자신의 자원과 주변 환경의 자원을 잘 확인할 수 있게 된다.

또한 사회복지에서 문제 해결을 위해 개입 계획, 프로그램이나 서비스를 고안할 때도 생애주기와 인간발달 단계에 입각한 접근은 상당히 유용하다. 인간은 생애의 특정한 시기에 모든 인간이 공통으로 접하게 되는 삶의 사건들과 마주친다. 혜택받을 집단이 아동이나 청소년, 노인과 같이 특정한 발달단계에 속하는 경우, 이러한 단계의 발달적 특징을 이해함으로써 그 집단의 욕구와 그것을 충족시킬 자원을 더 잘 파악할 수 있게 되는 것이다. 인간발달에 관한 지식은 사회복지실천의 구체적 기술을 제공하는 것은 아니지만 올바른 실천을 위한 토대를 제공하는 기초 지식이 된다.

2) 인간발달 단계이론의 사회복지실천에의 적용

발달단계란 발달상에서 어떤 과제의 성취와 특정한 측면의 발달이 강조되는 삶의 특정 기간을 말한다. 이러한 발달단계는 대략 연령을 기준으로 구분되는데, 각 단계를 나누는 연령에 따라 발달적 전환이 나타나는 것이다. 하지만 발달단계를 구분하는 연령은 대략적인 것이다. 발달단계의 진행은 연속적이며 한 단계에서의 발달은 그 이후 모든 단계에 영향을 미친다.

인간의 발달단계는 앞서도 언급했듯이 여러 학자에 의해 각기 다르게 제시되어 왔다. 프로이트(S. Freud)는 인간의 발달을 구강기, 항문기, 남근기, 잠복기, 생식기의 5단계로 제시하였고, 융(G. Jung)은 아동기, 청년기와 성인기, 중년기, 노년기의 4단계로 제시하였다. 피아제(J. Piaget)는 감각운동기, 전조작기, 구체적 조작기, 형식적 조작기의 4단계로 제시하였고, 에릭슨은 유아기, 초기 아동기, 유희기, 학령기, 청소년기, 성인 초기, 성인기, 노년기의 8단계로 제시하였다. 학자에 따라 발달단계 제시가 이처럼 서로 다른 것은 각자가 발달단계를 구분하는 데 사용한 기준이 다르고 또 관심 영역이 다르기 때문이다.

프로이트는 성적 본능이 인간발달에 기본적인 영향을 미친다고 보고 발달단계를 심리성적 단계라 하여 다섯 단계로 제시하였으며, 자아기능을 강조하는 융은 발달단계를 다른 이론가들이 세분하고 있는 사춘기 이전까지를 한 단계로 묶어 제시하였다. 피아제의 발달단계는 주로 인지발달에 초점을 맞추어 설정된 것이며, 에릭슨의 발달단계는 전 생애 과정을 포괄하면서 동시에 인간발달의 심리적인 측면과 사회적인 측면을 모두 고려한 것이다.

인간은 이러한 생애주기별로 공통적인 사회욕구(social needs)와 사회문제(social problems), 사회위험(social risks)을 가지면서 살아가게 된다. 따라서 인간은 전 생애에 걸쳐 각 생활주기마다 공통적으로 인간이 살아가는 데 필요한 최저생활보장 조건을 갖추어야 한다. 그것은 고용의 촉진과 고용수준의 유지, 국민소득의 증대와 균등한 분배, 영양과 주거의 개선, 의료시설의 정비, 일반교육과 직업교육의 기회 확대 등 관련 조건이 각 생활주기마다 공통적으로 이루어짐을 전제로 해야 한다는 것이다.

한편 인간의 욕구는 무한한 반면에 그 욕구를 충족시키기 위한 사회적 자원은 부족하기 때문에 자원 배분을 둘러싼 사회갈등이 있기 마련이다. 그러나 일반적으로 이들 욕구 중에서 가장 기본적인 것일수록 사회는 그 욕구를 충족시키기 위해 급여와 서비스를 제공하게 된다.

매슬로(A. H. Maslow) 이론에서 보는 바와 같이, 인간의 욕구층은 인간의 내재적 필요에 의해서 5위계로 나누어지며, 이는 개인적인 중요성에 의해 표출된다. 즉, 가장 기초적인 1위계 욕구인 생리적 욕구로부터 2위계 욕구인 안정과 안전의 욕구, 3위계 욕구인 사회적 욕구, 4위계 욕구인 인정 · 자존의 욕구, 그리고 최종 5위계 욕구인 자기실현의 욕구로까지 발전된다. 매슬로에 따르면 낮은 차원의 욕구가 기본적으로 채워지지 않은 상태에서는 그보다 높은 차원의 욕구는 행동의 동기가 되지 않게 된다. 예를 들면, 기본적으로 생리적 욕구가 채워지지 않은 상황에서는 사람은 생리적 욕구를 채우기 위해 전력을 집중하게 되며, 안정과 안전의 욕구 이상은 행동의 동기로 작용하지 않는다. 또한 일단 충족된 욕구는 이미 행동의 동기부여 요인으로 작용하지 않는다.

따라서 생존의 욕구가 가장 기본적인 욕구이기 때문에 대부분의 사회 차원의 노력은 이러한 기본적인 생존의 욕구와 안전의 욕구를 충족시키는 것에서부터 출발하게 된다. 예를 들면, 공공부조, 고용보험, 연금, 의료보장, 산재보험 등 사회복지의 대부분은 바로 생존 욕구의 충족을 지향하는 프로그램으로 일찍이 도입되었다. 반면에 사랑이나 존경, 자기실현 욕구 등 좀 더 상위의 욕구를 충족시키는 사회복지 서비스 프로그램은 대체로 생존욕구를 충족시키는 앞의 프로그램이 실행된 이후에 도입되어 발전된다.

이와 같이 인간의 욕구는 연령이나 발달단계에 따라 매우 다양해진다. 사회복지실천에서는 개인과 환경에 이중 초점을 두며 이들이 상호작용하는 과정에서 적응적 균형을 달성하도록 하는 데 목적을 둔다. 그리고 환경에 대한 지배력 또는 적응능력은 스트레스, 위기, 대처 개념과 직접적으로 연결되어 있다. 사회복지실천은 상당 부분이 위기 상황에 처한 클라이언트와 관계를 형성하는 것이기 때문에 개인이 환경을 지배하고 적응하는 능력을 어떻게 발달시키는지를 이해하는 것은 매우 중요하다.

다음 장부터는 태아기 · 신생아기, 영아기, 학령전기, 아동기, 청소년기, 청년기, 중 · 장년기, 노년기의 각 발달단계에서 나타나는 발달 양상(신체적 발달 중심), 발달과업(심리적 발달 중심), 사회환경과 사회복지실천에 대한 논의 등의 내용을 미시 수준(개인, 가족)과 거시 수준(지역사회, 제도, 문화 등) 등으로 구분하여 살펴본다. 특히 사회환경과 사회복지실천에 대한 논의에서는 각 발달단계와 관련된 사회복지 정책 및 제도 등을 포괄적으로 짚어 주고, 그중에서 주요 이슈를 정하여 그것의 가장 대표적인 사례를 소개하고 1부에서 소개한 각 이론을 사례분석에 적용하여 제시한다.

요 약

인간의 발달(development)이란 수정에서 죽음에 이르기까지 전 생애를 통해 이루어지는 모든 변화(change)의 양상과 과정을 의미하며 양적인 변화뿐만 질적인 변화도 포함한다. 따라서 발달은 성장(growth), 성숙(maturation), 학습(learning)과 구분된다. 그리고 인간발달이 이루어지는 영역을 신체적 · 심리적 · 사회적 영역으로 구분할 수 있다.

인간의 생애주기(life span)란 임신을 통한 태아기와 출산과정을 거쳐 영아기, 학령전기(유아기), 아동기, 청소년기, 청년기(결혼에 이르는 성인초기), 출산 · 육아 · 자녀독립 등을 경험하는 중 · 장년기, 은퇴 후 노후생활을 하게 되는 노년기에 이어 죽음에 이르게 되는 인간의 전 생애에 걸친 시간적 변화 상태에 의한 생활주기(life cycle)를 말한다. 이런 의미에서 주기는 인간의 발달상에서 어떤 과제의 성취와 특정한 측면의 발달이 강조되는 삶의 기간을 말하는 발달단계(stages of development)로 표현되기도 한다. 발달단계를 구분하는 연령은 개인마다 약간의 차이가 있으며, 대략 이러한 연령을 전후해서 발달적 전환이 이루어진다. 그리고 발달단계는 연속적으로 일어나며 한 단계에서 일어난 발달은 그 이후의 모든 단계에 영향을 미친다.

우리나라를 비롯한 동양에서는 인생주기에서 각 발달단계마다 특별한 해당 연령에 이름을 붙여 주어 각별한 의미를 부여하였다. 그리고 동서양에서 인간의 생애와 발달을 보는 관점과 해석은 비슷한 점도 있지만 차이점도 있다. 동양의 사상은 인간은 우주의 일부분이므로 인생도 우주 전체의 각도에서 고찰하여야 한다는 하나의 커다란 철학적 명제에서 출발하여 부분을 도덕적 관점에서 유추 · 해석하는 연역적 방법을 주로 사용하고 있기 때문에 세부 현상에 대한 서술이 적고 불분명하다. 반면에 서양의 발달심리학은 객관적 자료를 수집해서 과학적으로 해석하여 하나의 명제를 도출해 내는 귀납적 방법을 주로 사용하고 있기 때문에 세부 현상에 대한 서술은 풍부하나 철학적 근거가 동양에 비해서는 상대적으로 부족한 편이다.

다시 말해, 서양의 발달심리학에서는 유전론, 환경론, 그리고 이 둘의 상호작용론 등의 견해로 발달의 원리를 설명하고 있다. 반면에 동양 사상에서 발달을 설명해 주는 원리를 찾는다면 음양오행(陰陽五行) 사상이 될 수 있다. 음양오행의 운동법칙은 우주의 변화법칙이며, 만물의 생사법칙이며, 정신의 생성법칙이므로 우주의 모든 변화가 이 법칙 밖에서 일어날 수는 없다는 것이다. 이와 같이 서양의 인간발달 이론이 다양한 심리학 이론의 노움을 많이 받았듯이, 동양의 이론도 공자나 장자, 중용, 불교 등에서 인간발달 이론을 찾아볼 수 있으며, 우리나라의 경우에도 이황, 이이의 심론, 이제마 등에서 찾아볼 수 있다.

한편, 사회복지실천에서는 개인과 환경에 이중 초점을 두며 이들이 상호작용하는 과정에서 적응적 균형을 달성하도록 하는 데 목적을 둔다. 그리고 환경에 대한 지배력 또는 적응능력은 스트레스, 위기, 그리고 대처의 개념과 직접적으로 연결되어 있다. 사회복지실천은 상당 부분이 위기 상황에 처한 클라이언트와 관계를 형성하는 것이기 때문에 개인이 환경을 지배하고 적응하는 능력을 어떻게 발달시키는지를 이해하는 것은 매우 중요하다.

핵심 용어

거경궁리(居敬窮理) 주자학에서 중시하는 학문 수양의 두 가지 방법. 거경은 내적 수양법으로 항상 몸과 마음을 삼가서 바르게 가지는 일이고, 궁리는 외적 수양법으로 널리 사물의 이치를 궁구하여 정확한 지식을 얻는 일을 말함.

격물치지(格物致知) 실제 사물의 이치를 연구하여 지식을 완전하게 한다는 의미로서 『대학』에 나오는 말임.

발달(development) 수정에서 죽음에 이르기까지 전 생애를 통해 이루어지는 모든 변화(change)의 양상과 과정을 의미.

발달과업(developmental tasks) 인간발달의 특정 연령이나 발달단계마다 수행해야 할 역할이나 해결해야 할 과업을 말함.

발달단계(stages of development) 인간의 발달상에서 어떤 과제의 성취와 특정한 측면의 발달이 강조되는 삶의 기간을 의미.

불가역성(irreversibility)의 원리 특정 시기의 발달이 잘못되면 그 이후에 충분히 보상적 자극이나 경험을 제공받는다고 하더라도 원래의 발달 상태로 회복되지 않는다는 원리.

생애주기(life span) 인간의 전 생애에 걸친 시간적 변화 상태에 의한 생활주기(life cycle)를 의미.

성숙(maturation) 내적 · 유전적 요인에 의해 발달되는 변화가 통제되는 신체적 · 심리적 변화과정.

성장(growth) 신체 크기의 증대, 근력 증가 등과 같은 양적 확대를 의미.

적기성(critical period)의 원리 발달은 어느 시기에나 가능한 것이 아니라 발달 영역에 따라 가장 용이하게 이루어지는 결정적 시기 혹은 최적의 시기가 있다는 원리.

점성(epigenetic) 원리 성장하는 모든 것은 기초 안을 가지며 기초 안에서 부분이 발생하고, 각 부분이 특별히 우세해지는 시기가 있으며, 이 모든 부분이 발생하며 가능하는 전체를 이룬다는 원리.

학습(learning) 직접적·간접적 경험의 산물로서 인간의 발달을 이끄는 환경적 요소의 총체.

생각할 문제

1. 생애주기와 인간발달, 발달단계, 발달과업 간의 관계를 설명해 보시오.
2. 생애주기 관점의 중요성에 대해 논의해 보시오.
3. 인간발달단계에 관한 동서양 견해의 차이에 대해 논의해 보시오.
4. 사회복지실천이 생애주기이론에 관심을 갖는 이유를 설명해 보시오.

참고문헌

권중돈, 김동배(2005). 인간행동과 사회환경(증보판). 서울: 학지사.
김상균, 최일섭, 최성재, 조흥식, 김혜란(2000). 사회복지개론. 서울: 나남출판.
김완희(1990). 한의학원론. 서울: 성보사.
송명자(2008). 발달심리학. 서울: 학지사.
송하나, 최경숙(2010). 발달심리학: 전 생애-아동, 청소년기, 성인. 파주: 교문사.
이인정, 최해경(2007). 인간행동과 사회환경(개정2판). 서울: 나남출판.
한동석(1990). 우주 변화의 원리. 서울: 행림출판.

Shaffer, D. R. (2005). 발달심리학(송길연, 장유경, 이지연, 정윤경 공역). 서울: 시그마프레스. (원저는 2000년 6판 출간)
Zastrow, C., & Kirst-Ashman, K. K. (2002). 인간환경과 사회환경(김규수, 김인숙, 박미은, 설진화, 우국희, 홍선미 역). 서울: 나눔의 집. (원저는 2001년 5판 출간)

제7장

태아기 · 신생아기

1. 태아기 · 신생아기의 정의
2. 태아기 · 신생아기의 발달적 특성과 영향요인
3. 태아기 · 신생아기의 사회환경과 사회복지실천

이 장에서는 인생의 시작이라 할 수 있는 태아기와 신생아기에 대해 살펴본다. 먼저 태아기는 임신부터 출산까지의 과정 중 태아의 신체적 발달과 그에 영향을 미치는 요인을 중심으로 알아본다. 특히 태아에게 부정적인 영향을 미치는 요인으로서 임신부의 건강과 약물, 알코올 문제를 알아보고, 심리정서적 측면에 대한 관심의 필요성도 알아본다.

신생아기는 생후 28일까지 신생아가 보이는 발달적 특성과 반사운동, 심리사회적 측면에서의 정서적 특성 등을 알아본다. 마지막으로 태아기와 신생아기에 발생할 수 있는 위기를 지원하기 위한 사회복지실천으로서, 인공유산과 산후우울증 미혼모 문제에 대해 살펴본다.

1 태아기 · 신생아기의 정의

태아(胎兒)는 척추동물 중 특히 포유류의 아직 태어나지 않은 새끼를 의미하는 말로 피터스(foetus)라고도 한다. 인간의 경우 태아는 남성의 정자와 여성의 난자가 수정을 하여 임신이 된 지 2개월이 지나 인체의 모양이 분명히 된 이후부터를 의미한다. 그리고 태아기는 어머니의 자궁에서 태아가 성장과 기관계의 발달을 이루는 시기로 수정부터 출산까지의 약 280일에 이른다. 이 시기는 태아가 자궁 밖에서 살 수 있을 정도로 자라 출산이 이루어지면 종결된다. 이 기간 동안 태아는 부모의 유전적 요인뿐만 아니라 심리정서적 요인, 환경적 요인 등 수많은 요인에 의해 발달에 영향을 받는다.

신생아기는 유아기의 한 과정으로서 생후 28일 동안의 기간을 의미한다. 때로 생후 1, 2주까지의 기간 동안 배꼽이 떨어지는 시기를 의미하기도 하지만, 일반적으로는 생후 4주까지를 신생아기로 명명한다. 모체 안에서 이상적인 생활조건에 처해 있던 태아가 출산과정을 통해 모체 밖으로 나오면서 신생아는 기온과 습도 등의 환경이 급작스럽게 변한 상황에 놓이게 된다. 즉, 스스로 호흡하고 젖을 빨고 생명을 유지하는 활동을 시작하게 되는 것이다.

2 태아기 · 신생아기의 발달적 특성과 영향요인

1) 발달적 특성

태아기는 임신을 기준으로 할 때 약 3단계로 나누어 볼 수 있다. 단계별로 태아의 신체적 발달을 살펴보면 다음과 같다.[1)]

(1) 임신 1단계

임신 1단계는 수정한 이후부터 임신한 지 3개월까지의 시기를 말한다. 정자와 난자가 수정(conception)하여 임신이 이루어지는데, 여기서 수정은 여성의 난소에서 배란된 난자가 정자와 수란관에서 결합하여 수정란을 형성하는 것을 말한다. 태아는 수정란이 자궁에 착상한 이후, 즉 수정 이후 8주가 지나서부터를 말한다. 이때부터 태아는 자궁을 통해 각종 영양분을 공급받으면서 성장하게 된다. 임신기간은 마지막 월경 시작일로부터 약 280일, 수정된 날로부터는 약 266일 동안이다.

수정을 하기 위해서 난자는 배란 후 1~2일간, 그리고 정자는 자궁 내에서 2~3일간 살아남아야 한다. 보통 정자는 4, 5일까지 살아남을 수 있지만 개인과 환경에 따라 차이가 있다. 또 난자는 활동력이 없고 그 수가 적은 반면 정자는 꼬리가 있어 활발하게 움직일 수 있는데, 그 수나 운동성은 개인차가 있기 때문에 사람에 따라 쉽게 임신이 되기도 하고, 임신을 하는 데 어려움을 겪기도 한다. 최근에는 결혼에 대한 인식의 변화 및 결혼을 연기하는 현상과 환경문제 등

1) 임신과정 중 1단계의 내용은 네이버 백과사전(http://100.naver.com)의 "임신(姙娠, pregnancy)"을 참조하였으며, 2단계 이후의 내용은 마리아수녀회(http://www.sangsaeng.org)의 자료를 참조하였음.

으로 인해 임신율(fertility: 출산연령의 여성 수에 대한 1년 동안의 출생 수 비율)이 낮아지는 경향이 있다. 임신하고 약 1개월 동안 수정된 수정란은 세포분열을 하고, 자궁에 들어가 자궁벽에 착상한다. 이후 약 6주까지 배아는 신체의 주요 기관과 조직을 형성한다. 이 시기를 배아기라고 하는데, 이때는 눈, 코, 입, 귀, 팔다리 등과 같은 기관이 발달하게 되고 신경계통도 생기게 된다. 이후 태아기에 접어들어서는 성별이 구분되고, 또 치아의 자리가 잡히게 된다. 임신 3개월이 되면 태아의 머리와 몸통, 팔다리의 구분이 확실하게 되고, 손발이 생기고 손가락도 생기게 된다. 이 시기는 유산의 가능성이 아직 남아 있으므로 온도차가 심한 곳은 피하는 것이 좋다.

이런 임신 사실을 인지하게 되는 임신 초기 증상으로는 무월경, 아침에 일어나는 임신성 구역(입덧), 유방이 부드러워지고 커지는 현상 등이 있다. 또 기초체온법으로 배란일을 측정하는 여성의 경우 배란일이 지난 후에도 기초체온이 계속 상승하면 임신의 징후로 받아들일 수 있다. 임신 초기에는 팽창된 자궁이 방광을 압박하기 때문에 소변을 자주 보게 된다. 피로, 구토, 식성의 변화, 복부의 양쪽으로 당겨지는 통증 등이 나타나는데, 때로는 임신하지 않아도 이런 증상이 나타날 수 있다. 그러므로 좀 더 정확한 확인을 위해서 난소자극 호르몬인

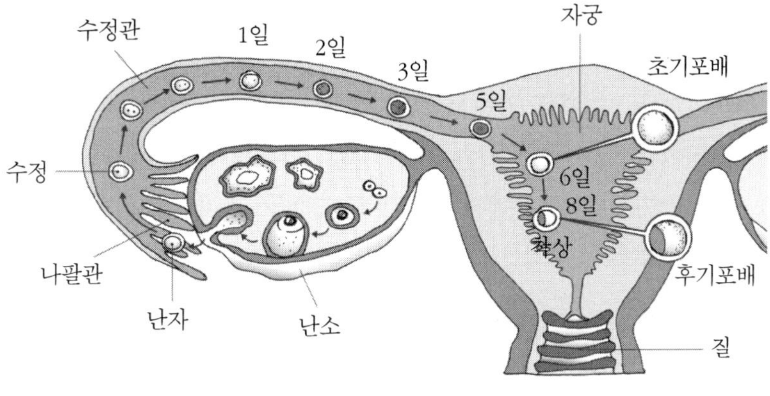

[그림 7-1] 사람의 수정에서 임신까지의 과정

출처: 네이버 백과사전(http://100.naver.com) 참조.

출산율 1.19명 회복세 '주춤'

통계청이 발표한 2008년 출생통계 결과에 따르면 지난해 태어난 출생아 수는 46만 5,892명으로 전년의 49만 3,189명에 비해 2만 7,297명이 줄어들었다. 출생아 수가 2005년에 이어 3년 만에 감소세로 돌아선 것이다. (중략) 인구 1,000명당 출생아 수를 말하는 조(粗)출생률도 2007년 10.0명에서 지난해 9.4명으로 0.6명이 줄었다. 합계출산율은 2007년 1.25명에서 지난해 1.19명으로 내려앉았다. 그러나 쇼크라는 평가를 받았던 2005년 1.08명에 비해서는 회복세를 유지하고 있다는 평가가 일반적이다. 통계청 관계자는 "2007년과 비교하면 출산율이 감소했지만 2005년과 견줘 보면 회복세"라며 "절대적인 출산율은 여전히 낮다."라고 말했다(매일경제, 2009년 8월 19일에서 발췌 수정).

사람융모막 고나도트로핀(human chorionic gonadotropin/HCG)의 생성 유무로 판정하는 생물학적 검사와 소변검사를 한다(http://enc.daum.net/dic100).

(2) 임신 2단계

임신 2단계는 임신한 이후 4~6개월까지의 시기를 뜻한다. 이 시기에 태아의 신장은 출생 시 신장의 약 1/2인 약 25cm 전후가 되며, 피부는 붉은색을 띠고 솜털이 돋기 시작한다. 임신 4개월이 된 태아는 등이 완성되고 손발을 움직인다. 성별을 구분할 수 있을 정도로 외부 생식기도 발달한다. 이 시기에 태아는 정서적인 면에서 유쾌, 불쾌, 불안, 노여움 등의 감정을 느낄 수도 있다.

태아가 5개월이 되면 전신에 솜털이 돋고 손발톱, 머리털이 생기며 신체활동도 활발해진다. 따라서 모체는 이 시기부터 태아의 움직임을 여실히 느낄 수 있다. 임신 6개월 때는 자궁의 상태나 태아 모두 안정되는 시기다. 신체적으로 태아의 눈이 완성되고, 태아는 손가락을 빨거나 딸국질을 할 수 있으며, 모체의 심장 소리를 들을 수도 있다. 이때 태아는 모체와 연결된 생명줄인 탯줄과 입을 통해 필요한 영양분을 흡수하게 되고 혀봉우리가 생겨 맛을 인지하게 된다.

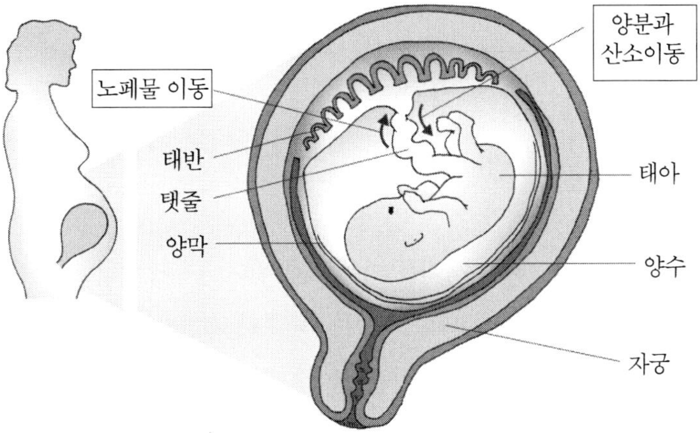

[그림 7-2] 태아와 태반

출처: 네이버 백과사전(http://100.naver.com) 참조.

(3) 임신 3단계

임신 7개월부터 출산까지에 해당하는 임신 3단계는 태아가 성장하여 세상에 나올 준비를 하는 시기다. 의료기술이 발달하지 못했던 과거에는 임신 7, 8개월에 출산하는 경우 생존 가능성이 낮았지만, 최근과 같이 의학기술이 발달한 상황에서는 이 시기에 출산을 한다고 해도 생존이 가능하다. 임신 7개월 때에는 태아의 몸에 점점 살이 붙고, 양수 안에서 헤엄을 치며 즐겁게 논다. 8개월 때 태아는 충분히 성장하게 되며, 어머니의 항체를 받아 저항력을 갖게 되고, 피하지방이 붙기 시작하여 통통해지고, 근육과 신경계가 발달하며, 소리의 강약을 확실히 구분할 수 있는 능력도 갖추게 된다. 또 뇌를 통해 바깥세상의 어둡고 환한 것을 알게 되기도 한다. 임신 9개월에는 좀 더 확실한 움직임과 근육 자극에 대한 반응을 보이게 된다. 9개월부터는 태반이 퇴화되기 시작하면서 태아도 출산 준비를 하게 된다. 분만예정일은 마지막 월경이 시작된 날에 7을 더한 후 9개월을 더한 것으로 산출하지만, 대부분 정확한 배란일을 잘 모르므로 분만예정일을 정확히 계산하기는 어렵다.

(4) 출산

임신한 지 약 38주가 되면 근육이 단단해지고 활발한 활동을 오랫동안 지속할 수 있는 능력을 갖게 된다. 이때 모체는 자궁이 압박되면서 소변 횟수가 증가하게 되고 용변 후에도 시원한 느낌을 갖지 못하게 되는데, 이것은 태아의 머리가 출산을 위해 아래로 내려가 있는 것에 기인한다. 모체는 분비물에 혈액이 섞여 나오는 이슬현상을 통해 그 시기를 가늠하게 된다. 이후 자궁부가 열리고 난막이 파열되면서 양수가 나오게 되는데 이를 파수라고 한다.

파수 이후 진통을 경험하고 출산을 하기까지의 단계는 개구기-출산기-후산기로 나뉜다. 이 중 개구기는 태아가 통과할 수 있을 정도로 자궁구가 열리는 시기를 의미한다. 모체의 자궁 근육이 규칙적으로 수축되면서 태아를 아래쪽으로 밀어내면 자궁경관은 점점 확대된다. 양수가 나온 이후 진통이 지속되다가 약 1분 간격으로 진통이 오면 자궁이 완전히 열린 것으로 볼 수 있다. 자궁구가 열리면 태아의 머리는 질 내로 들어가 머리, 어깨, 몸, 허리, 다리 순으로 외부로 나오게 된다. 마지막으로 후산기에는 태아를 출산한 이후 자궁이 급격히 수축하

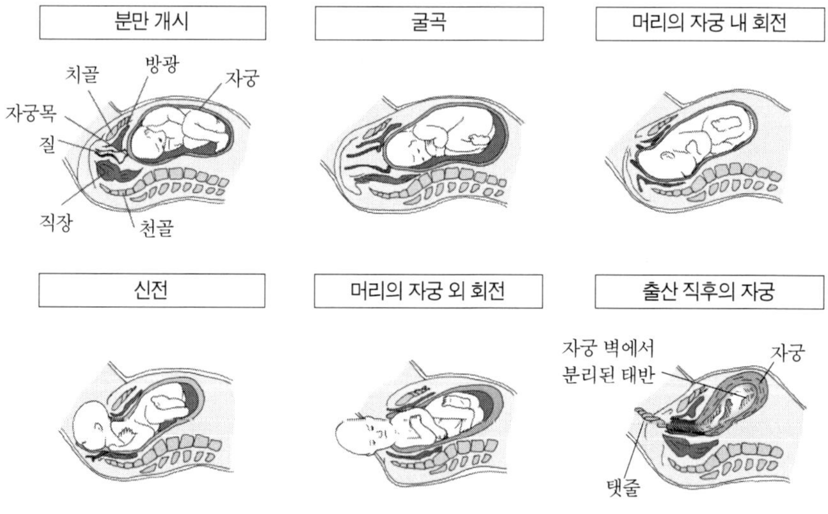

[그림 7-3] 분만과정 중 태아의 위치 변화

출처: 다음 백과사전(http://enc.daum.net/dic100) 참조.

면서 태반을 밀어내게 되며, 이로써 출산이 완료된다.

(5) 신생아기

1 신체적 발달

모체로부터 출산과정을 거쳐 갓 태어난 신생아의 평균 몸무게는 보통 3.5kg이며, 키는 51cm 전후다. 보통 남아가 여아보다 좀 더 무겁고 큰 편이다. 출생 시 체중이 2.5kg 이하이면 저출생체중아라 하고, 37주 미만에 출생한 아이 중에서 체중이 2.5kg 이하이면 미숙아(未熟兒)라고 한다. 특히 1.8kg 이하인 경우는 보육기(incubator)에서 양육한다. 한편 출산예정일을 2주 이상 지나서 낳게 되면 과숙아(過熟兒)라고 하는데, 이 역시 출산 시점이 지나 영양이나 산소가 부족한 상태가 된 태반에서 2주 이상 지냈기 때문에 의사의 지시를 받아 충분히 보호해야 한다. 태어난 후 약 3~5일 동안 신생아의 체중은 감소한다. 이것은 태내 자궁에 있을 때와는 현격히 다른 환경에서 적응하는 과정 중 나타나는 현상으로 피부나 폐로부터의 수분 증발, 태변이나 오줌의 배설, 신체 지방의 소비 등으로 인한 자연스러운 현상이다. 이것은 7~10일이 지나면 다시 회복되기 때문에 생리적 체중 감소라고 한다(손광훈, 2008; http://100.naver.com).

신생아기에는 호흡과 영양섭취, 체온조절 및 배설작용을 한다. 이 시기에 신생아는 모체와는 다른 낯선 환경에서 울음으로 첫 호흡을 시작한다. 이때 산도(産道)를 통과하는 동안 마신 점액과 양수를 배출한다. 호흡은 다소 불규칙하고 그 횟수도 매우 많은 경향을 보인다. 때로 호흡장애를 보이는 신생아도 있는데, 이 경우는 뇌에 산소가 공급되지 않아 심각한 후유증을 초래할 수 있으므로 주의 깊게 살펴보아야 한다.

신생아는 심장조절 기능이 미숙하여 심장박동도 1분간 120~130회로 성인(1분간 140회 정도)보다 빠르고 불규칙한 특성이 있다. 체온은 생후에 일시적으로 떨어지지만 12시간쯤 지나면 36.5~37.5℃ 정도로 회복된다. 하지만 미숙아는 체온 저하도 심하고 회복도 더디므로 의복이나 침구, 실내 온도 조절 등의 방법을 통하여 체온조절을 할 수 있도록 도와주어야 한다. 이와 같이 출생 직후에

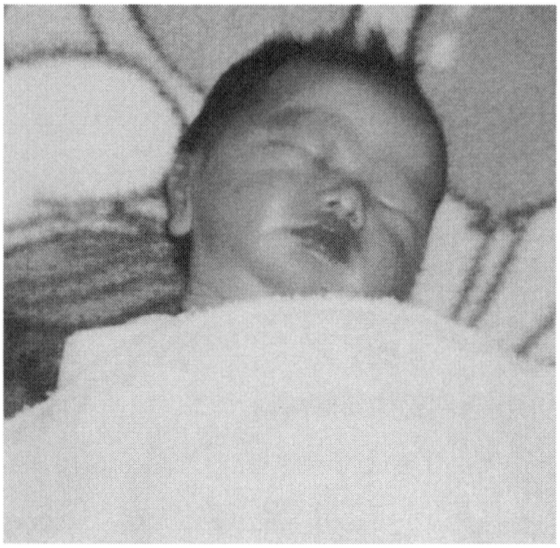

는 일반성인과는 다른 불안정하고 불규칙한 특징이 나타나므로 매우 주의 깊게 관찰해야 한다.

출생 직후 신생아의 피부는 붉은빛을 띠고 있다. 때로 울혈현상(鬱血現狀) 때문에 생후 잠시 동안 손발이나 얼굴이 검푸르게 보이는 경우도 있지만, 대부분은 호흡이 정상화되면서 피부색도 점차 담홍색(淡紅色)으로 변한다. 그러나 생후 3～4일에는 땀샘이나 피지선이 급격히 발달하면서 땀띠가 나거나 볼에 여드름이 나기도 하고, 4～5일에서 1주일 정도 지나면서는 피부 표면이 건조하여 비듬이 일어나는 현상을 보이기도 한다. 그러나 대부분은 며칠 지나면 자연스럽게 나아진다.

생후 3～4일경에는 얼굴에 누른빛이 나타나는 신생아황달이 나타난다. 누른빛이 점차 가슴과 손발까지 번지는 수가 있으나 7～10일 무렵에는 대부분 없어진다. 하지만 황달이 심한 경우나 생후 24시간 이내에 나타난 경우는 주의해야 한다. 때로 잘못된 상식에 기초하여 형광등 밑에 신생아를 두면 낫는다는 생각으로 방치하는 경우도 있는데, 특히 황달이 심한 경우는 반드시 병원에서 전문가의 진료를 받아야 한다.

마지막으로 신생아의 두개골 사이에는 틈바구니가 있는데 이를 천문(泉門)이라 한다. 전두부(前頭部)에 있는 것을 대천문(大泉門, 큰 숫구멍)이라 하고 후두부에 있는 것은 소천문(小泉門, 작은 숫구멍)이라 한다. 소천문은 생후 1～2개월 사이에 닫힌다. 그리고 대천문은 유아의 발육상 중요한 표준의 하나로서 출생 직후 맥박과 같은 박동을 볼 수 있으며, 점차 작아져 1년 반～2년경에 골화(骨化)되어 폐쇄된다(http://100.naver.com).

반사운동　반사운동이란 외적 자극에 대해 무의식적으로 반응하는 근육의 운동을 의미한다. 신생아기에는 외부의 특정 자극에 대해 일정한 반응을 하는데 이것은 선천적인 것이다. 신생아는 혀 · 입술 · 볼 등에 닿는 것은 무엇이든지 입과 입술을 움직여 빨려고 하는 흡인반사 혹은 빨기반사(sucking reflex) 운동을 한다. 이것은 생후 2～3개월 후에는 사라진다. 신생아는 볼을 만지거나 입 주위를 만지면 그 방향으로 고개를 돌리고 빨려고 하는 젖찾기반사(rooting reflex) 운동을 하고 입속에 물건이 들어오면 삼키려고 하는 삼키기반사(swallowing reflex) 운동을 한다.

파악반사(grasping reflex)는 신생아의 손바닥에 자극을 주면 꼭 쥐는 반사다. 이때 신생아가 쥐는 힘은 한 손으로 철봉에 매달릴 수 있는 정도다. 이 반응은 생후 4개월쯤에 사라진다. 경악반사라고도 불리는 모로반사(Moro reflex)는 큰 소리에 놀라거나 몸에 접촉물이 닿거나 할 때 팔다리를 쭉 폈다 오므리며 머리를 굽히는 반사다. 이 반사는 생후 3개월 정도에서 사라지는데, 중추신경계의 발달에 이상이 있는 아이는 생후 1년경에도 이를 보인다. 이 반사운동은 나중에 깜짝 놀라는 동작으로 바뀐다.

바빈스키반사(Babinski reflex)는 신생아의 발바닥을 살살 긁어 간지럽히면 발가락을 부채 모양으로 펴는 반사다. 생후 4～6개월에 사라지는 반사이므로, 만일 소실이 늦어지면 신경발달이 더디지는 않은지 의심해 볼 필요가 있다(손광훈, 2008; http://100.naver.com).

2 심리사회적 발달

신생아의 시각은 비교적 덜 발달되어 있다. 갓 태어난 신생아는 눈에 강한 빛을 비추면 눈을 감는 정도의 광각(光覺)은 가지고 있다. 생후 1개월 정도에는 명암만 구분할 정도이고, 물건을 보는 것은 2개월 이후이며, 색깔을 구분하는 것은 생후 4개월 이후에야 가능하다. 신생아는 출생 직후에는 잘 듣지 못하지만 1~2일 이후에는 소리에 대한 반응을 한다. 그리고 2~3개월 이후에는 소리가 나는 쪽으로 얼굴을 돌릴 정도로 발달한다. 신생아의 감각 중 미각은 신생아가 생후 1일부터 어머니의 젖 냄새나 맛을 알 정도로 발달되어 있다. 한편 신생아는 주로 촉각을 통해 차고 더운 것, 허전한 것, 아픈 것 등과 같은 주위 환경을 감지한다. 그리고 신생아의 통각(痛覺)은 생후 1주일쯤 되어야 느낄 수 있을 정도이며, 통각 부위를 아는 것은 6개월 이후에나 가능하다. 마지막으로 신생아의 후각은 암모니아나 질산 등 강한 자극에 대해서만 반응하는 정도로 덜 발달되어 있는 편이다.

신생아기에는 심리정서적 측면이 미분화되어 있는 상태다. 처음에는 태내 환경에서 했던 것과 유사하게 잠을 자거나 젖을 빠는 행동과 관련된 본능적인 정서 정도를 확인할 수 있다. 다만 생후 1개월 전에는 무의식적이고 반사적인 미소 반응을 보이기도 하는데 이것을 흔히 '배냇짓'이라고 한다. 생후 1개월 이후부터는 이런 무의식적이고 반사적인 미소 반응이 사회적 자극에 대한 반응으로 나타나기 때문에 사회적 미소로 변한다. 이를 통해 신생아의 사회적 발달을 평가하기도 한다.

2) 태아와 신생아의 발달에 영향을 미치는 요인

(1) 태아의 발달에 영향을 미치는 요인

① 유전적 요인

태아는 세상에 나오기까지 모체로부터 생물학적 요인과 환경적 요인의 영향을 받는다. 태아는 부모에게서 물려받은 유전인자로 인해 신체적 성장을 비롯한 인간의 다양한 특징, 즉 운동신경의 발달, 연령에 따른 지적 능력의 변화, 신체적 성숙의 시기, 기질적인 특성 등에서 영향을 받는다(이인정, 최해경, 2007). 이

중 어떤 유전인자는 개개인의 성장률을 차별화시키지만, 때로는 되돌릴 수 없는 심각한 장애를 초래하기도 한다. 특히 임신 초기 단계는 활발한 세포분열이 이루어지고 각 신체기관이 생성되는 시기이기 때문에 장애아의 출산 가능성에 영향을 미칠 수 있는 유전적 요인이나 약물 · 알코올 등과 같은 요인의 영향을 배제하는 것이 무엇보다 중요하다.

임신부와 가족이 가장 우려하는 것 중 하나는 유전적 요인으로 인한 장애아의 출산이다. 유전병 혹은 유전적 질환이라고 부르는 이것은 의학적으로는 유전자에 의해 일어나는 신체적 · 정신적 이상을 모두 가리키는 것으로, 페닐케톤뇨증, 파브리병, 혈우병, 적록색맹 등 매우 다양하다. 이런 유전성 질환의 발생과 관련하여 가족력이 가장 중요한 요인으로 인식되지만, 사실 대부분의 유전성 질환은 유전적 소인과 환경적 요인의 상호작용에 의해 발생한다(신호철, 2003). 그러므로 유전적 요인과 더불어 환경적 요인에 대한 통제 및 관리가 매우 중요하다.

유전성 질환과 혼동되는 질환은 염색체 이상으로 인한 것이다. 염색체 이상인 태아의 대부분은 임신 초기에 자연적으로 유산되고, 전체 신생아의 약 0.6% 정도가 염색체의 수적, 구조적 이상을 갖고 태어난다(김정휘, 1996). 그러나 이것은 부모로부터 자녀에게 전해지는 것은 아니므로 엄격한 의미에서 유전적 질환이라고 하지는 않는다(신호철, 2003). 인간의 염색체는 22개의 상염색체와 1개의 성염색체로 이루어져 있으며, 수정 이후 남성과 여성의 염색체 속에 있는 유전인자 각각 23개가 배합하여 46개의 염색체 배합을 이루게 된다. 성염색체는 여자가 XX, 남자가 XY이다. 이 중 Y염색체의 유무로 남자와 여자로서의 성별이 결정된다. 성염색체 이상으로 인한 기형아의 출생은 상염색체 이상보다 덜 심각하지만, X염색체가 하나뿐인 터너증후군의 여성은 1/40 정도만 생존한다. 이 병은 3,000명 중 1명꼴로 나타나는데 난소가 발생되지 않아 불임이 된다. X염색체나 Y염색체가 중복되어 태어나는 경우도 400명 중 1명꼴이다. XXX의 여자는 심한 감정장애가 우려되고, XYY인 클라인펠터증후군의 남자는 정소가 작고 불임이다. XXY의 남자는 키가 크고 학습능력이 떨어지나 사회적으로는 별 문제가 없다.

상염색체 내에 있는 유전자 이상으로 발현되는 장애는 다양하다. 160명 중 1명 꼴로 태어나는 염색체 이상의 1/2 정도는 상염색체에서 나타난다. 대부분의 염색체 이상(97%)은 사산되며, 살아서 태어날 경우에도 평균수명이 짧고 여러 가지 기형이 나타나며 정신지체를 보인다. 21번 염색체가 하나 더 있는 3염색체성, 즉 다운증후군은 모든 인종에서 가장 흔하게 볼 수 있다. 이는 정신박약, 기형의 얼굴, 작은 키, 심장의 기형 등의 특징을 보이고 사춘기 이전에 대부분 사망한다. 다운증후군은 1866년 다운(J. L. Down) 박사가 21번 염색체가 2개가 아닌 3개로 되어 있는 사실을 밝히면서 다운증후군으로 명명되었다. 젊은 여자보다는 나이 많은 여자가 임신할 경우에 다운증후군이 나타날 확률이 높아서 40대가 20대보다 100배 이상 높다. 다운증후군 아동의 가장 큰 문제점은 지능저하를 동반한다는 점과 불임인 경우가 대부분이라는 점이다(김정휘, 1996). 이 외에도 5번 염색체의 일부가 결실되는 묘성증후군(描聲症候群)의 신생아는 심각한 저능아이고 고양이처럼 우는 특징이 있다. 이상과 같은 염색체 이상으로 인한 장애아의 출산 가능성을 정리하면 〈표 7-1〉과 같다.

표 7-1 유전적 요인과 장애

증후군	특징
클라인펠터(Klinefelter) 증후군	XXY, XXXY와 같이 X염색체가 정상보다 많아 남성의 특성이 약하고, 고환이 미성숙하여 생식이 불가능함. 가장 흔한 남성 성선기능저하증의 원인 중 하나임.
XYY증후군	표현형은 남아이며, 행동이상과 큰 키가 특징임.
터너(Turner)증후군	X염색체가 1개이고 전체 염색체 수가 45개인 성염색체 이상으로 증상이 일정하지는 않음. 외견상 여성이지만 여성 호르몬의 부족으로 2차 성징이 나타나지는 않고 생식을 하지 못함.
다운(Down)증후군	가장 흔한 염색체 이상으로 몽고증이라고도 불림. 23쌍의 염색체 중 21번 염색체의 이상으로 인해 발생함. 성격이 밝고 명랑한 편이지만 지능은 50 정도의 수준임.
에드워즈(Edwards) 증후군	양수과다, 작은 태반, 단일제대동맥, 저체중, 지능저하, 청각장애, 후두골돌출, 저위의 변형된 귀, 잉어 같은 입, 좁은 입천장, 특징적인 손자세 등을 보임.

페닐케톤뇨증 (PKU)	페닐알라닌이라는 단백질 분해효소의 부족으로 소변으로 패닐피브르산이 유출되며, 금발과 백안, 치아 사이의 공백을 보임.
파더우(Patau) 증후군	전회, 후각 및 시신경의 불완전 발육, 소운동 발작, 지능저하, 소두증, 구순 및 구개파열, 사지이상 등을 보임.
묘성(cat-cry)증후군	고양이 같은 울음소리, 저체중 출산, 지능저하, 소두증, 양안격리증, 살이 오르지 않고 키가 작음, 큰 전두동(前頭洞), 머리카락이 일찍 희어짐.

출처: 김동배, 권중돈(2005); 김정휘(1996), pp. 13-14.

이런 장애를 예방하기 위해 임신 15~17주경 양수를 채취하여 태아세포를 얻어 배양 증식한 후 유전병을 진단할 수 있다. 하지만 정상인 태아세포에 손상을 줄 우려가 있고, 성(性)을 판별하여 여자아이를 낙태시키는 경우가 있기 때문에 치료목적으로 제한해야 한다는 주장이 강조되고 있다. 이렇게 유전병 가능성을 알기 위해서는 임신 8~10주에 실시하는 태반세포적출법 이외에 각종 진단이 가능하지만, 윤리적인 면에서 이러한 사전 진단은 물의를 빚을 수 있다.

2 환경적 요인

유전적 소인 혹은 염색체 이상으로 인한 장애아의 출산 가능성 문제 이외에, 환경적인 문제로서 임신부 요인, 흡연이나 음주 등의 중독요인, 출생 과정 및 후의 신체적 외상이나 감염, 방사선 조사 등도 영향을 미친다. 먼저 임신부 요인 중에서는 임신부의 고연령을 들 수 있다. 임신부의 연령이 높은 경우 장애아의 출산 가능성 또한 높아질 수 있다. 임신부의 영양 상태 또한 중요한데, 임신부는 태아의 발달에 지대한 영향을 미치는 환경으로서 태아의 성장에 필요한 모든 영양분을 제공하는 원천이 되기 때문이다. 임신부의 영양 상태가 좋지 않은 경우 미숙아를 출산하거나 혹은 출산 이후에도 신생아의 건강에 부정적인 영향을 미칠 수 있다. 이와 함께 임신부가 임신을 어떻게 받아들이고 또 임신 중에 태아에게 정서적 관심을 얼마나 기울이는지 또한 영향을 미친다. 태아가 느끼는 유쾌감, 불쾌감 등의 정서는 빨리 발달하는 편이고 임신부와 정서적인 교감이 이루어지기 때문에 임신부의 정서적 건강은 매우 중요하다. 심한 불안과 공포 등과 같은 부정적 정서는 아드레날린을 분비하여 혈액을 통해 태반으로 흡수되기 때문에 태아의 발달에 영향을 줄 수 있다.

임신 중에 어머니와 태아 간의 상호작용도 출생 이후의 언어와 행동, 정서에 영향을 미친다. 특히 임신부의 정서적 안정, 혼란 정도 및 스트레스 정도는 태아의 행동 수준이나 심작박동률, 움직임에 영향을 미치는데, 이것은 태아가 어머니와의 이야기나 심장박동을 듣고 그 소리의 리듬에 맞추어 태내에서 몸을 움직이기 때문이다(Dipietro, Hilton, Hawkins, Costigan & Pressman, 2002; Jernberg, Thomas, & Wickersham, 1985: 윤지영, 2004, 재인용). 임신 6~7개월경에 배 속의 태아는 어머니와 정서적 상호작용이 가능하여 어머니의 태도나 감정을 미묘하게 구분할 수 있게 되고, 또 어머니의 태도나 감정에 반응을 나타내기도 한다. 임신부와 태아의 친숙하고 정겨운 정서적 교류는 태아의 뇌발달을 촉진하기도 할 뿐만 아니라 출생 이후 어머니와의 정서적 유대감에도 영향을 미치는 것으로 알려져 있다. 그러므로 태아의 안정적 발달을 위해서는 임신부가 태아에게 이야기하기, 복부 쓰다듬기 및 이완법 등을 통해 태아와의 상호작용을 촉진하는 것과 임신에 대한 임신부의 긍정적인 인지, 가족의 지지체계 등이 필요하다(윤지영, 2004).

한편 태아에게 직접적인 영향을 미치는 것으로는 음주나 흡연, 약물 오용 등을 들 수 있다. 심각한 흡연은 태아의 조산 확률을 높이고, 저체중을 초래하며, 폐가 미숙하여 사망에 이르게 할 수 있다. 음주도 태아의 성장장애나 출생 후의 성장장애를 초래할 수 있고, 소뇌증이나 미세운동장애를 일으킬 수 있다. 또 안면이상과 정신지체 또는 학습능력의 장애 등 정신적 부작용을 낳는 태아알코올증후군을 초래할 수도 있다(김정휘, 1996).

(2) 신생아의 발달에 영향을 미치는 요인

생후 1개월까지의 기간 동안 신생아의 발달에 영향을 미치는 요인은 무엇보다 사회적 요인으로서 어머니와 가족의 보살핌이다. 여기서 보살핌이란 신체적 · 심리사회적 측면을 모두 망라하는 것이다.

앞서 기술한 바와 같이, 신생아는 호흡과 영양섭취, 체온조절 및 배설작용과 같은 생존과 직접적으로 연관된 활동에서 취약할 뿐만 아니라 물리적 환경의 변화라는 극단적인 경험을 한다. 따라서 신생아가 건강하게 발달할 수 있도록 신체적 안전과 정서적 안정을 도울 수 있는 환경을 제공하고 주의 깊게 관찰하는 것이 중요하다. 특히 에릭슨의 발달이론에 따르면 이 시기는 유의미한 타자인 가족, 특히 어머니와의 관계에서 신뢰감을 형성하기 시작하는 시기이므로 일관성 있고 안정된 모성 보호를 제공해야 한다.

3 태아기 · 신생아기의 사회환경과 사회복지실천

1) 미시 수준

(1) 임신부의 건강

건강한 태아를 출산하기 위해서는 임신부의 건강이 무엇보다 중요하다. 그러므로 임신 이전에 가임여성은 건강검진을 통해 건강 상태를 파악하고, 장애아의 출산 원인을 미리 예방할 수 있도록 풍진과 간염 등의 예방주사를 맞는 것이 좋다. 또 임신 중에도 임신부의 건강 및 그로 인한 약물이나 치료는 태아에게 영향을 미칠 수 있으므로 질병에 걸리지 않도록 유의해야 한다. 그리고 임신 이전에 당뇨병이나 갑상선질환 기타 만성질환을 가지고 있는 경우에는 각별한 관심과 주의가 필요하다.

결혼 초기에 부부는 사회적 · 경제적 측면뿐 아니라 가족계획의 일환으로 자녀의 출산과 관련된 계획을 수립한다. 이 중 자녀문제는 부부의 연령과 가정경제, 가족과 친지 등과 같은 주변 환경의 영향을 받지만, 무엇보다 예측하지 못한 임신인 경우 임신부에게 정서적 혼란을 야기할 수 있다. 그러므로 결혼 전 준비 프로그램이나 교육을 통해 피임 및 자녀계획에 관한 정보를 아는 것도 필요하다. 출산 이후에는 태아에 대한 두려움과 부담감 등 여러 가지 요인으로 인해 산후우울증을 경험할 수 있고, 심각한 경우에는 신생아와 산모 모두에게 심각한 결과를 초래할 수 있다. 따라서 이에 대한 예방적 개입은 물론이거니와 전문적 개입이 이루어져야 한다.

이와 함께 주변의 지지도 중요하다. 임신부의 심리적 기능뿐만 아니라 건강상태, 불필요한 공포나 불안과 같은 부정적 정서 여부, 임신 수용 정도, 가족과 주변 사람의 보살핌과 존중, 정보 제공 등과 같은 지지는 임신을 긍정적으로 지각하는 경향에 영향을 미친다. 특히 사회적 지지는 출생 후 신생아의 정상성 여부나 신체적 건강 정도와도 관련이 있는 것으로 알려져 있다(Collism et al., 1993: 윤지영, 2004, 재인용). 특히 배우자와의 감정이입이나 긍정적인 상호표현, 욕구에 대한 민감성 및 신뢰와 같은 부부간의 긍정적인 관계 유지는 임신 및 출산에 있어 중요한 요소로 지적되고 있다(안기주, 2001). 그러므로 주변에서는 임신부가 임신에 대해 긍정적으로 지각하고 태아와 긍정적인 정서적 애착을 형성할 수 있도록 지원해 주어야 한다.

(2) 인공유산

인공유산은 태아가 독립적으로 성장할 수 있는 상태에 이르기 전에 인위적으로 임신을 중절시키는 것을 말한다. 즉, 자연분만에 앞서 고의로 태아를 모체 밖으로 내보내는 것으로서 병적 현상으로 유발되는 자연유산과는 구분된다. 현재 우리나라에서는 인공유산이 불법이지만 모자보건법 제14조와 제15조에서 예외 규정을 두고 있다. 그것은 인공임신중절의 허용 한계를 둔 것으로, 우생학적 혹은 유전적 장애나 질환이 있는 경우,[2] 전염성 질환, 강간이나 준강간에 의한 임

2) 모자보건법 제14조 제1항 1호의 규정에 의하여 인공임신중절 수술을 할 수 있는 우생학적 또는 유전학적 정신장애나 신체질환은 다음 각 호와 같다. 1. 유전성 정신분열증, 2. 유전성 조울증, 3. 유전성 간질증, 4. 유전성 정신박약, 5. 유전성 운동신경원 질환, 6. 혈우병, 7. 현저한 범죄 경향이 있는 유전성 정신장애, 8. 기타 유전성 질환으로서 그 질환이 태아에 미치는 위험성이 현저한 질환

신, 임신 지속이 모체의 건강을 심각하게 해하고 있거나 그럴 우려가 있는 경우 등으로서 임신할 날로부터 28주 이내에 있는 자가 해당된다.

그러나 모자보건법에서 정하고 있는 경우 이외의 인공유산이 매우 심각한 실정이다. 임신예방을 위한 피임교육과 사회적 인식의 개선으로 과거보다는 인공유산이 감소하고 있고, 특히 성 감별로 인한 여아의 인공유산 문제 또한 감소하고 있기는 하지만, 여전히 불법으로 시행되는 사례가 존재하고 있어 태아의 인권문제와 산모의 건강문제는 사라지지 않고 있는 실정이다. 그러므로 올바른 피임에 관한 교육과 생명을 존중하는 인식을 확대시켜야 한다. 또 원치 않는 임신이 인공유산으로 이어지는 경우가 많으므로 그런 임신을 예방하는 노력이 필요하다.

(3) 산후우울증

산후에 경험하는 정신장애는 산후우울감(postpartum blues) 혹은 산후우울기분장애라고 불리는 가벼운 정신장애부터 우울증, 산후정신병까지 다양하다. 이 중 산후우울기분장애는 많은 산모가 경험하는데, 대부분은 증상이 가볍고 또 증상이 생긴 이후 48～72시간 이내에 회복된다.

하지만 산후우울증은 분만 후 발병하는 시점에 대해 학자마다 조금씩 입장이 다르지만 보통 1개월 이내에 발생하는 것으로 보고되고 있다. 산후우울증은 출산 불면, 불안, 우울 감정, 피로, 절망적 느낌, 무가치감, 죄책감, 죽고 싶은 생각, 집중의 어려움 등과 같은 증상을 보인다(김락형, 김수연, 권보형, 2000).

산후우울을 일으키는 주요 요인으로는 호르몬의 변화와 같은 생리적인 측면과 임신과 분만으로 인한 신체상의 변화, 모성으로의 역할 변화 등을 들 수 있다(최윤선, 2005). 또 과거에 우울증을 앓았다거나 결혼생활에 문제가 있는 경우, 혹은 주변에 지지가 될 만한 사람이 없거나 신생아에게 의학적 문제가 있거나 혹은 신생아를 돌보는 데 어려움이 큰 경우 등은 산후우울증에 노출될 가능성이 크다.

산후우울증이 심각한 경우는 슬픔과 무가치감, 희망 없음 등의 정서장애 이외에도 수면장애나 섭식장애, 자살 고려 등과 같은 심각한 문제를 동반하므로 정신의학적 치료와 함께 가족과 배우자의 도움이 필요하다(http://www.vitaminmd.org).

2) 거시 수준

(1) 저출산 문제

최근 몇 년 동안 대중매체를 통해 보도되는 주요 사회문제 중 하나는 출산 관련 문제다. 2010년 1월 17일 서울시가 발표한 주민등록 기준 서울 인구통계에 따르면 지난해 서울에서 태어난 신생아는 모두 9만 1,029명으로 2008년의 9만 4,736명에 비해 약 3.91%(3,707명)가 감소했다. 2008년 신생아 역시 2007년의 10만 107명에 비해 5.36%(5,371명) 감소함으로써 각 자치구의 다양한 출산 지원책 마련에도 불구하고 2년째 감소세가 이어지고 있는 실정이다(연합뉴스, 2010년 1월 17일).

이렇게 문제가 심각해지면서 신문지상에서도 과거에는 주로 성비 불균형의 문제를 다루거나 학령기에 해당하는 인구비율 혹은 대학입학 시험에 응시하는 학생 수 정도를 다루었던 데 반해, 최근에는 출산율과 출산장려금 등과 같은 주제를 다루고 있다. 지난 몇 년 동안 낮은 출산율과 고령화 현상과 관련하여 신문에 게재된 내용을 보면, 대부분은 저출산으로 인한 부정적 결과에 대한 전망과 출산장려 방안에 치중되어 있다.

이 중 부정적 관점은 주로 경제활동인구의 규모와 비율 변화로 인한 부담, 저출산 및 아들 선호로 인한 성비의 불균형 심화, 가족지지의 약화로 인해 심화되는 노인의 경제적 빈곤문제와 장기요양보호 문제 등으로 요약된다(김승권 외, 2002; 손승영, 2005; 손홍숙, 2005; Kim, 1999; Lutz & Skirbekk, 2005).

출산장려 방안은 정부와 민간의 대응 노력에 관한 것들이다. 먼저 정부에서는 저출산 현상이 경제적 측면에 미칠 영향이 크다고 인식되는 만큼 임신 · 출산율을 높이고 그에 따른 경제적인 인센티브를 강화하는 데 집중된 출산장려 방안, 이미 성장하고 있는 아동의 보육을 지원함으로써 양육 부담을 완화하는 방안, 그리고 아동수당제도나 세제 감면, 교육비 지원 방안을 내놓고 있다. 더욱이 기업은 '정년 연장 및 은퇴준비 프로그램, KT 통신료 할인, LG 보육시설 확대, 은행의 임신부 전용 창구, 자동차 할인' 등과 같은 가족친화 경영을 공표

표 7-2 출산장려 방안에 관한 기사 분석

항목	정부가 지향하는 방안	기업의 가족친화사업	외국 사례
임신 · 출산 지원	• 불임부부 지원, 시험관아기 시술비 지원 • 불임휴가 도입 가능성 고려 • 임신부 승용차 요일제 대상 제외 • 태아검진휴가임금 지급	• 임신부 전용창구 마련 (충북하나은행)	–
경제적 지원	• 아동수당제 도입방안 모색 • 재산세 감면 • 교육비 지원	• 대출금리 인하 • 자동차 할인(현대차) • 통신료 할인(KT)	• 출산 · 육아지원금 증액(프랑스, 독일) • 아동수당 인상 • 세제혜택
보육지원	• 어린이집 국 · 공립화 • 보육시설 확대 • 2+5전략, 유치원 자원봉사에 할머니 고용	• 해피 워킹맘(매일유업) • 보육시설 설치(LG)	–
교육적 지원	• 유아학교 학제개편 • 방과 후 학습공부방 마련 • 인구문제 교육 강화	–	–
근로환경 조성	• 육아기 근로시간단축제도 지원 • 여성고용 장려 • 연령차별 금지 • 다자녀교사 우선 전보 • 출산 · 양육에 대한 사회적 책임 강화방안 모색	• 정년 연장 랩U 은퇴준비 프로그램	• 육아지원기업 우대혜택(일본) • 육아 인프라 구축(미국, 스웨덴) 등
기타	• 3남 병역면제 입법 추진	–	• 생산인구 대안으로 로봇 개발

출처: 성정현, 홍석준(2009).

하고 있다.

일부에서는 정부와 기업의 출산장려 방안에 대해 '백화점식 나열' 혹은 '이벤트성 방안'이라고 비판하기도 하지만, 저출산을 극복하고자 하는 각계의 노력과 관심은 더욱 커지고 있다. 그만큼 효과성을 거두기 위해서는 좀 더 적극적으로 일과 가정을 양립할 수 있는 사회적 분위기를 조성하고 아동이 건전하게 성장할 수 있는 사회환경을 조성하는 노력이 필요하다.

(2) 미혼모 문제

최근 그 증가세가 두드러지고 있는 인구집단은 한부모가족이다. 여기에는 이혼과 사별, 별거를 경험한 가족과 미혼모자 가족이 포함되는데, 이 중 미혼모자 가족은 다른 한부모가족과 다르게 법적 혼인을 경험하지 않았다는 점에서 차이가 있다. 이전에는 미혼모 문제와 관련하여 주로 입양과 인공유산, 재임신 문제가 관심의 대상이었으나, 최근에는 양육미혼모 문제가 주된 관심사로 떠오르고 있다. 그것은 미혼모로서 출산한 이후 자녀를 입양시키지 않고 홀로 양육하고자 하는 미혼모가 증가하고 있기 때문이다.

양육미혼모가 증가하면서 한부모가족지원법이 개정되었는데, 미혼모시설이 미혼모자시실로 변경되고, 양육미혼모를 위한 미혼모 공동생활가정의 실치 근거가 마련되었다. 이에 따라 양육미혼모를 위한 공동생활가정은 증가하고 있는 추세이며, 그들의 자립을 위한 방안에도 많은 관심과 투자가 이루어지고 있다. 하지만 아직 미혼모 문제는 그 실태 파악조차 어려운 상황이다. 과거와 달리 자녀를 입양하기보다는 양육하기를 희망하는 미혼모가 증가하고 있다고는 하지만, 가족이나 사회의 지원이 부족하고 낮은 학력과 인적자원 그리고 자녀 때문에 그들은 대부분 매우 어려운 환경 속에 놓여 있다. 따라서 미혼모가 자립하여 자녀와 함께 생활할 수 있도록 하기 위해서는 취업 및 일자리 지원, 자녀에 대한 보육과 교육 지원, 미혼모 시설 확충, 주거지원과 학업복귀를 위한 지원 등이 필요하다. 하지만 현재로서는 주거지원을 조금씩 확대해 나가고 있고 학업지원을 통해 검정고시를 치르도록 지원하고 있을 뿐 그 지원 수준이 매우 미흡한 실정이다. 미혼모가정, 즉 한부모가정에 지원되는 금액도 월 5만 원에 그마저도 만 6세 미만으로 한정돼 있으며 국내 입양부모에게 지원되는 금액은 13세 미만까지 월 10만 원 수준에 머물고 있다(연합뉴스, 2009년 12월 17일).

사회적으로도 미혼모를 수용하고 정책적 지원을 통해 자립하도록 하기에는 많은 어려움이 있는 것이 사실이다. 과연 미혼모를 받아들여야 할 것인지, 미혼모에 대한 지원이 자칫 그들을 평생 복지의존자로 살아가게 만드는 요인이 되지는 않을지, 가족이 있는데 왜 정부에서 그들에게 예산을 투입해야 하는지 등과 같은 많은 논란이 있는 실정이다. 이것은 미혼모 정책의 방향성이 명확하지 않은 것과 연관이 있다. 현재는 이런 논의에 앞서 미혼모 자녀에 대한 국가적 · 사회적 관심의 필요성 때문에 일정 수준의 지원을 하고 있지만, 앞으로는 미혼모자가족에 대한 정책 방향 및 철학을 명확히 하고 자립방안을 모색하는 것이 시급히 이루어져야 한다.

요 약

임신부터 출산까지의 과정을 의미하는 태아기는 임신단계와 출산으로 구분된다. 임신단계는 약 3개월을 기준으로 다시 3단계로 나누어 볼 수 있다. 먼저 임신 1단계는 수정 이후부터 임신 3개월까지로, 모체가 임신의 증상을 인식하게 되고, 태아는 신체의 주요 기관과 조직을 형성하며 성별의 구분, 머리와 몸통, 팔다리의 구분이 가능해지는 시기다. 임신 2단계는 임신한 지 4개월부터 6개월까지로, 태아는 신체적 발달뿐만 아니라 정서적 측면에서 다양한 정서를 느끼게 된다. 임신 5개월이 되면서 신체활동뿐만 아니라 모체의 자궁 상태 그리고 태아가 안정된다. 마지막으로 임신 3단계는 임신 7개월부터 출산까지의 시기로 태아가 성장하여 세상에 나올 준비를 하는 단계다. 이때 태아는 근육과 신경계의 발달뿐만 아니라 소리의 강약도 구분할 수 있게 된다. 이후 출산으로 이어지면서 태아는 신생아기에 접어든다.

태아기 동안 태아의 발달에는 여러 가지 요인이 영향을 미친다. 개인적인 요인 중 부모의 유전적 요인은 장애아동을 출산할 가능성과 연계되기 때문에 사전에 관심을 기울여야 한다. 환경적 요인 중에서는 임신부의 음주와 흡연, 어머니와 태아 간의 상호작용, 출생과정 중의 외상이나 감염, 방사선 조사 등이 위험요인이 될 수 있으므로 주의해야 한다.

신생아기는 생후 28일까지의 아기를 뜻한다. 보통 3.5kg의 몸무게와 51cm 정도의 신장을 갖고 태어나는 신생아는 호흡과 영양섭취, 체온조절 및 배설작용을 통해 새로운 환경에 적응한다. 이 시기에는 불안정하고 불규칙한 특성을 보이기 때문에 세심한 주의와 관찰이 필요하다. 신생아는 외부의 특정 자극에 대해 무의식적으로 반응하는 반사운동과 감각 발달 및 미분화된 심리정서적 발달의 특징을 보인다. 이와 같은 특징을 갖는 신생아의 건강한 발달을 위해서는 무엇보다 가족의 관심과 보살핌이 중요하다.

핵심 용어

반사운동(reflex movement) 외적 자극에 대해 무의식적으로 반응하는 선천적인 근육의 운동으로서, 외부의 특정 자극에 대해 일정한 반응을 하는 형태를 띰.

산후우울증(postpartum depression) 산모가 분만 후 첫 48시간 이내에 우울감을 보이고, 이런 우울증이 산후 10일에서 길게는 1년까지 지속되는 경우 정서적 불안정, 상황에 부적절하고 예측이 불가능한 갑작스러운 눈물, 불안과 초조 등과 같은 증상을 보임.

신생아기(postneonatal) 유아기의 한 과정으로서 생후 4주까지를 뜻함.

인공유산(abortion) 태아가 독립적으로 성장할 수 있는 상태에 이르기 전에 인위적으로 임신을 중절시키는 것을 말함.

태아기(fetal, prenatal) 어머니의 자궁에서 태아가 성장과 기관계의 발달을 이루는 시기로, 수정부터 출산에 이르는 약 280일을 의미함.

생각할 문제

1. 가임여성의 지나친 음주와 흡연은 기형아 발생의 원인 중 하나로 지적되고 있다. 이에 대해 부정적 평가를 할 경우 여성의 권리를 침해하는 것으로 인식될 수도 있다. 이 문제를 어떻게 해결해 나가는 것이 좋을지 토론해 보시오.
2. 최근 우리나라는 저출산 문제가 심각한 사회문제로 떠오르고 있다. 이렇게 출산율이 급격히 낮아지는 이유와 해결방안은 무엇인지 토론해 보시오.
3. 최근 미혼모가 증가하면서 정부에서는 미혼모자시설, 미혼모자 공동생활가정 지원 등의

대책을 모색하고 있다. 하지만 일각에서는 그들에게 다양한 지원을 확대할 경우 계속 복지 수혜자로 남으려는 경향을 낳는다는 우려도 제기되고 있다. 미혼모를 위한 서비스를 확대하는 것의 장단점과 대안에 대해 토론해 보시오.

4. 인공유산 문제에 대한 찬반 논란은 오랫동안 계속되어 왔다. 이것은 그만큼 개인의 권리와 생명존중의 가치 간의 갈등문제가 중대한 사안임을 의미하는 것이기도 하다. 만약 원치 않는 임신을 하여 인공유산을 희망하는 10대의 클라이언트가 사회복지사인 당신에게 의뢰되었다면 어떻게 할지 토론해 보시오.

참고문헌

김동배, 권중돈(2005). 인간행동이론과 사회복지실천(증보판). 서울: 학지사.

김락형, 김수연, 권보형(2000). 산후우울증에 대한 임상적 연구. 동의신경정신과학회지, 11(2), 123-130.

김승권 외(2002). 저출산의 사회경제적 영향과 장단기 정책방안. 서울: 한국보건사회연구원.

김정휘(1996). 유전병과 기형아 및 유전상담. 교육연구, 14, 147-214.

성정현, 홍석준(2009). 인터넷 자료를 통해 본 한국에서의 저출산 담론의 특징과 의미: '정체성의 정치학(politics of identity)' 담론 극복을 위한 제언. 다문화가족연구, 3, 29-54. 평택: 평택대학교다문화가족지원센터.

손광훈(2008). 인간행동과 사회환경. 고양: 공동체.

손승영(2005). 한국사회 저출산 원인과 가족친화적 정책대안. 가족과 문화, 17(2), 285-316.

손홍숙(2005). 저출산과 가족지원 서비스에 관한 연구. 한국가족복지학, 10(1), 43-63.

신호철(2003). 가족력과 유전병은 달라. 대한보건협회. 건강생활, 2003(11), 20-21.

안기주(2001). 출산여성의 태교실천정도와 관련요인에 관한 연구. 이화여자대학교 대학원 석사학위논문.

윤지영(2004). 임신중 태아와의 상호작용증진 프로그램 개발 및 어머니-신생아와의 상호작용에 대한 효과. 서울여자대학교 대학원 박사학위논문.

이인정, 최해경(2007). 인간행동과 사회환경(개정 2판). 파주: 나남출판.

최윤선(2005). 산욕초기 초산모의 모성역할 적응과 산후우울과의 관계. 이화여자대학교 임상보건과학 대학원 석사학위논문.

매일경제(2009. 8. 19.). 출산율 1.19명 회복세 주춤.
메디컬투데이(2009. 12. 17.). 입양아 10명 중 9명 미혼모 자녀, 지원은 한 달에 5만 원?
연합뉴스(2010. 11. 17.). 출산장려에도 서울 신생아 2년 연속.
재경뉴스(2009. 8. 11.). 임신초기 증상 '어지럼증 심해지면 확인하세요'.

Kim, Ik Ki. (2000). Expert Group Meeting on Policy Response to Population Ageing and Population Decline.
Lutz, W., & Skirbekk, V. (2005). Policies addressing the tempo effect in low-fertility countries. *Population and Development Review, 31*(4), 699-720.

〈참고 사이트〉
네이버 백과사전 http://100.naver.com
다음 백과사전 http://enc.daum.net/dic100
마리아수녀회 http://www.sangsaeng.org
비타민 MD. http://www.vitaminmd.org

제8장

영아기

1. 영아기의 정의
2. 영아기의 발달적 특성과 발달과업
3. 영아기의 사회환경과 사회복지실천

이 장에서는 영아기(출생~3세)의 신체적 · 인지적 · 정서적 · 사회적 발달 양상과 발달과업을 살펴본다. 이 시기에 영아는 충분한 영양을 제공받고 안전하게 보호받음으로써 신체적으로 급성장한다. 그리고 주양육자와의 신뢰관계와 애착을 형성하면서 외부 세계와 관계 맺기를 시작한다. 특히 여성의 경제활동 참여가 증가하면서 영아기 자녀양육의 방식이 크게 변화하고 있는데, 이에 대한 사회적 지원의 필요성과 지원체계를 살펴본다.

1 영아기의 정의

영아기는 출생에서 만 3세까지다. 만 3세까지를 더 세분하여 만 2세까지는 영아기(infancy)로, 만 2~3세까지는 걸음마기(toddler)로 구분하기도 한다. 그러나 우리나라에서는 출생에서 36개월까지를 묶어 영아기로 부르는 것이 일반적이다.[1)]

이 시기에 영아는 제1 성장급등기(first growth spurt)라고 할 만큼 신체적으로 급격한 성장을 경험한다. 이 시기에 영아의 운동능력 발달, 감각발달과 인지발달, 언어발달이 활발하게 진행된다. 또한 영아는 정서적으로 주양육자와의 신뢰관계를 형성하며 이후 대인관계 및 사회적 발달의 토대를 마련한다.

1) 대표적으로 우리나라의 보육 서비스에서는 영아전담 어린이집의 보육 대상을 36개월 미만으로 정하고 있다.

2 영아기의 발달적 특성과 발달과업

1) 발달적 특성

(1) 신체적 발달

1 신체발육

만2세까지 아기의 몸은 놀랄 만큼 빠르게 성장한다. 질병관리본부는 2007년 새로운 소아발육 표준치를 발표하였다. 우리나라 소아의 출생 시 신장과 체중은 남아의 경우 평균 50.12cm, 3.41kg, 여아의 경우 평균 49.35cm, 3.29kg이다. 생후 3~4개월이 되면 남아는 평균 63.47cm, 7.04kg, 여아는 62.28cm, 6.64kg으로, 출생 시 체중의 2배 정도로 성장한다. 12개월이 되면 남아 76.03cm, 9.9kg, 여아 74.76cm, 9.35kg로 출생 시 체중의 약 3배가 된다. 돌 이후 24개월까지의 성장은 돌 이전에 비해 속도가 다소 느려지지만, 두 돌에 이르면 아기의 체중은 출생 시의 거의 4배로 늘어난다.

신장과 체중의 급격한 성장뿐 아니라 골격 및 근육의 발달도 현저하게 나타난다. 뼈가 연골에서 경골로 변화하고, 소천문은 4개월에, 대천문은 6~16개월, 늦어도 만 2세까지는 닫힌다. 뼈의 수도 영아기를 거치는 동안 늘어나게 된다. 팔다리가 길어지면서 신생아 때와는 달리 머리가 몸에서 차지하는 비율이 줄어든다.

인간의 뇌는 생후 5년 동안 급속하게 성장하는데, 돌 무렵까지 성인 뇌의 절반 정도로 커지고 만 2세에는 성인기 뇌 무게의 75%까지 성장한다. 뇌 무게의 성장은 뇌의 구조적·기능적 발달과 관련이 있다. 반사운동과 신체기능을 통제하는 뇌간은 출생 시 이미 완전한 기능을 하지만, 감각 정보를 대뇌피질에 전달하는 시상, 운동기능과 자세조정을 관장하는 소뇌, 기억을 관장하는 해마 등은 출생 후에 계속해서 발달하고 재편성된다(손광훈, 2008).

표 8-1 2007년 소아발육 표준치

남아		연령	여아	
체중(kg)	신장(cm)		체중(kg)	신장(cm)
3.41	50.12	출생 시	3.29	49.35
5.68	57.70	1~2개월	5.37	56.65
6.45	60.90	2~3개월	6.08	59.76
7.04	63.47	3~4개월	6.64	62.28
7.54	65.65	4~5개월	7.10	64.42
7.97	67.56	5~6개월	7.51	66.31
8.36	69.27	6~7개월	7.88	68.01
8.71	70.83	7~8개월	8.21	69.56
9.04	72.26	8~9개월	8.52	70.99
9.34	73.60	9~10개월	8.81	72.33
9.63	74.85	10~11개월	9.09	73.58
9.90	76.03	11~12개월	9.35	74.76
10.41	78.22	12~15개월	9.84	76.96
11.10	81.15	15~18개월	10.51	79.91
11.74	83.77	18~21개월	11.13	82.55
12.33	86.15	21~24개월	11.70	84.97

출처: 질병관리본부 · 대한소아과학회(2007), p. 2.

만 2세까지 감각의 발달도 빠르게 진행된다. 영아는 시각이 비교적 덜 발달된 상태에서 태어나므로 한 물체에 시선을 고정하지 못한다. 그러나 생후 1~2주가 지나면 물체에 시선을 고정시킬 수 있게 되고, 6주경에는 움직이는 물체를 추적할 수 있으며, 2~3개월이 되면 색채를 가지고 물체를 구별할 수 있게 된다.

출생 직후 높고 강한 소리에만 반응하던 청각은 생후 며칠이 지나면 여러 가지 소리에 반응하게 되고, 사람의 목소리에 더 민감한 반응을 보이게 된다. 생후 3개월이면 음소를 구별하고, 4~6개월이면 소리 나는 방향을 알 수 있게 된다(이근홍, 2006).

영아의 촉각은 출생 전부터 이미 발달되어 있는 것으로 보이며, 피부를 통해 주양육자를 친밀하게 접촉하는 것은 아기의 심리정서적 발달에 매우 중요하다.

치아는 약 6개월을 전후하여 나오기 시작한다. 맨 처음 아래 가운데 앞니가 나

표 8-2 발달이정표: 첫 2년 동안의 대 · 소근육 운동발달

운동기술	평균 성취연령	90%의 영아가 성취할 수 있는 연령 범위
똑바로 받쳐 주면 머리를 세우고 흔들거리지 않는다.	6주	3주~4개월
엎드렸을 때 팔로 지탱하여 가슴을 든다.	2개월	3주~4개월
옆으로 누운 자세에서 바로 누운 자세로 구른다.	2개월	3주~5개월
팔을 뻗는다. 주사위를 움켜쥔다.	3개월 3주	2~7개월
바로 누운 자세에서 옆으로 구른다.	4개월 반	2~7개월
혼자서 앉는다. 자유로워진 팔과 손을 외부 탐색에 활용한다.	7개월	5~9개월
무릎으로 긴다.	7개월	5~11개월
붙잡고 선다.	8개월	5~12개월
까꿍놀이를 한다.	9개월 3주	7~15개월
혼자 선다.	11개월	9~16개월
혼자 걷는다. 숟가락 잡기를 시도한다.	11개월 3주	9~17개월
엄지와 집게 손가락으로 손끝집기를 한다. 나무토막 두 개를 쌓는다.	11개월 3주	10~19개월
힘차게 휘갈겨 쓴다.	14개월	10~21개월
도움을 받아 계단을 올라간다.	16개월	12~23개월
제자리에서 뛴다.	23개월 2주	17~30개월
발가락으로 걷는다.	25개월	16~30개월

출처: Berk(2008), p. 116.

기 시작하여 늦어도 34개월까지는 20개의 젖니가 모두 나온다. 젖니는 모유 이외의 충분한 영양을 섭취하기 위해 필수적이다. 젖니가 나올 무렵부터는 서서히 이유식을 시작하게 된다. 젖니는 영구치에 비해 조직이 연하고 뿌리가 얕아서 충치가 될 위험이 높다. 젖니는 곧 빼 버릴 것이라고 생각하여 관리를 소홀히 하는 경우가 있는데, 건강한 영구치를 갖기 위해서는 일찍부터 젖니를 잘 관리해야 한다.

영아는 7개월을 전후하여 기기 시작한다. 엎드려 기기 연습을 하는 8개월 영아

돌을 갓 지나 첫걸음을 뗀 영아는 조금 더 어려운 새로운 과제에 도전한다. 계단 내려가기를 시도하는 13개월 영아

2 운동능력의 발달

이 시기에 영아는 기초적인 대근육, 소근육 운동능력을 습득해 간다. 발달이정표(development milestone)는 영아기 운동발달의 특징을 잘 보여 준다. 운동능력의 발달은 상부에서 하부로, 중추에서 말초로 일정한 방향성을 가지고 진행된다. 영아는 머리와 목을 가누는 것으로 시작하여 팔과 복부를 움직일 수 있게 되고, 허리와 골반 뼈를 조절하여 몸통을 가눌 수 있게 된다. 그다음 다리 근육을 사용하여 걸을 수 있게 된다. 또 신체의 중심에 가까운 어깨를 움직이는 것에서 시작하여 차차 손목, 손가락을 의도적으로 사용할 수 있게 된다.

일정한 방향성은 모든 영아에게 보편적이지만 특정 운동기술의 습득시기, 즉 발달의 속도에는 개인차가 있을 수 있다. 발달이정표는 각 운동기술의 평균 성취연령과 함께 90%의 영아가 그 기술을 성취할 수 있는 연령의 범위를 제시하고 있다. 이는 특정 운동기술의 습득시기가 일정한 연령 범위라는 보편성을 갖지만, 그 범위 안에서는 개인마다 차이가 있을 수 있음을 의미한다. 또한 일정한 연령 범위에 들지 않는 소수 10%의 영아에 대해서는 주의 깊은 관찰과 진단, 조기개입 등 특별한 접근이 필요하다는 것을 보여 준다.

3 영아기 건강관리

영아기의 건강을 위해서는 영양공급과 수면 등 생리적 기능을 잘 조절하는

직장 내 모유수유 시설… 10곳 중 3곳만 갖춰

우리나라 근로자 300인 이상 사업장 가운데 모유수유 시설을 갖춘 곳은 10곳 중 3곳에 불과한 것으로 나타났다. 유니세프 한국위원회가 세계 모유수유 주간을 맞아 여성부와 함께 전국 300인 이상 사업장 294개를 조사한 결과, 직장 안에 모유수유 공간(여직원 휴게실 포함)이 있는 곳은 33%에 불과했으며, 단독 모유수유 시설을 갖춘 사업장은 13%에 그쳤다고 3일 밝혔다. 업종별로는 보건 · 사회복지 관련 사업장의 비율이 76%로 가장 높았고, 금융 · 보험업 39%, 숙박 · 외식업 18% 순으로 나타났다.

유니세프 한국위원회 관계자는 "엄마에게 친근한 일터 만들기는 여성이 직장을 다니면서 모유수유와 육아를 잘할 수 있도록 보장하고, 이를 통해 여성이 중도 퇴직 없이 직장생활을 잘 할 수 있도록 도울 뿐 아니라, 나아가 저출산 문제를 해결하는 근본적 대안이 될 수 있다."며 모유수유 시설을 늘리는 직장이 많아져야 한다고 말했다(민태원 기자, 국민일보, 2009년 8월 3일에서 발췌 수정).

것, 예기치 않는 사고와 손상을 예방하는 것, 질병으로부터 보호하기 위한 예방접종 등이 고려되어야 한다.

영아의 영양섭취는 모유수유에서 시작된다. 모유는 영아에게 가장 안전한 영양 공급원이다. 모유수유는 호흡기 질환과 여러 가지 감염의 예방, 면역력 강화, 비만 방지 등에서 영아에게 이로울 뿐 아니라 유방암 위험을 낮추는 등 모체의 건강에도 도움이 된다. 모유수유 기간은 개인차가 있을 수 있으나 적어도 6개월 이상 지속하는 것이 영아와 어머니에게 도움이 되는 것으로 알려져 있다. 여성의 취업 증가 등 사회환경의 변화는 모유수유를 오래 지속하기 어렵게 하므로 이에 대한 사회적 대응이 필요하다.

영아의 활동량이 늘어남에 따라 필요한 열량 및 영양소가 많아지고 영아에게 치아가 생기면 서서히 이유(離乳)를 시작하게 된다. 이유는 유동식에서 고형식으로 점차 적응해 가는 과정이다. 이유의 시작 시기나 방법은 영아마다 개인차가 있다. 가장 중요한 원칙은 영아의 반응을 살피며 자연스럽게 진행하는 것이다. 일반적으로는 출생 시 체중의 2배가 되는 4개월을 전후하여 묽은 죽을 먹이는 것으로 시작된다. 6~7개월에는 약간의 덩어리가 있는 이유식과 함께 숟가락과 컵의 사용을 익힌다. 그리고 돌을 전후하여 밥과 반찬으로 서서히 옮아가게 된다.

영아는 덩어리 음식을 먹게 되면서 젖꼭지가 아닌 숟가락과 컵을 사용하게 된다. 따라서 좁고 높았던 입천장이 낮고 평평해지며 입술을 다양한 모양으로 움직이게 되는데, 이는 언어발달의 기초를 마련하는 것이기도 하다. 즉, 이유는 단순히 먹는 음식과 영양의 변화뿐 아니라 언어발달을 준비하는 과정이기도 하다.

영아기의 영양실조는 특히 치명적이다. 영아기에 영양실조를 경험한 아기들과 비슷한 가정환경이지만 적절한 영양을 섭취한 아기들을 비교한 연구 결과, 영아기 영양실조 영아는 학령전기에 이르러 몸무게 등 신체적인 성장을 회복할 수 있었음에도 지능검사에서 낮은 점수를 보였고 수업시간의 주의집중에도 어려움을 보였다(Kail, 2008).

영아기의 수면 양상 역시 개인차가 있으나 표준 수면시간은 〈표 8-3〉과 같다. 일반적으로 신생아기에 낮과 밤이 바뀌는 현상이 자주 일어나지만, 백일 무렵이 지나면 서서히 제자리를 찾는다.

영아기의 건강한 발달을 위해 예기치 않은 사고와 손상을 예방하는 것도 중요하다. 영아는 운동성 발달과 함께 탐색의 범위가 점점 넓어지지만 아직 스스로의 안전을 지키지는 못한다. 따라서 양육자의 각별한 주의가 필요하다. 높은 곳에서 떨어지는 것, 약물이나 작은 물건을 집어 삼키는 것, 뾰족한 물건에 찔리는

표 8-3 영아기의 수면 양상

연령	낮잠 횟수	하루 총 수면시간
0~2개월	7~8회	18~20시간
2~6개월	3~4회	16~18시간
6~12개월	2~3회	14~16시간
12~24개월	1~2회	12~14시간

출처: 손광훈(2008), p. 242.

표 8-4 국가필수 예방접종표

예방접종명	접종시기	
	기본 접종	추가 접종
BCG(결핵)	생후 4주 이내 (3~4주, 4kg 이상 권장)	-
DTaP(디프테리아, 파상풍, 백일해)	2, 4, 6개월	18개월, 만 4~6세
소아마비	2, 4, 6개월	만 4~6세
MMR(홍역, 볼거리, 풍진)	12~15개월	만 4~6세
B형간염	생후 0, 1, 6개월	
일본뇌염	1차: 생후 12~24개월 2차: 1차 접종 후 7~14일 3차: 2차 접종 후 12개월	만 6세, 만 12세

것, 화장실 욕조나 변기에 빠지는 것, 뜨거운 물이나 열기구에 화상을 입는 것, 감전 등 가정 내 안전사고의 위험이 높다. 두상을 예쁘게 하려는 마음에 아기를 엎어서 재우는 것은 영아돌연사를 유발시킬 수 있다. 특히 푹신한 침대에 아기를 엎어 재우는 것은 질식의 위험이 있으므로 각별히 유의해야 한다. 아기를 자동차에 태울 때는 반드시 영아용 안전의자를 설치해야 한다.

영아기의 질병을 예방하기 위해 질병관리본부에서는 〈표 8-4〉와 같이 국가필수 예방접종을 권장하고 있다.

(2) 심리적 발달

1 인지발달

피아제(J. Piaget)는 출생에서 2세까지를 감각운동기(sensorimotor stage)라고 하였다. 이 단계는 불수의적인 반사행동이 점차 목적 지향적인 행동으로 변화하는 시기다. 단순한 동작으로서 자신의 팔을 뻗어 올렸던 영아는 점차 탁자 위에 있는 과자를 집어 내리기 위해 팔을 뻗게 된다. 목적 지향적인 행동이란 어떤 목적을 이루기 위해 몇 가지 단순 동작을 연합하는 것을 의미한다. 즉, 탁자 위에 있는 과자를 얻기 위해서 영아는 팔을 뻗는 동작뿐 아니라 때로 의자를 탁자 밑에 놓고 그 위에 기어오르는 동작을 연합해야 한다.

만 2세까지의 영아에게 가장 중요한 인지적 과제는 대상영속성(object permanence)을 형성하는 것이다. 대상영속성은 사물이 우리의 바람이나 생각과는 상관없이 독립적으로 존재하고 있음을 이해하는 능력이다. 즉, 사물이 내 눈에 보이지 않아 없는 것같이 생각되더라도 그것이 여전히 존재하고 있음을 아는 능력이다. 이는 감각적으로 접하고 있지 않더라도 어떤 대상의 심상을 마음속에 떠올릴 수 있는 능력, 즉 기억력과 관련되어 있다.

피아제에 따르면 4개월의 아기는 장난감을 담요 속에 감추면 곧 장난감을 잊어버린다. 그러나 대상영속성을 형성한 만 2세의 영아는 담요를 들추어 장난감을 찾을 수 있다. 장난감이 눈에 보이지 않아도 그 심상을 마음속에 간직하여 그것이 존재함을 알 수 있기 때문이다. 탁자 위에 있는 과자가 지금 당장 눈에 보이지 않더라도 탁자 위에 과자가 있음을 기억하고 그것을 얻기 위해 몇 가지 동작을 목적 지향적으로 조합하는 것은 대상영속성이 형성되어야 가능한 행동이다.

피아제는 감각운동기를 다시 다음의 6단계로 구분하였다(Ashford, LeCroy, & Lortie, 2006).

① 반사행동(reflex activity, 출생~1개월): 피아제에 따르면 타고난 반사행동은 인지발달의 밑바탕을 이룬다. 영아의 볼을 건드리면 영아는 자극이 있는 방향으로 머리를 돌리면서 입을 벌려 닿는 물건을 빤다. 영아는 손에 닿는 물건을 움켜잡을 수 있고, 종소리가 들리면 소리가 나는 쪽으로 머리를 돌릴 수 있다. 이러한 행동은 원시적인 반사행동으로서 의도적인 것은 아니지만 외부 환경을 탐색할 수 있는 기초가 된다.

② 일차적 순환 반응(primary circular reactions, 1~4개월): 이 시기에 영아는 반사행동이 어떤 원하는 결과를 가져올 수 있다는 것을 알고 그 행동을 반복할 수 있게 된다. 예컨대, 빠는 행동을 함으로써 젖을 먹고 배가 고프지

않게 됨을 경험한 영아는 빠는 행동을 반복할 것이다. 우연적인 반사행동을 통해 영아는 새로운 행동 패턴을 획득하게 되는 것이다. 영아는 자신의 몸(일차적)과 반복되는 동작(순환적)에 관심을 집중한다. 피아제는 이 시기의 영아가 오직 스스로 시작하는 동작만을 반복할 수 있고 다른 사람의 동작을 모방하지는 못한다고 하였다.

③ 이차적 순환 반응(secondary circular reactions, 4~8개월): 이 시기의 영아는 자신의 몸이 아닌 외부 대상에 초점을 돌릴 수 있게 된다는 점에서 '이차적'이다. 영아는 자신의 몸뿐 아니라 다른 물체를 통제하는 방법을 배우게 되고 어떤 결과를 위해 행동을 반복한다. 예컨대, 자신의 발에 끈으로 연결된 모빌을 바라보며 침대에 누워 발길질을 하고 있는 영아는 모빌의 움직임을 보기 위해 발길질을 반복한다.

④ 이차적 도식의 조합(coordination of secondary schemes, 8~12개월): 이 시기의 영아는 몇 가지 무작위적인 동작을 배워서 어떤 목적을 얻기 위해 그 동작들을 조합할 수 있다. 피아제는 이를 '의도적인 수단-목적 행동(intentional means-end behavior)'이라 하였다. 이제 영아는 다른 사람이 행한 행동을 모방할 수 있고, 기본적인 대상영속성을 형성한다. 9개월 된 영아 앞에서 장난감을 담요 밑에 숨기면 영아가 담요를 들추어 장난감을 찾을 수 있다. 그러나 장난감을 하나의 담요 밑에 반복적으로 숨기다가 다른 담요 밑에 숨기면 영아는 원래의 담요를 들추어 장난감을 찾으려고 할 것이다. 영아가 보는 앞에서 장난감을 다른 곳에 숨기더라도 영아는 원래 장난감을 감추었던 장소에서 장난감을 찾으려고 한다. 이는 사물의 존재성에 대한 이해가 단편적임을 보여 주는 것으로, 자신이 반복적으로 보았던 사물의 위치와 현재 사물의 위치를 구별하지 못하는 것이다.

⑤ 3차 순환 반응(tertiary circular reactions, 12~18개월): 이 시기의 영아는 탐험가가 된다. 그들은 더 이상 무작위적인 동작에 의존하지 않고 스스로 어떤 행동을 생각해 낼 수 있다. 영아 앞에서 장난감을 하나의 담요 밑에 숨겼다가 또 다른 담요 밑에 옮겨 숨기면 영아는 이제 두 번째 담요를 들추어

장난감을 찾아낼 수 있다. 그러나 장난감을 상자에 넣어 그 상자를 담요 밑에 숨겼다가, 장난감을 상자에서 빼서 담요 밑에 감추고는 상자를 담요 밖으로 꺼내 놓으면 영아는 장난감 때문에 담요가 불룩 튀어올라 있는 것을 보면서도 상자를 열어 장난감을 찾으려고 한다. 즉, 눈에서 보이지 않는 채로 상태가 변화하는 것에 대해서 상상하지 못하는 것이다.

⑥ 표상적 사고의 시작(beginning of representational thought, 18～24개월): 이 시기의 영아는 말을 하거나 어떤 몸짓을 사용하여 자기표현을 하기 시작한다. 상징을 사용할 수 있는 능력이 생겼음을 보여 주는 것이다. 영아는 손을 흔들거나 고개를 숙이는 동작 또는 '안녕'이라는 말을 사용하여 어떤 의미를 표현한다. 가장행동이나 가장놀이를 시작하는 것도 상징의 사용을 보여 주는 것이다. 이제 영아는 대상영속성을 완전히 획득하고 대상이나 인물에 대한 심상을 기억할 수 있고 문제 해결도 할 수 있다. 그러므로 영아는 보지 않을 때 장난감을 숨기더라도 그것을 찾아낼 수 있고, 탁자에 과자상자를 올리는 장면을 보지 못했을지라도 과거에 과자상자가 탁자 위에 있었다는 기억만으로도 탁자 위의 과자를 찾을 수 있다.

피아제는 영아에 대한 실제 관찰을 통해 인지이론의 기초를 마련하였다. 그는 영아가 감각운동에 의한 경험을 통해 외부 세계에 대한 도식을 발전시킨다고 설명하였다. 최근 영아에 대한 연구 결과는 피아제가 상상할 수 없을 만큼의 능력을 이들이 가지고 있음을 보여 준다. 피아제가 설명한 것보다 더 이른 시기에 영아는 대상영속성의 최초의 징후나 문제 해결력의 발달 징후를 보인다는 것이다. 이는 피아제 이론의 기본적인 가정에 대해 의문을 제기하는 것이다. 즉, 인간은 감각적인 경험을 통해 정신적 표상을 구성하는 것뿐 아니라 자신의 경험과 외부 세계에 대해 지각하기 위한 타고난 인지적 장치를 가지고 있다는 주장이 제기되는 것이다. 이처럼 피아제 이론은 인간의 인지발달에 대한 다양한 논쟁을 불러일으킴으로써 이후 인지이론이 더욱 다양하고 정교하게 발전하는 토대를 이루었다.

2 언어발달

영아기의 아기는 아직 유창하게 언어를 사용하지 못한다. 그러나 언어발달의 징후는 영아기에 이미 나타나기 시작한다. 태어나면서부터 보이는 울음, 모음 소리내기, 옹알이, 한 단어 표현하기 등은 언어발달의 기초를 형성하는 것이다.

신생아기의 울음은 미분화된 울음이지만, 생후 1개월이 되면 울음의 고저, 강도 등이 분화된다. 울음을 통해 주양육자와의 의사소통이 가능하다. 생후 6주경부터는 울음 이외에 모음으로 구성된 소리('아아~' '우~')를 내는데 이를 쿠잉(cooing)이라 한다. 2개월 즈음이 되면 자음과 모음으로 구성된 음절 소리('바바바바' '부부부')를 낸다. 옹알이(babbling)를 시작하는 것이다. 옹알이는 성대를 이용한 발성 연습의 시작이다. 옹일이에 대한 주변 사람의 반응을 통해 영아는 자기가 속한 언어사회의 소리와 억양을 듣고 그것을 자신이 내는 소리에 반영하여 첫 단어 단계로 넘어가게 된다.

따라서 영아의 여러 가지 언어발달 징후에 대해서 적극적으로 반응해 주는 것이 필요하다. 청각장애 영아의 경우에도 일반영아와 동일한 시기에 옹알이를 시작한다. 그러나 옹알이가 다음 단계로 발달하기 위해서는 영아가 인간의 말을 들을 수 있어야 한다. 청각손상으로 다른 사람의 말을 듣지 못하면 옹알이에서 말로 전환하는 시기가 지연되거나 나타나지 않게 된다.

일반적으로 만 1세 무렵이 되면 첫 단어를 시작하게 되는데, 주로 '엄마' '아빠' '멍멍' '음머' 등이다. 이 시기에는 한 단어를 여러 가지 의미로 사용한다. 예를 들면, '엄마'라는 한 단어가 때로는 '엄마, 배고파' '엄마, 이리 와' 등의 서로 다른 뜻으로 쓰인다. 과잉축소 또는 과잉확장이 일어나기도 한다. '인형'이라는 일반명사를 자신의 인형으로만 과잉 축소하여 사용한다든지, 네발 달린 짐승을 모두 '멍멍'이라고 과잉 확대하여 사용하는 것이다.

만 1세가 지나면서 영아는 사용하는 단어의 수를 서서히 늘려 가는데, 20개월까지 약 50개 단어, 24개월까지 약 180개 단어를 습득하는 것으로 알려져 있다. 18개월을 전후하여 영아는 사물의 이름(명사)을 빠르게 습득하게 되는 명명폭발기(naming explosion)에 이르게 되어 1주일에 약 10개 이상의 새로운 단어를 습득한다.

18～24개월이 되면 아기는 '주스 더' '아탕(사탕) 줘' '아빠 자전거' 처럼 간단한 구나 절을 만들기 위해 두 단어 이상을 연결한다. 그러나 사용하는 단어가 제한되어 있고 여러 개의 단어를 연결하지는 못한다. 조사, 관사, 전치사 등을 생략한 채로 축약하여 사용하므로, 마치 전보(電報)와 같은 언어를 사용하게 된다.

다른 사람의 언어를 듣고 이해하는 능력(수용언어)이 스스로 언어를 사용하는 능력(표현언어)보다 먼저 발달한다. 만 2～3세 무렵에는 수용언어는 많이 발달하지만 표현언어를 구사하는 능력은 아직 미숙하여 의사소통에서 문제가 발생하게 된다. 예컨대, 아이가 말귀를 다 알아들으면서도 말을 듣지 않고 떼를 쓰고 고집을 피우는 것으로 보이기 때문에 양육자와의 갈등이 빈번하게 발생하게 된다. 이는 양육자의 말을 안 듣는 것이라기보다는 자신의 다른 의견을 말로 표현하지 못하는 결과다. 이러한 갈등은 만 3세가 지나 표현언어가 유창해지면서 자연스럽게 해소된다.

언어발달은 단지 발성기관의 발달뿐 아니라 영아의 인지발달 및 사회성 발달과 밀접히 관련되어 있다. 언어를 사용하는 것은 자기표현 및 외부와의 소통에 대한 욕구, 외부 세계에 대한 이해, 언어라는 상징체계를 사용할 수 있는 인지능력 등 다양한 영역의 발달이 필요한 능력이다. 따라서 언어발달에 대한 세심한 관찰을 통해 영아의 발성기관 발달, 청각기관 발달, 인지 및 사회성 발달 등을 살필 수 있어야 한다. 또한 언어발달을 촉진하기 위해서는 영아가 내는 다양한 소리에서부터 민감하게 반응을 보여 주는 것이 필요하다.

3 정서발달

신생아는 기쁨과 고통의 두 가지 정서만을 경험한다고 한다. 그러다가 다양한 정서가 발달하게 되어 8～9개월이 되면 기쁨, 분노, 슬픔, 공포 등의 기초정서(basic emotions)를 다 느낄 수 있게 된다.

2～3개월이 되면 영아는 기쁨을 느끼며 다른 사람의 얼굴을 바라보고 미소짓는다. 사회적 미소(social smiles)가 나타나는 것이다. 이 시기에는 슬픔의 감정

도 표현할 수 있게 된다. 어머니가 놀아 주기를 멈추고 방을 떠나면 영아는 슬픈 표정을 짓는다.

4~6개월이 되면 분노 감정을 나타낸다. 좋아하는 장난감을 빼앗기거나 자신이 의도했던 목적 지향적인 행동을 제지당하면 화를 낸다. 만 1~2세 사이에는 독립심이 강해지면서 분노 반응도 함께 늘어난다.

6개월에서 만 1세 무렵까지는 공포 반응이 발달한다. 영아기에는 주양육자의 보호 안에서 공포를 느낄 만한 환경을 비교적 덜 접하게 된다. 6개월 즈음부터 나타나는 낯선 사람에 대한 긴장과 불안, 주양육자와의 분리에 대한 불안은 공포 반응의 한 양상이라고 할 수 있다. 낯가림(stranger anxiety)이나 분리불안(separation anxiety)은 6~7개월경에 시작하여 만 1세 무렵에 최고조에 달하고 이후 서서히 사라진다.

기쁨과 분노 같은 기초정서뿐 아니라 자부심, 죄책감, 당혹감 같은 복합정서도 만 2세 이전에 발달한다. 성공감이나 자부심 또는 실패감이나 죄책감은 자신의 목표와 기대가 충족되었는지의 여부에 따라 발생하는 정서다. 이는 스스로에 대한 기대감이나 자신이 해야 되는 일과 해서는 안 되는 일에 대한 의식, 즉 자아에 대한 의식을 기초로 하는 감정이다. 따라서 이러한 자기 의식적 정서(self-conscious emotions)가 18~24개월 사이에 발달하는 것은 자아의 성장과 관련이 있다.

정서발달은 영아가 외부 환경을 탐색하고 적응하는 데 중요한 역할을 한다. 영아가 자신의 감정을 느끼고 표현하는 능력, 그리고 다른 사람의 감정을 포착하고 이해하는 능력은 영아로 하여금 외부 세계의 위험에 대해서 인식하고 대처하고 적응할 수 있도록 돕는다. 4~6개월이 되어 자신의 기쁨과 슬픔을 표정으로 표현할 수 있게 된 영아는 이와 거의 비슷한 시기에 주양육자가 웃는지, 찡그리는지를 구분할 수 있게 된다. 영아는 점차 그런 표정의 차이가 무엇을 뜻하는지도 이해할 수 있다. 영아는 더 나아가 자신이 이해한 주양육자의 감정 상태를 자신의 감정이나 행동 방향을 정하는 데 기초자료로 활용할 수 있게 된다. 이를 사회적 참조(social referencing)라고 한다. 예컨대, 낯선 물건에 대해 어머니가 경계하고 조심하는 모습을 보이면 영아도 그 물건을 경계하며 가지고 놀려고 하지 않는다.

따라서 양육자는 영아가 자신의 감정을 느끼고 표현하도록, 그리고 다른 사람의 감정에 대해 이해하고 공감하도록 감정발달을 촉진시켜야 한다. 가장 중요한 것은 영아의 감정에 대해서 지속적으로 민감하게 반응해 주는 것이다.

(3) 사회적 발달

영아기의 사회적 발달은 주로 주양육자와 맺는 유대감에서 비롯된다. 애착이론(attachment theory)은 출생 후 1년 동안의 주양육자와 맺게 되는 강한 정서적 유대가 이후 성인기의 대인관계에 미치는 영향을 강조한다. 애착이론에 따르면 인생 초기의 애착 경험은 내적 작용 모델(internal working model)을 형성한다. 내적 작용 모델이란 내가 사랑과 지지를 받을 만한 가치가 있는 존재인지, 타인은 신뢰할 수 있고 나에게 도움을 줄 수 있는 존재인지에 대한 내적 표상이다. 사람들은 영아기의 애착관계를 통해 형성된 내적 작용 모델에 기초하여 사건을 지각하고 해석하며 미래를 예상하고 행동계획을 세운다. 즉, 영아기에 형성된 애착 경험이 청년기 이후 자신과 타인에 대한 지각, 대인관계 형성, 스트레스 상황에 대한 해석과 대처방식 등에 영향을 미친다는 것이다.

볼비(J. Bowlby)에 따르면 애착은 다음과 같은 4단계를 거쳐 발달한다(Berk, 2008, p. 356).

- 1단계인 애착 전 단계는 출생에서 6주까지다. 영아는 주양육자의 냄새와 목소리, 얼굴을 인식하지만 아직은 강한 애착을 형성하지 않는다. 영아가 친숙하지 않은 타인과 남겨지더라도 별로 개의치 않는 것은 주양육자와의 애착이 형성되지 않았음을 보여 주는 것이다.
- 2단계인 애착형성 단계는 6주에서 6~8개월까지의 시기다. 영아는 주양육자와 낯선 사람에 대해 서로 다른 반응을 보인다. 영아는 주양육자와 있을 때 더 많이 웃고 옹알이를 하며 친밀감과 신뢰감을 표현한다. 그러나 아직

주양육자와 분리되었을 때 강하게 저항하지는 않는다.

- 3단계는 명백한 애착단계로서 6~8개월에서 18개월경까지다. 이때는 주양육자와의 애착이 명백해져서 분리불안을 강하게 표현한다. 분리불안이 심한 영아는 잠시도 주양육자를 떠나려 하지 않는다. 이 시기에 돌보는 사람이 바뀌게 되면 적응에 어려움이 클 수 있다.
- 4단계는 호혜적 관계형성 단계로서 18개월부터 2세를 전후한 시기다. 이 시기에는 인지와 언어 능력이 발달하면서 주양육자가 있고 없는 이유를 설명해 주면 이해할 수 있고 언제 돌아올지도 예측할 수 있게 되어 분리불안이 서서히 없어진다. 이제 애착의 대상이 주양육자로만 국한되지 않고 자주 만나는 다른 사람으로 확대된다.

2) 발달과업

에릭슨(E. H. Erikson)의 심리사회적 발달이론에 따르면 영아기의 발달과업은 신뢰감 대 불신감, 자율성 대 수치심이다. 다시 말해, 주양육자와의 상호작용 속에서 외부 세계에 대한 신뢰감을 형성하고, 사회적 기대에 부합하여 자신의 욕구를 조절하는 능력을 기르는 것이다. 신뢰감과 자율성의 경험은 이후의 발달과업을 달성하는 기초가 된다.

(1) 신뢰감 대 불신감(trust vs. mistrust)

출생에서 만 1세 무렵까지 영아가 맺는 사회적 관계는 주로 주양육자와의 관계다. 영아는 주양육자에게 절대적으로 의존할 수밖에 없다. 이때 주양육자가 영아의 신체적 · 심리적 욕구와 필요에 일관되고 민감하게 반응해 주면 영아는 양육자에게 신뢰감을 형성한다. 예컨대, 영아의 기저귀가 젖었거나 배가 고플 때 어머니가 민감하게 이를 알아차리고 기저귀를 갈아 주거나 젖을 물리면 영아는 어머니에 대한 신뢰감을 형성할 것이다. 기본적인 신뢰감을 형성한 영아는 심리적 안정감을 갖게 되고 이러한 태도를 다른 상황에도 확산시킬 수 있다. 가령 주양육자가 잠시 자기 곁을 떠나더라도 쉽게 불안해지지 않고 곧 돌아올 것임을 믿고 기다릴 수 있게 되는 것이다.

그러나 주양육자가 영아의 욕구와 필요에 반응하지 않거나 영아를 다루는 방식에 일관성이 없으면 영아는 불신감을 형성하게 된다. 불신감의 경험이 전적으로 부정적이기만 한 것은 아니다. 인생을 살아 나가면서 신뢰할 수 있는 타인만을 만나게 되는 것은 아니기 때문에 불신의 경험도 필요하다. 그러나 긍정적인 성격발달을 위해서는 불신감보다는 신뢰감의 경험이 더 많아야 한다. 에릭슨 이론에서 인생 초기의 발달과업인 신뢰와 불신이 중요한 것은 그것이 이후 인생 전반에 걸쳐 맺게 되는 사회적 관계에서의 기본적인 태도를 형성한다고 보기 때문이다.

(2) 자율성 대 수치심과 의심(autonomy vs. shame & doubt)

만 1~3세까지의 발달과업을 에릭슨은 자율성 대 수치심이라고 하였다. 이 시기의 영아는 여러 가지 상반되는 충동 사이에서 스스로 선택을 해 보면서 자율성을 형성하게 된다. 영아는 근육이 발달하면서 대소변 통제가 가능하게 되고, 걸을 수 있게 되면서 혼자서도 주변을 열심히 탐색할 수 있게 된다. 음식도 혼자서 먹으려고 하며, 의사소통에서도 "내가 할 거야!" "내 거야!" 등 스스로 하는 것에 대한 주장을 많이 하게 된다. 이렇게 되면 양육자는 영아가 사회적으로 적합한 행동을 하도록 훈육하기 시작한다.

이러한 양상이 가장 집약적으로 드러나는 경험이 배변훈련이다. 배변훈련은 적절하게 긴장하고 이완할 수 있는 근육의 힘과 상황에 대한 이해력을 요구할 뿐 아니라, 스스로 선택해서 행동하고자 하는 영아의 욕구와 영아의 행동을 적절하게 통제하고자 하는 사회적 압력이 충돌하는 지점이다. 사회적 압력과 자신의 욕구를 잘 맞추어 배변을 조절하는 경우 영아는 자율성을 경험할 것이다. 반대로 사회적 기대에 맞게 배변을 조절하지 못하여 실수를 반복하게 되면 영아는 수치심과 회의감을 갖게 될 것이다.

3 영아기의 사회환경과 사회복지실천

1) 미시 수준

(1) 발달지연과 조기 개입

영아기의 발달에서 가장 중요한 것은 아동의 신체적 · 심리적 · 사회적 발달이 순조롭게 이루어지고 있는가 하는 것이다. 발달의 지연을 조기에 발견하여 조기에 개입하는 것은 장애를 최소화하는 데 매우 중요한 역할을 한다. 따라서 부모, 조부모, 보육교사 등 영아를 가까이에서 관찰할 수 있는 사람들은 일반적인 발달과정에 비추어 영아의 발달 수준을 점검하여야 한다. 신체적 · 정신적 발달지연은 여러 가지 원인에 의해 나타날 수 있고, 그 지연 정도는 개인차가 크기 때문에 개별적인 관찰과 진단이 필요하다. 정신지체와 뇌성마비는 이 시기에 발달지연을 가져오는 주요 원인으로서 대체로 영아기에 많이 진단되는 장애다.

[1] 지적장애

최근 장애인복지법의 개정으로 정신지체(mental retardation)는 지적장애로 불린다. 지적장애는 낮은 지능과 함께 적응행동에서의 결함을 보이는 장애로, 우리나라에서는 지능지수 70 이하로 규정되어 있다.

지적장애의 원인으로는 선천적 요인, 출산 시의 문제, 환경적 요인 등이 거론된다. 선천적 요인으로는 유전인자의 결함, 대사장애, 염색체 이상 등 유전적 요인과 미숙아, 산모의 감염이나 질병, 태아와 산모의 혈액형 불일치로 인한 용혈 등을 들 수 있다. 또 난산으로 인한 뇌손상 등 출산과정에서의 문제나 임산부의 영양실조, 방사선, 약물, 환경 호르몬의 영향 등 환경적 요인도 지적장애를 일으킬 수 있는 것으로 알려져 있다. 출산 후의 고열, 영양결핍, 뇌염, 뇌막염 등의 질병, 안전사고 등으로 뇌가 손상되는 경우도 지적장애를 가져올 수 있다. 하지만 그 원인을 알 수 없는 경우가 훨씬 더 많다.

지적장애를 가진 영아는 인지발달이 늦되면서 여러 가지 신변처리 기능이나 언어발달이 지연된다. 지적장애는 특정 영역에 국한되지 않고 전반적인 발달 영역에서의 지연을 가져온다.

2 뇌병변장애

뇌병변장애를 일으키는 가장 대표적인 질환인 뇌성마비 또한 영아기의 발달검사를 통해 조기 발견과 조기 개입을 하는 것이 중요하다. 뇌성마비는 중추신경계의 손상에 의해 근육마비, 협응성 장애, 근육 약화, 기타 운동기능에서의 문제를 보이는 장애다. 경우에 따라 감각, 지각, 청력, 시력, 언어, 인지 능력에서의 장애를 동반한다. 뇌성마비는 풍진 감염, 산모와 태아의 혈액형 불일치, 조산이나 미숙아, 임산부의 영양 부족 및 감염 등 선천적 원인과 교통사고, 낙상, 질환 등의 후천적 원인으로 발생할 수 있다.

장애의 조기 발견과 조기 개입을 하기 위해서는 부모를 비롯한 양육자가 영아의 발달을 살피고 발달상의 이상 징후를 알아차릴 수 있는 능력을 갖는 것이 중요하다. 그러나 이보다 더 중요한 것은 출산 이후 정기적으로 영아의 건강과 발달을 점검해 주는 지역사회 사례관리체계를 마련하는 것이다. 사회복지사는 영아기의 발달지연을 조기에 발견하고 가능한 한 빨리 적절한 치료와 교육을 받을 수 있도록 장애인복지관을 비롯한 지역사회 자원을 연결해야 한다. 또 영아의 발달지연에 대해 가족이 적응하고 적절히 대처할 수 있도록 가족을 상담하고 지원해야 한다.

(2) 부모의 양육태도

영아기의 사회환경은 거의 대부분 가족, 특히 자신을 가장 가까이에서 돌보아주는 부모와의 상호작용이다. 따라서 부모가 어떠한 양육태도를 가지고 영아를 돌보는가 하는 것이 아이의 정서적 · 사회적 발달에 중요한 영향을 미친다.

일반적으로 양육태도(child-rearing style)는 허용과 관여, 통제, 자율성의 인정의 세 가지 차원에서 구분된다. 즉, 부모가 자녀의 욕구에 대해 허용하고 관심을 기울이는 수준, 자녀의 성숙한 행동을 증가시키기 위해 조정하고 통제하는 수준, 자녀의 자율적인 선택권을 인정해 주는 수준에 따라서 다음 네 가지의 양육태도가 나타날 수 있다.

첫째, 온정적-권위형 양육태도다. 이는 가장 바람직한 양육태도로서 자녀에게 따뜻한 관심을 가지고 합리적인 수준에서의 기대와 요구를 표현하며 자녀의 의사결정을 존중하고 지지해 주는 것이다.

둘째, 권위형 양육태도다. 자녀의 욕구에 대해 수용적이지 않고 부모의 뜻에

표 8-5 자녀양육 태도 유형과 아동발달에 대한 영향

양육태도	허용과 관여	통제	자율성의 인정	아동발달 및 적응의 결과
온정적 권위형	자녀의 요구에 대해 민감하게 반응하고 관심이 있으며, 참을성을 갖고 자녀와 관계를 형성	자녀에게 합리적 요구를 하고 부모의 지시에 대해 설명하며 일관된 입장과 태도를 유지	자녀 스스로 결정하도록 기회를 제공하고 자녀의 생각, 감정, 욕구를 표현하도록 지지하며 의견이 불일치하는 경우 함께 의사를 결정	낙관적이고 즐거운 기분, 높은 자존감, 자기조절, 참을성 있는 과업 수행, 협조적
권위형	자녀에 대해 냉담한 태도를 보이고 거부적으로 행동하며 자녀를 빈번히 비난	체벌과 권력을 이용해 자녀에게 강압적으로 요구하고 자녀의 자율성을 인정하지 않으며 사랑을 회피	자녀를 대신하여 부모가 모두 결정하고 드물게 자녀 입장에서 의견을 고려	불안, 고립, 불행한 기분, 욕구불만 시 적대감 표출, 저조한 학업성취도
허용형	자녀에게 따뜻하게 반응하지만 지나치게 관대하고 자녀와 건성으로 관계를 형성	자녀에게 요구 자체가 거의 없음	발달단계상 자녀가 충분히 준비되지 않은 상태에서 많은 것을 결정하도록 함	충동적, 반항적, 성인에 대한 요구 과다, 의존적, 인내심 부족, 저조한 학업성취도
무관심형	자녀와 정서적으로 분리, 고립된 관계를 유지	자녀에게 요구 자체가 거의 없음	자녀의 의사결정이나 입장에 대해 무관심	애착관계 형성, 인지발달, 놀이관계, 정서적 · 사회적 기술 등 발달과정 전반의 문제 발생

출처: Berk(2008), p. 484.

따라 자녀를 강제하려고 하며 자녀에게 자발적인 선택과 결정의 기회를 주지 않는 것이다. 이는 자녀로 하여금 불안, 고립, 불행한 기분을 느끼게 하고 적대적으로 욕구를 표출하도록 만든다.

셋째, 허용형 양육태도다. 자녀의 욕구와 감정에 대해 수용적이고 깊이 관여하지만 지나치게 관대하고 자녀가 요구하는 합리적인 규제조차 제시하지 않는다. 즉, 자녀가 자기 결정 준비가 안 된 상태임에도 너무 많은 결정을 내리도록 하는 것이다. 그 결과 자녀는 충동적이거나 부모에게 과도하게 의존하고, 자신의 결정에 대해 스스로 안정감을 느끼지 못함으로써 자존감이 낮아질 수 있다.

넷째, 무관심형 양육태도다. 이는 자녀에 대해 무관심하여 조절이나 통제의 노력을 기울이지 않는 것이다. 자녀와 정서적으로 유리되어 있거나 부모 스스로 과도한 스트레스 또는 우울감에 빠져 상황을 회피하는 경우가 해당된다. 특히 부모의 무관심한 태도가 아동발달 초기부터 있었을 경우에는 안정적인 애착관계를 형성하기 어렵다.

사회복지사는 부모가 온정적 권위형의 양육태도를 가질 수 있도록 지원할 필요가 있다. 이를 위해서는 부모역할 훈련 등 자녀양육 방식에 대한 부모교육이나 부모의 양육 스트레스를 감소시킬 수 있는 지지모임뿐 아니라 부모 역할을 방해하는 다양한 사회경제적 위험요인에 대한 개입도 필요하다.

2) 거시 수준

(1) 보육 서비스

전통적인 가족 안에서 여성의 역할은 가정 안에 머물며 취약한 가족 성원, 즉 아동, 노인, 환자 등을 돌보는 것이다. 그러나 현대사회에서 여성의 경제활동 참여는 급격히 증가하고 있다. 우리나라 기혼여성의 경제활동 참가율은 49.5%에 이른다.

여성 성역할의 변화와 노동시장 참여의 증가는 필연적으로 아동양육 방식의 변화를 가져온다. 보육 서비스는 영유아기 아동의 발달을 위해 아동을 보호 · 육성하고 교육을 제공하는 동시에 가족의 아동양육 부담을 사회가 분담하는 것이다. 아동과 가족 모두의 욕구를 충족시키기 위한 복지 서비스인 것이다.

우리나라에서는 1991년 영유아보육법의 통과로 보육 서비스의 전기가 마련되었다. 영유아보육법 이전에 보육은 생계를 위해 일하지 않으면 안 되는 저소득 취약계층 여성을 위한 선별적 서비스로 인식되었다. 그러나 영유아보육법의 제정으로 보육 서비스는 아동을 위한 보편적 서비스로 인식이 전환되었다. 보육 서비스는 취업모의 양육 부담을 덜어 주는 목적뿐 아니라 아동의 교육과 복지를 위해 모든 아동에게 보편적으로 제공되어야 하는 서비스로 인식된 것이다. 이제 보육 서비스는 단순히 아동의 안전한 보호만이 아니라 아동과 가족을 위한 통합적인 서비스의 장으로 변화하고 있다.

그럼에도 현재의 보육 서비스는 여러 가지 문제점을 안고 있다(윤혜미, 김혜래, 신영화, 2005; 이재연 외, 2008).

첫째, 보육 서비스 수요와 공급의 불균형이 존재한다. 2008년 현재 보육시설의 정원 수는 약 134만 명으로 5세 이하 아동 수 약 280만 명의 약 47%에 불과하다. 전체적으로는 공급이 턱없이 부족할 것을 예측할 수 있다. 그럼에도 보육시설을 이용하는 보육 현원은 106만 명으로 보육 정원의 78%에 불과하다. 이는 보육 서비스가 필요한 아동이 있고 보육 서비스가 일정량 공급되고 있지만 실제로는 활용되지 못하고 있음을 보여 준다. 보육시설 간의 서비스 질의 편차, 필요에 부합하지 못하는 서비스, 지역 간 불균형 공급, 가정의 경제적 어려움에 따른 이용 제한 등 보육 서비스 이용의 장해물이 존재하는 것이다(보건복지부, 2008; 통계청, 2008).

둘째, 보육의 공공성이 취약하다. 국공립 보육시설은 전체 보육시설의 약 5%로, 지나치게 민간 보육시설에 의존하고 있다. 또한 보육비 지원은 소득인정액 하위 70%까지로 제한하고 있어 기본적으로 수요자 부담원칙을 따르고 있다.

셋째, 영아보육 서비스가 미흡하다. 2008년 현재 3세 미만의 영아보육률은 전체 영아의 약 32%로 만 3～6세 미만 유아보육률 45%에 비해 낮다. 특히 연령이 어릴수록 보육률은 줄어들어 만 1세 이전 영아는 13%에 불과하다. 영아보육

지난 4년간 '영아전담 보육시설 218곳 문 닫아'

갈수록 중요성이 강조되는 '영아보육'에 대한 지원책도 엉뚱한 방향으로 가고 있다는 지적이다. 0~2세까지 영아 중에서 보육시설을 이용하는 비율은 37.7%인데, 이 중 국공립시설은 11%에 불과하며 나머지 대부분은 민간시설에 위탁되어 있다.

그런데 정부는 영아전담 보육시설을 확충하기보다는 2006년부터 민간 보육시설 아동에 대해 보조금을 시설에 지원하는 쪽으로 방향을 돌렸다. 그 결과 기존에 국가의 지원을 받던 영아전담 보육시설이 비용 부담을 이기지 못하고 폐쇄돼, 2008년까지 4년간 218곳이 문을 닫았다.

조주은 씨(국회입법조사처 입법조사관)는 "2008년 현재 국공립 보육시설은 전체의 5.5%에 불과한데, 2006년에 비해 오히려 축소된 것"이라고 밝히며, "대신 민간 보육시설은 계속 증가해서 보육서비스의 공공성이 떨어지고 있다."라고 우려했다.

정부의 보육예산은 "민간 보육시설에서 영아를 신고하면 1인당 기본보조금이 나오는 형태"로 지급되고 있는데, "시설이나 프로그램을 더 좋게 하는 것도 아니고 검증이 안 되니 아이를 믿고 맡길 수가 없는" 현실이라는 것이다.

조주은 씨는 "영아보육에 집중적인 지원이 들어가야 한다."라고 강조하며, "국공립 시설에 영아반을 만들고, 지방비로 시설을 지원하는 등 반드시 정책 변화가 필요"하다고 말했다(조이여울 기자, "워킹맘의 양육부담 덜어 주는 게 관건-조주은 국회입법조사관 '일-가정 양립정책 이렇게…'", 여성주의 저널 일다, 2010년 1월 4일 [http://www.ildaro.com]에서 부분 발췌 수정).

에는 인력과 비용이 많이 들기 때문에 민간 보육시설에서는 더욱 감당하기 어렵다. 또한 어린 영아일수록 보육시설에 맡기기보다 조부모, 베이비시터, 탁아모 등 개인양육을 선호하는 경향이 강하다. 따라서 영아의 보육 욕구에 부합하는 다양한 형태의 보육 서비스가 개발되고 공공성이 담보되면서 제공되어야 한다.

(2) 입양 및 가정위탁보호

안정된 가정환경에서 부모의 사랑을 받으며 성장하는 것은 아동의 기본 권리이며 아동복지의 중요한 전제조건이다(공계순, 박현선, 오승환, 이상균, 이현주, 2008). 그러나 가족 형태와 기능의 변화, 그리고 전 지구적 경제위기에 따라 가족이 직면하는 위험요인이 증가하면서 요보호 아동이 급격히 증가하고 있다. 이것이 사회와 정부가 아동양육을 가족의 책임으로만 남겨 둘 수 없는 이유다.

아동보호의 원칙은 가정과 가장 유사한 양육환경을 제공한다는 것이다. 따라서 원가정에서 보호받기 어려운 아동에 대해서는 시설보호에 앞서 입양이나 가정위탁보호가 우선적으로 고려되어야 한다. 아동양육시설의 경우에도 가정과 유사한 물리적 · 사회적 환경을 제공하도록 변화해야 한다.

가정위탁보호는 위기에 처한 원가족이 아동을 보호하기 어려울 때 일정한 기간 동안 제3자의 가정에서 성장할 수 있도록 하는 것이다. 예컨대, 실업, 가족해체, 부모의 신체적 · 정신적 질병과 장애, 장기입원이나 수감 등으로 부모가 아동을 돌볼 수 없는 상황에 처할 때 가족이 기능을 회복할 때까지 일정 기간 동안 다른 가족이 아동을 돌볼 수 있도록 연결하는 것이다.

우리나라의 가정위탁보호 서비스는 아동복지법에 기초를 두고 중앙가정위탁지원센터와 각 시 · 도의 가정위탁지원센터가 담당하고 있다. 가정위탁은 세 가지 유형으로 구분된다. 일반가정위탁은 아동과 아무런 관련이 없는 다른 가정에 아동을 위탁하는 경우다. 대리양육가정위탁은 친 · 외조부모가 아동을 돌보는 경우다. 친 · 외조부모를 제외한 친인척이 아동을 돌보는 경우는 친인척가정위탁이라 한다.

위탁아동 수를 살펴보면, 2000년 1,772건, 2002년 5,577건, 2004년 1만 199건, 2008년 1만 6,454건으로 계속 증가하고 있다. 이를 위탁 유형별로 살펴보면, 2008년 현재 조부모에 의한 대리양육은 1만 709건으로 전체 위탁의 약 65%를 차지한다. 친인척위탁은 4,519건(27.5%), 일반가정위탁은 1,226건(7.5%)으로 일반가정위탁은 많지 않다(중앙가정위탁지원센터, www.fostercare.or.kr).

입양은 일정한 법 절차에 따라 혈연에 의해 연결되지 않은 양부모와 입양아동 사이에 새로운 부모-자식 관계가 형성되는 것이다. 가정위탁보호와 달리 영구적으로 양부모가 부모로서의 권리와 의무를 갖게 된다. 우리나라에서 입양은 입양촉진 및 절차에 관한 특례법에 기초하여 이루어지는데, 이 법에는 입양대상 아동의 자격, 양부모가 될 수 있는 자격, 입양 절차, 입양기관의 의무, 입양아동에 대한 복지시책 등을 정하고 있다.

입양대상 아동은 18세 미만의 아동으로 부양의무자를 확인할 수 없어 보호시설에 의뢰된 자, 또는 그 부모 등이 입양에 동의하여 보호시설이나 입양기관에 보호를 의뢰한 자, 법원에 의하여 친권상실을 선고받은 자, 또는 시 · 군 · 구청장에 의해 보호시설에 의뢰된 자로 규정하고 있다.

양부모가 될 수 있는 자격은 25세 이상으로 양자될 자와 연령 차이가 60세 미만인 자로서, 양자를 부양하는 데 충분한 재산이 있고 가정이 화목하고 양자에게 적절한 교육과 양육을 제공할 수 있는 자로 규정하고 있다.

우리나라에서 입양아동은 90% 이상이 미혼모의 자녀인 것을 볼 때, 미혼모를 줄이기 위한 사회적 노력과 함께 미혼모와 그 자녀에 대한 사회적 인식의 변화, 지원체계의 보완이 시급히 이루어져야 함을 알 수 있다.

우리나라 입양사업에서는 해외입양을 줄이고 국내입양을 활성화하는 것, 장애아동의 입양을 촉진하는 것, 양부모의 욕구에 의한 입양이 아니라 아동의 행복추구권이 고려되는 입양문화를 정착시키는 것, 그리고 입양가정에 대한 사후지원을 강화하는 것 등이 과제로 지적될 수 있다(윤혜미 외, 2005).

요 약

영아기는 출생에서 만 3세까지다. 이때에는 신체적 발육이 왕성하여 만 1세 무렵에 출생 시 체중의 3배가 된다. 이와 함께 대 · 소운동 능력의 발달이 현저하게 나타난다. 평균 12개월경에 걸을 수 있고, 만 2세가 되면 뛰기도 가능해진다. 발달이정표는 운동기술의 평균 성취연령과 90% 영아의 성취연령 범위를 보여 줌으로써 운동발달의 보편성과 함께 발달 속도의 개인차를 보여 준다.

피아제의 인지발달이론에서는 출생에서 2세까지를 감각운동기라 칭한다. 생래적인 반사 반응으로 시작된 영아의 활동은 외부 세계와의 접촉 경험을 통해 점차 목적 지향적인 활동으로 변화한다. 이 과정은 영아가 초보적인 내적 표상과 개념적 사고를 시작함으로써 가능한 것이다.

영아기에는 아직 언어를 유창하게 사용하지 못하지만 언어 사용의 준비기간으로서 중요한 의미를 가진다. 쿠잉이나 옹알이를 거쳐 돌 무렵에는 한 단어를 사용하게 된다. 영아는 먼저 수용언어를 익히면서 표현언어를 준비한다. 만 3세가 지나면서 영아의 표현언어는 급격하게 발달한다.

영아기의 정서 및 사회성 발달에서 가장 중요한 것은 주양육자와의 애착 경험이다. 양육자가 민감하고 반응적일 때 영아는 안정적 애착을 형성하는데, 이는 성인기에 대인관계를 형성하고 유지하는 능력의 토대가 된다. 에릭슨은 이를 신뢰감 대 불신감이라는 발달과업으로 표현하였다.

이 시기에 양육자는 영아의 욕구표현에 민감하고 반응적이어야 하며, 신체, 인지, 언어, 정서, 사회성 등 발달의 제 측면을 잘 관찰하여 영아의 발달이 순조롭게 진행되고 있는지 살펴야 한다. 발달이 정상적인 범위 안에서 이루어지지 않을 경우 정신지체, 뇌성마비 등 발달장애 유무를 고려해야 한다. 영아의 발달에 대한 점검, 발달장애에 대한 조기 발견과 조기 개입이 가능하도록 지역사회 차원의 지원체계가 마련되어야 한다. 또한 보육, 입양, 가정위탁보호 등 아동이 가족 또는 가족과 가장 유사한 환경 안에서 필요한 보호를 받으며 성장할 수 있도록 돕는 사회적 지원체계가 중요하다.

핵심 용어

감각운동기(sensorimotor stage) 타고난 반사활동을 통하여 외부 세계와 접촉하면서 초보적인 심적 표상과 개념적 사고를 발달시키는 인지발달의 첫 번째 단계. 대략 생후 2년의 기간에 해당함.

대상영속성(object permanence) 사물이 자신의 바람이나 생각과 상관없이 독립적으로 존재함을 이해하는 능력으로, 대략 1세를 전후하여 형성됨.

신뢰감 대 불신감(trust vs mistrust) 에릭슨이 심리사회적 발달단계이론에서 생후 1세까지의 발달과업으로 지칭한 특성. 신뢰감은 따뜻하고 반응적인 양육환경을 통해 세상은 좋은 곳이라는 느낌을 형성하는 것, 불신감은 불편하고 일관성 없는 양육환경을 통해 형성하는 세상에 대한 부정적 느낌을 의미함.

애착(attachment) 영국의 아동정신분석학자 볼비가 정의한 용어로, 자신을 돌보아 주는 사람과 본능적으로 형성하는 매우 긴밀한 정서적 유대감을 의미함.

양육태도(child-rearing style) 자녀양육 과정의 다양한 상황에서 부모가 보이는 정서·행동방식. 일반적으로 온정적 권위형, 권위형, 허용형, 무관심형으로 구분됨.

입양(adoption) 혈연관계가 아닌 일반인 사이에서 법률적으로 친자관계를 맺는 행위.

자율성 대 수치심과 의심(autonomy vs. shame & doubt) 에릭슨이 심리사회적 발달단계 이론에서 1~3세의 발달과업으로 지칭한 특성. 양육자가 아기의 자유로운 선택을 허용하고 강요하지 않을 때 자율성이 형성됨.

생각할 문제

1. 영아기 발달은 발달 순서와 시기에서 일정한 보편성을 보이지만 개인차도 존재한다. 이러한 관점에서 운동발달 이정표가 갖는 의미와 활용방안에 대해서 토론해 보시오.
2. 피아제는 실제 영아를 관찰하면서 자신의 이론을 발전시킨 것으로 유명하다. 주변의 영아에 대한 실제 관찰을 통해 피아제의 감각운동기 6단계 이론을 검토하고 토론해 보시오.
3. 애착이론에서는 영아기의 애착이 내적 작동 모델을 형성함으로써 성인기의 대인관계 유형을 결정한다고 한다. 그렇다면 영아기에 안정적인 애착 경험을 하지 못한 사람은 성인이 되어서도 대인관계에서 불안정할 수밖에 없는 것인지 토론해 보시오.
4. 영아기에는 주양육자와의 정서적 교류가 매우 중요한 것으로 지적되고 있다. 여성의 경제활동 참여가 늘어나고 있는 현대사회에서 영아의 신체적·인지적·정서적·사회적 발달과 건전한 양육이 가능하도록 하기 위한 사회적 지원방안에 대해 토론해 보시오.
5. 가족이 돌보지 못하는 아동을 보호하는 아동양육시설의 현황에 대해 조사해 보고, 이들 시설이 아동에게 좀 더 가정과 유사한 물리적·사회적 환경을 제공하기 위해서는 어떤 변화가 필요한지 토론해 보시오.

참고문헌

공계순, 박현선, 오승환, 이상균, 이현주(2008). 아동복지론(3판). 서울: 학지사.

보건복지부(2008). 보육통계.

손광훈(2008). 인간행동과 사회환경. 고양: 공동체.

윤혜미, 김혜래, 신영화(2005). 아동복지론. 서울: 청목출판사.

이근홍(2006). 인간행동과 사회환경. 고양: 공동체.

이재연, 박은미, 황옥경, 김형모, 이은주, 강현아(2008). 아동복지론. 서울: 학지사.

질병관리본부, 대한소아과학회(2007). 한국 소아청소년 성장도표.

통계청(2008). 연령별 추계인구.

Ashford, J. B., LeCroy, C. W., & Lortie, K. L. (2006). *Human behavior in the social environment: A multidimentional perspective* (3th ed.). Pacific Grove, CA: Brooks/Cole.

Berk, L. E. (2008). 아동발달(이종숙, 이옥, 신은수, 안선희, 이경옥 공역). 서울: 시그마프레스. (원저는 2006년 7판 출간)

Kail, R. V. (2008). 아동과 발달(전민균, 김정민, 최형성 공역). 서울: 시그마프레스. (원저는 2007년 4판 출간)

〈참고 사이트〉

중앙가정위탁지원센터 http://www.fostercare.or.kr

제9장

학령전기

1. 학령전기의 정의
2. 학령전기의 발달적 특성과 발달과업
3. 학령전기의 사회환경과 사회복지실천

이 장에서는 학령전기(만 3~6세) 유아의 신체적 · 인지적 · 정서적 · 사회적 발달 양상과 발달과업을 살펴본다. 이 시기의 유아는 가족의 울타리를 넘어 사회적 관계를 형성하기 시작한다. 건강한 또래관계 경험은 영유아기의 건전한 발달에 기초하고 있으며, 이후 생애주기에서 맺게 될 대인관계의 토대가 된다. 현대사회에서 가족은 빈곤 등 많은 위험요인을 안고 있고, 이는 유아의 성장에 특히 부정적인 영향을 미칠 수 있다. 이에 사회안전망을 촘촘히 함으로써 유아를 사회가 공동으로 책임지는 노력이 절실히 필요하다.

1 학령전기의 정의

학령전기는 만 3~6세의 취학전 유아로, 영아기와 구별하여 유아기로 불리기도 한다. 이 시기에는 신체적으로 균형이 잡히면서 대근육 운동기술이 크게 발달하고 소근육 운동이 정교화된다. 유아는 운동기술의 발달에 힘입어 좀 더 넓은 세계를 자유롭게 탐색할 수 있게 된다.

인지발달과 함께 언어적 상징을 적극적으로 사용하게 되고, 정서적으로 복잡한 감정과 자아개념이 싹튼다. 자신에 대한 이해뿐 아니라 타인에 대한 인식과 이해의 폭이 넓어진다. 이를 통해 유아는 가족의 울타리를 벗어나 사람들과 소통하고 관계를 맺기 시작한다.

이제 유아는 사회로 첫발을 내딛게 된다. 이 시기에 많은 유아가 유치원이나 보육시설에 다니기 시작한다. 거기서 경험하는 또래관계는 이후 친구와의 우정, 연인과의 친밀감 등 다양한 대인관계의 기초가 된다.

2 학령전기의 발달적 특성과 발달과업

1) 발달적 특성

(1) 신체적 발달

1 **신체발육**

영아기에 비해 신체의 성장 속도는 둔화되지만, 신체가 전반적으로 균형을 잡아 나가고 이에 따라 운동기술이 정교해진다. 3세 이후 신장은 매년 6cm 이상 증가하여 4세경에는 출생 시 신장의 2배가 된다. 몸무게도 매년 2kg 정도 증가하여 5세가 되면 출생 시의 약 5배가 된다(이근홍, 2006).

신체 각 부분의 비율은 유아가 성장함에 따라 변화한다. 태아기에 머리부터 성장하기 때문에 신생아기에는 머리가 전체 신장의 1/4을 차지한다. 6세경이 되면 머리와 몸의 비율이 성인에 가깝게 변화한다. 몸통과 팔다리도 길어지고 영아기에 볼록하던 배가 들어가고 젖살이 빠지면서 몸이 날씬해진다.

34개월 정도까지는 20개의 젖니가 모두 나오는데, 만 5세경이 되면 앞니부터 젖니가 빠지고 영구치가 나오게 된다. 수면시간은 성장하면서 점점 줄어들어 5세경에는 하루 9시간 정도를 잔다.

표 9-1 한국 유아의 신체발육 표준

연령 구분	남아		여아	
	신장(cm)	체중(kg)	신장(cm)	체중(kg)
3세	95.18	14.53	94.02	13.93
4세	102.35	16.52	101.27	15.86
5세	109.12	18.73	108.05	17.98
6세	115.39	21.09	114.25	20.24

출처: 질병관리본부, 대한소아과학회(2007).

표 9-2 학령전기 아동의 운동기술 발달

연령	대근육 운동기술	소근육 운동기술
2~3세	• 더 리듬감 있게 걷는다. • 허둥대는 걸음이 달리기로 변한다. 깡충 뛰고, 한 발로 뛴다. • 상체를 고정시킨 상태로 던지고 받는다. • 발로 타는 장난감을 민다.	• 성인처럼 손목을 돌려가면서 숟가락을 사용한다. • 지퍼를 사용한다.
3~4세	• 발을 교대로 사용하여 계단을 오르고, 한 발씩 계단을 내려간다. • 상체를 구부려 깡충 뛰고 한 발로 뛴다. • 여전히 공을 가슴으로 막아서 잡기는 하나 상체의 일부를 사용하여 공을 던지고 잡는다. • 세발자전거의 페달을 밟고 조정한다.	• 단추를 끼운다. • 화장실에서 옷을 벗는다. • 가위를 사용한다. • 처음으로 사람 그림을 그린다.
4~5세	• 발을 교대로 하면서 계단을 내려가고, 더 유연하게 달린다. • 한 발로 달리거나 깡충 뛴다. • 신체 회전이 향상되고 발에 체중을 옮겨서 공을 던진다. • 한 손으로 공을 잡는다. • 세발자전거를 빨리 탄다. 유연하게 조정한다.	• 스스로 옷을 입고 벗는다.
5~6세	• 달리는 속도가 초당 3.5m로 증가한다. • 더 정확한 깡충 뛰기를 하고 옆으로 걷는다. • 온몸을 사용하여 던지고 잡는다. 던지는 속도가 증가한다. • 한 발로 균형을 잡는다. • 보조바퀴 달린 자전거를 탄다.	• 스스로 식사한다. • 스스로 신발을 신고 벗는다. 신발 끈을 묶는다. • 더 복잡한 그림을 그리고 이름과 단어를 쓴다.
7~12세	• 달리는 속도가 초당 5m로 증가한다. • 연속적이고 부드러운 깡충 뛰기와 옆으로 걷기를 한다. • 10~30cm 높이와 1~1.5m 이상 너비로 점프한다. • 던지고 차는 거리와 속도, 정확도가 증가한다. • 두발자전거를 탄다. • 온몸을 사용하여 공을 배트로 친다. • 드리블을 연속적이고 편안하게 한다.	• 글씨가 작아진다. • 점점 복잡한 그림을 그리게 되고 그림에는 깊이에 대한 정보가 있다.

출처: Berk(2008), p. 145에서 발췌 수정.

2 운동능력의 발달

학령전기에는 신체의 크기와 비율에서 훨씬 균형이 잡힌다. 근육 강도가 강해지고 운동근육을 사용하는 기술도 향상된다. 이에 따라 대근육 운동능력이 크게 증가하고 소근육 운동의 정교함도 더해진다.

3 학령전기의 건강관리

학령전기 유아는 안전사고에 대한 위험이 매우 높다. 운동성이 크게 증가하고 호기심을 가지고 외부 세계에 대한 탐색의 범위를 넓혀 가기 때문이다. 그들은 아직 안전사고에 대해 스스로 조심하지는 못하는데, 영아기에 비해 보호자의 주의가 소홀해지기 때문에 더욱 위험할 수 있다(이근홍, 2006). 따라서 보호자는 교통사고, 화상, 익사, 낙상, 질식, 감전 등 각종 사고를 예방하는 데 관심을 기울여야 하고, 유아에게는 지속적인 안전교육을 통해 스스로 사고를 예방할 수 있도록 해야 한다. 뿐만 아니라 이들이 주로 사용하는 물건에 대한 안전 기준을 강화하고, 이들이 주로 생활하는 공간에서의 안전사고를 줄일 수 있도록 다양한 안전용품이 활용되는 등 사회적으로 아동안전사고에 대한 예방의식이 제고되어야 한다.

영아기와 마찬가지로 학령전기 유아에게도 적절한 영양의 공급이 중요하다. 이 시기에는 음식을 스스로 먹기 때문에 제시간에 적당량의 음식을 골고루 섭취하는 식습관 형성이 중요하다.

최근 들어 식단이 서구화되어 육류섭취가 늘어난 반면 교통수단의 발달, 도시화, 놀이문화의 변화 등으로 신체 움직임이 줄어들면서 우리나라에서도 소아비만 위험이 증가하고 있다. 소아비만은 유아기에서 사춘기까지의 비만으로 표준체중에서 20% 이상 초과하는 경우를 일컫는데, 우리나라에서도 약 10~20%의 아동이 이에 해당하는 것으로 알려져 있다. 소아비만은 단지 외관상의 문제뿐 아니라 또래관계에서의 어려움, 자존감 손상, 우울이나 충동성 등 심리사회적 문제를 가져올 수 있다. 게다가 소아비만 아동의 80% 정도가 성인기 비만으로 이어지고, 고혈압이나 당뇨 같은 병에 걸릴 위험 등 건강상의 문제를 야기한다.

소아비만의 원인은 비활동적인 성향이나 낮은 기초대사율 등 유전적인 요인이 있지만, 식습관 형성과 관련된 후천적 · 환경적 요인의 영향도 크다. 영아기에 배가 고픈지의 여부에 따라 음식을 먹거나 중단하면서 내적 섭식신호에 따라 음식섭취를 조절하는 것과 달리, 학령전기에 이르면 음식을 남기지 말라는 부모의 지시 같은 외적 섭식신호에 따라 음식을 섭취하는 경향이 생긴다. 뿐만 아니라 인스턴트식품이나 당분이 많은 간식에 과다 노출되는 등 환경적 요인의 영향도 커진다. 따라서 학령전기에 적절한 식습관을 형성하도록 보호자의 지도가 필요하다.

(2) 심리적 발달

1 인지발달

피아제는 2~7세까지를 전조작기(preoperational stage)라고 하였다. 이 시기의 가장 큰 특징은 사물과 사건을 상징을 써서 정신적으로 표상할 수 있게 된다는 것이다. 언어는 정신적 표상의 가장 중요한 수단이다. 유아는 말, 몸짓, 그림 등 일상적인 상징을 사용하는 데 능숙해진다.

놀이에서도 다양한 상징을 활용하게 되는데, 대표적으로 가장(假裝)놀이를 들 수 있다. 피아제는 유아가 가장놀이를 통해 새로 습득한 표상 도식을 연습하고 강화한다고 보았다. 아이들의 놀이에서 블록은 때로 전화기도 되고 총도 된다. 소꿉장난 같은 사회극놀이는 고도의 가장놀이라고 할 수 있는데, 여기에서 유아는 때로 다른 인물이 되어 언어와 동작을 사용하여 이야기를 만들어 내고 꾸며 나간다.

피아제는 이 시기에 상징을 통한 정신적 표상이 크게 증가함에도 다음 단계인 구체적 조작기에 비해서는 여러 가지 한계를 가진다고 보았다. 전조작기 유아는 구체적 조작기 아동과 다르게 상징을 사용할 수는 있지만 조작할 수는 없다는 것이다.

조작(operation)이란 어떤 힘을 가하여 대상의 상태를 변화시키는 것을 의미한다. 조작을 이해할 수 있으려면 가역성을 이해할 수 있어야 한다. 가역성(reversability)이란 어떤 문제에서 일련의 단계를 따라가고 그다음에 머릿속에서 원래 시작점을 향해 역방향으로 사고할 수 있는 능력으로 논리적인 조작의 과정이다. 피아제는 전조작기 유아는 가역성과 조작을 이해하지 못한다고 보았다. 예컨대, 전조작기의 유아는 둥근 찰흙덩어리가 길쭉한 뱀이 될 수 있다는 것을 이해하지 못하고, 자기 사촌이 민우인 것은 알지만 민우의 사촌이 자기인 것은 알지 못한다. 이는 사물, 사건, 인간관계 등에서의 가역성을 이해하지 못하기 때문이다.

가역성을 이해하지 못하고 논리적인 조작을 하지 못하는 것은 피아제가 전조작기 유아의 한계로 지적한 많은 특징을 설명한다. 첫째는 자아중심성이다. 이는 자신의 관점과 타인의 관점이 다르다는 것을 알지 못하는 특징이다. 예컨대, 내 위치에서 보이는 산의 모양과 맞은편에 있는 아빠의 위치에서 보이는 산의 모양이 같다고 대답하는 것이다.

둘째는 물활론적 사고다. 유아는 무생물조차도 자신과 같이 느끼고 생각한다고 여긴다. 예컨대, 구름이 와서 해님을 가리자 해님이 화가 났다고 말하는 것이다.

셋째는 보존개념의 결여다. 보존(conservation)이란 대상의 겉모양이 변해도 그 본질적인 특성은 그대로 남아 있음을 뜻한다. 똑같은 두 개의 컵에 담겼던 동일한 양의 물을 뾰족하게 생긴 컵과 넓적하게 생긴 대접에 옮겨 담았을 때 보존개념이 형성되지 않은 유아는 컵에 담긴 물이 더 많다고 대답한다는 것이다. 이는 중심화의 특성을 보여 주는 것이기도 하다. 중심화(centration)는 상황의 한 가지 측면만을 보고 다른 중요한 측면은 무시해 버리는 특징이다. 즉, 물의 양을 판단하는 데 높이만을 고려하고 넓이를 고려하지 않기 때문에 대접에 담긴 물보다 컵에 담긴 물이 더 많아 보일 수밖에 없다.

피아제는 유아가 가역성을 이해하고 논리적인 조작을 할 수 있게 되는 것은 7세경이라고 보았다. 가역성을 이해하고 조작할 수 있다는 것은 보존개념을 획득하는 것이고, 이는 곧 수학적 개념이나 위계적인 범주화가 논리적으로 가능함을 의미한다. 7세를 전후하여 구체적 조작기가 시작되는 것이다.

학령전기 유아의 인지에 대한 피아제의 설명은 단계 구분의 근거가 명확하지 않고 유아의 능력을 과소평가하고 있다는 점에서 후대의 학자에게 비판을 받는다(Berk, 2008). 피아제는 전조작기의 특징을 유아가 할 수 있는 것보다는 할 수 없는 것, 즉 구체적 조작기에 비해 부족한 점을 중심으로 설명하였다. 즉, 전조작기 유아는 자아중심성을 가져서 타인의 입장을 이해하지 못하고 한 가지 측면

만 3세경부터 유아는 블록놀이를 즐기며, 블록의 모양을 구분하여 체계적으로 구성할 수 있다. 피아제는 유아의 능력을 과소평가했다는 점에서 비판받고 있다.

으로만 사물을 이해하고 사물의 본질을 이해하지 못한다. 그러다가 7세경이 되면 비로소 이 모든 한계를 벗어나 조작과 가역성을 이해하게 된다는 것이다.

그러나 유아가 논리적 조작과 가역성에 대해 이해하게 되는 과정은 피아제의 설명처럼 7세 무렵에 급격하게 발달하는 것이 아니라 전조작기에 걸쳐 점진적으로 발달한다. 실제로 4세의 유아는 단순하고 친숙한 상황에서 얼굴을 마주하고 의사소통을 하는 경우에는 타인의 입장이 자신과 다름을 이해하고 타인의 입장에 대해 공감할 수도 있다. 또한 블록이나 음식과 같이 친숙한 대상에 대해서는 위계적으로 조직화하고 범주화하는 과제를 수행할 수 있고 외양과 실재를 구분할 수도 있다. 즉, 유아는 구체적이고 친밀한 사물이나 대상으로부터 추상적이고 익숙하지 않은 대상으로 가역성의 이해 범위를 서서히 넓혀 가게 된다. 따라서 6, 7세를 기점으로 단계를 구분할 만큼 질적인 변화를 경험하는 것은 아니라는 것이다.

2 언어발달

학령전기에는 타인의 말을 이해하는 능력이 크게 증가하고, 사용하는 어휘 수와 문장의 길이가 길어져서 기본적인 의사소통이 가능해진다. 2세 이후부터 말할 수 있는 어휘가 증가하는데, 명사의 확장으로 시작하여 동사의 확장으로 이어진다. 3~4세가 되면 3, 4개의 단어를 연결할 수 있기 때문에 주어, 목적어, 동사로 이루어지는 기본적인 문장을 만들 수 있다. 그리고 5~6세가 되면 6, 7개의 단어를 연결한 문장을 사용할 수 있다.

언어 습득은 생득적인 언어 습득기제에 의한 것이지만, 동시에 주변 사람과의 언어생활 경험을 통해 강화되는 것이다. 즉, 주변 사람이 어떻게 듣고 말하는지를 관찰하고 모방하는 것, 타인의 반응에 의해서 효과적으로 말하도록 강화되는 측면이 분명히 존재한다. 따라서 이 시기 유아의 언어발달을 위해서는 유아가 언어 사용을 많이 하도록 격려하고 적극적으로 반응해 주는 양육자의 태도가 중요하다. 특히 만 3세를 지나 표현언어가 발달하면 그 이전에 돌출적인 행동, 칭얼거림이나 울음, 떼를 쓰거나 고집을 피우는 것으로 자신의 욕구와 감정을 표현하던 것에서 벗어나 언어를 통해 이를 표현하게 된다. 이때 양육자는 자신의 욕구와 감정을 언어로 표현하는 것이 훨씬 효과적인 의사소통 방법임을 알려 주어 유아의 표현언어 사용을 유도하고 격려해야 한다.

영아기가 말소리, 단어를 습득하는 시기라면, 학령전기는 언어를 사회적 상호작용의 도구로 활발하게 사용하기 시작하는 시기다. 따라서 이 시기에는 타인과 효과적인 의사소통을 하도록 지도해야 한다. 효과적인 의사소통의 기본은 정확하게 듣고 상대방과 상황의 맥락에 맞게 말하는 것이다.

이는 성인에게도 쉬운 일이 아니지만, 학령전기 유아는 나름대로의 효과적인 의사소통 기술을 가지고 있다. 샤츠와 젤먼(Shatz & Gelman, 1973)은 4세 유아에게 2세 영아와 성인을 대상으로 장난감의 작동방법을 설명해 보도록 하였다. 흥미롭게도 4세 유아는 2세 영아에게는 장난감의 작동방법을 훨씬 더 자세하게 설명하였고, 상대방의 관심을 모을 수 있도록 "자, 봐." "이거 봐봐."와 같은 말을 더 많이 사용하였으며, 좀 더 단순하고 쉬운 말로 설명하였다(Kail, 2008, p. 261, 재인용).

정확하게 듣는 능력도 학령전기와 학령기를 거쳐 점차로 개선된다. 2세 전후의 영아는 대화의 맥락에 맞지 않는 반응을 자주 보인다. 예컨대, "양말이 어디 있니?" 하는 말에 대해 "엄마, 물."이라고 대답하는 것이다. 이는 상대방의 이야기를 정확히 듣고 이해하는 능력이 부족함을 보여 준다. 그러나 3세경이 되면 진행되는 이야기 주제와 연관된 내용으로 자신도 반응을 보일 수 있게 된다. 5세경이 되면 은유적이거나 미묘한 의미까지 이해할 수 있게 된다. 예컨대, 부모가 "넌 돌고래구나?" 라고 했을 때 이것이 '넌 정말 수영을 잘하는구나' 라는 의미임을 알아차릴 수 있다. 따라서 이 시기 유아의 언어지도는 아이의 언어 이해력과 표현력, 상황에 대한 이해력 등을 고려하면서 언어가 타인과의 교감을 위해 효과적으로 사용될 수 있도록 해야 한다.

3 정서발달

학령전기가 되면 정서는 좀 더 복잡하고 다양해진다. 영아기에 이미 표현된 분노는 3~4세경에 가장 심하게 나타난다. 유아는 자신이 하고 싶어 하던 일을 제지당하거나 무엇을 강요당하거나 자기의 체면을 손상시키는 것 등에 대해 분노를 느낀다. 4세경에는 분노를 공격적 행동으로서 표출하지만, 이것이 사회적으로 수용되기 어렵고 문제 해결에도 도움이 안 된다는 것을 알게 되면서 5세 이후가 되면 분노를 공격적인 언어로 표현하게 된다(이근홍, 2006).

공포의 감정도 좀 더 분명해진다. 3세경에는 눈에 보이는 구체적인 대상(예, 노인, 외국인, 어두운 창고 등)에 대한 공포를 강하게 느끼고, 4세경이 되면 청각적인 공포(예, 큰 소리, 비명, 긁히는 소리 등)를 예민하게 느낀다. 5세가 되면 구체적인 공포의 대상은 많이 줄어들지만 상상력의 발달로 귀신이나 도깨비 등을 무서워한다.

질투심은 3세경에 나타난다. 질투는 사랑받고 싶은 욕구가 충족되지 않은 데서 일어나는 분노와 실망이 혼합된 정서다. 질투의 감정은 동생이 생기면서 현저하게 나타나기도 한다.

만 2세를 전후하여 생기기 시작하는 자기 의식적 정서는 3세를 지나면서 점차 자기평가에 명확히 연결된다. 학령전기 유아는 쉬운 과제보다 어려운 과제에 성공했을 때 더 많은 자신감을 나타내며, 어려운 과제보다 쉬운 과제를 실패했을 때 더 많이 수치스러워한다. 성취에 따른 자기평가에 서서히 민감해지기 때문에 양육자는 성취 결과에 대한 반응보다 성취하고자 하는 아이의 노력에 대해서 반응해 주는 태도가 필요하다(Berk, 2008).

4세경 유아는 친구의 감정을 이해하고 공감할 수 있다. 유아는 놀이를 통해 친구와 감정을 나누며 성장한다.

학령전기에는 자신의 감정뿐 아니라 타인의 감정을 이해하고 배려하는 능력도 커진다. 또 자신의 정서표현이 다른 사람에게 어떤 영향을 미치는지도 서서히 깨닫게 된다. 타인에 대한 공감과 감정이입은 2세경부터 가능하다. 3~4세경이 되면 유아는 자신과 타인의 감정이 어떠하며 그러한 감정이 왜 생겼는지에 대해서 이해하고 공감할 수 있다. 예컨대, "저 애는 친구들이 가 버려서 슬픈 거야." "과자를 빼앗겨서 화가 난 거야." 등의 표현이 가능하다. 이렇게 감정을 읽을 수 있는 나이가 되면 자연스럽게 울고 있는 친구를 안아 주거나 위로할 줄도 알게 된다. 정서적 발달이 친사회적 행동으로 연결되는 것이다.

이 시기에 자신의 감정을 적절히 조절하는 방식을 배워 나가는 것은 이후의 대인관계에 중요한 영향을 미친다. 3~4세가 되면 기쁨이나 분노와 같은 기본감정뿐 아니라 자신감이나 수치심, 질투 등의 복합적인 감정까지도 적절한 수준에서 유지하기 위해 여러 가지 방안을 찾는다. 예컨대, 이 시기의 유아는 감정을 유발하는 감각 정보를 제한하거나(무서운 소리가 들리면 귀를 막는 것), 스스로 다짐을 하거나("엄마가 곧 오신다고 했어."), 자신의 인식을 전환하는 것(친구들이 놀이에 끼워 주지 않을 때 '놀고 싶지 않다'고 스스로 마음먹음) 등의 방법을 통해 자신의 감정을 조절하려고 노력한다. 유아기에 감정조절을 잘하는 아이들은 학령기가 되면 협동심이 높고 문제행동이 적은 것으로 나타난다(Kail, 2008).

감정조절 능력은 주변 사람의 반응을 통해 더욱 촉진될 수 있다. 아이가 부정적인 감정을 가지고 있을 때 부모나 돌보는 사람이 그 감정을 이해해 주고 친밀감을 표현하며, 아이가 감정을 공격적인 행동이 아닌 언어로 표현하도록 격려하는 것, 그리고 부정적인 감정에도 불구하고 해서는 안 되는 행동에 대한 제한을 분명히 해 주는 것은 아이가 자신의 감정을 적절히 조절하는 데 도움이 된다. 반면 부모가 긍정적 정서표현을 하지 않고 아동의 정서를 중요하지 않은 것으로 여기며, 부모 스스로가 자신의 분노를 통제하지 못하면 아이 역시 자신의 정서를 조절하고 다루는 데 어려움을 느끼게 된다.

(3) 사회적 발달

1 자아발달

자아개념이란 자신이 주변에 있는 물체나 다른 사람과 구분되는 독립적인 존재이고, 시간이 지나도 지속적으로 존재할 것이며, 자신만의 독특한 특성을 가지고 있음을 알게 되는 것이다. 인간이 언제부터 자아개념을 형성하는지를 정확히 알기는 어렵다. 하지만 몇 가지 실험을 통해 학자들은 약 2세를 전후하여 영아가 자기 자신을 인식하기 시작한다고 본다.

그 대표적인 실험이 거울실험이다. 영아에게 거울을 비춰 주면 1세 이전의 영아는 하나의 흥미로운 자극으로만 인식한다. 영아의 얼굴을 닦으면서 은밀하게 코에 빨간 점을 찍으면, 만 1세 무렵의 영아는 그것에 흥미를 가지면서 거울의 빨간 점을 만진다. 거울 속의 사람이 자신임을 알지 못하는 것이다. 그러나 15개월 된 영아는 거울 속의 빨간 점을 보고는 자신의 코를 만지기 시작한다. 만 2세가 되면 대부분의 영아가 자신의 코를 만지는 반응을 보인다.

이러한 영아의 반응이 자아인식 때문이 아니라 단지 거울의 속성에 대한 이해가 증가한 것 때문이라는 반론이 제기될 수 있다. 그러나 이전에 거울을 단 한 번도 본 적이 없는 영아를 대상으로 동일한 실험을 하여도 같은 결과가 나타나는 것은 만 2세를 전후로 자기에 대한 인식이 싹틈을 보여 주는 것이다(Kail, 2008).

뿐만 아니라 만 2세가 지나면서 영아는 타인보다 자신의 사진을 더 많이 들여다보고, 자신의 이름이나 자신을 지칭하는 '나'라는 대명사를 사용하기 시작한다. 이 역시 자신에 대한 자각이 싹트기 시작했음을 보여 주는 것이다. '내 것'

이라는 표현을 많이 사용하며 자신의 소유권을 주장하는 것, "내가 할 거야." 등 자기주도성을 발휘하는 표현이 많아지는 것 등은 모두 영아의 자아인식이 형성됨을 보여 준다.

18~30개월이 되면 영아는 연령, 성별, 신체적 특징 등 관찰 가능한 특성을 중심으로 자신과 타인을 분류하면서 범주화된 자기(categorical self)를 발달시킨다. 학령전기 유아는 주로 관찰 가능한 특성, 즉 내가 좋아하는 것("난 과자를 좋아해."), 내가 소유한 것("난 멍멍이 있다."), 자신의 능력("난 50까지 셀 수 있다.") 등으로 자신을 표현한다. 자신의 마음이나 정서 등 내적 특성을 가지고 자신을 설명하는 것은 학령기에 들어가면서 활발해진다.

자아개념이 형성되면서 아이가 자신에 대한 긍정적인 평가, 즉 높은 자아존중감을 가지고 성장할 수 있도록 지지하는 양육자의 역할은 중요해진다. 자기평가와 함께 자신에 대한 다른 사람의 평가를 스스로 어떻게 인식하는지가 자아존중감 형성에 중요한 영향을 미친다. 높은 자아존중감은 이후 학업, 대인관계, 직업적 성취 등의 모든 영역에서 중요한 심리적 자산이 된다. 따라서 부모를 비롯한 양육자는 아이가 긍정적인 자존감을 형성하도록 도와야 한다. 온정적·수용적이면서 아이의 성숙한 행동에 대한 합리적 기대를 보여 주는 것, 대화를 통해 아이가 적절히 자기를 표현하고 참여하도록 하는 것, 아이의 발달 수준에 맞는 합리적인 수준의 자기결정 기회를 제공하는 것 등의 민주적인 양육태도는 긍정적인 자아존중감 형성에 기여하는 것으로 알려져 있다(Kail, 2008).

2 사회적 인지발달

학령전기에는 영아기에 비해 유아의 사회적 관계가 확대된다. 주양육자와 가족을 넘어서 또래, 교사 등과 접촉하기 시작한다. 타인의 감정이나 생각을 이해하는 능력과 함께 사회문화적 집단에 대한 인식이 싹트게 된다.

타인을 묘사하는 방식은 유아가 타인을 어떻게 이해하는지를 보여 준다. 만 3세 무렵 자기 자신에 대한 묘사가 외모, 소유물, 선호하는 것 등 구체적인 것에서 시작하는 것과 마찬가지로, 6세 무렵 유아의 타인에 대한 묘사는 타인의 외모, 겉으로 보이는 특징, 좋아하는 것 등에 국한된다. 예컨대, "우리 아빠는 키가 커." "동현이는 곱슬머리야." 등의 표현이다. 이는 6세 무렵 유아의 타인에 대한 이해가 주로 겉으로 드러나는 구체적인 특징을 중심으로 이루어짐을 보여 준다. 10세 무렵이 되면 타인의 심리내적인 특성에 대해 언급하기 시작한다. 예컨대, "수영이는 착하고 재미있어." "우리 선생님은 친절해." "그 아이는 다른 사람 괴롭히길 좋아해."라고 묘사한다.

이처럼 학령전기에 나와 타인을 구분하고 타인의 특성을 나름대로 이해하는 능력이 싹트지만, 이 시기 유아는 피아제가 자아중심성의 개념을 가지고 설명했듯이 타인의 생각과 느낌이 나와 다를 수 있다는 것을 충분히 이해하지는 못한다.

그럼에도 학령전기에 이미 아이들은 남자와 여자를 구분할 수 있고 다른 인종 집단에 있는 사람을 인지할 수 있다. 사회문화적 집단에 대한 인식은 곧 집단에 대한 고정관념의 형성으로 이어진다. 예컨대, 유아는 성별 구분을 할 수 있게 되면 서서히 성역할에 대한 고정관념을 형성하게 된다. 12개월경의 영아는 인형, 총, 자동차 같은 장난감을 동일하게 취급한다. 18개월이 되면 여아는 트럭보다 인형을, 남아는 인형보다 트럭을 더 오래 가지고 놀면서 관심을 드러낸다. 4세경이 되면 성역할에 대한 지식이 더 많아져서, 여아는 과자를 굽거나 아기를 돌보고 남아는 포클레인을 작동하거나 전쟁놀이를 한다.

집단에 대한 인식과 고정관념은 곧 특정 집단에 대한 편견으로 이어질 수 있다. 편견은 특정 집단의 구성원인 타인에 대한 부정적인 태도다. 학령전기 유아의 집단에 대한 편견은 자신이 속하지 않은 외부 집단에 대한 적대감이라기보다는 자기가 속한 내부 집단에 대한 관심과 친밀감의 증가에서부터 시작된다. 즉, 자신이 특정한 성, 인종, 국가에 속해 있음을 알게 되면 자신이 속한 내부 집단에 대한 관심과 친밀감을 증가시키게 되고, 그 결과 자신이 속하지 않은 외집단에 대해서는 상대적으로 부정적인 관점을 갖게 된다는 것이다(Kail, 2008).

이러한 사회적 인식은 학령전기 유아가 접하게 되는 환경 속에서 강화될 수 있다. 즉, 중요한 타인(significant others)이 보이는 말과 태도, 보육 및 교육 기관에서 접하게 되는 교육 내용, 대중매체를 통해 전달되는 이미지 등은 특정 집단에 대한 고정관념이나 선호를 강화할 수 있다.

따라서 아이가 사회적으로 성숙한 태도를 갖도록 하기 위해서는 타인과 다양한 사회문화적 집단에 대한 인식이 싹트기 시작하는 학령전기부터 적절한 교육이 이루어져야 한다. 타인의 생각과 감정이 나와 다를 수 있음을 알고 존중하는 것, 내가 속한 집단에 대한 소속감과 친밀감을 가지면서도 내가 속하지 않은 집단에 대해서 부정적인 편견을 갖지 않고 수용하는 자세를 기르도록 가르치는 것은 학령전기 교육의 중요한 목표가 되어야 한다.

3 도덕성 발달

학령전기에 들어오면 자기통제력(self control)이 점차 증가한다. 이는 자신의 행동을 통제하고 유혹에 충동적으로 반응하지 않는 능력이다. 만 1세 무렵, 영아는 자신이 원하는 대로 뭐든 할 수 있는 것이 아니며 다른 사람의 요구에 따라 자신의 행동을 조절해야 한다는 사실을 배운다. 예컨대, 뭔가를 탐색하려고 했을 때 "뜨거워, 만지지 마라." 하는 엄마의 말을 들어야 하고, 때로는 "그건 친구 거잖아, 네 맘대로 가져오면 안 돼." 하는 말도 듣게 된다. 만 2세 무렵이 되면 친구의 장난감이 탐나더라도 남의 물건을 빼앗으면 안 된다는 부모의 말씀을 기억하고 자신의 욕구를 억누른다. 만 3세가 되면 좀 더 유연하게 상황에 대처하기 위해 '난 저 장난감을 갖고 싶지 않아' 라고 스스로에게 속삭이며 자기조절을 할 수 있다. 학령전기에 자기통제와 자기조절을 잘 했던 유아는 학령기와 청소년기가 되어도 자기통제를 잘하고 집중력이 좋고 계획적이어서 좋은 학업성취를 보이며 자존감도 높은 것으로 알려져 있다(Kail, 2008).

자기조절과 자기통제는 도덕성 발달의 기초가 된다. 피아제는 아동의 도덕성 발달을 타율적 도덕성 단계(약 5~10세)와 자율적 도덕성 단계(약 10세 이상)로 구분하였다. 타율적 도덕성 단계에서 아동은 규칙이 권위적인 성인에 의해서 만들어지는 것이므로 반드시 따라야 하고 바꿀 수 없다고 믿는다. 규칙을 어기면 반드시 벌을 받게 된다고 생각한다. 반면 학령기 자율적 도덕성 단계의 아동은 규칙이 서로 잘 지낼 수 있도록 돕기 위해 사람들이 서로 합의하여 만든 것임을 이해한다. 그리고 규칙은 절대적인 것이라기보다는 융통성 있게 적용되는 것임을 알게 된다(손광훈, 2008).

학령전기의 도덕적 타율성은 아이에게 순종을 강조하는 교육을 통해서 심어질 수도 있고, 세상의 다양한 기준과 관점을 이해하지 못하는 인지적 제한에서 기인할 수도 있다. 타율적 도덕성 단계에 있는 학령전기 유아는 때로 규칙을 융통성 없이 적용하여 걱정과 죄의식에 사로잡힐 수 있다. 따라서 사회적 규칙 따르기를 익히면서도 필요 이상의 죄의식에 휩싸이지 않도록 규칙이 가지는 의미에 대해 설명해 주어야 한다.

2) 발달과업

(1) 놀이와 또래관계의 발달

앞서 살펴본 것처럼 학령전기에는 신체적 능력과 운동능력, 인지능력, 언어능력에서 놀라운 발전을 보이며 정서적 · 사회적으로 경험의 폭을 넓혀 나가게 된다. 영아기에 아기가 주양육자의 보호 아래 조심스럽게 주변을 탐색했다면, 학령전기 유아는 탐색과 활동의 폭을 크게 확장한다. 특히 이 시기에 유아는 유치원이나 보육시설을 통해 처음으로 가족이 아닌 외부 사람과 접촉하게 된다. 이제 유아는 또래관계를 경험하게 된다. 이전 단계에서 인간관계가 주로 보호를 제공받는 일방적 관계였던 것과 달리, 또래관계는 수평적이고 쌍방적인 인간관계의 첫 경험이라고 할 수 있다.

또래와의 놀이 양상도 아이의 성장과 함께 변화한다. 파튼(Parten, 1932)에 따르면 만 1세 무렵 영아는 주로 혼자 놀거나 다른 아이의 놀이를 단지 구경하는 등 비사회적 놀이(nonsocial play)를 하다가 서서히 병행놀이(parallel play) 단계로 들어선다. 병행놀이는 최초의 사회적 놀이라고 할 수 있는데, 여전히 혼자 노는 시간이 많지만 혼자 놀더라도 다른 아동 옆에 있는 것을 좋아하고 다른 아이가 하는 놀이에 조금씩 관심을 보이는 것이다(Kail, 2008, p. 418, 재인용).

대략 18개월을 전후하여 혼자 잘 걸을 수 있게 될 무렵에는 연합놀이(associative play)가 나타난다. 이제 영아는 서로 비슷한 활동에 참여하며, 장난감을 주고받기도 하고, 미소를 짓거나 서로 말을 하기도 한다. 예컨대, 두 아이가 방바닥에 놓인 장난감 차들을 밀면서 간혹 차를 바꿔 가며 노는 것이다.

만 2세가 지나면 협동놀이(cooperative play)가 나타난다. 이제 영아는 명확한 주제를 가지고 자신의 놀이를 구성하고 주제에 맞는 역할을 정하고 수행한다. 예컨대, 숨바꼭질을 하면서 숨는 사람과 찾는 사람의 역할을 정하는 것, 소꿉놀이를 하면서 엄마와 아빠의 역할을 맡는 것이다. 3~4세가 되면 명백하게 병행놀이가 줄어들면서 협동놀이가 많아진다.

4세 이후가 되면 협동놀이에서 더 나아가 상상력이 동원되는 가상놀이의 단계로 발전한다. 이때가 되면 유아는 자신이 전혀 다른 인물이 될 뿐 아니라, 상상 속의 인물과 대화를 하기도 하고, 방 안에 있는 물건들을 전혀 다른 물건이나 용도로 변형하기도 한다. 친구가 상상한 내용을 이어받아 더 복잡한 이야기 구조를 만들어 내기도 한다.

4~5세 아이들은 친구들과 어울려 놀기를 즐긴다. 또래놀이를 통해 아이들은 다양한 감정을 다루어 나가고 사회적 규칙을 익힌다.

이러한 놀이의 발달은 반드시 독립적인 단계로 순서대로 나타나는 것은 아니다. 가상놀이를 즐기던 유아가 때로는 병행놀이의 양상을 보이기도 하고, 소꿉놀이라는 하나의 놀이 안에도 협동놀이와 가상놀이의 요소가 공존한다. 그럼에도 놀이의 양상은 아이들의 인지적 · 언어적 · 사회적 발달을 기초로 하기 때문에 아동의 연령에 따라 다소 상이한 놀이 양상을 보이는 것이 사실이다.

학령전기 또래관계의 시작은 이후 학령기의 우정, 청소년기의 낭만적 관계를 맺는 데 기초가 된다. 따라서 양육자와 교사는 학령전기 유아가 적절하게 또래와 어울릴 수 있는지 관찰하고 이를 지원해 주어야 한다. 또래와 잘 어울리지 못하는 아동에게도 자신을 돌보아 주는 성인이 또래에 비해 더 안전한 대상으로 여겨진다. 그러므로 성인이 자연스럽게 아이들의 놀이 상황에 개입하여 놀이친구 역할을 해 주거나, 적절한 역할 모델을 보여 주거나, 다른 아이들과 어울릴 수 있도록 중재자 역할을 해 주는 것은 도움이 된다. 이에 앞서 영아기에 양육자와 신뢰관계, 즉 안정적인 애착관계를 경험하는 것이 중요함은 재론의 여지가 없다.

(2) 주도성 대 죄의식(initiative vs. guilt)

에릭슨에 따르면 3~6세의 학령전기 발달과업은 주도성 대 죄의식이다. 즉, 새로운 것을 시도하는 자발성과 실패를 다루는 능력을 기르는 것이다. 유아는 학령전기에 사회적 접촉의 폭이 확대되면서 또래와의 놀이를 즐긴다. 놀이는 아이가 자발성과 책임의식, 목표의 수립과 실행에 따르는 성취와 좌절, 타인과의 협력과 갈등 등 복잡한 사회적 경험을 할 수 있는 장이다.

이 시기의 유아는 외부 세계를 탐색하고 실험할 수 있는 자유를 가지고, 또래관계를 경험하며, 여러 가지 놀이 상황에서 자신의 목표나 계획을 원만하게 성취하는 경험을 하게 되면 주도성이 발달하게 된다. 그러나 외부 세계 탐색이 제한받고 간섭받으며 원만한 또래관계와 놀이 경험을 쌓지 못하면 좌절과 죄의식을 느끼게 된다. 이 시기는 또 프로이트의 심리성적 발달단계로는 남근기에 해당하여 이성 부모의 사랑을 원하게 되며, 이에 대한 원초적인 죄의식을 갖기도 한다.

주도성은 이 시기 유아의 신체적 · 심리적 · 사회적 발달에 기초한다. 유아의 신체적 성숙과 운동능력의 발달로 접할 수 있는 외부 세계가 크게 확대되고, 인지능력과 언어능력의 발달로 자신과 상황에 대한 이해능력, 타인에 대한 이해능력과 소통 가능성이 증가하기 때문에 가능한 것이다. 또한 이타심이나 도덕성의 발달에 기초하여 타인과 상호작용할 수 있는 능력이 증가하는 것과도 관련이 있다.

따라서 부모, 교사 등 이 시기 유아를 양육하고 교육하는 사람들은 유아가 자신감을 가지고 외부 세계를 탐색하고 주도성을 발휘하도록 수용하고 격려해야 하며, 동시에 타인에 대한 이해와 소통, 자신과 다른 타인에 대한 존중과 공감을 함께 발달시킬 수 있도록 도와야 한다.

3 학령전기의 사회환경과 사회복지실천

1) 미시 수준

(1) 학령전기 발달상의 문제

학령전기 발달의 가장 두드러진 특징은 언어가 급속하게 확장되고, 신체적 · 인지적 · 정서적 · 사회적 발달에 힘입어 유치원이나 보육시설에서 사회적 활동을 시작한다는 것이다. 이 시기에 주로 발견되는 발달상의 문제로는 의사소통장애, 주의력결핍 과잉행동장애, 자폐장애 등이 있다.

① 의사소통장애

학령전기에는 언어가 현저하게 발달하기 때문에 언어발달 지연에 대한 진단과 개입이 중요하다. 언어발달 지연은 지적장애, 뇌성마비, 자폐증 등 다른 주요 장애에 동반되는 경우가 많다. 엄격한 의미의 의사소통장애는 다른 발달장애가 없음에도 언어발달상의 문제가 나타나는 경우를 가리키는 것으로, 표현성 언어장애, 수용성 · 표현성 혼재형 언어장애, 음성학적 장애, 말더듬의 네 가지로 구분된다(권석만, 2003).

표현성 언어장애는 언어 이해에는 문제가 없으나 언어표현에 현저한 제한이 있는 것이다. 사용하는 어휘가 제한적이거나 짧고 단순한 구조의 말을 주로 사용하며, 어순이나 시제가 잘못된 언어표현을 많이 한다. 또 단어를 부적절하게 사용하고 문장의 주요 부분을 생략하며 길고 복잡한 문장을 만들지 못한다. 나이나 교육 수준에 비해 표현언어 능력이 현저히 떨어지지만 비언어적인 지적 능력이나 언어이해 능력(수용언어)은 뒤지지 않을 경우 표현성 언어장애로 진단한다. 3세를 전후하여 진단받는 경우가 많다. 표현성 언어장애는 뇌염이나 두부외상 등에 의해 후천적으로 발생할 수도 있고 후천적 원인 없이 서서히 나타나는 경우도 있다. 때로 영유아기에 2개의 언어에 노출된 경우 일시적으로 나타날 수 있다.

수용성 · 표현성 혼재형 언어장애는 정상적인 지능을 가졌음에도 표현언어뿐 아니라 언어 이해에 어려움을 가지고 있는 경우다. 언어를 표현하는 것뿐 아니라 특정한 단어나 복잡한 문장을 이해하는 데 어려움을 가진다. 영유아기 언어발달은 수용언어의 발달이 선행되고 표현언어의 발달이 이루어지기 때문에 수용언어만의 발달지연은 사실상 나타나지 않는다. 혼재형 언어장애는 뇌손상이나 감각기능(특히 청력)의 결함과 같은 신체적 결함에 의해 나타날 수도 있고, 적절한 언어적 환경과 자극이 제공되지 않아 발생할 수도 있다. 예컨대, 유아의 발성이나 발음에 부모가 무관심한 경우, 유아에게 말을 걸지 않아 언어 자극이 없는 경우 등이다.

음성학적 언어장애는 발음이 부정확하거나 잘못된 발음을 사용하고 단어의 마지막 음을 발음하지 못하는 등 발음상의 문제를 보이는 것이다. 말더듬은 말의 유창성에서 문제가 있는 것인데, 말을 시작할 때 첫 음절을 반복하거나 특정한 발음을 길게 늘이는 등으로 나타난다. 음성학적 언어장애나 말더듬은 이후 학업이나 직업 성취에 영향을 미칠 수 있으므로 어릴 때 정확하게 진단 · 치료되어야 한다.

2 주의력결핍 과잉행동장애

주의력결핍 과잉행동장애(ADHD) 아동은 매우 산만하고 부주의하고 충동적인 행동을 하며 자신의 행동을 통제하지 못한다. 같은 또래에 비해 현저하게 부산한 행동을 보이며 안절부절못하고 충동적이며, 이러한 증상은 유치원이나 보육시설 등에서 단체생활을 시작하면서 두드러지게 드러나 유아의 적응을 방해한다.

ADHD의 주된 특성은 부주의, 충동성, 과잉행동이다. 부주의는 실수를 자주 저지르거나 놀이에 주의를 집중하지 못하는 것, 남의 말을 경청하지 않는 것, 지시를 끝까지 완수하지 못하는 것, 외부 자극에 의해 쉽게 산만해지는 것 등으로 나타난다. 충동성은 질문이 끝나기 전에 성급하게 대답하고, 놀이에서 차례를 지키지 못하며, 다른 사람의 활동을 방해하고 간섭하는 것 등이다. 과잉행동은 손발을 가만히 두지 못하고 가만히 앉아 있지 못하는 것, 조용히 있어야 하는 공간에서 지나치게 뛰거나 기어오르는 것, 지나치게 말이 많은 것 등으로 나타난다.

ADHD 아동은 지능에 비해 학업성취도가 낮고, 교사나 또래에게서 지적당하거나 거부당함으로써 낮은 자존감을 형성할 가능성이 높다. ADHD의 예후는 다양하다. 나이가 들면서 호전되는 경향이 있으나 약 40~50%는 청소년기의 품행장애로 이어지며 성인기까지 지속되는 경우도 있다.

ADHD의 원인에 대해서는 유전적 요인이나 미세한 뇌손상 등의 생물학적 요인과 부모의 성격이나 양육방식 등 심리사회적 요인이 함께 작용하는 것으로 알려져 있다. 일반적으로 소아정신과에서의 약물치료와 함께 행동주의적 또는 인지행동주의적 심리치료를 병행하여 개입한다. 또한 ADHD의 치료에는 부모의 역할이 매우 중요하기 때문에 행동수정 및 양육방식에 대한 부모교육과 함께 부모에 대한 지지적인 상담이 필요하다.

3 자폐장애

자폐는 전반적인 발달 영역에서 지연을 초래하지만 특히 사회성 발달에 현저한 문제를 나타낸다. 자폐아동의 약 75%는 지적장애를 동반한다. 주요 증상은 다음과 같다.

첫째, 사회적 상호작용에서 심각한 어려움이 있다. 대인관계에 필요한 눈 맞춤, 얼굴 표정, 자세, 몸짓 등 비언어적 행동이 부적절하다. 감정의 표현과 교류에서 자발성이 결여되어 있어 친구관계를 형성하기가 어렵다.

둘째, 의사소통에서 두드러진 장애를 보인다. 구어발달이 지연되거나 전혀 말을 하지 못하는 경우도 있다. 특이한 언어의 반복이나 특이한 억양을 보인다. 또한 발달 수준에 맞는 다양한 상상놀이나 모방놀이를 자발적으로 하지 않는다.

셋째, 행동, 관심, 활동에서 반복적이며 상동적인 양상을 보인다. 제한적인 관심에 집착하는 것, 특이한 활동이나 의식을 고집하는 것, 정형화된 똑같은 동작을 반복하는 것, 하나의 물건에 집착하는 것 등을 볼 수 있다.

자폐증의 구체적인 치료방법은 알려져 있지 않지만 지속적인 교육과 적응지도를 통해 사회적응 능력이 향상될 수 있다. 자폐아동의 경우에도 조기 발견과 조기 개입의 효과가 크기 때문에 병원, 장애인복지관 등 자폐증의 조기 발견과 진단을 위한 지역사회 자원이 확충되어야 한다. 또한 자폐아동이 지속적으로 치료와 교육을 받을 수 있도록 지역사회 내에 장애아동을 위한 조기 치료 · 교육 인프라가 확충되어야 한다.

또한 자폐아동의 경우 그 부모를 비롯한 가족에 대한 지원이 매우 중요하다. 자폐아동 부모가 경험하는 양육 스트레스는 다른 발달장애에 비해서도 더 큰 것으로 나타난다. 이는 정서적 교류가 어렵고 문제행동을 많이 보이는 자폐증의 특성에서 비롯되는 것이다. 따라서 자폐아동의 부모에 대한 경제적, 심리사회적 지원이 크게 확대되어야 한다.

(2) 아동학대와 사회복지실천

부모와 가족에게 안전한 양육환경을 제공받고 적절한 교육을 통해 건전하게 성장하는 것은 아동의 기본적인 권리다. 그러나 부모가 아동을 신체적 · 정신적으로 학대하는 경우가 늘어나면서 아동의 권리를 보장하기 위한 국가와 사회의 책임이 강조되고 있다.

우리나라에서는 2000년 아동복지법의 개정을 통해 아동학대에 대한 사회적 대책이 구체화되었다. 아동복지법에서는 아동학대의 예방과 방지에 대한 국가와 지방자치단체의 책임을 명확하게 규정하였고, 중앙과 지방에 아동보호전문기관을 설치하여 아동학대에 대한 사전 · 사후 개입을 하도록 하였다. 아동학대 신고 의무와 절차를 명확히 하여 아동학대가 더 이상 가정 내부의 사적인 문제가 아님을 명시하였다. 또한 아동에게 해서는 안 되는 금지행위를 구체적으로 제시하였다.

아동학대는 신체적 학대, 정서적 학대, 성적 학대, 방임 등을 광범위하게 포함한다. 신체적 학대는 가해자가 자기 신체의 일부나 도구, 화학물질 등을 이용하여 아동에게 타박상, 골절, 화상, 열상, 장기파열 등의 신체적 손상을 고의로 입히는 경우로, 가장 대표적인 아동학대의 유형이라고 할 수 있다. 정서적 학대는 아동의 인격이나 존재 의미를 언어와 행동으로 폄하하거나 거부하고 경멸적 · 위협적 언동을 하는 것, 감금행위, 아동을 상업적으로 부당하게 이용하는 행위 등을 말한다. 성적인 학대는 성인이 자기 신체나 도구를 사용하여 성적 욕구 충족을 목적으로 아동에게 성적 행동을 강요하는 경우로, 성추행, 성폭행, 성착취를 포함한다. 방임은 보호자가 고의적이고 반복적으로 아동 양육과 보호의 책임을 소홀히 하여 아동의 건강이나 복지를 해치는 경우로, 물리적 방임, 교육적 방임, 의료적 방임 등을 포함한다.

2001년 중앙아동보호전문기관이 설치된 후 2008년 현재 전국 16개 시 · 도에 43개의 아동보호전문기관이 설치되어 아동학대에 대한 신고접수와 현장조사 및 응급보호, 피학대 아동에 대한 치료, 가해자에 대한 상담 및 교육, 아동학대 예방을 위한 교육과 홍보 등의 업무를 담당하고 있다.

아동보호전문기관에 신고된 사례를 중심으로 아동학대의 현황을 살펴보면, 아동학대 의심 사례 수는 2001년 약 2,600건, 2003년 약 3,500건, 2005년 약 5,800건, 2008년 약 7,200건으로 지속적으로 증가하고 있다.

2000년부터 2009년까지 10년간 전체 신고 사례를 학대 유형별로 살펴보면, 방임과 중복학대가 각각 36% 정도를 차지하고, 정서적 학대와 신체적 학대가 각각 10% 정도를 차지하고 있다. 피학대 아동을 연령별로 구분해 보면, 0～2세 약 8%, 3～5세 약 12%, 6～8세 약 21%, 9～11세 약 26%, 12～14세 약 22% 등으로 6세 미만 영유아도 20% 이상을 차지하고 있다. 더구나 아동학대 사례 가운데 80% 이상이 친부모, 계부모, 양부모 등 부모에 의해 발생하고 있어서 문제의 심각성이 크다(중앙아동보호전문기관, www.korea1391.org).

2000년 이후 아동복지법의 개정과 함께 우리나라에도 아동학대에 대한 서비스 전담기구가 만들어지고 사회적 관심이 증가하고 있다. 그럼에도 아동보호 서비스에서 다음과 같은 몇 가지 문제점이 지적될 수 있다(윤혜미, 김혜래, 신영화. 2005).

- 아동학대 신고의무자가 법으로 규정되어 있음에도 신고의무자에 의한 신고는 전체 신고 사례의 30%를 넘지 못할 만큼 저조하다. 신고의무자는 아동 관련 직종 종사자로서 가장 신뢰할 만한 사람들이지만 실제로는 인식 부족과 신변 노출 회피 등으로 신고가 활성화되지 못하고 있다.
- 관련법의 모호함으로 인해 실제 아동보호 활동에서 어려움이 있다. 예컨대, 현장조사를 보호자가 거부할 경우 이를 강제할 권한이 상담원에게 없는 것, 아동을 격리 보호해야 할 경우 친권자의 동의가 필요한 것 등이다.
- 아동의 일시 또는 장기 보호에 대한 사회적 인프라가 부족하다. 피학대 아동을 위한 일시보호소, 장기보호소가 부족하고, 특히 영아, 장애아동, 비행아동을 보호할 수 있는 전문적인 시설이 극히 미비하다.
- 현행 아동복지법상에 가해자에 대한 서비스 참여의무를 강제하는 조항이 없어서 가해자에 대한 개입이 어렵다. 가정폭력범죄의 처벌 등에 대한 특례법이 규정하고 있는 것처럼 가해자에 대한 법원의 상담치료 명령제의 도입이 시급하다.

2) 거시 수준

(1) 현대사회 가족의 변화와 아동양육

아동에게 가족은 절대적인 영향을 미치는 사회체계다. 현대사회에서 가족의 개념과 유형은 다음과 같은 변화를 보이고 있다(조홍식, 김인숙, 김혜란, 김혜련, 신은주, 2010 참조).

첫째, 남성 가부장 중심의 전통적인 가족관이 약화된다. 남성 가부장의 권위하에 가족의 일체성과 연대성을 중시하는 관념이 약화되며, 가족 구성원 개개인의 평등한 권리와 개성을 강조하는 개인주의적 가치가 가족을 지배하고 있다.

둘째, 핵가족이 일반화된다. 자본주의 산업구조로의 변화는 노동력의 자유로운 이동이 요구된다. 그 결과 가부장 중심의 3세대 가족이 줄어들고 부부 중심의 핵가족이 일반화된다.

셋째, 가족의 규모가 축소된다. 의료기술의 발전으로 출산 조절이 가능해졌고, 때로는 국가 정책상 출산을 억제해 왔기 때문이다. 또 가족결손이나 가족해체의 증가는 가족의 규모를 축소시키는 결과를 가져왔다.

넷째, 가족주기에 현저한 변화가 나타난다. 만혼의 경향이 두드러지고, 자녀 수가 줄어들면서 첫 자녀 출산에서 막내 자녀 출산까지의 기간은 짧아졌다. 반면 자녀교육 기간이 길어지면서 자녀 출산 완료부터 자녀 출가까지의 기간은 길어지고 있다. 또한 수명의 연장으로 자녀 출가 이후 사망까지의 기간도 길어지고 있다.

다섯째, 기혼여성의 노동시장 참여가 크게 증가하고 있다. 핵가족화와 자녀 수의 감소로 인해 가정 내 여성의 돌봄 역할이 줄었고 문화나 서비스 분야가 확대되면서 노동시장에서 여성에 대한 수요가 증가하였다. 지구화된 경제체계는 경쟁을 심화시켜 홑벌이만으로 가계를 유지하기 어렵게 되었다.

여섯째, 가족의 형태가 다양해졌다. 이혼의 증가로 한부모가족이 늘었을 뿐 아니라 혼인신고를 하지 않은 동거부부가족, 무자녀가족, 재혼가족, 독신가족, 동성부부가족 등 새로운 형태의 가족이 증가하였다. 전통적인 핵가족의 경우에도 직업과 자녀교육 등을 이유로 주말가족, 기러기아빠 등 비동거 가족이 늘어나고 있다.

이러한 가족의 변화를 가족 해체적인 위험 상황으로 보는지, 사회적 변화에 부합하는 자연스러운 변화로 보는지는 관점에 따라 다를 수 있다. 그러나 분명한 것은 이러한 가족의 변화가 아동양육의 양상을 변화시키고 있다는 것이다.

과거에 비해 아동은 부모나 조부모 등 집안 어른의 보호와 지도감독을 덜 받게 되었다. 개인주의화된 가족 안에서 아동 역시 개인주의적인 가치와 행동방식을 습득하며 성장하고 있다. 아버지뿐 아니라 어머니까지도 직장을 갖게 되어 매우 분주하고 때로는 직장과 가정의 갈등적인 요구에 직면하여 스트레스를 경험한다. 그러나 핵가족화되고 이웃으로부터도 고립된 가족체계 안에서 이러한 스트레스를 완화시켜 줄 완충기제는 별로 없다. 한부모가족의 경우 빈곤화의 위험이 높아지고, 한쪽 부모의 결손으로 자녀양육은 더 부담스러운 일이 된다. 재혼가족이나 동성부부가족 등 새로운 유형의 가족 안에서는 아동의 환경에 대한 부적응 문제가 발생할 수 있다.

이러한 변화에 따라 아동의 양육과 교육을 온전히 가족의 책임으로만 남겨 둘 수 없게 되었다. 결국 아동 양육과 교육에 대한 사회적 책임이 강조될 수밖에 없는 것이다.

(2) 빈곤 고위험 아동에 대한 사회적 지원: 스타트 프로그램

빈곤은 아동의 성장과 발달에 위험요인으로 작용한다. 우리나라는 1997년 경제위기를 겪으면서 빈곤문제에 대한 사회적 관심이 높아졌다. 특히 빈곤 탈출률이 6%에 불과하여 빈곤의 대물림이 사회적 문제로 대두되었다(김혜란 외, 2004).

빈곤은 모든 사람에게 악영향을 미칠 수 있지만, 특히 아동기의 빈곤 경험은 부정적 영향이 큰 것으로 알려져 있다. 빈곤이 아동에게 미치는 영향은 발육부진 등 신체발달의 문제, 저지능, 학업부진, 학교 중퇴 등의 인지발달의 문제, 우울과 불안 등의 내재화된 정서적 문제, 공격성, 주의력결핍과 과잉행동, 반사회적 행동 등 외재적 행동문제까지 광범위하다. 빈곤은 부모의 이혼이나 가출, 신체적 · 정신적 질병 등과 관련성이 높고, 결과적으로 가족결손의 위험을 높인다. 가족구조와 가족기능의 문제는 아동의 발달에 치명적인 위험요인으로 작용할 수 있다.

따라서 아동발달에 대한 빈곤의 부정적 영향을 최소화하고자 하는 사회적 노력이 각국마다 진행되고 있다. 스타트 프로그램(Start program)은 빈곤아동이 인생의 출발선에서부터 평등하게 설 수 있도록 지원하는 일련의 서비스를 일컫는다. 1960년대의 대빈곤전쟁과 함께 시작된 미국의 헤드스타트 프로그램과 유사하게, 우리나라에서는 한국형 빈곤아동 조기지원 서비스로서 몇 가지 스타트 프로그램이 존재한다.

위스타트(We Start) 사업은 welfare와 education의 첫 글자를 딴 사업 명칭에서 알 수 있듯이 교육과 복지를 접목하는 프로그램이다. 위스타트는 일회성의 물질적 지원을 제공하는 것이 아니라 지역사회의 참여와 연계를 통해 빈곤아동의 교육, 복지, 건강을 종합적으로 돌보면서 모든 아동이 공정한 출발을 하도록 원조하는 지역사회 운동이다(이혜원 외, 2009).

최근 보건복지부와 서울대가 함께 내놓은 "2009 한국 아동 · 청소년 종합실태조사"의 결과는 빈곤이 아동에게 미치는 부정적 영향을 잘 보여 준다. 최저생계비 이하 절대빈곤 가족의 아동과 차상위계층의 아동은 각각 7.8%와 4.2%로, 약 12%의 아동이 빈곤 가족에서 자라고 있다. 이들 빈곤층 아동과 비 빈곤층 아동의 생활상을 비교해 보면 빈곤 아동이 처한 여러 가지 위험요인을 엿볼 수 있다.

우선 빈곤층 아동은 한부모, 조부모, 친척에 의해 양육되는 경우가 훨씬 많다. 빈곤 가족의 0~2세 아동 중 19%, 3~5세 아동 중 35%는 한부모와 살고 있다. 반면 비 빈곤 가족의 0~2세 아동 중 한부모와 사는 아동은 1%에 불과하다. 또 빈곤층 3~5세 아동의 20.8%는 조부모나 친척이 양육하는 데 비해, 비 빈곤층에서는 이런 아동이 4.6%에 불과하다.

빈곤층 아동은 양육자로부터 적절한 돌봄을 받지 못한다. 양육자가 책 읽어 주는 시간을 조사한 결과 빈곤층 6~8세 아동의 양육자 중 13.1%만이 매일 책을 읽어 준다고 응답했는데, 이는 비 빈곤층 양육자의 약 1/3 정도에 불과한 것이다. 또한 아동과 함께 외식하는 횟수, 쇼핑하는 횟수, 나들이 하는 횟수 등을 살펴보면 빈곤층은 비 빈곤층의 절반에도 이르지 못한다.

결국 빈곤층 아동은 인지 · 언어발달 영역에서 낮은 성취를 보인다. 8세를 기준으로 하여 사회적 사고력, 수리적 사고력, 과학적 사고력 등 모든 인지 · 언어발달 영역에서 빈곤층 아동이 비 빈곤층 아동에 비해 낮은 점수를 보인다. 흥미로운 것은 0~2세 영아의 경우에는 24개 발달 영역 중 14개 영역에서 빈곤층 아동의 점수가 비 빈곤층보다 오히려 높게 나타났다는 점이다. 그러나 2~3세를 전후하여 이 수치가 역전되고, 4세가 되면 듣기, 말하기, 쓰기 등 거의 모든 영역에서 비 빈곤층 아동의 점수가 더 높아지고 있다. 이러한 경향은 신체발달에서도 동일하다(안수찬 기자, "크게 태어나 못 먹으니까 작아져요", 한겨레 21, 제759호, 2009년 5월 7일에서 부분 발췌 수정).

0~2세의 경우에는 건강한 아이의 출산과 영유아기 아기의 건강한 성장을 돕고, 3~5세는 취학전 학교 준비, 6~12세는 학교 적응력 향상과 학습능력 증진을 목표로 개입한다. 위스타트는 아동과 가족을 대상으로 하는 맞춤형 통합적 서비스를 지향한다. 아동 사례관리를 기본으로 하는 예방 중심의 포괄적 서비스를 제공한다. 또한 민간과 공공기관, 다학제적 전문가가 참여하는 전달체계를 구축함으로써 빈곤아동 지원에 대한 지역사회 전체의 참여와 책임성을 강조한다(위스타트운동본부, http://westart.joins.com).

위스타트 사업은 민간에서 먼저 시도되었으나 2007년 보건복지가족부의 사업으로 채택되어 희망스타트라는 명칭으로 전국 시범사업이 진행되었고, 2008년부터는 드림스타트 사업으로 전환되어 2009년 현재 전국 75개 지역에서 실시되고 있다(드림스타트운동본부, http://www.dreamstart.kr).

한편 2007년부터 사회복지 공동모금회의 지원하에 시작된 시소와 그네 사업은 특히 0~6세 빈곤 영유아에게 초점을 맞추는 일종의 스타트 사업이다. 2009년 현재 시소와 그네는 8개 시·도 11개 지역에 센터를 개소하였다. 이 사업 역시 취약계층 영유아에 대한 건강, 보육, 복지 등 통합적이고 포괄적인 지원을 통해 건강한 성인으로 성장할 수 있는 기회를 평등하게 제공하고자 하는 것이다. 이를 위해 시소와 그네 사업에서는 영유아에 대한 신체적·인지적·정서적 지원뿐 아니라 영유아의 가족에 대한 지원, 지역사회 차원의 예방적 안전망 구축 등을 목적으로 하는 사업을 진행하고 있다(시소와그네, http://www.seesawswing.org).

이들 스타트 사업은 공통적으로 빈곤아동에게 평등한 삶의 출발선을 제공하기 위해 하나의 전문가, 하나의 기관이 아닌 지역사회 자원 연계망에 기초한 포괄적이고 통합적인 서비스 체계의 구축을 시도한다는 특징이 있다. 아동 개인의 차원에서는 평등한 기회를 제공받는 것이고, 사회적으로는 빈곤의 대물림을 막고자 하는 지역사회 운동이라고 하겠다.

요 약

학령전기는 만 3～6세의 취학전 아동으로, 영아기와 구별하여 유아기로 불리기도 한다. 이 시기에는 신체적으로 균형이 잡히면서 대근육 운동기술이 크게 발달하고 소근육 운동이 정교화된다. 유아는 운동기술의 발달에 힘입어 좀 더 넓은 세계를 자유롭게 탐색할 수 있게 된다. 그러나 활동 범위가 넓어짐에 따라 안전사고의 위험이 높아진다.

피아제가 전조작기의 특징으로 강조한 바와 같이, 이 시기에는 다양한 상징을 사용하여 정신적 표상을 할 수 있게 된다. 하지만 피아제는 전조작기 유아가 아직 조작과 가역성을 이해하지 못하고 보존개념을 형성하지 못하기 때문에 수학적인 개념이나 위계적 범주화의 인지능력을 갖추지는 못한다고 보았다.

언어적 상징의 사용은 이 시기의 두드러진 특징이다. 언어를 통해 주변 사람과의 의사소통을 활발히 하고 대인관계를 넓혀 가게 된다. 정서적으로는 복잡한 감정과 자아개념이 싹튼다. 유아는 성취감, 실패에 대한 수치심, 질투 등 복합적인 감정을 느끼게 된다. 자아인식과 함께 자신의 성공과 실패에 대한 평가도 내리기 시작한다. 이는 자존감의 형성으로 이어진다.

자신에 대한 이해뿐 아니라 타인에 대한 인식과 이해의 폭도 넓어진다. 타인의 감정을 이해하고 공감할 수 있게 되며, 이를 통해 유아는 가족의 울타리를 벗어나 사람들과 소통하고 관계를 맺기 시작한다. 학령전기 유아는 성별, 인종 등의 차이를 구분할 수 있고 자신이 속한 사회적 집단과 속하지 않은 사회적 집단을 구분할 수 있다. 이는 곧 사회적 집단에 대한 고정관념, 편견이 형성될 수 있음을 의미한다.

따라서 학령전기 유아에게는 또래관계를 통해 타인과 의사소통하고 마음을 나누며, 이 관계를 통해 주도성을 경험하고 긍정적인 자아상을 형성하는 것, 그리고 타인에 대해 공감하고 더 나아가 자신과 다른 사회적 집단에 속한 사람들의 다양성에 대해 수용적인 태도를 형성하는 것이 중요하다.

핵심 용어

보존(conservation) 피아제가 7세를 전후하여 형성한다고 본 인지적 능력으로서, 대상의 겉모양이 변해도 그 본질적인 특성은 그대로 남아 있음을 알게 되는 것.

스타트 프로그램(Start program) 빈곤아동이 인생의 출발선에서부터 평등하게 설 수 있도록 돕기 위해 아동과 가족을 대상으로 하는 지역사회 차원의 통합적 지원 프로그램을 통칭함. 미국의 헤드스타트, 영국의 슈어스타트와 함께 우리나라에서는 위스타트, 드림스타트 프로그램이 진행 중임.

아동학대(child abuse) 보호자를 포함한 성인이 아동에게 가하는 신체적 · 정서적 · 성적 폭력 및 가혹행위로서 아동의 건강복지를 해치거나 정상적 발달을 저해하는 행위. 우리나라에서는 보호자에 의한 아동 유기와 방임까지 아동학대의 한 유형으로 봄.

전조작기(preoperational stage) 피아제가 2~6, 7세경의 인지발달의 두 번째 단계를 지칭한 말. 외부 세계에 대한 내적 표상을 통하여 환경을 상징적으로 조작하는 단계로서 사물을 말로 표현하는 방법과 말을 정신적으로 조작하는 방법을 배우는 시기임.

주도성 대 죄의식(initiative vs. guilt) 에릭슨이 3~6세 학령전기 유아의 발달과업으로 제시한 개념. 학령전기 유아는 친구와의 놀이 등 다양한 사회적 관계를 경험하는데, 이때 자신의 목표와 행동에 대해 지지를 받게 되면 주도성을, 인정받지 못하고 지나치게 통제당하면 죄의식을 형성함.

집단에 대한 고정관념(stereotype) 인종, 성, 국적, 연령, 장애 유무 등에 따라 집단을 구분하고 이들 집단에 대해 갖게 되는 확고한 의식이나 관념. 대상집단에 대한 태도와 행동에 영향을 미치고 잘 변하지 않음.

타율적 도덕성 단계(stage of heteronomy) 피아제가 10세 미만 아동의 도덕성 발달단계를 지칭한 것. 이 연령의 아동은 규칙이 권위적인 성인에 의해 만들어졌기 때문에 바꿀 수 없고 반드시 따라야 하며, 이를 어기면 벌을 받는다고 생각함.

생각할 문제

1. 피아제가 설명한 전조작기의 특징을 3~6세 학령전기 유아의 인지적 · 정서적 · 사회적 발달 특성과 비교하여 비판적으로 검토해 보시오.
2. 주변의 6세 전후 유아에 대한 직접 대면과 관찰을 통하여, 이 시기 유아의 사회문화적 집단에 대한 고정관념과 편견이 어떠한지 알아보시오. 또한 학령전기 유아의 고정관념과 편견을 줄이기 위한 사회복지실천 방안을 토론해 보시오.
3. 아동학대의 개념은 사회문화적으로 상이할 수 있다. 가정, 학교, 지역사회 안에서 흔히 벌어지는 아동에 대한 가혹행위가 있는지 생각해 보고 그것을 아동학대라고 할 수 있는지 토론해 보시오.
4. 빈곤이 영유아의 신체적 · 인지적 · 정서적 · 사회적 발달에 미치는 영향에 대한 구체적인 자료를 인터넷을 통해 검색한 후 토론해 보시오.

참고문헌

권석만(2003). 현대이상심리학. 서울: 학지사.

김혜란, 박은미, 오정수, 정익중, 허남순, 홍순혜(2004). 한국복지재단, 한국아동복지학회 공동연구 프로젝트: 가족형태에 따른 빈곤아동의 실태에 대한 연구. 동광, 100, 3-44.

손광훈(2008). 인간행동과 사회환경. 고양: 공동체.

윤혜미, 김혜래, 신영화(2005). 아동복지론. 서울: 청목출판사.

이근홍(2006). 인간행동과 사회환경. 고양: 공동체.

이혜원, 김성천, 김혜래, 노혜련, 배경내, 변귀연, 우수명, 이상희, 이지수, 정익중, 최경옥, 최승희, 하승수, 홍순혜(2009). 학생권리와 학교사회복지. 서울: 한울.

조홍식, 김인숙, 김혜란, 김혜련, 신은주(2010). 가족복지학(4판). 서울: 학지사.

질병관리본부, 대한소아과학회(2007). 한국 소아청소년 성장도표.

Berk, L. E. (2008). 아동발달(이종숙, 이옥, 신은수, 안선희, 이경옥 공역). 서울: 시그마프레스. (원저는 2006년 7판 출간)

Kail, R. V. (2008). 아동과 발달(권민균, 김정민, 최형성 공역). 서울: 시그마프레스. (원저

는 2007년 4판 출간)

〈참고 사이트〉

드림스타트운동본부 http://www.dreamstart.kr

시소와그네 http://www.seesawswing.org

위스타트운동본부 http://westart.joins.com

중앙아동보호전문기관 http://www.korea1391.org

제10장

아동기

1. 아동기의 정의
2. 아동기의 발달적 특성과 발달과업
3. 아동기의 사회환경과 사회복지실천

이 장에서는 아동기의 정의를 살펴본 후에 신체적 · 인지적 · 정서적 · 사회적 발달 특성과 발달과업을 살펴본다. 아동기는 초등학교 입학부터 졸업까지의 시기, 즉 만 6~12세의 시기로 생활의 중심이 가정에서 학교로 옮겨지고, 학교교육을 통하여 사회가 요구하는 기본 기술을 습득하게 된다. 이 시기의 중요한 발달과업은 놀이에 필요한 신체기술을 학습하고, 또래친구 사귀는 법을 배우고, 읽기 · 쓰기 등 기본적인 학습기술을 학습하는 것이다. 이에 대한 사회적 지원의 필요성과 지원체계를 살펴본다.

1 아동기의 정의

아동기는 생활의 중심이 가정에서 학교로 옮겨지고 공식적인 학교교육을 통하여 사회가 요구하는 기본 기술을 습득하는 발달단계로서 초등학교 입학부터 졸업까지의 시기, 즉 만 6~12세의 시기다. 아동기는 공식 학습이 시작된다는 의미에서 학동기, 사회적 행동이 현저하게 증가하면서 또래끼리 어울려 다니기 시작한다고 하여 도당기, 그리고 영유아기나 청소년기의 역동적 변화에 비해 상대적으로 조용한 발달이 이루어지는 시기라고 하여 잠복기로 불리기도 한다(김동배, 권중돈, 2005, p. 179). 아동기에 중요한 발달과업은 놀이에 필요한 신체기술을 학습하고, 또래친구 사귀는 법을 배우고, 읽기 · 쓰기 등 기본적인 학습기술을 학습하는 것이다. 특히 또래집단이나 친구 사귀기 등 대다수의 활동은 학교환경에서 이루어지는데, 이는 아동에게 있어 깨어 있는 시간의 절반 이상을 보내는 생활의 중심이 바로 학교이기 때문이다(Ashford, LeCroy, & Lortie, 2006, p. 330).

그러면 아동이라 규정할 수 있는 연령대는 시대와 사회를 막론하고 절대적인 것인가? 특정 연령대의 개인이 아동인가 아닌가에 대한 대답은 시대에 따라, 사회에 따라, 그리고 동시대의 한 사회 내에서도 어떤 목적으로 규정하는지에 따라 달라질 수 있다. 즉, 평균수명이 40세를 넘지 못하던 15~16세기와 평균수명이 70세를 훨씬 넘긴 21세기의 아동기가 같을 수 없다는 사실은 너무나 명백하다.

또 동시대의 같은 사회 내에서도 그 목적과 맥락에 따라 아동의 연령은 달라진다. 우리나라의 경우에도 아동에 관한 기본법이라 할 수 있는 아동복지법은 만 18세 미만을 아동이라 규정하고 있으며, 소년법에서는 20세 미만인 자 그리고 청소년 관련법에서는 19세 미만인 자를 청소년이라고 규정하고 있다.

결국 아동이 누구인가, 아동기의 출발점은 어디에 둘 것인가 하는 것은 한 가지 기준이 아니며, 사회적으로 합의를 이루어 낼 수 있는 연령을 설정함으로써 그 범주가 결정된다고 볼 수 있다(윤혜미, 김혜래, 신영화, 2005, pp. 18-19). 이 장에서는 아동기를 초등학교 입학부터 졸업까지의 시기, 즉 만 6~12세의 시기로 보고 아동의 발달적 특성과 발달과업을 살펴보고자 한다. 이 시기의 아동은 지금까지 경험한 부모와의 관계, 또래와의 관계를 바탕으로 하여 아직 사회적 의무나 구속이 없는 자유로운 상태에서 자신이 속한 사회에서 생활하는 데 필요한 인지능력과 기본적 기술과 능력을 습득하고 적용해 볼 수 있는 기회를 갖게 된다.

이러한 아동기의 발달적 특성에 대한 학자들의 관점은 매우 다르다. 프로이트(S. Freud)는 성격 형성에 영향을 미치는 특별한 발달적 사건은 발생하지 않는다고 보고 있다. 반면 에릭슨(E. H. Erikson)은 자율성과 유능성이라는 성격적 특질의 발달이 이루어진다고 하였으며, 피아제(J. Piaget)는 이전과는 다른 새로운 형태의 인지발달이 이루어지는 매우 중요한 시기라고 보고 있다(김동배, 권중돈, 2005, p. 179).

2 아동기의 발달적 특성과 발달과업

1) 발달적 특성

(1) 아동기의 신체적 발달

1 신체적 성장

아동기는 영아기의 급속한 신체발달이나 청소년기의 성장급등과 비교할 때 신체적 성장과 발달이 비교적 완만하게 진행되기는 하지만 꾸준한 성장이 이루어지고 전체적인 신체의 체계가 안정되는 시기다. 아동기 말에는 청소년기의 성장급등 현상으로 인하여 신장과 체중이 급격히 증가한다.

아동기의 신체적 성숙에 있어서 특징적인 발달 양상은 초등학교 입학시기에는 남아가 여아보다 신체적 성숙이 더 빠르지만 11～12세경에는 여아의 신체적 성숙이 남아에 비하여 더 우세해진다는 점이다. 이러한 현상은 신체적 급성장이 이루어지는 사춘기가 남아보다 여아에게서 약 2년 정도 먼저 시작되는 점에 기인한다.

아동기 동안 가장 눈에 띄는 신체적 변화 중의 하나는 젖니가 빠지는 것이다. 젖니가 빠지는 것은 아동기에 발생하는 하나의 통과의례로서, 6세경에 젖니가 빠지기 시작하여 아동기 동안에는 1년에 약 4개 정도씩 영구치로 대치되고, 13세경이 되면 거의 모든 젖니가 영구치로 대치된다.

아동기에는 뼈와 근육의 성장이 균형 있게 이루어지는 것이 일반적이지만, 뼈의 성장이 근육의 성장을 초월하는 경우가 있다. 이때 근육성장기 골통 또는 성장통을 경험하게 된다. 성장기 아동 중에서 10～20% 정도가 성장통을 경험하는데 이로 인해 아동은 밤잠을 설치고 보행 시에 통증을 느끼는 경우가 많다(김동배, 권중돈, 2005, pp. 128-129).

2 운동기능 발달

아동기에 새롭게 발달하는 운동기능은 없지만, 운동기술이나 근육의 협응이 점차 세련되고 정교화되어 운동의 속도, 정확성, 안정성, 호응성, 역량 등이 더욱 발달되고 정교해진다(강봉규, 1992). 운동능력이 떨어지는 아동은 대체로 소심하고 겁이 많아 내성적이고 의존적인 성격 특성을 보이는 반면, 운동능력이 뛰어난 아동은 쾌활하고 창조적이며 자기 자신을 적극적으로 표현하는 성격 특성을 보이는 경우가 많다. 그리고 운동능력이 뛰어난 아동은 다른 아동으로부터 부러움의 대상이 되는 반면, 운동능력이 떨어지는 아동은 멸시의 대상이 될 수 있다. 그리하여 자아개념과 사회적 관계 형성에도 영향을 미친다(김동배, 권중돈, 2005, pp. 129-130). 따라서 아동기에는 운동을 할 수 있는 적합한 환경과 기회를 제공하여 자아존중감을 갖게 하는 것이 중요하다.

'몸매 불만' 아동, '정서 불안' 될 수도

키 · 몸무게 정상인데도 '열등감' 많아

사춘기가 시작되는 초등학교 고학년부터 본인의 키나 몸무게 등 체형에 대한 관심과 불만이 높아진다. 최근에는 사춘기가 빨라지면서 초등학교 4학년이면 자신의 몸매에 대한 이상형이 생기고 불만도 갖게 된다. 가장 큰 불만은 '키가 작다'와 '뚱뚱하다'는 것이다. 그러나 평균 키와 몸무게를 백분위수(100명 중 몇 번째인가에 따른 비만, 과체중, 정상, 저체중)로 환산한 신체계측치에 비춰 볼 때 정상 범위에 있는 경우가 대부분이다.

정상적인 체형인데도 자신이 비만하거나 키가 작다고 느낄 경우 외모 콤플렉스와 스트레스로 나타날 수 있다. 그럴 경우 신체발달상의 문제와 상관없이 사회적 열등감이 생겨 자존감, 독립심이 감소하거나 긴장과 불안 등이 증가하는 현상이 나타날 수도 있다. 외모에 대한 관심이 두드러질 무렵부터 신체에 대한 올바른 가치관과 인식을 갖는 것이 매우 중요하다.

초등학교 4~6학년, 신체 불만족도 높아

대한소아과학회지에 게재된 동서신의학병원 소아청소년과 심계식 교수팀의 초등학생 신체 인식도에 따르면 청소년이 자신의 신체에 대해 느끼는 불만족이 많은 것으로 나타났다.

> 심 교수팀이 서울지역 5개 초등학교에서 4~6학년 학생 465명(남 231명, 여 234명)을 대상으로 신장과 체중에 대한 인식조사를 실시한 결과 실제 자신의 체중과 키가 속해 있는 범위와 다르게 인식하는 경우가 적지 않았다. 조사에서 자신이 '뚱뚱한 편'이라고 생각하는 아동의 실제 체중분포를 보면 95백분위수 이상의 비만은 16.2%에 불과하고, 84~94백분위수(과체중) 29.4%, 84백분위수 미만의 정상이 54.4%로 절반 이상이 정상 범위에 들었다. 체중에 대한 잘못된 인식은 사춘기가 진행될수록 높아졌다. (중략)
>
> 실제 이번 조사 결과 키에 대한 만족도에 따라 자아존중감 점수가 차이를 보였다. 키가 작다고 인식하는 경우의 자아존중감 점수는 3.46점으로, 키가 큰 편이라고 인식하는 경우의 3.70점보다 낮게 나타났다.
>
> 체중에 대한 인식도 뚱뚱하다고 생각하는 경우에 사회성 점수가 낮은 것으로 나타났다. 문제행동 점수를 보면 마른 편 22.45, 보통 18.85, 뚱뚱한 편 27.01로 뚱뚱한 경우가 가장 높았다. (중략)
>
> 신체발달과 관련해 자아존중감을 높이려면 신체발육 표준치를 참고해 자신의 키와 체중에 대해 정확히 아는 것이 바람직하다. 또 가정과 학교에서 주기적으로 신체발달 사항을 정확히 체크하고 신체에 대한 올바른 가치관을 갖도록 교육하는 게 중요하다 (문화일보, 2009년 5월 12일에서 부분 발췌 수정).

(2) 아동기의 심리적 발달

1 인지발달

인간의 생각하고 이해하는 능력이 어떻게 발달하는지를 설명하는 이론은 많이 있다. 인지란 정보를 받아들이고, 처리하고, 저장하고, 회상하는 능력을 말한다. 간단히 말해서, 인지란 배우고 생각하는 능력이다. 피아제는 인간이 유아기에서 성인기로 성장하는 과정에서 다양한 단계를 거치면서 생각하고 배우는 능력을 갖춘다고 하였다. 인간은 인지능력 또는 사고능력을 발달시키기 위해 반드시 거쳐야 하는 단계가 있는데, 피아제는 이에 관심을 가졌다. 그는 자기 아이가 성장하고 발달하는 것을 유심히 관찰하면서 이론을 완성하였다.

피아제는 모든 인간은 똑같은 방법으로 생각하는 방법을 배운다고 가정한다. 즉, 인간은 성장하면서 다양한 단계를 거치면서 생각하는 방법을 배운다. 유아기와 아동기 초기에는 생각하는 것이 매우 기본적이고 구체적이다. 그러나 성장하면서 사고는 더욱 복잡하고 추상적이 된다. 인지발달의 단계는 개인이 생각하는 일정한 원칙과 방식으로 특징지어진다(Zastrow & Kirst-Ashman, 2002, p. 122).

이 시기의 아동은 지금까지 경험한 부모와의 관계, 또래관계를 바탕으로 하여 아직 사회적 의무나 구속이 없는 자유로운 상태에서 자신이 속한 사회에서 생활하는 데 필요한 인지능력과 기본적 기술과 능력을 습득하고 이를 사회에 적용해 볼 수 있는 기회를 갖게 된다.

구체적 조작기는 대략 7～11, 12세에 이르는 시기다. 이 시기에 아동의 사고능력은 구체적인 수준에서 논리적인 수준으로 발달한다. 다시 말하면, 아동은 이전 단계에서 겪었던 논리적으로 사고하는 데에 방해가 되는 몇몇 요인을 극복한다.

아동은 다른 사람의 시각에서 사물을 보는 능력을 발달시킨다. 또한 이해하고 공감하는 것을 좀 더 잘하게 된다. 아울러 아동은 좀 더 복잡한 생각을 할 수 있다. 다양한 변수를 고려하여 상황과 사건을 파악하고 조사한다. 아동의 집중력도 향상된다. 아동은 더 이상 한 가지 변수에만 의존하여 문제를 해결하지 않는다. 그보다는 더 많은 변수를 고려한다. 컵의 예에서 아동은 높이, 부피, 질량, 형태를 동시에 고려하기 시작한다.

아동은 또한 반대의 입장에서도 집중할 수 있는 능력을 발달시킨다. 인간관계도 다양한 입장에서 이해하기 시작한다. 분류와 연속성 그리고 보존의 개념을 완전하게 획득한다. 구체적 조작기의 아동은 상황과 사건에 대해서 융통성 있게 생각할 수 있다. 상이한 시각에서 사건을 평가한다.

더욱이 아동은 실제에서 사건을 대표하는 상징을 많이 사용한다. 수학 계산을 이해하고 그것을 언어로 표현하는 능력이 크게 향상된다. 이와 더불어 기억력도 정교해진다(Zastrow & Kirst-Ashman, 2002, p. 127).

그러나 구체적 조작기에 아동의 인지가 상당히 발달하였다고 해도 여전히 한계는 있다. 사건을 다양한 관점에서 바라보지만 그것이 여전히 구체적인 부분에 머물러 있다. 아동은 보고, 듣고, 냄새 맡고, 만지는 것을 생각한다. 아동의 초점은 생각이 아닌 사물에 있다. 그리고 아동은 점차 인지발달의 최종 단계인 형식적 조작기로 나아가게 된다.

[2] 지능발달과 지능검사

아동기는 지능발달에 있어서 중요한 시기다. 지능은 유전요인과 환경요인에 의해서 영향을 받는 것으로 알려져 있다. 특히 환경요인 중에서도 가정환경, 학교환경, 문화환경 등은 아동의 지능발달에 크게 영향을 미치는 요소다. 그러므로 아동의 지능발달에 도움이 될 수 있도록 풍부한 경험과 창의적 활동을 격려하는 가정환경, 지적 호기심을 자극하고 충족시켜 줄 수 있는 학교환경, 잠재능력을 발휘할 수 있는 문화환경이 제공되어야 한다.

지능은 새로운 지식을 획득하고 적용하는 학습능력, 합리적이고 혁신적인 사고능력, 환경에 대한 적응능력 등으로 구성된 개인의 총체적 능력이라 할 수 있다(이근홍, 2006, p. 81). 최근에는 구체적인 정신능력을 측정하는 노력이 이루어지고 있다. 예를 들어, 서스톤(Thurstone, 1938)은 일반적인 지능 수준에 영향을 미치는 일곱 가지 독립적인 능력을 제시하였다. 공간관계를 지각하는 능력, 지각 속도, 기억, 단어의 유창함, 추론, 수리능력과 언어능력이다(Zastrow & Kirst-Ashman, 2002, p. 136, 재인용).

지능검사에 대한 절대적이며 분명하고 구체적인 정의는 없다. 여기에서는 지능과 지능지수를 먼저 구분해 보고자 한다. 많은 사람이 오해하고 있는 것은 IQ가 지능의 절대량을 대표한다고 생각하는 것이다. 그러나 이것은 사실이 아니다. IQ는 모든 사람을 대상으로, 그중 한 사람이 특정 영역을 얼마나 잘 수행하는지를 나타낸다. 그런 점에서 IQ는 두 가지 기본적인 것을 포함한다. 첫째는 일정한 검사 유형에서 개인이 획득한 점수다. 둘째는 동료집단에서 그 개인이 상대적으로 차지하는 위치다. IQ지수는 지능이 무엇인지 측정하려는 시도를 가능하게 하는 최선의 방법이다. 그렇지만 그 정도를 진술하는 것만으로 한 인간의 IQ에 대한 가치를 확신하지는 못한다.

IQ검사를 사용하는 것은 여러 측면에서 문제가 있다. 첫째, 문화적인 편견이다. 둘째, IQ 정의가 임의적이라는 데 있다. 가장 기본적인 수준에서 IQ 점수는 IQ검사를 얼마나 성공적으로 치렀는지를 반영하는 것이다. 따라서 이것은 실제 능력을 반영하는 믿을 만한 지표라고 단정지을 수 없다. 셋째, 각 사람에게 IQ

수준을 부여하는 것은 자기 충족적인 예언을 자극할 수 있다. IQ 점수가 낮으면 잠재력을 개발하려고 하지 않을 수 있다. 높은 IQ 점수를 받은 사람은 부적절한 우월감이나 거만한 태도를 갖게 될 수 있다. 이러한 자기 충족적 예언에 주의해야 한다. 넷째, IQ검사는 인간의 동기를 충분히 설명하지 못한다. IQ 점수가 낮아도 열심히 일하고 무언가 성취하려는 동기가 있는 사람은 IQ 점수가 높지만 그것을 활용하려는 동기가 없는 사람보다 더 높은 수준의 성취와 성공을 이루어 낼 수 있다. 단순히 능력을 가졌다는 것만으로는 그것을 어떻게 활용할 것인지까지는 증명해 내지 못한다. 즉, 성격의 다양한 측면, 사회적으로 상호 관계하는 능력, 사회 적응력은 IQ와 직접적으로 관계가 없다(Zastrow & Kirst-Ashman, 2002, pp. 138-141).

③ 심리적 발달과 사회복지실천

아동기의 건전한 심리적 발달을 위하여 일차적으로 요구되는 것은 감각기관과 언어의 정상적 발달이라 할 수 있다. 아동이 시각장애, 청각장애, 언어장애를 지니고 있는 경우에는 주변에서 일어나는 사건이나 현상을 정확히 지각하지 못하고 자신의 견해를 표현하는 데 제한을 받기 때문에 자아중심성이 더욱 강화되고 사회적 인지의 발달에 장애를 받게 된다. 따라서 사회복지기관에서는 감각기관의 장애를 지닌 아동을 위한 재활 및 치료 프로그램을 개발하여 실시할 필요가 있다.

하지만 정서발달지수(emotion quotient: EQ)가 사회적으로 많은 관심을 불러일으켰듯이 아동기에는 인지발달 못지않게 정서발달도 중요하다. 그러나 우리나라의 대부분 부모는 아동의 전인적 발달보다는 학업성적에 지나치게 관심을 기울이고 있기 때문에 정서발달에 많은 관심을 기울이지 못하고 있다. 따라서 사회복지기관에서는 아동의 정서발달을 지원할 수 있는 예술 및 놀이 프로그램을 개발하여 실시할 필요가 있다. 그리고 부모와의 부적절한 분리가 원인이 되어 나타날 수 있는 정서장애인 등교거부증의 치료를 지원하기 위한 개인상담이나 가족치료 프로그램도 실시할 필요가 있다.

아동기에 관심을 기울여야 할 심리적 발달문제는 부정적 자아개념과 연관된 열등감이다. 아동기에 학교에서 잦은 실패 경험을 하고 부모, 교사, 또래로부터 부정적 평가를 받게 되면 부정적 자아개념이 형성되고 열등감이 강화된다. 이러한 아동의 열등감을 극복할 수 있도록 지원하기 위해서는 반복적인 성공 경험을 거둘 수 있는 기회를 부여하는 것이 필수적이다. 하지만 부모, 교사, 또래집단에 대한 개입도 필요하다. 따라서 사회복지사는 아동의 열등감을 우월성 추구의 동기로 변화시키기 위한 개인 상담이나 치료뿐만 아니라 아동의 부모를 대상으로 한 가족치료, 교사를 대상으로 한 학교 사회복지적 개입, 또래 아동과의 집단치료 프로그램 등 아동의 열등감 극복을 위한 다각적 개입을 하는 것이 바람직할 것이다(김동배, 권중돈, 2005, pp. 104-105).

(3) 아동기의 사회적 발달

아동기에는 어떤 행동을 하기 전에 상황을 평가하고 그 결과를 예상하는데, 아동기에 자신의 행동평가에 가장 큰 영향을 미치는 변인이 바로 자아개념이다. 자아개념은 신체적 특성, 개인적 기술, 가치관, 희망, 지위와 역할 등 개인이 자신의 것으로 동일시하는 개인적 특성에 대한 지각이나 느낌이다.

이러한 자아개념은 자신이 독특하고 타인과 구별되는 존재라는 인식을 하는 데서부터 발달하기 시작하며, 연령이 증가함에 따라 자기 이해가 증가하고 확장된다. 아동기의 자아개념 발달에는 학교에서의 성공이나 실패 경험이 중요한 영향을 미친다. 학교에서의 성공과 그에 따른 긍정적 평가는 긍정적 자아상과 연결된다. 그러나 학교에서의 실패와 그에 따른 교사, 부모, 친구의 부정적 평가는 부정적 자아개념을 형성하는 데 결정적인 역할을 한다(김동배, 권중돈, 2005, p. 135).

자아존중감은 자신이 다른 사람에게 중요하게 받아들여지는 상호작용에서 시작되며, 작은 성공이나 칭찬 등을 통해서 형성된다. 유아기에는 일반적으로 자아존중감이 높은 편이나, 아동기에 들어서 자신을 객관적으로 평가하고 타인의 견해를 수용할 수 있는 능력이 발달함에 따라 자아존중감은 재조정된다. 아동기의 자아존중감은 국어, 수학 등의 학업능력과 관련된 학업적 자아존중감, 또래와의 관계 및 부모와의 관계에서 형성되는 사회적 자아존중감, 그리고 자신의 외모와 신체적 능력과 관련된 신체적 자아존중감으로 분화되어 간다.

이러한 자아존중감 발달은 에릭슨이 말하는 아동기의 근면성과 열등감의 발달과 밀접한 관련성을 지닌다. 만약 아동이 새로운 것에 많은 호기심을 갖고 사회에서 필요로 하는 기본적 기술을 열심히 익혀 나가고, 그 과정에서 교사나 부모의 물질적 보상이나 칭찬을 듣게 되면 근면성과 높은 수준의 자아존중감이 형성될 수 있다. 그러나 어떤 일에 있어서 성공보다는 실패를 더 많이 경험하고 그 결과로 사회관계망으로부터 부정적 평가를 더 많이 받게 되면 열등감과 낮은 수준의 자아존중감이 발달하게 된다(김동배, 권중돈, 2005, p. 136). 자아존중감 수준이 높은 아동은 모든 일에 솔선수범하고 다소 위험이 따르더라도 능동적으로 행동을 수행한다. 이에 반하여 자아존중감이 낮으면 새로운 과제에 직면하였을 때 불안을 경험하게 되고 솔선해서 행동을 수행하기가 어려워진다.

아동기에는 사회적 관계의 장이 가족에서 이웃과 학교로 확대된다. 이 시기에 아동은 학교나 이웃의 또래친구와의 대인관계 속에서 집단생활의 규범을 준수하고 상호 협력하며 자신의 욕구를 통제할 수 있는 기본적인 사회적 기술과 태도를 학습하게 된다.

1 가족과 사회적 발달

가족환경은 아동에게 매우 중요하다. 아동은 커 가면서 점점 더 또래친구와 어울리기는 하나 가족이 여전히 매우 중요하다. 좋은 가족환경이란 아동이 의지할 수 있는 양육, 지지, 지도, 그리고 안정감이 있는 안전한 장소를 말한다.

바움린드(Baumrind, 1973)는 부모의 양육태도를 독재적, 허용적, 권위적, 무관심의 네 가지로 나누어서 설명하고 있다(윤혜미 외, 2005, p. 29, 재인용). 독재적 양육태도는 자녀에게 부모가 정한 규칙에 대한 복종을 강요하는 것이다. 이렇게 양육된 아동은 낮은 자존감, 정서적인 불안정성 등을 보일 수 있다. 반대로 허용적 양육태도는 아동의 사회화 과정에서 적절한 통제를 제공하지 않고 아동의 요구를 다 수용하는 것이다. 결과적으로 아동은 정서적으로 미성숙하고, 자기중심적이며, 의존적이고 사회성이 결여되고, 사회적 책임감이 낮은 사람이 되기 쉽다. 권위적 양육태도는 통제와 지지, 또 수용이 적절히 조화된 것으로 아동의 자율성 발달을 추구하지만 일정한 한계를 설정하게 된다. 이렇게 사회화된 아동은 자신감, 정서적 인정, 사회적 책임감과 독립심을 성취하게 된다. 마지막으로 무관심한 양육태도는 아동의 성장·발달과 그에 따른 욕구에 무관심하거나 일관성 없는 양육태도를 말한다. 이에 아동은 안정감이 부족하고 자신감을 결여하며 무기력하고 좌절을 경험하기 쉽다. 따라서 아동에게 부모 또는 가족의 의미는 잘 기능할 수 있는 개인으로서 성장하는 데 있어 필수적이다.

그러나 최선을 다해 부모 역할을 하고자 하는 부모조차 자녀에게 바람직한 양육과 사회화를 제공하지 못하는 경우도 많다. 그러면 부모로 하여금 필요한 일을 못하게 방해하는 사회적 요인은 무엇인가? 여러 가지 사정이 고려될 수 있지만, 대개는 사회적 요건으로 실업이나 빈곤이라든지 부모의 맞벌이로 제3자가 아동을 양육해야만 하는 조건, 이혼과 재혼 가족, 가족 자체의 변화(한부모가족의 증가, 미성년부모의 증가 등) 등이 지적될 수 있다. 결국 아동의 바람직한 사회화를 위해서는 부모 개인을 넘어서 사회나 국가의 역할 분담이 필요하게 된다(윤혜미 외, 2005, pp. 29-30).

② 또래집단과 사회적 발달

아동기에는 가정 밖에서 생활하는 시간이 많아짐에 따라 또래집단과의 사회적 상호작용이 많아진다. 아동기의 또래집단은 이웃에 살고 연령이 비슷하고 동성의 아동으로 주로 구성되며, 외모, 성숙 정도, 운동기술, 학업성적이나 지도력 등에 따라 서열이 정해지게 된다. 이러한 또래친구와의 접촉을 통해 아동은 사회적 상호작용에 필요한 기술이나 규범을 배우고, 또래집단의 행동 기준이나 태도 또는 가치관을 배우며, 정서적 안정감을 갖게 됨과 동시에 인지발달을 촉진하게 된다(김동배, 권중돈, 2005, p. 191).

또래집단은 동년배 아동으로 구성된 집단이다. 또래집단은 아동이 나이가 들고 더 독립적이 되고 더 많은 경험을 하면서 더욱 많은 영향을 미친다. 긍정적인 측면에서 또래집단은 자신들에 대해 배우고, 자아개념을 확립하고, 서로 어떻게 상호작용할지를 배우는 경기장이다. 부정적인 측면에서 또래집단은 아동에게 해서는 안 된다고 하는 것들을 하도록 강제할 수도 있다(Zastrow & Kirst-Ashman, 2002, p. 192).

표 10-1 아동발달의 특징

연령대	주요 발달 내용
아동기	• 힘과 기술이 향상되지만 신체적 성장 속도는 둔화됨 • 또래가 가장 중요함 • 논리적 사고를 하게 되고 자기중심성이 감소함 • 기억력과 언어능력이 증가함 • 인지발달로 학교를 통한 학습력이 강화됨 • 자아개념이 발달하여 자존심이 형성됨

출처: 윤혜미 외(2005), p. 49.

2) 발달과업

(1) 발달단계와 발달과업

발달단계란 양적 또는 질적 변화의 과정과 특성을 중심으로 하여 인간의 전 발달과정을 몇 단계로 구분한 것을 말하며, 기본적으로 일정한 순서에 따라 일어난다. 여기에서 어떤 행동적 특징은 그것이 일어날 수 있는 심리적 구조가 형성되어야만 비로소 나타날 수 있기 때문에 각 발달단계는 질적으로 차이가 있는 행동으로 구분된다.

한편 아동의 발달이 순조롭게 이루어지기 위해서는 반드시 이루어야 할 행동양식이 있는데 이를 발달과업이라고 한다(Havighurst, 1972). 발달과업은 시대와 문화에 따라, 그리고 아동이 생활하는 가족의 계층에 따라 차이가 있다(이소희 외, 2004). 발달과업이 지니는 의의는 발달단계에서의 준비와 밀접한 관계가 있다. 신체가 성숙하여 사회가 요구하고 자신이 어떠한 과업을 성취할 준비가 되었을 때 교육의 적정시기가 온 것이라 할 수 있으며, 이를 잘 성취하면 장래에 아동의 행복을 기하기 쉽다. 즉, 인간발달의 적기에 적절한 보호와 교육을 받은 아동은 더 나은 발달적 성취를 이룰 수 있으나, 그렇지 않으면 발달적 손상을 경험하여 그 이후의 발달에 심각한 영향을 받게 되어 결국 회복하기 어려운 결과를 초래하게 된다.

(2) 구체적인 발달과업의 내용

헤비거스트(Havighurst, 1972)의 발달단계이론을 중심으로 아동기의 주요 발달과업을 요약해 보면 〈표 10-2〉와 같다. 이 가운데 아동기의 대표적인 과업을 중심으로 기술하고자 한다.

표 10-2 아동기의 주요 발달과업

발달단계	발달과업
아동기	• 놀이에 필요한 신체기술 학습 • 자신에 대한 건전한 태도 형성 • 또래친구 사귀는 법 학습 • 성역할 학습 • 기본 학습기술 학습(3R) • 일상생활에 필요한 개념학습 • 양심 · 도덕 · 가치체계의 발달 • 사회 집단과 제도에 대한 태도발달

출처: 김동배, 권중돈(2005), p. 45.

1 놀이에 필요한 신체기술 학습

아동기에는 장난감보다는 자신의 신체를 이용한 달리기, 던지기, 뛰기 등의 능력을 활용한 스포츠와 조직적인 단체놀이에 강한 관심을 보인다. 아동기의 운동능력은 신체적 성숙과 학습의 상호작용에 의해 결정된다.

아동은 이러한 다양한 운동을 통하여 신체적 균형을 시험해 보기도 하고, 신체 각 부분의 조정과 통합을 추구하며, 신체적 유연성을 기른다. 아동기의 운동

발달은 신체적 발달뿐만 아니라 심리사회적 발달에도 영향을 미친다. 특히 아동기에는 자신의 운동기술과 역량을 다른 아동과 비교하여 평가하기 때문에 아동기의 자아존중감 형성의 밑바탕이 된다. 그리고 아동의 운동능력 발달은 성격발달과도 밀접한 관련성을 지닌다.

2 자신에 대한 건전한 태도 형성

사람은 각자 자신에 대한 상이 있다. 이것은 마치 자신이 정확히 어떤 인간인지 독특한 이론을 발달시키는 것과 같다. 이러한 것을 자아개념이라고 한다. 자아개념은 인생 전반에서 중요하다. 지속적으로 일하고, 생활하고, 무언가를 추구하고, 다른 사람과 긍정적으로 상호관계를 유지하기 위해서는 긍정적인 자아개념을 갖는 것이 중요하다. 다시 말하면, 생산적인 삶을 유지하기 위해서는 자신에 대해 충분히 긍정적이어야 한다. 이러한 사실은 단지 성인에게만 해당하는 것이 아니라 아동에게도 마찬가지다.

자아개념이란 '개인과 사회의 기초를 이루는 것'으로 규정된다. 아동기 중기는 사회적 기대와 요구에 직면하는 시기다. 아동과의 조화를 어떻게 이룰 것인가를 평가하기 시작한다.

마커스와 누리어스(Markus & Nurius, 1984, p. 147)는 아동이 적절한 자아개념을 발달시키기 위해서는 다음 네 가지 발달과제를 수행해야 한다고 하였다(Zastrow & Kirst-Ashman, 2002, pp. 134-135, 재인용).

① 다른 사람을 공감하기 시작해야 한다. 다른 사람이 자신에게 어떤 행동을 기대하는지 알아야 한다. 또 다양한 역할을 배워야 한다. 예를 들어, 사람들은 아이에게 학생으로서 학교에 가고, 공부하고, 배우고, 교사와 협력하는 등의 행동을 기대한다. 또 아동은 친구관계에서 친구로서 또래의 이야기를 경청하고, 직접 이야기 나누고, 함께 놀고, 서로에게 충성심을 나타내는 등의 행동을 기대한다.

② 자신을 둘러싸고 있는 사회의 복잡함과 불일치를 배워야 한다. 여기에는

'관계, 역할, 규칙'이 포함된다. 또한 사람은 상황이 달라지면 다르게 반응한다는 것도 알아야 한다.

③ 자기 행동에 대해 일정한 기대를 발달시켜야 한다. 아동은 무엇이 옳고 그른지 스스로 결정해야 한다. 종종 아동은 또래와 부모가 자신에게 제시하는 기준이 매우 다르고, 그 때문에 어려움을 경험하기도 한다.

④ 자기 행동에 대해 책임감을 가져야 한다. 아동은 자신에게 일반적인 사회의 기대 내에서 선택할 수 있는 자유가 있음을 알아야 한다. 아동은 자신에 대해 더욱 강한 확신을 가지면서 대안을 선택하고 자기 행동을 통제할 수 있어야 한다. 그리고 자신의 행동을 관리하는 가장 효과적인 방법을 알아야 한다.

3 또래친구 사귀는 법 학습

또래집단과의 접촉을 통해 아동은 사회적 상호작용에 필요한 기술이나 규범을 배우고 또래집단의 행동 기준이나 태도, 가치관을 배우며 정서적 안정감을 갖게 됨과 동시에 인지발달을 촉진하게 된다.

아동기에 이루어지는 친구관계, 즉 우정발달의 특성을 알아보면, 7~8세경에는 동성 친구하고만 어울려 놀며 이성 친구에 대해서는 배타적인 관계를 유지한다. 그리고 특별히 마음에 드는 친구와 아주 절친한 이원적 관계, 즉 짝꿍을 이루며 개인적 사건과 비밀을 털어놓고 둘만이 알 수 있는 비밀기호를 만들어 의사소통하기도 한다. 9세경이 되면 아동은 집단을 형성하여 함께 행동하기를 좋아한다. 이러한 집단을 도당 또는 짝패라고 한다. 짝패집단에서는 외모, 성숙 정도, 운동기술, 학업성적이나 지도력 등에 따라 서열이 정해지게 된다. 이러한 짝패집단에서의 서열은 인기도와 직결되는데, 아동기에 짝패집단에서의 수용과 인기도는 아동의 자기 역량이나 자아존중감을 결정하는 주요 요인으로 알려지고 있다(한종혜, 1996: 김동배, 권중돈, 2005, p. 192, 재인용).

3 아동기의 사회환경과 사회복지실천

그러면 아동의 발달과정에는 어떤 위험요인이 있는 것일까? 물론 아동의 최적의 발달을 저해하는 요인 가운데에는 전 생애에 걸쳐 위협이 되는 것도 있고, 특정한 발달시기에 다른 시기보다 더 큰 위협이 되는 것도 있다. 빈곤은 출산 전 의료혜택의 결여, 부적절한 영양섭취로 인한 발달지체 등 영아기뿐 아니라 태내기에도 부정적인 영향을 끼친다. 빈곤은 아동의 건강, 교육 등 직접적인 측면과 함께 가정생활의 불안정성, 부족한 소득을 보충하기 위한 부모의 초과근무 등으로 인한 부모와 지내는 시간의 부족, 부적절한 보육, 열악한 주거환경 등의 문제를 가져올 수 있다. 가족의 해체 또한 아동기 전체에 결정적인 해를 입히는 문제이며 최근 경각심이 높아지고 있는 아동 학대 및 방임도 아동에게 평생에 걸친 상처를 입히는 위험요인이다. 반면 다른 위험요인 중에는 발달의 특정 시기와 관련된 것도 있다. 보육은 유아기에, 학교폭력은 학령기에, 그리고 임신과 약물남용은 주로 아동기 후기에 더 많이 발견되는 문제다(윤혜미 외, 2005, p. 70).

1) 미시 수준

(1) 왕따 및 비행아동과 사회복지실천

'왕따' 아동의 치료와 지원을 위하여 교사와 또래집단을 대상으로 한 적극적인 학교 사회복지적 개입과 집단 사회복지적 접근이 요구되며, 아동 · 가족에 대한 상담과 치료가 요구되고 있다.

아동기의 사회성 미발달로 인하여 나타나는 상습적 거짓말, 도벽, 가출, 무단결석, 환각제 흡입 등의 다양한 문제를 통칭하여 품행장애라고 한다. 최근에는 청소년비행뿐만 아니라 아동기의 범죄나 비행 등이 증가하고 있다. 따라서 사회복지사는 아동의 품행장애 문제를 해결할 수 있는 임상적 지식과 실천기술을 갖추어야 한다. 사회복지기관에서는 아동기에 특징적으로 나타나는 짝패집단이 비사회적 또는 반사회적 행동집단으로 이행되지 못하도록 건전한 놀이지도나 여가 프로그램을 개발하여 개입함으로써 아동기의 품행장애 문제의 발생을 예방할 수 있어야 할 것이다.

(2) 다문화가정 아동과 사회복지실천

국제결혼가정 자녀는 한국인과 결혼한 외국인 배우자(이하 '결혼이민자') 사이에서 출생한 아동으로, 국적법 제2조 제1항에 따라 출생과 동시에 한국 국민이 되므로 헌법 제31조에 의한 교육권을 보장받는다. 이에 따라 국제결혼가정 자녀들은 우리나라의 초·중·고에 다니고 있다.

보건복지가족부(2008)의 실태조사에 따르면, 초·중·고에 재학 중인 국제결혼가정 자녀는 총 1만 4,445명인데 이 중 초등학생이 85%(중학생 11.6%, 고등학생 3.5%)를 차지한다. 또 여성 결혼이민자 자녀 중 학령전기 비중이 50% 정도로 나타나 향후 학교에 입학하는 국제결혼가정 자녀가 더욱 증가할 것으로 예측된다.

외국인 근로자 자녀의 경우 불법체류자의 자녀도 UN의 '아동의 권리에 대한 국제협약'(1991년 비준)과 '이주노동자와 그 가족의 권리보호에 관한 국제협약'(UN, 2003년 7월 1일 발효), 재한외국인처우기본법(2007년 7월 18일 시행), 그리고 초·중등교육법 시행령[1](2003년)에 따라 합법적으로 체류하는 근로자의 자녀와 동등한 인권과 학습권을 가지며, 그들도 의무교육을 받을 교육기본권이 있다. 그러나 교육정책 담당자나 현장에서는 아직도 이를 모르고 있는 실정이다.

표 10-3 다문화가정 자녀의 취학 현황

연도	초		중		고		계	
	인원	증감(%)	인원	증감(%)	인원	증감(%)	인원	증감(%)
2005	5,332	-	583	-	206	-	6,121	-
2006	6,795	27.4	924	58.5	279	35.4	7,998	30.6
2007	11,444	68.4	1,588	71.9	413	48.0	13,445	68.1

주: 모가 외국인인 경우가 전체의 88.0%(11,825명)로 대부분을 차지함.

다문화가정 자녀의 학교생활 문제는 크게 세 가지로 정리된다.

첫째, 언어능력의 부족으로 말미암아 학습부진의 정도가 심각하다. 특히 국제결혼가정 자녀 중 여성 결혼이민자 자녀가 전체의 83.7%로 거의 대부분을 차지하고 있는데, 그들은 말을 배우는 가장 중요한 시기인 유아기에 한국말이 서투른 외국인 어머니의 교육하에 성장하기 때문에 언어발달이 늦고 의사소통에 제한을 받는다. 이러한 언어능력의 부족은 학습부진으로 이어진다. 그들은 특히 일상적 의사소통에는 큰 문제가 없었으나 독해와 어휘력, 쓰기, 작문 능력이 현저히 떨어지는 것으로 나타났다.

둘째, 정체성의 혼란을 경험하고 있다. 예를 들어, 초등학생을 자녀로 둔 조선족 어머니는 자신의 문화가 한국 문화도 중국 문화도 아닌 어성썽한 문화여서 그것이 자녀에게도 그렇게 전달되고 있다고 생각하고 있었으며, 필리핀 출신의 어머니는 자녀가 자신이 한국 사회에 대해 잘 모르는 것이 많다고 비난하는 문제를 토로하였다. 이처럼 어머니의 문화적 정체성과 한국 사회의 문화적 정체성이 다를 때 국제결혼가정 자녀들은 혼란을 경험하게 되는 것이다.

셋째, 집단 따돌림 등으로 건강하지 못한 정서적 충격을 경험하고 있다. 국제결혼가정 자녀는 10명 중 2명 정도가 집단 따돌림을 경험한 것으로 조사되었다. 이 수치는 우리나라 초등학생이 집단 따돌림을 경험하는 비율(13.4%)과 거의 유사하다. 그러나 우리나라 학생이 경험하는 집단 따돌림과 국제결혼가정의 자녀가 경험하는 집단 따돌림은 그 내용에 있어서 전혀 다르다. 우리나라 학생의 경우 집단 따돌림을 경험하는 주된 이유는 '잘난 척해서'(29.4%)인 반면, 국제결혼가정의 자녀는 그들의 성격상의 특성과는 무관하게 단순히 국제결혼가정의 자녀라는 이유 때문(34.1%)에 집단 따돌림을 당하고 있는 것으로 나타났다(설동훈 외, 2005). 이처럼 국제결혼가정 자녀의 경우에는 자신의 의사와는 무관하게 결정된 요인, 또는 자신의 노력에 의하여 해결할 수 없는 이유로 집단 따돌림을

1) 초·중등교육법시행령 제75조, 제82조: 이주노동자 가정의 자녀들이 초등학교에 입학하는 것을 허용하고, 중학교는 학칙과 학교장에 의하여 전·입학이 허용되며, 고등학교는 일반전형 이외의 방법으로 입학전형을 실시하는 것을 인정한다.

경험하기 때문에 매우 건강하지 못한 정서적 충격(자살 충동, 적개심 등)을 경험하게 된다.

여러 가지 자료와 인터뷰 과정을 통하여 간접적으로 확인된 바에 따르면 국제결혼가정 자녀는 10명 중 1명꼴로 초등학교를 진학하지 않거나 중퇴하였으며, 중학교 미진학 및 중퇴자는 10명 중 2명 정도인 것으로 추정된다. 현재 초등학교에 재학 중인 국제결혼가정 자녀들이 중·고등학교로 진학하는 연령이 되면 사춘기에 접어든 정서적으로 민감한 학생이 편견과 차별을 견디지 못하고 학교를 포기하는 사례가 늘어나 사회문제가 될 우려가 있다.

따라서 2006년 교육인적자원부에서는 국제결혼가정과 외국근로자가정의 자녀교육을 위한 '다문화가정 자녀 교육지원대책'을 수립하고, 불법체류자 자녀의 입학 절차를 완화하였다. 아울러 학교 중심의 교육지원사업과 다문화 이해교육의 강화를 위하여 한국어(KSL)반을 방과후학교에 운영하고, 관련 교과의 교육과정을 개편하여 다문화 이해 등을 강조하고, 교원자격 및 직무연수 시 다문화 이해교육 등을 교양과목에 최소 2시간 이상 포함하도록 권장하고 있다(교육인적자원부, 2006. 5.). 또한 한국어교원 자격증(KSL 자격증)을 취득하고자 하는 교사에게 학비를 지원하며 한국어반 담당교사에게 가산점을 주도록 권장하고 있다.

최근 교육인적자원부는 '2007년도 다문화가정 자녀교육 지원계획'(2007. 5.)을 발표하였다. 이에 따르면 다문화교육 지원체계를 확립·추진하여 중앙 및 지역 교육청에 다문화교육센터를 지정하여 다문화교육 프로그램 개발과 교사연수 등을 강화하고, 다문화교육지원협의회(교육청, 대학, NGO, 지자체, 기업 등)를 구성하여 교육지원 공모사업을 심의하고, 우수사례 발표대회(2007. 11.)를 개최하며, 향후 시·도교육청 추진 사항을 혁신평가에 반영한다. 또한 불법체류자 자녀 취학률 제고와 교육권 보장을 위해 법무부와 협의하며, 가칭 교육복지지원법을 제정하는 등 법적 기반을 마련할 예정이다(교육인적자원부, 2007. 5.).

그러나 정부가 다문화교육 정책의 일환으로 제시하고 있는 이러한 방안은 주류문화에 대한 적응교육과 동화교육에 머무르고 있어 다문화교육의 관점에서 많은 비판을 받고 있다. 현재 한국의 다문화교육은 국가와 민족을 기준으로 경계선 밖에 위치한 국제결혼가족, 이주노동자의 자녀를 대상으로 하고 있으며, 그들에 대한 이해 및 주류사회로의 적응교육에 초점을 맞추고 있다. 여전히 미등록 외국인근로자의 자녀교육에 대한 실태 파악이 이루어지고 있지 못하며, 그들 대부분의 자녀는 학교 교육권 밖에서 방치되고 있는 실정이다

2) 거시 수준

(1) 빈곤가정 아동의 문제와 교육복지 우선지역사업

아동기는 부모를 비롯한 성인에게 의존해야 하는 시기다. 그렇기에 빈곤아동은 독립적으로 존재하기보나 빈곤가족의 일부분으로 존재하는 경우가 대부분이다. 따라서 빈곤아동이란 빈곤가정에서 생활하는 18세 미만의 아동이다.

최근 한 연구에서는, 저소득층 학생의 경우 조사 대상 중 20.7%가 방과 후 집에서 부모의 보호를 받지 못하고 혼자 지내는 것으로 나타났으며, 학습을 위한 기본 여건 역시 미흡한 것으로 나타났다. 이러한 결과는 가정의 지원기능을 보완할 학교와 지역사회의 역할이 필요함을 보여 주고 있다(이혜영, 2003).

여기서는 빈곤아동에 대한 교육복지사업에 대해 살펴보겠다.

지역사회 빈곤아동에게 가장 필요한 서비스 중 하나는 교육지원이다. 교육은 개인의 사회적 성공을 이루는 강력한 수단이기 때문에 빈곤 탈출에서 그 역할이 절대적이다. 일반적으로 빈곤의 원인을 논의할 때 가장 빈번하게 그리고 가장 중요하게 거론하는 것은 교육 수준이다. 실제로 교육 수준이 낮을수록 빈곤 가능성이 높은 것은 많은 실증적 조사에서 검증되었다(이인재, 2004). 교육에는 일정한 경제적 비용이 수반되기 때문에 경제적 불평등은 교육기회의 불평등으로 이어진다. 교육비 지출이 클수록 더 좋은 교육을 받게 되고, 이에 따라 좋은 대학에 갈 수 있는 확률이 높아지며, 결국 높은 소득을 얻을 수 있는 여건이 조성된다. 우리 사회에서 사회경제적 배경이 취약한 가정 출신이 상대적으로 낮은 학력과 낮은 교육성취를 보인다는 것은 이미 여러 조사를 통해 확인된 사항이다(구인회, 2003). 공교육비는 계층에 따라 차이가 크지 않기 때문에 결국 사교육비

의 차이가 빈부의 대물림을 가져온다고 볼 수 있다.

지역사회 빈곤아동에게 필요한 서비스로 교육지원 외에 복지 및 문화 지원이 있다. 빈곤아동 중 심각한 경우는 기본적인 의식주조차 해결하기 어려운 경우도 있다. 그들에게는 생존에 필요한 기본적인 복지 서비스가 제공되어야 한다. 그리고 빈곤아동의 경우 중산층 아동에 비해 건강이 상대적으로 좋지 않지만 의료 서비스에 대한 접근기회는 낮은 것으로 나타나고 있다(이인재, 2004; 이혜영, 2003). 그들에게는 기본적인 의료 서비스가 제공되어야 하며, 특정 문제가 있는 아동에게는 약물치료, 재활 서비스 등을 반드시 제공해야 한다. 또한 아동의 건강한 성장·발달을 위해서는 여가활동 등 다양한 문화활동이 제공되어야 한다.

일반아동은 또한 빈곤아동에 비해 전반적으로 여러 가지 형태의 문화적 경험기회가 많은 것으로 나타났다(정익중, 2003). 이러한 문화적 경험기회를 통해 아동은 지적인 자극을 받게 되고, 이러한 자극을 통해 인지능력이 향상되고 학습능력, 학업성적도 제고된다. 그러므로 빈곤아동의 문화적 경험기회의 결손은 다음 발달단계의 인지능력, 학습능력, 학업성적의 저하로 나타날 가능성이 높다. 따라서 빈곤아동의 정상적인 인지·정서발달을 위해 필수적인 문화활동이 지원되어야 한다(오정수, 정익중, 2008).

이러한 교육지원, 복지 및 문화 지원을 포괄하여 제공하려고 시도하는 것이 교육복지투자 우선지역사업이다. 현재까지 저소득층에 대한 교육복지정책은 저소득층 5세 아동의 무상지원, 초등학교·중학교 의무교육, 저소득층 중고생 수업료 지원, 대학생 학자금 융자 등 주로 경제적 보조에 중점을 두고 있다. 그러나 경제적 지원만으로는 대상학생의 교육성취 수준 제고에 한계가 있다. 교육복지투자 우선지역사업은 도시 저소득층 밀집지역 아동의 탈빈곤을 위해 경제적 보조에 중점을 둔 정책에서 벗어나 교육-복지-문화를 동시에 제공하는 적극적 차별정책으로 제안되었다(교육인적지원부, 한국교육개발원, 2004).

교육복지투자 우선지역사업의 추진전략은 가정-학교-지역사회 차원에서 교육-문화-복지 연계체계를 구축하여 저소득 지역의 교육 여건 개선, 교원의 전문성 계발, 지역사회와의 연계를 통한 문화활동 활성화, 학생에 대한 복지 프로그램 활성화(방과 후 프로그램 등) 등을 구체적 지원 내용으로 담고 있다. 2003년 현재 서울 6개, 부산 2개 지역에서 시범사업이 진행 중에 있다(교육인적자원부, 한국교육개발원, 2004). 저소득층 초등학생에 대해서는 학습결손 예방 및 치유, 방과 후 보호 등 기본적 복지 서비스 제공에 중점을 두고, 중학생에 대해서는 다양한 문화활동을 통한 정서 함양에 중점을 둔다. 또한 학교가 지역사회의 핵심 센터에서 지역의 교육-문화-복지의 중심적 역할을 수행할 수 있도록 학교의 기능을 강화하고, 이를 통해 저소득층 학생에 대한 지역사회 차원의 교육-문화-복지 통합 서비스망을 구축하게 된다. 투자우선지역의 학교에는 학교와 지역사회 각 기관 간 네트워크를 통해 지역의 인적·물적 자원을 연계하는 역할을 담당하게 될 지역사회교육 전문가를 배치하였다. 그들은 학생의 기본적 욕구를 파악하고, 이를 토대로 상담활동, 멘토(mentor) 프로그램, 학생 문화활동, 부적응 학생 예방활동 등의 운영을 위해 학교와 가정 및 지역사회기관 간의 연계를 도모한다. 그들은 사회복지사, 청소년지도사 등 관련 분야 전문가로서 해당 지역사회에서 관련 업무 경력자를 중심으로 선발·배치하였다(이봉주 외, 2008).

(2) 가정위탁 서비스와 사회복지실천

가정위탁은 탈수용시설화 정책의 하나로서 정책적으로 강조되고 있지만, 우리나라에서는 아직도 이 제도가 활성화되어 있지 못하여 그 실적이 부진하고 입양을 위한 전단계의 조치에 머무르고 있는 실정이다. 우리나라에서 가정위탁이 활발하게 전개되지 못하는 원인으로는 ① 혈통을 중시하는 가족제도, ② 경제적 불안정, ③ 주거 공간의 부족, ④ 사회보장의 미비 등을 들 수 있다.

가정위탁은 입양을 앞둔 일부 아동을 위한 중간 조치로서가 아니라 결손가정이나 극빈가정의 아동을 보호하기 위한 본래의 의의를 살리는 방향으로 전환되어야 할 것이다. 그리하여 불우한 가정환경의 아동을 보호함으로써 요보호 아동의 발생을 사전에 예방하고 건전한 가정환경 속에서 양육될 수 있도록 사회적 차원의 계몽과 정책 지원이 뒤따라야 할 것이다.

또한 가정위탁을 신청하는 경우도 어린 아동을 가정 위탁하려는 경우가 많아가정위탁이 실제로 필요한 아동과는 차이가 있기 때문에 정작 가정위탁이 필요한 아동을 위탁가정에 배치하는 데는 어려움이 있었다. 또 하나의 더 큰 문제는 위탁가정에 대한 지원이 너무 적은 것이었다. 위탁아동의 부모가 수급자가 아닌 경우 위탁아동을 수급자로 책정할 수 없었고, 아동을 수급자로 책정할 수 없는 경우 위탁부모에게 지급되는 돈은 6만 5,000원이 전부였다. 아동을 양육하는 수고비는 물론이거니와 아동에게 필요한 기본적인 식비나 교육비, 의료비 등이 전혀 지급되지 않아 위탁부모가 모든 것을 부담해야만 하였다. 처음에 좋은 뜻으로 시작한 위탁부모도 아동과 관련하여 여러 가지 비용이 지출되면서 어려움을 호소하였고, 뜻은 있었지만 경제적인 부담 때문에 위탁가정이 되기를 꺼렸다. 이와 같은 제도는 가정위탁을 활성화하는 데 큰 장해물이었으며 이 문제가 해결되지 않는 한 가정위탁은 더 이상 발전을 기대하기가 어려웠다.

위탁가정을 활성화하는 데 있어 또 다른 장해물은 위탁아동이 사망하거나 상해사고가 발생하였을 경우 그 책임을 누가 질 것인지에 대한 것이었다. 실제로 아동에게 사고가 났을 때 그에 대한 책임을 가정위탁지원센터에서 부담하였으나, 상해나 사고에 대한 정신적 · 물질적 부담은 가정위탁지원센터에게는 물론 위탁가정에게도 심각한 것이었다. 가정위탁지원센터들은 상해 위험에 대비한 보험료를 정부가 부담해 줄 것을 지속적으로 요청하였다.

2004년에는 가정위탁단체에 대한 국고지원(2억 원)이 시작되었다. 가정위탁 보호된 아동을 위한 양육비용 보조와 가정위탁지원센터의 설치 및 운영에 대한 근거도 2005년 7월에 개정된 아동복지법에서 처음으로 분명하게 규정되었다. 2006년부터는 가정위탁보호 아동의 예상치 못한 질병과 안전사고에 대비하고 위탁가정의 심리적 · 경제적 부담을 경감시킬 수 있도록 가정위탁 아동의 상해보험료를 지원하고 있으며, 가정위탁아동 상해보험에서는 일상생활 배상책임, 위탁아동 후유장애, 입 · 통원 의료비 등 위탁아동이 일상생활에서 겪을 수 있는 광범위한 위험을 보장하고 있다.

아동을 보호시설에 의뢰하기 전 가족의 기능 강화를 위한 지원이 필요하고 아동을 위탁한 후에도 가족 복귀를 위해 가족을 지원하는 제도가 마련되어야 하는 동시에, 친부모가 아동을 양육할 의지가 없거나 부적합한 경우 친권을 부분적으로 제한하거나 박탈하고 아동을 입양시키는 길을 열어 주어야 할 것이다. 더불어 보호가 필요한 아동을 시설이나 가정위탁 등에 적합하게 배치할 수 있도록 아동을 사정 · 배치 · 모니터링할 수 있는 법률과 행정체계가 시급히 구축되어야 한다.

요 약

이 장에서는 아동기의 개념 정의와 아동기의 발달적 특성 및 발달과업을 살펴보았다. 아동기는 생활의 중심이 가정에서 학교로 옮겨지고, 공식적 학교교육을 통하여 사회가 요구하는 기본적 기술을 습득하는 발달단계로서 초등학교 입학부터 졸업까지의 시기, 즉 만 6～12세의 시기다.

아동기에 중요한 발달과업은 놀이에 필요한 신체기술을 학습하고, 또래친구 사귀는 법을 배우고, 읽기 · 쓰기 등 기본적인 학습기술을 학습하는 것이다. 특히 또래집단이나 친구 사귀기 등 대다수의 활동은 학교환경에서 이루어지는데, 이는 아동에게 있어 깨어 있는 시간의 절반 이상을 보내는 생활의 중심이 바로 학교이기 때문이다.

아동기의 신체적 발달의 특성을 살펴보면, 아동기는 영아기의 급속한 신체발달이나 청소년기의 성장급등과 비교하여 보면, 신체적 성장과 발달이 비교적 완만하게 진행되기는 하지만 꾸준한 성장이 이루어지고 전체적인 신체의 체계가 안정되는 시기다. 아동기 말에는 청소년기의 성장급등 현상으로 인하여 신장과 체중이 급격히 증가한다.

이 시기의 아동은 지금까지 경험한 부모와의 관계, 또래관계를 바탕으로 하여 아직 사회적 의무나 구속이 없는 자유로운 상태에서 자신이 속한 사회에서 생활하는 데 필요한 인지능력과 기본적 기술과 능력을 습득하고 이를 사회에 적용해 볼 수 있는 기회를 갖게 된다. 피아제의 이론에 따르면 아동기는 구체적 조작기에 해당하는데 대략 7～11, 12세에 이르는 시기다. 이 시기에 아동의 사고능력은 구체적인 수준에서 논리적인 수준으로 발달한다.

그러나 구체적 조작기에 아동의 인지가 상당히 발달하였다고 해도 여전히 한계는 있다. 사건을 다양한 관점에서 바라보지만, 이 관점은 여전히 구체적인 부분에 머물러 있다. 아동은 보고, 듣고, 냄새 맡고, 만지는 것을 생각한다. 아동의 초점은 생각이 아니라 사물에 있다. 그리고 아동은 점차 인지발달의 최종 단계인 형식적 조작기로 나아가게 된다.

아동기에는 사회적 관계의 장이 가족에서부터 이웃과 학교로까지 확대된다. 이 시기에 아동은 학교나 이웃의 또래친구들와의 대인관계 속에서 집단생활의 규범을 준수하고 상호협력하며 자신의 욕구를 통제할 수 있는 기본적인 사회적 기술과 태도를 학습하게 된다.

그러면 아동의 발달과정에는 어떤 위험요인이 있는 것일까? 물론 아동의 최적의 발달을 저해하는 요인 가운데에는 전 생애에 걸쳐 위협이 되는 것도 있고, 특정한 발달시기에 다른 시기보다 더 큰 위협이 되는 것도 있다.

아동의 발달에 영향을 미치는 요인과 사회적 환경의 관계를 중심으로 미시적 · 거시적 수준의 사회복지실천에 대해서 살펴보았다.

핵심 용어

구체적 조작기(concrete operational stage)　7～11, 12세에 일어나는 피아제의 세 번째 인지발달 단계로서, 보존기술, 분류기술, 조합기술 등의 개념적 기술들이 점차적으로 발달하여 논리적 합리화를 할 수 있는 인지기술이 발달하는 단계.

다문화가정 아동(multicultural family children)　한국인과 결혼한 외국인 배우자 사이에서 출생한 아동.

등교거부증(school refusal)　학교공포증이라고도 불리는 장애로, 부모와 분리되는 것이 두려워서 무단 결석하거나 학교 가기를 두려워하는 장애.

또래집단(peer group)　동년배 아동으로 구성된 집단.

성장통(growing pain)　아동기에 뼈의 성장이 근육의 성장을 초월하여 나타나는 통증으로, 근육성장기 골통이라고도 불림.

자아개념(self-concept) 신체적 특성, 개인적 기술, 가치관, 희망, 지위와 역할 등 개인이 자신의 것으로 동일시하는 개인적 특성에 대한 지각이나 느낌.

정서발달지수(emotion quotient) 정서발달 수준을 나타내는 지수.

지능(intelligence) 이해하고 배우며 새로운 상황을 다루는 능력.

지능지수(intelligence quotient) 역연령으로 정신연령을 나눈 수치로, 100보다 크면 정신연령이 나이에 비해 높고, 100 이하면 그 반대임.

생각할 문제

1. 아동기의 열등감을 유발할 수 있는 요인과 이를 줄일 수 있는 방안을 제시해 보시오.
2. 교사의 편견은 아동의 발달에 부정적 영향을 미칠 수 있음을 고려하여 다문화가족의 아동을 지도하는 교사의 문화적 역량의 필요성에 대하여 알아보시오.
3. 빈곤가정 아동의 위험요인과 보호요인을 알아보고, 보호요인이 어떻게 빈곤의 부정적 영향을 중재하는지 토론해 보시오.
4. 가정위탁보호에서 원가정과 위탁가정의 양육행동이나 가족 규칙이 상이해서 생기는 갈등이 있을 때 어떻게 도와주어야 할지 사회복지사의 입장에서 생각해 보시오.
5. 다양한 가족 형태의 등장에 따라 아동이 직면하는 양육환경도 많은 차이가 있음을 볼 때, 가족 유형이나 조건의 차이에서 오는 아동양육의 어려움은 무엇인지 이혼으로 인한 빈곤모자 가족의 예를 들어 논의해 보시오.

참고문헌

강봉규(1994). 발달심리학. 서울: 정훈출판사.

공계순, 박현선, 오승환, 이상균, 이현주(2008). 아동복지론(3판). 서울: 학지사.

구인회(2003). 경제위기와 청소년 발달: 가족의 경제적 상실이 청소년 교육성취에 미치는 영향. 서울: 집문당.

김동배, 권중돈(2005). 인간행동이론과 사회복지실천(증보판). 서울: 학지사.

김성경, 김혜영, 최현미(2005). 아동복지론. 파주: 양서원.

설동훈 외(2005). 국제결혼 이주여성 실태보가 및 보건 · 복지 지원정책방안. 서울: 보건복지부.

손광훈(2008). 인간행동과 사회환경. 고양: 공동체.

오정수, 정익중(2008). 아동복지론. 서울: 학지사.

윤혜미, 김혜래, 신영화(2005). 아동복지론. 서울: 청목출판사.

이근홍(2006). 인간행동과 사회환경. 고양: 공동체.

이봉주 외(2008), 교육복지투자우선지역사업 효과분석: 참여학교와 비참여학교 아동의 발달에 대한 종단적 비교. 한국청소년연구, 19(3, 50).

이소희, 최성균, 육수기, 최덕경, 김영란, 정민자, 고수현, 오정옥, 이영석, 조미숙, 양숙미, 변미희, 김혜영(2004). 사회복지개론. 파주: 학현사.

이인재(2004). 한국지역복지실천론. 서울: 나눔의집.

이인정, 최해경(2007). 인간행동과 사회환경(개정2판). 파주: 나남출판.

이종복, 전남련(2007). 인간행동과 사회환경. 파주: 학현사.

이혜영(2003). 교육과 인적자원개발: 국가인적자원개발을 위한 교육의 과제. 서울: 한국교육개발원.

이효선(2006). 사회복지실천을 위한 인간행동과 사회환경의 이해. 고양: 공동체.

조영달(2006). 다문화가정의 자녀교육 실태조사. 서울: 교육인적자원부.

천정웅, 이용교(2007). 적극적 관점의 아동청소년 복지. 서울: 인간과복지.

최옥채, 박미은, 서미경, 전석균(2008). 인간행동과 사회환경(제3판). 파주: 양서원.

최충옥, 모경환(2007). 다문화교육에 대한 교사들의 인식도 조사연구. 경기도 다문화교육센터 직무연수교육자료집.

Ashford, J. B., LeCroy, C. W., & Lortie, K. L. (2006). *Human behavior in the social environment: A multidimensional perspective* (3rd ed.). Pacific Grove, CA: Brooks/Cole.

Havighurst, R. J. (1972). *Developmental tasks and education*. New York: David Mckay.

Robbins, S. P., Chatterjee, P., & Canda, E. R. (2006). *Contemporary human behavior theory: A critical perspective for social work* (2nd ed.). Boston: Allyn & Bacon.

Zastrow, C., & Kirst-Ashman, K. K. (2002). 인간행동과 사회환경(김규수, 김인숙, 박미은, 박정위, 설진화, 우국희, 홍선미 공역). 서울: 나눔의 집. (원저는 2001년 5판 출간)

제11장

청소년기

1. 청소년기의 정의
2. 청소년기의 발달적 특성과 발달과업
3. 청소년기의 사회환경과 사회복지실천

이 장에서는 청소년기의 신체적 · 인지적 · 정서적 · 사회적 발달 특성과 발달 과업을 살펴본다. 청소년기는 아동기와 성인기 사이의 시기다. 청소년기의 시작과 끝의 정확한 시점은 없다. 어떤 사회에서는 아동기에서 성인기로 넘어가는 것을 표시하는 특별한 통과의례를 행한다. 이러한 독특한 의식이 없는 대부분의 사회에서는 청소년기라고 부르는 모호한 시기에 여러 가지 문제와 과제를 안고 있다. 청소년은 이렇게 행동해야 한다는 명확한 지침이 없다. 한편으로는 아동이면서 다른 한편으로는 성인인 것이다. 그리고 미시적 · 거시적 수준에서의 사회복지실천에 대해서 살펴본다.

1 청소년기의 정의

청소년과 청소년기에 대한 정의는 시대와 사회 그리고 학자에 따라 조금씩 차이가 있다. 여기에서는 먼저 어원적 관점에서 본 청소년의 정의를 살펴본 후 사회통념적 관점과 법적 관점에서 본 청소년의 정의를 고찰하고자 한다.

영어권에서는 청소년을 'adolescence'로 표기한다. 이는 라틴어의 adolescere에서 비롯된 것으로서 '성장하다(to grow up)' 혹은 '성숙에 이른다(come to maturity)'는 의미가 함축되어 있다. 즉, 'adolescence'는 육체적으로 급격한 성장을 보이고 정신적으로는 부모로부터의 독립과 동시에 자아가 형성되는 시기로서의 특징을 지니며 아동기에서 성인기로 이행하는 과도기적 성격을 띤다. 따라서 청소년은 현재보다는 다가오는 성인기 생활을 준비하는 데 역점을 두고 주도적이고 적극적인 역할을 스스로 창출하기보다는 기성세대의 가치나 규범을 수용하는 수동적 존재로 보는 경향이 있다(이소희, 도미향, 정익중, 김민정, 변미희, 2005, p. 16).

우리나라를 포함한 동양권에서는 '소년' '소녀' '미성년' '중 · 고생' '10대' '1318' 등을 혼용하여 사용하고 있다. 이는 어원적이라기보다는 발달적 · 제도적 성격이 복합적으로 작용하여 관행화된 성격이 짙다. 소년은 주로 법적이고 사회적인 용어로 사용되고 있으며 특히 요보호 상태나 문제가 있는 상태의 인간을 지칭하는 데 사용되기도 한다. 그 대표적 예가 근로기준법상의 '근로소년' 과 소년법과 소년원법상의 '비행소년'을 들 수 있다. 그리고 미성년의 경우 소년처럼 법적이고 사회적인 성격은 동일하게 지니지만 주로 발달 특성과 신분상에서 특별한 보호를 필요로 하는 인간을 지칭하고 있다 그 대표적 예로 폐지된 미성년자보호법상의 '미성년' 과 가족법상의 '미성년'을 들 수 있다. 그리고 '중 · 고생' 은 학제적 의미로 사용되고 있으며 동시에 청소년으로 간주되고 있다(이용교, 1998).

최근에는 이러한 동향도 수정되어 매우 구체적으로 집근하고 있는데 그 대표적 예가 이른바 말하는 '1318' 이다. 즉, 중학생이 되는 시작연령과 고등학생을 마치는 연령을 연결시켜서 '1318' 로 범주화하고 있다. 문제는 이렇게 중 · 고등학생, 청소년, 1318이 동일하다는 등식으로 명확하지만 좁게 사용할 경우 법적 정의와 충돌하여 청소년 지도와 보호에서 여러 가지 문제가 발생하기 쉽다는 점이다. 일례로 조기 입학으로 대학생이 된 17세의 청소년을 '19세 미만' 인 자를 청소년으로 규정한 청소년보호법의 적용 대상자로 다룰 것인가 하는 문제와 북한이탈주민으로서의 청소년에 대한 보호조치를 들 수 있다.

청소년기의 개념을 정의하는 데 있어서는 신체발달 과정의 특성과 연령에 의한 기준을 사용하는 것이 보편적이다. 신체발달 과정을 기준으로 청소년기를 구분하는 방법이 가장 일반적이지만, 신체발달 징후가 개인마다 다르기 때문에 보편적인 기준을 제시하는 데는 한계가 있다(홍봉선, 남미애, 2006). 또 다른 방법인 연령에 의한 구분은 단체와 기구마다 다소 상이한 연령 범위를 제시하고 있다. 즉, 1985년 유엔에서는 15~24세의 집단을 청소년이라고 규정하였으며, 유엔 식량농업기구에서는 청소년을 10~24세로 정의하였다.

우리나라에서는 청소년기본법(1991년), 청소년복지지원법(2003년), 청소년활동진흥법(2004년) 등 다양한 청소년 관련법이 제정되어 있는데 각 법마다 청소년의 호칭과 적용연령에 차이가 있다. 그것은 일반적인 청소년기의 발달 특성뿐만 아니라 발달 영역별 특성을 고려했기 때문이다. 그리하여 〈표 11-1〉에서 제시한 것처럼 청소년 관련법상의 청소년의 호칭과 연령은 다소 상이하다. 청소년기본법에서는 9세 이상 24세 이하인 자, 청소년보호법에서는 19세 미만인 자를 '청소년'으로 규정하고, 민법에서는 만 20세 미만인 자를 '미성년자'로 규정하고 있다. 그리고 소년법에서는 20세 미만인 자를 '소년'으로 규정하고 있으며, 근로기준법에서는 "18세 미만의 자는 도덕상 또는 보건상 위험한 사업에 사용치 못한다."라고 규정하고 있다. 이처럼 청소년의 연령은 아동과 청소년을 혼재하여 사용함으로써 아동과 청소년의 구분마저 모호하게 하고 있으며 그 개념도 일관된 정의 없이 다양하게 부르고 있다.

이러한 청소년기는 신체적·심리적·사회적 측면에서 급격한 발달이 이루어지는데, 이러한 특징적 발달 양상을 근거로 하여 청소년기는 서로 다른 용어로 불리고 있다. 신체적 발달 측면에서는 신체적 성장이 급격하게 이루어지는 제

표 11-1 청소년 관련법상에서의 청소년의 호칭과 연령

법률	호칭	연령 구분
청소년기본법	청소년기본법 23세	9세 이상 24세 이하의 자
청소년활동진흥법	청소년	9세 이상 24세 이하의 자
청소년복지지원법	청소년	9세 이상 24세 이하의 자
청소년보호법	청소년	만 19세 미만의 자
청소년의 성보호에 관한 법	청소년	19세 미만의 자
보호소년 등의 처우에 관한 법률	소년	20세 미만의 자
소년법	소년	19세 미만의 자
보호관찰 등에 관한 법률	소년	19세 미만의 자
민법	미성년자	20세 미만의 자
형법	형사미성년자	14세가 되지 아니한 자
근로기준법	연소자	15세 미만의 자(초·중등교육법에 따른 중학교에 재학 중인 18세 미만의 자)
아동복지법	아동	18세 미만의 자

2의 성장급등기며, 성적 성숙이 급격히 이루어지는 사춘기라 불린다. 심리적 측면에서는 부모로부터 심리적으로 독립하고 자아정체감을 형성하는 심리적 이유기이며, 정서적 변화가 급격히 일어나는 질풍노도의 시기라 부르기도 한다. 그리고 사회적 측면에서는 부모로부터 독립을 추구하는 과정에서 부모의 권위에 도전하고 잦은 갈등을 일으키는 제2의 반항기이지만 여전히 어린이도 성인도 아닌 주변인에 머물러 있는 특징적인 발달 양상을 보인다(김동배, 권중돈, 2005, pp. 203-204).

여기에서는 여러 학자의 견해와 우리나라의 사회통념적 시각을 종합하여 중 · 고등학교의 시기, 대략 19세 미만까지를 청소년기로 규정하고자 한다.

2 청소년기의 발달적 특성과 발달과업

1) 발달적 특성

(1) 신체적 발달

개인은 출생 이후 영아기 때 매우 급격한 성장(제1차 성장급등)을 경험하고 점차 성장률이 둔화되다가, 여성의 경우 평균 10~11세, 남성의 경우 12~13세에 사춘기에 접어들면서 다시 급격한 성장(제2차 성장급등)을 하게 된다. 이 시기에는 신장의 증가와 더불어 체중 또한 급격히 증가하여 청소년기가 끝날 무렵 대부분이 성인의 체격에 도달하게 된다.

과거와 비교하여 요즘 청소년의 신체적 발달에는 몇 가지 특징이 나타난다. 첫째, 과거와 비교하여 점차 이른 시기에 신장과 체중의 증가가 더욱 뚜렷하여 보다 이른 시기에 성인의 체격에 도달하는 경향을 보인다. 우리나라의 경우 2005년 청소년(만 16~17세)의 체격검사에서 17세의 남자 청소년과 여자 청소년의 평균 신장은 각각 173.6cm와 161.0cm이고, 평균체중은 각각 68.1kg과

56.1kg로 나타났다. 이 수치는 10년 전인 1995년과 비교할 때 신장이 남녀 각각 2.1cm와 1.2cm, 체중은 남녀 각각 4.7kg과 1.7kg 증가한 것이다. 특히 이 자료를 통해 여학생보다 남학생의 신장과 체중의 증가 폭이 큼을 알 수 있다.

둘째, 과거에 비해 청소년의 체중이상, 특히 비만문제의 심각성이 높아지고 있다. 다른 시기와 마찬가지로 청소년기의 체중이상은 크게 과체중과 저체중 문제로 나눌 수 있었는데, 현재 우리나라는 성인뿐 아니라 아동·청소년의 비만이 심각한 문제로 대두되고 있다. 서울 시내 초·중등학교 학생의 18년간(1979~1996년) 비만아 증가 양상을 조사한 결과, 비만 발생률은 초등학생이 5.6배(남학생 6.4배, 여학생 4.7배), 중·고등학생이 2.6배(남학생 3.0배, 여학생 2.2배) 증가한 것으로 나타났다. 또한 최근 서울시 교육청이 초·중·고생을 대상으로 조사한 결과 비만 학생은 10명 중 1명꼴(전체 학생의 12.2%)이었다.

고도비만 학생도 전체 학생의 1.2%나 되었다(중앙일보, 2006년 3월 29일). 이러한 수치는 전년도(비만 10.9%, 고도비만 1.15%)에 비해 늘어난 수치이고, 고교생의 비만이 가장 심하고(15.9%) 다음으로 초등학생(11.2%), 중학생(10.7%)의 순서를 보였다.

청소년기에는 비만뿐 아니라 저체중 문제도 나타날 수 있다. 심각한 저체중 문제로는 신경성 식욕부진증(anorexia nervosa, 거식증)이나 신경성 폭식증(bullimia)을 들 수 있다. 신경성 식용부진증이나 폭식증은 단순히 간헐적으로 음식을 거부하거나 폭식하는 현상과는 달리 심각한 신체적·심리적 손상을 가져오는 질병으로, 적절한 치료가 없는 경우 5~18%의 사망률을 보인다. 이에 대한 청소년집단의 자료는 거의 찾아볼 수 없으나, 최근 우리나라 대학생을 대상으로 조사한 결과 신경성 식욕부진증은 0.1%, 신경성 폭식증은 0.8%의 유병률로 구미 선진국과 유사한 정도의 수준을 보였다(천정웅, 이용교, 2007, pp. 32-33).

신체적 발달과 마찬가지로 최근 청소년은 성적 성숙의 시기도 점차 빨라져 성장의 가속화 현상이 나타나고 있다. 미국을 비롯한 8개국의 비교문화 연구 결과에 따르면 여아의 초경연령은 점차 낮아져서 과거 100년에 걸쳐 10년마다 약

3~4개월 정도 일찍 초경을 경험하고, 이로 인해 사춘기의 시작은 100년 전보다 3~4년 정도 빨라진다. 우리나라의 경우에도 1935년 조사에서는 14.9세로 보고되었으나 1986년 조사에서는 13.9세, 1992년 조사에서는 13.0세로 나타나 여아의 초경이 점차 저연령화되고 있음을 보여 주었다.

청소년기에 경험하는 신장, 체중의 급격한 성장이나 1, 2차 성적 성숙은 단순히 신체적 변화로 끝나는 것이 아니라 청소년의 심리적인 측면에 상당한 영향을

청소년 체력저하 문제 교육정책 개혁으로 풀어 가야

대한민국 청소년의 체력저하가 갈수록 심각해지고 있다. 교육과학기술부가 제출한 국감자료 '2000~2008년 학생신체능력검사 결과보고'에 따르면, 초·중·고 학생의 1~2급 비율은 2008년 33%로 2000년 41%에 비해 8% 줄어들었다. 반면 최하등급인 4~5등급 비율은 42%로 2000년 31%에 비해 11% 늘어났다. 50m 달리기, 팔굽혀펴기, 윗몸 일으키기, 제자리멀리뛰기, 앉아 윗몸 앞으로 굽히기, 오래 달리기 등 전 종목에서 이와 같은 저하현상이 나타났다. 일본, 중국, 대만 등 인접 국가의 청소년에 비해서도 체력이 크게 떨어진다는 보고도 최근 있었다.

운동 안 하는 대한민국 국민의 모습은 국가경쟁력에 좋지 않은 요인으로 작용한다. 청소년 체력저하의 제1원인은 지식 위주의 입시교육에 있다. 학교생활 내내 입시와 관련된 국·영·수·과 등 주요 과목 학업에 쫓기면서 체육활동은 자율학습으로 대체되기 일쑤다. 특히 고3 학생은 1년 내내 체육 관련 활동을 거의 하지 않는 경우도 적지 않다. 학교 다니는 내내 1주일에 2~3회 제대로 땀을 흘리며 유산소운동을 할 수 있는 시간이 허락되지 않는다. 학업과 성적에서 받는 스트레스도 이루 말할 수 없다. 때문에 고3 학생의 체력저하가 가장 심각하다고 한다. (중략)

학교에도 잔디 운동장과 수영장, 체력단련 시설 등을 의무적으로 갖추도록 함으로써 청소년 체력저하 문제에 국민적인 관심을 갖고 해결해 나가야 할 것이다. 이미 일본에서는 1990년대 말 청소년 체력저하 문제가 불거졌고, 이를 학교 스포츠 전문가 배치, 운동시설 확충 등을 통해 관리해 왔다. 우리도 학교운동에 대한 체계적 접근을 해 나가야 할 때다.

우리 청소년이 야무지게 자라야 다른 국가의 젊은이와의 경쟁에서 이길 수 있다. 1인 1운동을 생활화하며, 체육 동아리 활동이 자율적으로 활발해질 수 있도록 지원해 나갈 수 있기를 기대한다(언론사 데일리리뷰, 2009년 10월 26일에서 부분 발췌 수정)

준다. 한 연구에서는 여자 청소년을 대상으로 초경을 경험하기 전과 후에 각각 자화상을 그려 보게 하였다. 그 결과 초경을 하기 전과 비교하여 하고 난 이후에는 자신을 더 성숙하고 여성스러운 모습으로 그려, 초경이라는 신체적 변화에 따라 자기에 대한 인식, 즉 자아상의 변화가 있음을 보여 주었다. 동일한 맥락에서 남자 청소년은 몽정을 경험하고 있거나 음모가 자라는 경우 자신을 아이가 아닌 성인으로 인식하고자 하는 강한 욕구를 느끼게 된다.

따라서 이러한 변화를 경험한 청소년을 주변 사람이 이전과 동일하게 대한다면 자신을 여전히 아이 취급하는 것에 대한 반발심이나 자신의 내적 변화를 몰라 주는 데 대한 외로움, 고립감 등을 느낄 수 있다. 또한 이제까지와 동일한 주변의 자극에 대해서도 지나치게 수줍어하거나, 불안감을 느끼거나, 강한 정서를 보이거나, 고립되려고 하는 반응을 보일 수 있다.

특히 청소년은 모두 신체적 급등기를 보이면서 신체적 변화를 경험하지만 그들 중에서는 이러한 변화가 또래에 비해 일찍 일어나는 조숙의 집단과 또래에 비해 늦게 일어나는 만숙의 집단이 생겨나게 된다. 소위 이러한 조숙아와 만숙아는 그들의 성숙 속도에 따라 서로 다른 심리적 · 사회적 환경을 경험하게 된다.

이를 다룬 연구에서는 조숙과 만숙에 따른 심리적 영향력이 성별에 따라 다소 차이가 있음을 보고한다. 남아와 여아는 조숙과 만숙에 따라 각각 장점과 단점을 경험하지만, 많은 연구자는 종합적으로 조숙한 소녀에 비해 조숙한 소년이 다소 유리한 심리적 경험을 하게 된다고 보고한다. 그러나 이와 달리 남자 청소년의 경우 신체상은 조숙아가 유리하나 정서 상태나 친구관계, 대처능력은 만숙아가 유리하고, 여자 청소년의 경우 정서 상태와 친구관계는 남자 청소년과 마찬가지로 만숙아가 유리함을 보고한 연구도 있다.

이상의 결과를 종합해 볼 때 신체적 발달과 성적 성숙 자체에 따라 청소년은 고립감, 외로움과 같은 정서적 변화를 경험하게 되고, 이런 변화를 또래에 비해 빨리 경험하는지 혹은 늦게 경험하는지에 따라 청소년은 다양한 심리적 변화를 겪게 됨을 알 수 있다.

(2) 심리적 발달

1 정서발달

청소년기는 다른 연령대보다 급격한 정서 변화를 경험하는 것으로 알려져 있다. 아동기와 비교하여 청소년기에 나타는 정서적 특징은 몇 가지로 요약될 수 있다. 우선 격렬함과 동요성을 보인다는 점이다. 청소년은 사소한 상황 변화나 주변 사람의 반응에 쉽게 감정이 유발되거나 정서표현을 하곤 한다. 이러한 격동성은 청소년기 초기에 더욱 두드러지고, 후기로 갈수록 자신의 감정에 대해 점차 여유를 찾게 된다.

둘째, 정서의 자극 대상이 변한다는 점이다. 체벌이나 주사바늘과 같은 신체자극이나 감각적인 것이 유아기의 불쾌 정서를 일으키는 자극 대상이라면, 아동기는 사회적 학습의 과정 속에서 나쁜 성적을 받거나 벌을 받는 등의 자극에 불쾌감을 느끼게 된다. 이에 비해 청소년기는 죽음, 부모의 불화, 교우관계의 실패와 같은 무능력감과 불안정감을 일으키는 대상에 대해 정서 자극을 많이 받는다.

셋째, 청소년기는 성적 성숙의 영향에 힘입어 정서에 성적인 색채를 띠는 경우도 많다. 예컨대, 신체적 성숙과 더불어 성에 대한 관심과 욕구가 증가하지만 이를 수치스럽게 생각해 이성에 반감을 표현하거나 주변 사람에게 과장된 반항을 할 수 있다.

마지막으로 청소년기에는 정서표현이 내면화된다는 특징이 있다. 청소년기의 정서는 의식적으로 억제되는 경우가 많아, 공포심이 불안이나 우울로 나타나거나 우울 감정이 분노표현이나 비행 등의 형태로 나타나기도 한다. 청소년기 후기로 가면서 정서는 초기보다 더욱 강렬해지지만 직접적인 표출은 억제되는 경향을 보인다. 자신이 느끼는 정서에 대해 의식적인 억제작용이 활발하게 일어나고, 이러한 억제로 인해 내면적인 침울함이나 불안정성은 더욱 높아지기도 한다.

2 인지발달

피아제는 개인이 일생 동안 보이는 인지적 변화를 4개의 단계로 구분하면서 단계별로 질적인 발달을 경험하게 된다고 보았다. 이에 따르면 형식적 조작기에 해당되는 청소년은 정신적 조작의 범위와 대상이 넓어져서 추상적이고 광범위한 부분에까지 가능하게 된다.

이러한 형식적 조작기의 청소년은 아동이나 성인과는 다른 독특한 인지적 특성을 보일 수 있는데 그 대표적인 것들은 다음과 같다. 첫째, 청소년은 구체적 사물에 한정되지 않고 추상적 개념을 다룰 수 있다. 둘째, 현실보다는 가능성의 세계를 중요시한다. 셋째, 종합적 사고가 가능하다. 이러한 형식적 조작사고에 따라 청소년은 관찰 가능한 세계와 가능성의 세계에 모두 흥미를 느낄 수 있고, 가설적 추리를 함으로써 과학적 추론이 가능하게 된다. 또한 자신의 인지과정을 이해하는 상위인지가 발달함으로써 자기 성찰에 몰두하고 정체감 획득이 가능해지게 된다.

청소년기에는 양적으로 보여 줄 수 있는 측면에서도 인지적 변화가 일어난다. 지능은 늘 일정한 것이 아니라 일생 동안 상당히 변화되며, 일반적인 경우 아동기를 거쳐 청소년기에 달하면서 성인 수준의 지적 수준에 도달한다고 보고된다. 구체적으로 청소년기의 인지능력(IQ)은 성인기의 인지능력과 안정적인 관련성을 보여 1세부터 약 5세까지의 IQ는 18세의 IQ와 높은 상관을 보이지 않지만, 청년 초기 이후부터의 점수는 18세의 점수와 아주 높은 상관을 나타낸다. 이러한 결과는 지능검사의 점수가 아동기 동안 점차 안정되기 시작하다가 청년기 동안에는 더욱더 안정됨을 보여 준다. 그러나 이러한 양상은 인지능력의 유형에 따라 차이가 있고, 또한 가족의 사회경제적 지위, 학습기회 등과 같은 개인을 둘러싼 다양한 생태학적 변인에 영향을 받는다.

청소년기에는 정보처리 능력도 향상되어 정보를 처리한 양, 속도, 방법 등에서 아동기에 비해 우수한 결과를 보인다. 예를 들어, 청소년기에는 아동기에 비해 환경에 있는 여러 자극 중 특정 자극에 관심을 집중하는 선택적 주의와 둘 이상의 자극에 동시에 주의를 기울이는 분산적 주의 능력이 모두 향상된다. 이와 함께 기억 용량도 발달하여 단기기억과 장기기억 모두 연령에 따라 점차 증가하여 청소년기 시작인 12세경에 거의 성인의 수준에 도달하게 된다. 또한 청소년기에는 기초 정신과정을 실행하는 데 걸리는 시간도 연령이 높아짐에 따라 점차 짧아져서 성인 수준에 도달하게 된다.

형식적 조작사고는 청소년에게 많은 긍정적 결과를 가져다주지만 그것이 갖고 있는 자체의 특징으로 인해 부정적 영향을 주기도 한다. 첫째, 청소년은 계획을 세우고 인과관계에 대한 탐색을 통해 앞으로 벌어질 상황에 대해 생각할 수 있게 됨으로써 미래에 대한 기대와 함께 불안을 느낄 수 있다. 이에 대한 다양한 대안의 모색을 통해 더욱더 혼란을 느낄 수도 있다. 둘째, 이상주의를 추구하는 청소년은 세상의 결점과 논리적 모순을 발견하고 부모나 사회에 반항하게 된다. 그들은 자주 현실적 문제를 고려하지 못하고 사회 변화에 대한 실제적 장벽을 간과하는 경향을 지니게 된다. 셋째, 형식적 조작능력은 자신과 타인의 사고와 감정을 구별 짓지 못하는 청소년의 자아중심성을 부추기게 된다.

청소년기의 자아중심적 사고는 대표적으로 두 가지 형태로 나타난다. 하나는 상상의 청중 현상이다. 청소년은 자신이 마치 무대 위에서 시선을 한몸에 받는 배우이며 타인은 자신에게 주의를 집중하고 있는 청중으로 생각하게 된다. 이러한 인지를 가짐으로써 청소년은 자신이 타인의 관심의 초점이 된다고 생각하기 때문에 강한 자의식을 갖게 된다. 다른 하나는 개인적 우화 현상이다. 상상의 청중에서와 같이 자신이 타인의 관심 대상이 된다고 생각하는 청소년은 자신을 대단히 중요한 존재로 지각하게 된다.

자아중심성이 강해지면서 나타나는 이러한 현상 중 특히 개인적 우화는 청소년 자신을 예외적인 존재로 지각하게 한다. 이에 따라 청소년은 가령 다른 사람이 모두 죽더라도 자신은 특별하기 때문에 죽지 않을 것이라고 생각하게 됨으로써 무모한 행동을 서슴없이 강행하게 된다.

(3) 사회적 발달

청소년기의 사회적 발달 측면에서 가장 큰 변화를 보이는 영역은 대인관계의 발달이다.

1 가족관계의 변화

청소년은 발달적 특성, 곧 급격한 신체적 · 성적 성숙과 자아정체감을 확립하려는 시도, 논리적 사고의 발달과 관련하여 부모-자녀 관계 및 형제관계에서도 주목할 만한 변화를 가져온다. 청소년기의 부모-자녀 관계는 세대차의 갈등관계의 심화로 요약할 수 있다. 구체적으로 말하면, 부모의 입장에서는 지금까지 희생하여 양육한 노력을 간과한 채 오히려 부모를 무시하고 반항하는 자녀에 대해 분노의 감정을 지니게 되고, 그대로 방임할 경우 발생될 여러 가지 학업성취의 부진 혹은 바람직하지 않은 친구관계로 인한 비행 가능성 등을 우려하여 더욱 권위적이고 지시적이며 방어적으로 자녀의 생활 전반을 통제하게 된다. 이에 반해 청소년 자녀의 입장에서는 그 자신이 성인에 가까울 정도로 심신이 성숙하여 상담할 과업을 독립적으로 할 수 있음에도 예전의 아동기 때처럼 계속해서 간섭하고 통제하려는 부모의 태도에 대해 반항하고 불복종하게 되는 것이다.

따라서 부모는 청소년기가 부모로부터의 독립 욕구를 강하게 느끼는 시기이며 자아정체성을 확립하는, 그야말로 제2의 탄생이라는 홍역을 치르는 시기임을 이해하고 애정을 가지고 자녀의 독립성과 자율성을 격려해 주어야 한다 (Hollingworth, 1982).

아울러 변화하는 사회에서 청소년기 자녀의 생활양식을 이해하려는 노력도 함께 경주되어야 한다. 대표적 예로 현대사회에서 강력한 의사소통의 수단인 인터넷을 통해 자녀와 심리적 거리를 좁힐 수 있도록 적극적으로 활용해야 한다. 한편 청소년기 자녀도 '환갑을 넘겼어도 부모 앞에서는 어린아이 같은 자식'이라는 옛말이 주는 시사점을 고려하여 무조건 부모님을 거부할 것이 아니라, 천륜이라고 표현되는 부모-자식 관계와 삶의 연륜에 의해 터득한 지혜를 존중하면서 성숙한 상호 의존적 관계를 유지하도록 열린 마음을 지녀야 한다(이소희 외, 2005).

2 청소년과 또래환경

최근 가정을 벗어난 교육과 사회기관에서의 생활시간이 증가하면서 청소년에게 미치는 부모의 영향력이 약화된 반면, 발달된 정보통신 기술과 멀티미디어 매체를 중심으로 한 디지털 문화는 상대적으로 또래를 한 문화권으로 결집하는 데 기여하고 있다(방은령, 2004). '친구 따라 강남 간다'는 속담처럼 또래는 청소년에게 강력한 정서적 지지원이 되고 있으며, 이는 국가를 초월하여 나타나고 있다.

한편 청소년기는 성적 발달이 급격하게 이루어지는 시기인 만큼 이성에 대한 관심이 매우 높아서 먼저 근접성이 높은 이성 또래에 지대한 관심을 보인다. 그러나 이 시기에는 올바른 성 지식이 부족하고 성 욕구 조절능력이 부족하여 곤혹스러움을 느낄 때가 있지만, 성문제에 대해 부모나 교사와 터놓고 상담하는 것 역시 부담스러운 시기나. 따라서 친구관계가 갖는 장점을 고려하여 또래상담 방법을 활용하도록 지도할 필요가 있다. 이때 상호의존성을 높이기 위한 의사소통 기술훈련은 유용한 접근방법이 된다(이은경, 2000).

3 청소년과 학교환경

청소년기의 학교는 가정과는 다르게 교우와 교사와 관계를 형성하고 다양한 분야에서의 학습활동을 통하여 기존의 문화를 계승할 뿐 아니라, 새로운 문화를 창조할 수 있는 지식과 기술을 함양함으로써 성숙한 사회인으로 기능하도록 돕기 위해 의도적으로 조직된 기관이다. 그렇기에 학교는 다양한 기능을 가지고 있다. 이러한 기능은 사회적 위임 사항으로서 교우, 교사 등의 인적 요인과 기관의 위치, 시설과 설비, 교구와 교재 등의 물적 요인 그리고 이들의 상호작용 수준에 따라 학생청소년의 복지에 직간접적 영향을 미친다. 더구나 오늘날 청소년의 생활이 대부분 학교에서 이루어지며, 삶의 질 향상은 물론 생존을 위한 도구로서 교육이 더욱 강조되고 있는 상황을 볼 때, 그 영향력의 정도는 더욱 증대될 것으로 전망된다.

이러한 맥락에서 매우 의미 있는 것은 바로 학교문화다. 일반적으로 개인은 자신이 속한 집단에 따라 그 집단이 공유하는 가치관, 신념, 규범 등에 따른 행동 특성을 보인다. 학교에서 형성된 문화 역시 독특하여 다른 조직과는 구별된다. 학교문화는 크게 학생문화, 수업문화, 교사문화로 구분되고 이들은 상호 밀접한 관련을 갖는다. 이러한 학교문화는 청소년의 특별한 사고와 이념, 감정, 장래 포부, 이상 등을 나타내는 수단으로서, 청소년은 학교문화를 통해 독자적 생활과 세계를 체험하게 된다. 또한 그때 자기가 누구인가를 발견하고 자아정체성을 확립하며, 자기 내부에 있는 사상 · 감정 · 잠재능력 등을 자유롭게 표현하고, 동시에 그것들을 스스로 창조하기도 한다(권이종, 2001).

2) 발달과업

헤비거스트(R. J. Havighurst)의 발달단계이론을 중심으로 청소년기의 주요 발달과업을 요약해 보면 〈표 11-2〉와 같다. 이 중 청소년기의 대표적인 발달과업을 중심으로 기술하고자 한다.

표 11-2 청소년기의 발달과업

발달과업 종류	발달과업 내용
자아정체감 형성	• 자신의 체격을 타고난 그대로 인정하고 신체를 효율적으로 사용하기 • 자신의 능력과 적성에 대해서 객관적으로 인지하고 수용하기 • 자신이 처한 가족적, 사회적, 국가적 현실을 수용하기
사회적 역할 획득	• 동성, 이성을 포함하여 또래친구와 새롭고도 성숙한 교우관계를 맺기 • 남성 또는 여성으로서 그 사회에서 기대되는 성역할을 획득하기
독립과업 성취	• 부모나 성인으로부터 감정적으로 독립하기 • 적성에 맞는 진로를 선택하기 • 경제적 독립을 위하여 직업을 준비하기 • 결혼과 가족생활을 준비하기
윤리적 체계 획득	• 사회적으로 책임질 수 있는 행동을 바라거나 성취하기 • 행동 지침이 되는 가치관이나 윤리적 체계를 획득하기, 즉 이념을 발달시키기

출처: 유영주(1997), p. 222.

(1) 자아정체감 형성

자아정체감 형성을 위해서는 우선 자신의 신체 변화에 대해 그대로 인정하고 받아들이는 것이 필요하다. 신체적 발달과 성적 성숙 자체에 따라 청소년은 고립감, 외로움과 같은 정서적 변화를 경험하게 된다. 또한 이런 변화를 또래에 비해 빨리 경험하는지 혹은 늦게 경험하는지에 따라 청소년은 다양한 심리적 변화를 겪게 된다. 이러한 개인적 차이를 객관적으로 인지하고 수용하는 것이 필요하다 .

그러나 무엇보다 청소년기에 가장 주요한 과제는 정체성, 즉 나는 누구인가를 지각하는 것이다. 직업을 선택하는 것은 이러한 정체성 추구의 주요한 부분이다.

에릭슨에 따르면 이 시기의 일차적 위험은 정체감 혼란에 있다. 이 혼란은 다양한 방식으로 표현될 수 있다, 그중 하나는 책임 있는 성인처럼 행동하기를 미루는 것이다. 또 다른 방식은 어설프게 계획한 행동에 자신을 몰입하는 것이다. 이처럼 청소년은 정체감 혼란을 경험하면서 방어기제를 사용할 수 있는데, 그것은 분파성을 갖고 다른 것은 관용하지 않는 것이다.

에릭슨은 최종의 정체감을 성취하기 이전에 일정 기간 자유시험기를 기술하기 위하여 '심리사회적 유예'라는 용어를 사용하였다. 상대적으로 우리 사회는 청소년에게 가치, 믿음, 역할 등을 시험해 볼 자유를 허락하며 각자의 장점을 극대화하여 사회로부터 긍정적인 인정을 획득함으로써 사회에 최상으로 적응할 수 있게 한다.

정체감 대 정체감 혼란의 위기는 과거의 소속, 현재의 가치, 미래의 목표 등 하나의 일관성 있는 자아개념으로 통합하면서 가장 잘 해결할 수 있다. 정체감이란 일련의 질문, 재평가와 시험의 단계를 거쳐야만 성취할 수 있다.

이는 자신이 수행하는 다양한 역할(예, 누구의 자녀, 누구의 형 또는 동생, 학생, 기독교신자, 농구선수, 다문화가정의 자녀)을 검토하고 그것을 자신을 인식하는 정체성으로 통합하는 것이다. 아동기에서 성인기로 옮겨 가는 전환의 시기인 것이다. 어떤 사람은 자신의 다양한 역할을 통합하지 못하고 상충하는 역할에 적응하는 데 어려움을 겪는다. 이것이 바로 역할혼란이다. 이런 경우 정체성은 혼란스럽고 불확실하다.

그러면 정체성 성취가 왜 그렇게 중요하지 살펴보기로 하겠다. 청소년은 자신이 누구인지, 인생에서 무엇을 원하는지, 어떤 사람이 되고 싶은지 알고자 애쓴다. 이러한 질문에 답하는 것은 인생에서 직면하는 가장 중요한 과제다. 답을 얻지 못하면 사람은 직업의 선택, 결혼과 관련된 다양한 선택 사항, 주거지 결정, 여가에 대한 결정 같은 주요한 판단을 내리기가 어렵다. 불행히도 많은 사람은 인생을 대충 살면서 그런 질문에 대해 사려 깊게 대답하지 못한다. 대답을 얻지 못한 사람은 우울증에 빠지고, 불안해지고, 결정력을 갖지 못하고, 성취하지 못하는 경향이 있다(Zastrow & Kirst-Ashman, 2002).

(2) 사회적 역할 획득

또래는 비슷한 연령대의 인간을 지칭하는데, 청소년은 동네 · 학교 · 종교기관 등 다양한 장소에서 또래와 만나며 인간관계의 폭을 넓히고 깊이도 더할 수 있다.

나아가 '가재는 게 편'이라는 속담처럼 같은 또래라는 요인만으로도 청소년은 소속감과 친밀감을 느낄 수 있고, 또래와의 긴밀한 관계 속에서 다양한 사회적 기술을 학습하게 된다. 또한 아동기보다는 더욱 결속력이 강한 갱(gang)을 형성할 수 있다. 그것은 청소년 스스로가 이제 그들의 체격과 생각이 결코 어린아이 수준이 아니라는 자각에서 기인한다. 곧 사랑이라는 이름으로 계속적으로 자신들을 통제하려는 부모의 예속에서 벗어나 그들만의 인생을 어떻게 살 것인가를 고민하는 과정에서 만난 또래는 더할 나위 없이 강력한 심리적 지지대가 되는 것이다. 그리고 이러한 또래 중에서 그 접근성과 관계의 깊이 정도가 높은 또래는 학교에서 만나는 또래였으나, 최근에는 인터넷의 발달에 따라 사이버상에서 만나는 또래의 접근성과 영향도 만만치가 않다.

사회가 요구하는 성에 대한 적절한 태도와 행동은 청소년기에서부터 시작된다. 성역할 정체감의 발달에 영향을 미치는 요인은 부모, 동년배, 학교, 대중매체 등이다. 부모는 청소년이 성역할을 동일시할 수 있는 대상이면서도 지도자로

표 11-3 동년배 친구관계의 기능

동료의식	청소년에게 기꺼이 시간을 같이 보내고 공동의 활동을 하는 친근한 동료를 갖게 해 준다.
자극	청소년에게 흥미 있는 정보와 즐거움을 제공한다.
물리적 지원	시간, 자원, 도움을 제공하는 관계다.
자아지지	지지, 격려, 피드백을 해 줌으로써 청소년이 스스로 유능하고 매력적이고 가치 있는 사람이라고 느낄 수 있도록 돕는다.
사회적 비교	청소년이 서로서로 비교해서 자신들이 어떤 위치에 있는지를 알 수 있는 정보를 제공한다.
친밀감/애정	청소년으로 하여금 자신을 노출하고 타인과 따뜻하고 친근하고 신뢰할 수 있는 관계를 맺을 수 있게 한다.

출처: 허혜경, 김혜수(2002), p. 263, 재인용.

서 청소년의 성역할 정체감의 발달에 크게 영향을 미친다. 부모가 자녀에게 성별로 부여하는 과제에 따라, 부모가 자녀에게 기대하는 성별 역할에 따라, 그리고 부모가 가정에서 행하는 역할에 따라 청소년의 성역할 정체감은 큰 영향을 받게 된다.

동년배는 청소년의 성에 대한 지식의 공급자이면서 성역할 정체감을 학습할 수 있는 기회의 제공자로서 영향을 미치고 있다. 학교는 남성과 여성이 차별적으로 성역할을 수행하도록 지도하는 경향을 보이기 때문에 성역할 고정관념을 내면화시킬 수 있다. 대중매체는 프로그램의 성격에 따라 차이가 있지만 남녀 간의 차별적인 성역할을 내면화시키는 데 기여하여 성역할 정체감의 발달에 영향을 미친다(이근홍, 2006, pp. 108-109).

(3) 독립과업 성취

대부분의 젊은이는 종종 부모에게서 독립을 원하면서 동시에 부모가 자신의 필요와 욕구, 즉 음식, 주거지, 옷, 정서적 지지, 용돈 등을 충족해 주고 있음을 알기 때문에 그 사이에서 갈등에 빠진다.

청소년은 독립을 추구하면서 자주 부모의 의도에 반항하고 부모의 견해를 한

물 간 어리석은 것이라고 거부한다. 가정에서 자립심, 책임감, 자존감을 배우면서 자란 자녀는 성인기의 독립으로 자연스럽게 전환한다. 그러나 부모가 지나치게 허용적이거나 자녀의 행동에 거의 관심이 없는 가정에서 자란 자녀는 성인기로 전환하는 데 큰 어려움을 겪는다. 이러한 젊은이는 자신의 행동과 결정이 적절한지 판단할 기준과 가치체계가 부족하다.

독립적이 되기 위해서는 정서적, 사회적, 경제적으로 독립할 수 있어야 한다. 정서적인 독립은 부모나 다른 사람에게 정서적으로 의존하는 것에서 친밀한 정서적 유대를 유지할 수 있으면서도 독립으로 나아가는 것을 말한다. 즉, 정서적인 독립은 정서적으로 지배받거나 압도되지 않고 서로 나누고 상호 의존하는 것을 말한다.

사회적 독립은 타인지향이 아닌 자기지향이 됨을 뜻한다. 청소년은 사회환경을 수용하는 것에 매우 강한 동기를 갖고 있기 때문에 자신이 속한 집단의 행동이나 말이 자신의 것이 되고 만다. 그러나 사회적으로 독립적인 사람은 정치적, 시민적, 교육적, 종교적, 사회적, 지역사회적 일에 관여하면서 실제로 자신의 최대 관심을 얻는다.

경제적인 독립은 재정적 필요를 채울 충분한 돈을 버는 것을 뜻한다. 많은 10대 후반의 청소년은 특별한 기술이 없기 때문에 재정적으로 필요를 충족할 만한 고소득의 직업을 구하는 것이 어렵다. 따라서 실제적으로 청소년에게 경제적인 독립은 자신의 욕구와 구매를 지불능력에 맞추어 제한하는 것을 배우는 능력도 포함한다(Zastrow & Kirst-Ashman, 2002).

(4) 윤리적 체계 획득(도덕발달)

청소년기는 친밀한 관계, 직업, 인생목표를 포함하여 주요한 관계를 강렬하게 추구한다. 일련의 개인적인 도덕 가치를 형성하는 것도 이 시기다. '도덕성'은 무엇이 옳고 그른가에 대한 일련의 원칙을 의미한다. 많은 경우에 이러한 원칙은 명료하게 규정되지 않는다. 도덕적인 주제는 매우 중요한 것에서부터 사소한 일상의 결정에 이르기까지 광범위하다. 평생 동안 도덕성이 발달하나 청소년기 동안에는 특별히 중요하다. 바로 독립적인 결정과 선택을 하는 권리를 얻는 시기이기 때문이다. 이 시기에 발달한 가치는 평생 작용한다.

3 청소년기의 사회환경과 사회복지실천

1) 미시 수준

(1) 청소년기의 정서장애

청소년기는 정서가 유발될 만한 내·외부적 사건이 많은 시기이며 더 강하고 동요되는 정서를 느끼게 되면서 다른 어떤 발달단계보다 정신건강에 위협적인 시기가 될 수 있다. 서구의 종단적 연구에서는 청소년의 약 10%는 심리적 장애를 지니고, 다른 10%는 장애로 규정될 정도는 아니지만 그들의 발달과정을 방해하는 행동적·정서적 문제를 갖고 있음을 보고한다. 우리나라의 경우에도 정신건강으로 인한 심리적 장애가 매년 꾸준히 증가하고 있고, 특히 청소년 환자 수는 그 증가 폭이 더 큰 것으로 보고되고 있다.

한국청소년상담원의 상담사례 분석에서도 1990년대 후반부터 현재까지 청소년 정신건강 문제의 비율이 매년 증가하는 추세임을 볼 수 있다. 특히 우울증의 빈도는 청소년기에 이르러 크게 증가 추세를 보여 청소년층의 우울증은 성인보다 더 높은 빈도를 보인다고 보고되고 있다. 우리나라의 연구에서도 전국 남녀 6,500명을 대상으로 조사한 결과, 15~24세의 청소년 중 경증 이상 우울증은 21.27%에 달하고 중증 이상의 우울 증세도 14%나 되는 것으로 나타났다. 최근 전국 31개의 정신보건센터를 대상으로 보다 전문적인 '청소년정신건강 선별검사'를 실시한 결과 중·고등학생의 약 5%가 우울증을 보였고, 불안증, 인터넷 중독 등의 정신건강 문제가 있는 청소년은 약 15%인 것으로 나타났다. 특히 아동기까지는 우울증에 있어 성차가 두드러지지 않았으나 청소년기에 이르러서는 여자 청소년이 점차 높은 유병률을 보여 성인의 비율과 유사한 양상을 보였다.

잠 못 자는 그대, 우울증 걸릴라

한국인 평균 수면시간 7시간 49분… OECD에서 가장 적어

'잠을 허하라'

경제협력개발기구(OECD)가 지난해 5월 발표한 '2009년 회원국 사회지표' 속 한국인은 이렇게 외칠지 모르겠다. 한국인의 평균 수면시간(7시간 49분)이 OECD 회원국 가운데 가장 적기 때문이다. OECD 국가의 평균 수면시간은 8시간 22분. 이보다 33분 덜 자는 셈이다. 수면시간이 가장 긴 국가는 프랑스(8시간 50분)였다.

특히 수험생에게 잠은 '공공의 적'이다. 네 시간 자고 공부하면 합격하고 다섯 시간 자면 떨어진다는 '사당오락(四當五落)'이란 말은 이런 분위기 속에서 나왔다. 총 수면시간을 적게 할수록 합격에 가까워진다는 것이다. 수면시간을 줄이면 과연 좋은 성적을 낼수 있을까. (중략)

수면 부족하면 우울증 걸릴 가능성 높아

잠은 심리 상태에도 영향을 미친다. 미국 컬럼비아 의대 연구진은 잠을 적게 잘수록 우울증에 걸릴 확률이 높다고 발표했다. 미국 중 · 고등학생 1만 5,695명을 설문조사해 얻은 결과다. 이 연구 결과는 미국수면학회가 내는 『수면』 1월호에 소개됐다. (중략)

그럼 한국 청소년의 수면시간은 어떨까. 한국 통계청이 조사한 '2004년 생활시간 조사'에 따르면 중학생은 8시간 11분을, 고등학생은 7시간 16분을 자는 것으로 나타났다. 중 · 고등학생 평균 수면시간은 7시간 33분. 역시 권장 수면시간인 9시간에 한참 못 미치는 수치다. 미국 청소년보다 20분 적다(동아사이언스, 2010년 1월 12일에서 부분 발췌 수정).

(2) 십대 미혼부모와 사회복지실천

우리 사회는 점차 청소년의 혼전 성경험에 대해 개방적인 태도를 보임에 따라 성 경험률도 꾸준히 증가하고 있다. 허남순, 노충래, 허소영(2005)의 연구에서는 여학생의 70%, 남학생의 65% 이상이 '사랑하는 사이라면 혼전 성관계도 괜찮다'고 응답하였다. 뿐만 아니라 남학생의 피임 실천율은 52.2%, 여학생은

20.4%로 외국의 77~85%에 비해 우리나라의 피임 실천율이 매우 낮은 수준으로 나타났다. 이러한 낮은 피임 실천율은 결국 원치 않는 임신으로 이어져 낙태의 원인이 되거나 출산으로 인한 미혼부모가 되게 한다.

십대 미혼부모는 가정과 사회로부터 소외되기 쉽고 죄책감과 심한 정서적 갈등 및 건강상의 문제를 겪기 쉬우며, 학업과 직업 선택에 많은 제약을 받고 박탈을 경험하기도 한다. 그리하여 십대 미혼부모는 건강, 학업 지속 여부, 직업 선택, 결혼 가능성 여부, 자녀 양육 또는 입양 결정 등과 관련된 문제에 직면하게 된다.

십대 출산과 관련하여 가장 치명적인 문제는 임신 및 출산 과정에 따른 신체적·정신적 건강 등의 보건문제다. 십대 미혼부모는 예기치 못한 이른 임신으로 인해 심리적 불안과 공포, 수치심을 느끼고, 신체적 부담으로 인한 비의료적 낙태시술을 시도함으로써 그들 스스로가 감당하기에는 너무나 큰 부담감 내지 중압감을 느낀다. 또한 십대 미혼부모는 학업 포기로 인한 학교 중도 탈락, 취약한 근로 조건을 가진 직업에 종사하는 등 경제적·사회적으로 매우 취약한 상황에 처하게 된다. 따라서 다수의 십대 미혼부모는 가족과의 결별, 기본적인 생활 유지와 관련된 경제적 문제, 산전·산후 관리, 자녀 출산 및 양육, 사회에서의 고립 등 복합적인 문제를 지닌다. 이는 결국 미혼부모에 대한 경제적 지원 및 주거 지원, 학업과 직업 및 부모교육, 아동입양 등 다각적인 측면에서의 문제 해결을 위한 높은 사회비용을 부담시킴으로써 사회복지비 지출을 증가시키는 결과를 초래한다.

성 가치관의 변화로 청소년의 성 경험률이 꾸준히 증가하는 사회적 변화에도 불구하고, 우리나라는 십대 임신예방 프로그램의 실시나 그 효과 검증 및 관련 프로그램의 보급, 십대 미혼모의 자립지원 제도나 서비스가 아직 매우 부족한 실정이다. 십대 미혼부모를 위한 복지실천은 예방차원 서비스와 사후 서비스로 나눌 수 있다.

첫째, 현재 예방차원 서비스로 미혼부모 발생의 예방을 위하여 청소년을 대상으로 한 성교육과 홍보가 학교 교과과정의 일환으로 이루어지고 있다. 상담 서비스는 혼전 성관계를 했거나 임신 또는 출산으로 도움이 필요한 사람에게 전국 청소년종합상담실, 한부모가족복지상담소, 성폭력피해상담소, 미혼모시설, 입양알선기관, 국내입양지정기관 등을 통해 이루어지고 있다.

둘째, 아기를 낳아 양육하고자 하는 양육 미혼모가 증가하고 있는 사회적 변화 속에서 양육 미혼모를 위한 현실적인 지원체계가 보완되어야 할 뿐만 아니라 양육 미혼부를 위한 복지 서비스와 지원체계도 마련되어야 할 것이다. 이를 위해 십대 미혼부모 지원에 대한 예산을 확보함으로써 십대 미혼한부모 가정에 대한 재정지원을 해 주어야 한다.

셋째, 정부 차원의 재정적 지원과 함께 십대 미혼부모가 학업을 계속할 수 있도록 가족과 주변 사람의 정서적 · 심리적 지원이 이루어져야 한다. 또한 건전한 가족을 형성하여 운영할 수 있도록 각종 특기적성교육을 통한 취업지원, 다양한 직종 및 직업 훈련과정 개발, 주거지원을 통한 안정적 주거환경 마련, 생활주기에 따른 자녀양육 방법에 대한 교육 등 효율적인 통합 서비스가 제공되어야 한다.

(3) 공동생활가정 청소년과 사회복지실천

공동생활가정은 가정해체, 방임, 빈곤 등의 다양한 이유로 보호가 필요한 아동 및 청소년에게 가정과 같은 주거환경에서 개별적인 특성에 맞춰 보호와 양육 서비스를 제공하는 대안가정이다. 2008년 12월 현재 전국에는 348개의 아동 · 청소년 공동생활가정에서 2,358명이 생활하고 있다(〈표 11-4〉 참조).

공동생활가정은 ① 6~12명 정도가 생활하는 소규모라는 것, ② 집단가정 내

표 11-4 공동생활가정 보호아동 성별 취학 현황 (단위: 개소,명)

구분	시설수	종사자수	정원	수용 인원			아동 현황								
				계	남	여	계	미취학		초등재	중재	고재	대재	기타
								0~3 미만	3~6 미만					
계	348	754	2,358	1,664	884	780	1,664	40	143	708	435	287	21	30

주: 2008년 12월 31일 기준.

식구의 활동에 거의 아무런 제한이 없다는 것, ③ 학교나 레크리에이션 센터, 각종 문화행사 등 지역사회의 자원을 활용한다는 것이 다른 시설과 구분된다.

우리나라의 공동생활가정은 대규모 아동복지시설에서 감당하기 어려웠던 가정해체 등에 따른 지역사회의 요구에 따라 자연발생적으로 발생한 측면이 강하다. 그런 점에서 가정적이며 지역사회와의 결합력은 강한 편이나 운영·재정적인 면에서는 많은 어려움을 겪고 있는 것 또한 특징이라고 할 수 있다.

공동생활가정의 운영주체를 살펴보면 청소년 공동생활가정의 대다수는 종교단체나 종교인이 운영하고 있다. 이것은 사회복지학계에서의 공동생활가정에 대한 낮은 인식과 기피, 공동생활가정에 대한 법적 보호방안의 미비 등에도 기인하지만, 공동생활가정의 특성상 24시간 근무라는 열악한 근무환경과 종교적 헌신이 없이는 공동생활가정을 운영하는 것이 어렵다는 점을 들 수 있다.

공동생활가정의 수입과 지출 규모는 대다수가 외부 후원에 의존하고 있으며 정부나 자치단체의 지원은 평균 15% 정도에 지나지 않아 경제적인 어려움을 안고 있다. 공동생활가정 종사자를 위한 교육, 공동생활가정에 대한 운영 지침 등이 마련될 필요가 있다. 이러한 것은 공동생활가정의 질적 서비스를 높이기 위한 것으로 공동생활가정의 열악한 현실을 고려하여 마련되어야 할 것이다.

공동생활가정에서의 생활은 공동생활을 통한 정서적 안정과 상호관계를 통하여 애착과 자율 등 성장과정상의 과제를 해결해 나간다는 점에서 중요하다. 공동생활가정에서 생활하고 있는 청소년의 생활 만족도는 실태조사 결과 59.4%가 만족하고 6.8%가 불만족하는 것으로 나타나, 생활에 대해서는 비교적 만족하는 것으로 나타나고 있다. 그리고 음식에 대한 만족도가 72.2%로 높게 나타난 것은 신체적 안정성에 대한 욕구가 충족되고 있음을 보여 준다.

아울러 입소 청소년이 우리의 의견을 존중한다고 응답한 비율은 68%, 생활교사를 가족처럼 생각한다는 비율은 64%로, 친밀한 인간관계와 함께 입소 청소년과 실무교사 간 상호작용이 비교적 잘 이루어지고 있는 것이 그들의 생활 만족도가 높은 것을 나타내 주고 있다. 이러한 생활 만족도는 자신감과 대처능력의 향상을, 빈곤과 가정해체의 악순환을 예방할 수 있는 긍정적 사고를 하도록 하는 것으로 나타나고 있다(청소년복지 4조, http://cafe.daum.net/youthwelfare4/1Ckw/9).

2) 거시 수준

(1) 가출청소년과 임파워먼트 프로그램

2006년도 경찰청 자료에 따르면 2005년도 한 해 동안 가출로 신고 접수된 청소년(9~20세)은 1만 3,294명이며, 이 중 남자 청소년은 6,195명(46.6%), 여자 청소년(십대 여성)은 7,099명(53.4%)으로 여자 청소년이 더 많이 가출한 것으로 나타났다. 가출청소년은 공통적으로 가족구조와 기능에서 어려움을 호소한다. 하지만 남학생의 경우 비행으로 인한 문제에서 벗어나기 위해서나 즐거움을 찾아 가출하는 경우가 더 많은 반면, 여학생의 경우 가출 이유로서 성적인 피해와 가정환경에 대한 스트레스를 더 많이 호소하는 것으로 나타났다. 가출 후에도 여학생의 경우 남학생에 비해 성폭력의 희생이 되는 경우가 상대적으로 많다는 점이 지적되고 있다(백혜정, 방은령, 2009).

늘푸른여성지원센터(http://1318.seoul.go.kr)는 2000년 12월 가출과 유해환경에 처한 청소년(십대 여성)의 보호와 재활 서비스를 지원하기 위해 설립되었다. 이 센터는 서울시의 행정 시스템과 민간 전문인력의 결합에 기반한 새로운 행정 모델로서 민·관의 성격을 동시에 가지고 있는 전국 최초 유일의 십대 여성 지원 전문기관이다.

늘푸른 여성지원센터는 십대 여성에 대한 '보호와 복지' 차원을 넘어 가출이나 성매매 십대 여성 지원이라는 한계 안에서 십대 여성의 인권이라는 관점으로 사업을 전개해 왔다. 최근에는 이러한 한계에서 벗어나 보다 다양한 십대 여성의 임파워먼트를 강화할 수 있는 프로그램 개발과 성평등 정책을 펴고자 노력하고 있다. 십대 여성을 직접적으로 지원하기 위해서 심야 길거리 상담인 '브릿지 프로젝트', 보호시설, 대안학교 등 학교 밖 십대 여성의 자립을 지원하기 위한 '테마프로젝트' 학교 성교육의 한계를 넘어 새로운 성교육의 대안적 모델을 제시하고 있는 학교성교육 지원사업, 제도권 안과 밖의 십대 여성, 실무자와 교사, 전문가 등을 대상으로 성평등 관점에 기초하여 성교육장을 운영하고 있으며, 십대 여성 관련 실무자, 교사, 전문가의 임파워먼트를 위해 늘푸른 실무자 아카데미와 포럼, 정보자료실과 홈페이지 운영, 십대여성 정책과 인프라 구축, 프로그램 개발을 위한 국제 심포지엄 등의 사업을 전개하고 있다.

늘푸른여성지원센터에서는 성 인지적 관점을 각 사업에 녹아 내기 위해 이를 공유하는 작업을 지속적으로 진행하고 있다(박성혜, 2007, pp. 292-294).

(2) 청소년의 학생인권과 경기도 학생인권조례(안)

국제사회에서 시작된 청소년의 권리와 책임에 대한 논의에 힘입어 우리나라는 1990년에 청소년헌장을 제정 · 선포하였으며 1998년 이를 개정하였다. 청소년헌장 전문에서는 청소년은 한 인간으로서의 인권과 한 시민으로서의 시민권을 갖고 있다는 것과 자신의 생명을 존중해야 할 책임과 공동체의 성원으로서의 책임을 명시하고 있고, 본문에는 청소년의 권리와 책임에 대해 명시하고 있다(도미향, 2004).

청소년헌장은 청소년의 삶에 직접 영향을 주지는 않지만 청소년과 관련 정책과 제도의 방향성, 청소년의 인권보장, 청소년의 사회에 대한 책임과 권리 등을 선언하는 내용을 담고 있다는 점에서 가장 포괄적이며 기본적인 이념이라고 할 수 있다. 그러나 이러한 역사적 발전에도 불구하고 청소년인권은 아직 초기단계를 넘어서지 못하고 특히 청소년 학생인권은 관심사에서 더욱 멀리 있었다.

학교붕괴 현상이 심화되면서 중 · 고교생은 '학교'가 자신의 권리를 가장 심각하게 침해하는 곳이라고 생각하고 있다. 또한 학교에서 정신적 · 물리적 폭력을 행사하면서 가학적 쾌감을 얻는 학교 내 집단 따돌림(왕따) 현상과 학교폭력의 심화현상은 학교가 얼마나 폭력적이고 반인권적인 공간인지를 잘 드러내준다.

그리하여 2003년 유엔아동권리위원회는 과도한 경쟁교육, 체벌 허용문제, 학생의 표현 · 결사의 제한, 법률에 근거 없는 자의적인 기본권 제한, 학생회와 정치활동 통제 등이 아동의 인권과 권리를 침해하고 있는 것으로 규정하고 이를 개선할 것을 요구하는 권고를 발표한 바 있다. 또 우리나라를 '18세 이하 아동·청소년의 인권보장이 취약한 국가'로 규정하면서 '그들이 의사결정 과정과 정치적 활동에 적극 참여할 수 있도록 관련 법규를 개정할 것'을 한국 정부에 권고했다.

2009년 11월 유엔 경제사회문화적 권리위원회는 우리나라의 학업성취도 평가라는 명목의 일제교사가 학교 간에 불필요한 경쟁을 유발하여 학생의 인권을 침해하고 있다고 재고를 권고했다. 결국 유엔 등 국제적 인권 시각에서 보면 대한민국은 아동·청소년의 인권을 제대로 보장하지 않는 인권탄압 국가인 셈이다.

교육부가 제출한 국정감사 자료에 의하면 전국 초·중·고교 가운데 교사에 의한 체벌이 인정되는 학교의 비율은 무려 72%에 이른다. 그리고 두발이나 복장 규제가 없는 학교는 거의 찾아보기 힘들다.

우리 초·중등교육법 제18조 4(학생의 인권보장)는 "학교의 설립자·경영자와 학교의장은 헌법과 국제인권조약에 명시된 학생의 인권을 보장해야 한다."(신설 2007. 12. 14.)며 학생인권을 보장할 국가의 의무를 규정하고 있다. 이는 지속적으로 이루어진 학생인권운동의 자그마한 성과다. 2007년에 이 제18조 4가 신설되던 당시에도 선언적 규정으로 그칠 것이 아니라 이를 구체적으로 실현할 수 있는 국가의 조치 사항을 대통령령으로 규정해야 한다는 여론이 제기되었지만 아직까지 실행되지 않고 있다.

이런 상황에서 경기도교육청이 전국 시·도교육청 중 처음으로 2009년 12월 학생 체벌 및 두발 규제 금지, 야간자율학습 등 교과 외 학습의 학생 선택권 존중, 수업 외 집회보장, 사상·양심·종교의 자유보장 등의 내용을 담은 경기도 학생인권조례 초안을 발표하였다.

학생인권조례안은 총 5장 제48조와 그에 따른 부칙 등으로 구성되어 있으며, ① 학생의 차별받지 않을 권리, ② 폭력 및 위험으로부터의 자유, ③ 교육을 받을 권리, ④ 사생활의 비밀과 자유 및 정보의 권리, ⑤ 내심(사상/양심/종교)의 자유 및 표현의 자유, ⑥ 자치 및 참여의 권리, ⑦ 복지에 관한 권리, ⑧ 징계 절차에서의 권리, ⑨ 권리구제를 위한 권리의 아홉 가지 영역의 권리가 담겨 있다.

앞으로 공청회와 도교육위원회의 의결 절차 등 아직 시행까지는 남아 있는 절차가 있다. 그동안 미국이나 유럽, 일본 등지에서는 아동인권보호조례가 제정되었거나 활동기구가 있었지만 우리나라에서는 이런 시도가 처음이라 기대하는 바가 자못 크다(경기도학생인권조례자문위원, 2010).

요 약

이 장에서는 청소년기의 개념 정의와 청소년기의 발달적 특성 및 발달과업을 살펴보았다. 우선 청소년기의 개념을 정의하는데 있어서는 신체발달 과정의 특성과 연령에 의한 기준을 사용하는 것이 보편적이다. 신체발달 과정을 기준으로 청소년기를 구분하는 방법이 가장 일반적이지만 신체발달 징후가 개인마다 다르기 때문에 보편적인 기준을 제시하는 데는 한계가 있다. 또 다른 방법인 연령에 의한 구분은 단체와 기구마다 다소 상이한 연령 범위를 제시하고 있다. 이처럼 청소년의 연령은 아동과 청소년을 혼재하여 사용함으로써 아동과 청소년의 구분마저 모호하게 하고 있으며 그 개념도 일관된 정의 없이 다양하게 부르고 있다.

청소년기는 신체적 · 심리적 · 사회적 측면에서 급격한 발달이 이루어지는데, 이러한 특징적 발달 양상을 근거로 하여 청소년기는 서로 다른 용어로 불리고 있다. 신체적 발달 측면에서는 제2의 성장급등기며, 성적 성숙이 급격히 이루어지는 사춘기라 불린다. 심리적 측면에서는 심리적 이유기이며, 정서적 변화가 급격히 일어나는 질풍노도의 시기라 부르기도 한다. 그리고 사회적 측면에서는 제2의 반항기이지만 여전히 아동도 성인도 아닌 주변인에 머물러 있는 특징적인 발달 양상을 보인다.

여기에서는 학자들의 견해와 우리나라의 사회통념적 시각을 종합하여 중 · 고등학교의 시기, 대략 19세 미만까지를 청소년기로 규정하였다.

발달적 특성을 살펴보면 신체적 발달과 성적 성숙 자체에 따라 청소년은 고립감, 외로움과 같은 정서적 변화를 경험하게 되고, 또한 이런 변화를 또래에 비해 빨리 경험하는

지 혹은 늦게 경험하는지에 따라 청소년은 다양한 심리적 변화를 겪게 됨을 알 수 있다.

그러나 무엇보다 청소년기에 가장 주요한 과제는 정체성, 즉 나는 누구인가를 지각하는 것이다. 직업을 선택하는 것은 이러한 정체성 추구의 주요한 부분이다.

에릭슨에 따르면 이 시기의 일차적 위험은 정체성 혼란에 있다. 이 혼란은 다양한 방식으로 표현될 수 있다. 그중 한 가지는 책임 있는 성인처럼 행동하기를 미루는 것이다. 또 다른 방식은 어설프게 계획한 행동에 자신을 몰입하는 것이다. 이처럼 청소년은 정체성 혼란을 경험하면서 방어기제를 사용할 수 있는데, 즉 분파성을 갖고 다른 것을 관용하지 않는 것이다.

에릭슨은 최종의 정체감을 성취하기 이전에 일정 기간 자유시험기를 기술하기 위하여 '심리사회적 유예'라는 용어를 사용하였다. 상대적으로 우리 사회는 청소년에게 가치, 믿음, 역할 등을 시험해 볼 자유를 허락하며 각자의 장점을 극대화하여 사회로부터 긍정적인 인정을 획득함으로써 사회에 최상으로 적응할 수 있게 한다.

또한 청소년의 발달에 영향을 미치는 요인과 사회적 환경의 관계를 중심으로 미시적·거시적 수준의 사회복지실천에 대해서 살펴보았다.

핵심 용어

사춘기(puberty) 생식기관의 발달로 인한 성적 성숙과 생식능력의 발달이 이루어지는 시기.

상상의 청중(imaginary andience) 자신이 주인공이 되어 무대 위에 서 있는 것처럼 행동하고 다른 사람은 모두 구경꾼이라고 생각하는 등 자신을 관심의 초점에 두고자 하는 청소년기의 자아중심적 사고의 유형.

자아정체감(ego identity) 자신의 독특성에 대해 비교적 안정된 느낌을 갖는 것으로 행동이나 사고 혹은 정서의 변화에도 불구하고 변화하지 않는 부분이 무엇이며 자신이 누구인가를 아는 것.

정체감 성취(identity achievement) 위기를 성공적으로 극복하고, 정체적 또는 개인적 이념체계를 확립하며, 자신의 의사에 따라 자율적 의사결정을 하고, 직업적 역할을 성공적으로 수행할 수 있는 상태.

정체감 혼란(identity diffusion) 정체감을 확립하기 위한 노력도 없고 기존의 가치관에 대한 의문도 제기하지 않는 상태.

주변인(marginal men) 아동으로서의 지위도 성인으로서의 지위도 부여받지 못한 청소년의 사회적 발달 특성에 대한 은유적 표현.

형식적 조작사고(formal operational thought) 지각과 경험보다는 논리적 원리에 의해 지배를 받는 사고.

생각할 문제

1. 우리나라의 입시 위주의 중등교육이 청소년의 발달에 미치는 영향과 부정적 영향에 대하여 토론해 보시오.
2. 청소년의 인터넷 사용과 인터넷 중독 실태에 대해 파악해 보고, 인터넷 활용의 폐해를 예방 또는 경감할 수 있는 방안을 모색해 보시오.
3. 학교 중도 탈락 이후 복교를 희망하는 학생에게 복교를 어렵게 만드는 복교 장애요인은 무엇인지 토의해 보시오. 또한 복교한 이후 청소년이 겪을 수 있는 어려움과 이를 도와줄 수 있는 방법에 대해 토의해 보시오.
4. 최근 인터넷상에서는 얼짱, 몸짱 등 용모를 중시하는 사회적 풍조가 확산되어 가고 있는데, 이러한 외모를 중시하는 사회적 분위기가 청소년 발달에 미치는 영향에 대하여 토론해 보시오.

참고문헌

공계순, 박현선, 오승환, 이상균, 이현주(2008). 아동복지론(3판). 서울: 학지사.

권이종, 김승호, 서창영, 심의보, 안승열, 양병찬, 이관춘, 임상록, 조용하(2001). 평생교육

방법론. 서울: 교육과학사.

김광웅, 방은령(2001). 한국 청소년의 정치의식과 형성요인. 서울: 집문당.

김동배, 권중돈(2005). 인간행동이론과 사회복지실천(증보판). 서울: 학지사.

김성경, 김혜영, 최현미(2005). 아동복지론. 파주: 양서원.

도미향(2004). 한국아동복지정책과 관련법에 관한 연구. 한국가족복지학, 9(2), 35-50.

보건복지가족부(2008). 다문화가족생애주기별 맞춤형 지원 강화 대책.

백혜정, 방은령(2009). 청소년 가출 현황과 문제점 및 대책 연구. 서울: 한국청소년정책연구원.

손광훈(2008). 인간행동과 사회환경. 고양: 공동체.

손승영(2000). 청소년과 부모세대 간 의식차이. 한국청소년연구, 11(2), 129-150.

오정수, 정익중(2008). 아동복지론. 서울: 학지사.

윤혜미, 김혜래, 신영화(2005). 아동복지론. 서울: 청목출판사.

이근홍(2006). 인간행동과 사회환경. 고양: 공동체.

이소희, 도미향, 정익중, 김민정, 변미희(2005). 청소년복지론. 파주: 나남출판.

이인정, 최해경(2007). 인간행동과 사회환경(개정2판). 파주: 나남출판.

이종복, 전남련(2007). 인간행동과 사회환경. 파주: 학현사.

이효선(2006). 사회복지실천을 위한 인간행동과 사회환경의 이해. 고양: 공동체.

조선화, 강명숙, 김혜진, 류진아, 박희현, 이지항, 최명선(2005), 문제중심으로 접근한 청소년 복지론. 파주: 교문사.

조성연, 유진이, 박은미, 정철상, 도미향, 길은배, 김민정(2008). 청소년복지론. 서울: 창지사.

천정웅, 이용교(2007). 적극적 관점의 아동청소년 복지. 서울: 인간과복지.

최옥채, 박미은, 서미경, 전석균(2008). 인간행동과 사회환경(제3판). 파주: 양서원.

한국청소년정책연구원(2008). 지방자치단체의 청소년복지정책 비교 및 발전방안 연구. 서울: 한국청소년개발원.

한국교육개발연구원(2007). 2007 교육복지투자우선지역 지원사업평가보고서.

한국청소년개발연구원 (편)(2005). 청소년보호시설 · 단체의 역할 정립방안 연구. 서울: 한국청소년개발원.

한상철, 김혜원, 설인자, 임영식, 조아미(2003). 청소년 문제행동: 심리학적 접근. 서울: 학지사.

허혜경, 김혜수(2002). 청년발달심리학. 서울: 학지사.

홍봉선, 남미애(2006). 청소년복지론. 파주: 양서원.

Ashford, J. B., LeCroy, C. W., & Lortie, K. L. (2006). *Human behavior in the social environment: A multidimensional perspective* (3rd ed.). Pacific Grove, CA: Brooks/Cole.

Zastrow, C., & Kirst-Ashman, K. K. (2002). 인간행동과 사회환경(김규수, 김인숙, 박미은, 박정위, 설진화 ,우국희, 홍선미 공역). 서울: 나눔의 집. (원저는 2001년 5판 출간)

〈참고 사이트〉

경기도학생인권조례자문위원 http://human.kerinet.re.kr

늘푸른여성지원센터 http://1318.seoul.go.kr

무지개 그룹홈 http://cafe.daum.net/ansaparkgolf/OIYX/23

청소년복지 4조 http://cafe.daum.net/youthwelfare4/1Ckw/9

한국아동청소년그룹홈협의회 http://info.eopportunity.or.kr/clubDir/grouphome

제12장

청년기

1. 청년기의 정의
2. 청년기의 발달적 특성과 발달과업
3. 청년기의 사회환경과 사회복지실천

이 장에서는 청년기의 정의와 청년기의 발달적 특성에 대해 살펴보고, 청년기 발달과업 이론에 근거하여 이 시기에 수행하여야 할 주요 발달과업으로 건강생활실천, 직업 갖기, 결혼하기, 부모 되기를 검토해 본다. 또 청년기에 나타날 수 있는 가족 및 사회 문제로서 만혼과 비혼, 신혼기 부부갈등, 저출산, 청년 실업 문제를 이해하고 이를 해결하기 위한 사회적 노력 등을 살펴본다.

1 청년기의 정의

청년이라는 개념은 다른 생애주기에 비해 매우 애매한 상태에 있다. 흔히 아동, 청소년, 청년, 장년, 노년 등의 구분이 사용되고 있는데, 때에 따라서는 청년과 장년을 묶어서 청장년으로 부르기도 하고, 청소년에 해당하는 연령층을 합쳐 청년기로 지칭하기도 한다. 따라서 청년 세대라는 용어를 사용할 때는 세심한 주의가 필요하다.

학자에 따라 청년기에 해당하는 연령의 범위를 규정하는 방식도 다양하다. 뷜러(Bühler, 1933)는 청년기를 15~24세로 보았으며, 자스트로와 커스트-애시먼(Zastrow & Kirst-Ashman, 2002)은 18~30세에 이르는 시기를 청년기로 간주했다.

레빈슨과 레빈슨(Levinson & Levinson, 1978)은 청년기를 17~40세로 비교적 그 범위를 넓게 잡고, 성년 전환기(17~22세), 성년기로의 진입기(22~28세), 30대 전환기(28~33세), 성년 절정기(33~40세)로 구분하였다. 성년 전환기는 부모로부터 경제적 · 정서적으로 독립하여 성인으로서의 삶을 준비하는 시기이고, 성년기로의 진입기는 결혼과 직업 선택 등을 통해 성인기의 초보적인 인생구조를 구성하는 시기다. 그리고 30대 전환기는 지난 삶을 되돌아보고 자신의 선택과 자신이 관여해 온 과업이 옳았는지는 평가하면서 가벼운 위기를 경험하고 그것의 극복을 통해 안정된 생애구조가 확립되는 시기이고, 성년 절정기는 안정된 생애구조를 토대로 하여 가족, 직업 및 사회에서 자신의 삶의 양식을 확립해 나가는 시기다(김태련 외, 2004, 재인용).

오늘날 대부분의 사회에서 청년으로 간주되는 보편적인 기준은 학업을 마치고 경제적으로 독립하여 결혼을 하고 부모가 되는 시기다. 즉, 경제적 독립을 이루고 사회적 역할과 맡은 바 책임을 다할 때 성인으로 인정받는다. 이러한 청년기의 시작을 알 수 있는 관습 및 제도가 있다. 먼저 '성년의 날'로서, 우리나라에서는 매년 5월 셋째 주 월요일이 되면 만 20세가 되는 사람들의 성년을 축하하고 격려하며 앞으로 성인으로서의 자부심과 책임을 부여한다. 또 다른 기준으로 부모의 동의 없이 결혼할 수 있는 법정 연령을 통해 청년기의 시작을 짐작해 볼 수 있다. 전통적으로 우리의 세대 구분은 혼례를 기준으로 성년과 미성년을 구분하는 관습이 있는데, 이는 결혼한 사람만이 '어른' 대접을 받을 수 있음을 의미한다. 현재 우리나라에서는 남자 만 18세, 여자 만 16세가 되면 부모 동의 없이 결혼할 수 있게 되어 있다.

여기에서는 다양한 학자의 견해와 이러한 우리나라 문화적 실정을 종합하여 고등학교를 졸업한 시기인 대략 19세부터 직업을 갖고 결혼하여 부모로부터 경제적 · 정서적으로 독립하는 30대 후반까지를 청년기로 규정하고자 한다.

2 청년기의 발달적 특성과 발달과업

1) 발달적 특성

(1) 신체적 발달

청년기에 이르면 신체 발달과 성숙이 거의 완성된다. 신체골격은 20세 전후에 그 구조가 완전히 완성되며, 키는 20~25세까지 별다른 변화를 보이지 않고, 신체수행 능력, 체력, 정력, 지구력 등은 25~30세에 최고조에 달한다. 그 이후가 되면 신체적 기능이 감퇴하기 시작하며, 손이나 손가락의 동작도 점차 둔감해지기 시작한다. 감각은 다른 어떤 시기보다 예민하고, 시력이나 청력, 후각, 미각 등의 기능이 가장 좋을 때다. 시력은 20세경에 가장 좋으며, 40대 중반까지 안정된 상태로 유지되다가 이후 노안이 진행되면서 감퇴하기 시작된다. 청력 또한 20세경에 가장 뛰어나며, 점진적인 감퇴는 대략 25세 이전에 시작되어 25세 이후에는 감퇴가 더욱 뚜렷해진다. 미각, 후각, 통각 등은 40~50세경에는 전혀 감소되지 않는 편이다(정옥분, 2006).

청년기의 모든 사람이 일률적으로 성장하는 것은 아니며, 일반적으로 여자가 남자보다 2년 정도 일찍 발달하기 시작한다. 남자는 어깨가 넓어지고 근육이 발달하여 남성다운 체형으로 변화하며, 여자는 골반이 넓어지고 피하지방이 축적되어 여성다운 체형으로 변화한다. 특히 근육조직의 증가와 함께 근육의 힘도 증가하는데, 체력 면에서는 남자가 더 우세해진다(김태련, 장휘숙, 1987).

(2) 심리적 발달

청년기의 사고는 보다 현실적이고 문제 해결적 사고가 발달한다. 지식 습득 자체가 목적이 아니라 습득한 지식을 스스로 설정한 인생목표와 그에 적절한 과업에 연결시키기 시작한다. 즉, 지식을 현실에 실제 적용하고 문제에 부딪혔을 때 여러 변수를 동시에 고려하는 복합적인 사고가 발달된다.

이는 지능의 변화와도 밀접한 연관이 있다. 비교적 최근까지 지능은 20대 중반에 절정을 이루다 30대 이후부터 서서히 감소되는 것으로 이해되어 왔다. 그러나 최근 들어 지능은 단선적 발달과정에 있는 것이 아니며, 지능 유형에 따라 변화가 다르다는 주장이 근거 있게 받아들여지고 있다. 예를 들어, 지능은 선천적 지능과 후천적 지능, 달리 말해 유동성 지능과 결정성 지능으로 구분된다. 유동성 지능은 수리, 도형지각 능력 등 뇌신경의 성숙과 관련하여 발달하는 지능으로, 뇌세포가 손상되고 나이가 듦에 따라 뇌세포가 쇠퇴되면 이러한 지능 또한 감퇴된다. 반면 결정성 지능은 언어, 이해력 등 후천적 경험이나 반복된 학습에 의해 습득 · 발달되는 지능으로, 오히려 20, 30대 이후에 떨어지지 않고 유지되거나 더 발달될 가능성이 있다.

청년기는 이러한 인지발달과 더불어 자기조절 능력이 급격하게 향상된다. 자기조절 능력이란 처음에는 다른 사람의 도움을 받고, 나중에는 다른 사람의 도움 없이도 어느 정도 혼자서 문제를 해결해 나갈 수 있는 능력을 지칭한다(이명자, 문병상, 2000). 이러한 과정에서 청년기에는 자아개념에 큰 변화가 생긴다. 개인적으로 삶의 중심이 가족과 또래집단에서 친밀한 이성과의 관계로 전이되고, 부모의 지위가 획득되고, 주요한 사회활동 영역이 학교에서 직장이라는 기관으로 이동된다. 이는 곧 새로운 정체감이 형성되는 동시에 다른 정체감이 약화되는 것을 의미한다(김태련 외, 2004).

에릭슨은 청년기의 심리적 발달의 주요 특성으로 친밀감의 발달을 들었다. 심리적으로 성숙한 사람의 주요 특징 중의 하나는 친밀한 관계를 형성하는 능력이다. 친밀감은 사랑의 정서적 요소로서 누군가와 가까운 느낌, 유대감, 상호애 및 서로 간의 정서적 지원을 포함한다. 친밀감은 타인에 대한 깊은 이해와 공감을 통해 획득된다. 이 시기의 친밀감은 성적 친밀감 이상을 의미하며 주로 배우자와의 관계를 통해 형성되나 우정관계에서도 강한 친밀감이 형성될 수 있다. 친밀감이란 다른 사람과 가까워지는 과정에서 자신의 정체성을 상실할지도 모른다는 두려움 없이 다른 사람과 개방적이고 유연하고 지지적인 관계를 맺을 수 있는 능력을 의미한다. 친밀한 관계에서는 긍정적인 경험을 나누는 것은 물론 부족한 생각이나 계획도 서슴없이 나눌 수 있다(Zastrow & Kirst-Ashman, 2002). 에릭슨은 이를 자신의 정체감과 다른 사람의 정체감을 융합시킬 수 있는 능력이라고 표현한 바 있는데, 일반적으로 자아정체감이 확고한 사람은 자연스럽게 타인에게로 관심이 이동되며 대인관계에서 위축됨 없이 다른 사람을 충분히 잘 배려한다. 이러한 사람은 직장 동료와의 관계나 결혼 후 배우자와의 관계에서 만족도가 높아 직장생활이나 결혼생활을 잘 유지해 나갈 수 있다.

타인과의 친밀한 관계를 형성할 수 있는 주요 선행 조건은 자기 자신에 대한 확고한 정체감을 형성하는 것이다. 이전 단계에서 정체감 확립을 하지 못한 사람은 자의식이 강하고 타인에 대한 관심과 배려를 갖기 어렵다. 왜냐하면 친밀이란 자기 자신을 유지하면서 타인을 받아들이고 자기를 타인에게 주는 능력을 의미하기 때문이다(Corey, 2010). 자아정체감을 형성하지 못한 사람은 대인관계에서도 미성숙하고 피상적이며 방어적이 되어 결국은 다른 사람으로부터 고립되고 자기 몰두에 빠지게 된다. 즉, 확고한 자아정체감을 형성하지 못한 성인은 대인관계를 기피하거나 상대를 가리지 않는 성행위 또는 사랑 없는 성생활을 하거나 정서적으로 안정되지 못한 관계를 추구할 수도 있다.

(3) 사회적 발달

청년기의 주요한 사회적 발달은 지위와 역할의 변화를 통해 살펴볼 수 있다. 청년기에는 지위의 획득이 많아지고 그에 따라 기존의 역할에 더해 새로이 떠맡는 역할도 많아진다. 대표적으로는 부모로부터 독립된, 스스로의 삶을 결정할 수 있는 성인으로서의 지위를 획득한다. 그리고 결혼과 출산을 통해 부모가 되며, 학생에서 사회인으로서의 지위 전환을 경험하게 된다.

독립된 성인이 된다는 것은 일차적으로 부모로부터의 경제적 독립을 의미한다. 그러므로 이를 위해서는 적절한 직업을 갖는 것이 중요하다. 평생을 걸쳐 일할 수 있는 직장이나 일은 개인의 삶과 사회적 정체성 형성에 매우 중요하다. 일은 개인적 만족을 넘어 사회적 관계를 확대하는 중요한 매개체이자 시민으로서의 의무와 책임을 이행하게 하는 경로다.

청년기의 주요한 사회적 지위로는 자발적이면서도 주도적인 학습자로서의 지위도 언급할 수 있다. 스스로의 삶에 대한 책임과 사회적 책임을 충실히 이행하기 위해서 지속적인 배움의 필요성이 높아지고 있다. 오늘날은 급변하는 환경과 정보통신 기술의 발달로 지식의 수명이 짧아지고 있다. 정규적인 교육과정을 마친 것만으로는 지식의 발달을 따라가기 어려우며, 청년기에는 지속적으로 자발적인 학습을 통해 새로운 환경에 적응할 수 있도록 지적 능력을 향상시켜야 한다. 평생학습체계는 이러한 성인을 위한 다양한 인문학적 교양 및 전문지식 습득에 필요한 교육기회를 마련하고 있으며, 직장 내에서도 직무 관련 지식과 기술 습득을 돕는 프로그램이 제공되고 있다.

또 다른 청년기의 지위는 부모와 배우자로서의 지위다. 바람직한 배우자상, 부모상은 전통적인 사회의 그것과 내용 면에서 많이 다르다. 현대의 젊은이는 남녀평등 의식이 더욱 높으며, 특히 여성의 경우 부부관계나 직장생활에서의 평등한 관계를 추구하는 경향이 높다. 여성의 사회 참여가 늘어나고 가정경제에 대한 부부 공동책임이 요구되는 현실에서 가사 역할과 자녀양육에서의 역할 분담의 정도는 부부관계의 질을 결정하는 중요한 영향요인이 되고 있다. 남녀 모두 이러한 변화를 수용하고 일상에서 실천하는 것이 중요하나, 그렇지 못하는 경우에 특히 여성은 직장인, 아내, 어머니, 며느리라는 모든 역할을 완벽하게 수행해 내려고 하는 '슈퍼우먼 콤플렉스'를 갖거나 남편 또는 그 외 가족과의 갈등관계를 형성할 가능성이 높다.

2) 발달과업

청년기에 기대되는 발달과업이 있다. 발달과업은 각 발달단계에서 달성해야만 하는 과업을 의미한다.

(1) 청년기 발달과업 이론

[1] 헤비거스트의 발달과업

전 생애 동안의 발달에서 성인 초기로의 이동은 의존적인 존재에서 독립적인 성인으로의 변화를 의미한다. 이 시기에는 부모로부터 개별화되어야 하는 동시에 자율성을 획득해야 하는 특유의 발달과업을 성취해야 한다. 헤비거스트(R. J. Havighurst)는 청년기의 발달과업을 다음과 같이 여덟 가지로 설명하고 있다(최성재, 장인협, 2006, 재인용).

① 배우자를 선택한다.
② 배우자와 함께 생활하는 방법을 학습한다.
③ 가정을 꾸민다.

④ 자녀를 양육한다.
⑤ 가정을 관리한다.
⑥ 직업생활을 시작한다.
⑦ 시민의 의무를 완수한다.
⑧ 마음이 맞는 사람과 사회적 집단을 형성한다.

2 우리나라의 청년기 발달과업

헤비거스트가 제안한 발달과업의 구체적 내용과 성취시기는 사회나 문화에 따라 달라질 수 있다. 그의 발달과업은 미국의 중류층을 대상으로 조사한 결과에서 나온 것이기에 서구사회에 적용될 수 있을 뿐, 산업화되지 못한 사회에서는 상이한 발달과업이 요청될 수 있다. 더욱이 그가 발달과업을 제안한 당시의 청년기는 대략 12~18세였고, 성인 초기는 18~35세라고 생각되었기 때문에 오늘날의 청년기에 요청되는 발달과업과 다소 차이가 있을 수 있다(장휘숙, 2008a).

18~39세까지의 한국인 2,603명을 횡단적으로 연구한 장휘숙(2008b)은 헤비거스트의 발달과업을 우리나라 청년기의 과업에 맞도록 수정한 일곱 가지 발달과업을 ① 배우자를 선택한다, ② 배우자와 함께 생활하는 방법을 학습한다,

표 12-1 초기 성인기의 발달과업

집 떠나기(18~22세)	성인 되기(23~28세)	30세 넘기기(28~34세)
• 성인으로부터의 정서적 독립 • 직업 선택 • 직업활동 시작 • 동료와의 관계 정립 • 자신의 살림 꾸리기 • 시간관리 배우기 • 독립된 삶에 적응하기 • 문제 해결하기 • 변화에 따른 스트레스 관리	• 배우자 선택 • 직업에 종사하기 • 부모 되기 • 시민으로서의 권리 · 의무 수행 • 현명한 소비생활 수행 • 자기 집 소유 • 사회적으로 요구되는 행동 수행 • 자율성 획득 • 문제 해결하기 • 변화에 따른 스트레스 관리	• 개인적 가치 추구 • 관계 재검토 • 직장에서의 승진 • 성장하는 자녀 수용 • 가정에 뿌리내리기 • 문제 해결하기 • 변화에 따른 스트레스 관리

③ 가정을 꾸민다, ④ 자녀를 양육한다, ⑤ 가정을 관리한다, ⑥ 직업생활을 시작한다, ⑦ 법률을 준수하고 불법적 행동을 하지 않는다로 제시하였다.

이령자와 이명자(1995)는 헤비거스트(1972), 김종서 등(1983)의 발달과업을 참조하여 〈표 12-1〉과 같이 성인 초기 이후의 발달과업을 제시하였다. 청년기에 해당되는 18~34세의 발달과업은 다시 집 떠나기(18~22세), 성인 되기(23~28세), 30세 넘기기(29~34세)의 3단계로 구분된다.

(2) 청년기 발달과업

1 건강생활실천을 통한 만성질환 예방

청년기는 신체적으로 가장 건강하고 활동적이지만, 이 시기의 잘못된 생활 습관은 중년기 이후의 삶에 심각한 질병을 초래할 수도 있다. 따라서 건강한 생활 습관을 통해 성인병 등 만성질환을 예방하려는 노력을 일찍부터 시도하여야 한다. 2003년도 우리나라 국민의 질병비용을 분석한 결과, 사회경제적으로 38조 4,277억 원이 질병으로 인해 발생하는 것으로 나타났다. 구체적으로 흡연의 경우에는 20세 이상 총 질병비용 중 9.12%, 음주는 8.58%로서 각각 1, 2순위를 차지하였으며, 그다음으로는 과체중 및 비만이 6.63%로 나타났다. 이로써 음주, 흡연, 비만의 세 가지가 경제적 손실에 기여하는 바가 매우 크다는 것을 알 수 있다(최은진 외, 2007).

비만관리 먼저 성인기 건강 유지를 위해서는 적절한 영양공급이 필수적이다. 그러나 최근 식생활 습관이 서구식으로 바뀌고 자동차 사용 등의 추세로 신체활동이 줄어들면서 비만이 문제가 되고 있다. 소아기의 비만은 유전적·정신적 요인이나 가족의 식습관 등과 관련되지만, 성인기의 비만은 잘못된 생활 습관과 스트레스에 의한 것이 크기 때문에 생활 습관을 올바르게 유지하고 스트레스를 관리하려는 노력이 중요하다.

우리나라 19세 이상 성인인구 중 비만인 사람의 비중은 2005년 31.4%에서 2007년 32.1%로 0.7% 증가한 것으로 나타났다(보건복지가족부, 2009b). 비만은

새해 비만 정복, e-건강다이어리로

최근 보건복지가족부는 비만정책의 일환으로 자신의 식생활 패턴과 운동량을 매일 관리하여 스스로 비만을 예방할 수 있는 'e-건강다이어리'를 새해 건강생활을 결심하는 국민에게 제공하기로 하였다. e-건강다이어리는 영양 불균형과 신체활동 감소로 발생하는 비만 등 건강 위험을 막고 국민이 스스로 자신의 건강을 관리할 수 있도록 도와주는 자기 건강관리 서비스다. '자신의 비만도 체크 → 매일 섭취한 음식 및 운동량 입력 → 식생활과 운동량 개별 평가 및 종합적 평가'의 과정으로 서비스를 제공하며, 인터넷(http://diary.hp.go.kr)에 접속하여 회원 등록을 하면 국민 누구나 무료로 매일 자신의 건강을 관리할 수 있도록 지원한다(보건복지가족부 보도자료, 2010년 1월 4일).

심장질환, 고혈압, 암 등의 성인병을 유발시켜 수명을 단축시키기 때문에 성인기 건강에 문제가 된다. 체중은 20대 후반의 체중이 가장 적당하다고 볼 수 있다. 체중이 약 0.45kg 증가할 때 혈관의 길이는 약 8km 정도 연장되는 특징이 있어 심장에 주는 부담이 그만큼 커지므로(최태훈, 권오일, 2009) 체중관리는 가능한 한 조기에 신경을 쓰는 것이 중요하다. 비만으로 인한 사회경제적 비용이 연 1조 7,923억 원(건강보험공단 2008년 추계)에 이르는 등 비만문제의 심각성이 날로 커지고 있으며, 이제 비만은 개인 문제가 아닌 사회 문제가 되고 있다.

음주와 흡연 청년기에는 과도한 음주와 흡연을 절제하는 습관을 기르는 것이 중요하다. 음주는 지방간을 비롯한 만성 간질환의 원인이 되며, 만성적인 음주는 고혈압, 고지혈증, 심부전 등의 심혈관계 질환을 유발하거나 악화시킨다. 알코올은 중추신경 억제제인 약물로서 신체적, 사회적, 심리적으로 심각한 결과를 초래하여 사망이나 만성질환, 장애, 생산성 손실 등을 초래한다. 우리나라 15세 이상 국민 1인당 순수 알코올 소비량은 8.5리터(2001년)로 세계적인 수준은 아니지만 상당히 높은 수준에 속한다.

그리고 우리나라 성인 남성의 흡연율은 1992년 68.9%에서 2005년 53.4%로

표 12-2 연도별 흡연율 추이 (단위: %)

성별	연령	1992	1995	1998	2001	2005
남자	20~29	68.5	69.7	68.7	67.8	58.7
	30~39	71.9	68.7	67.6	67.9	60.5
	40~49	68.8	67.4	64.4	66.7	56.1
	50~59	64.4	63.4	59.8	55.5	48.1
	60~69	-	54.8	56.5	49.9	38.4
	70 이상	-	-	48.9	34.6	28.5
	전체	68.9	66.6	64.1	61.8	53.4
여자	20~29	3.0	5.0	4.8	4.6	6.5
	30~39	2.0	3.5	3.7	3.6	4.6
	40~49	3.5	6.2	3.9	3.7	5.7
	50~59	6.3	6.4	6.3	4.0	6.8
	60~69	-	14.3	10.9	6.2	3.5
	70 이상	-	-	13.0	18.1	9.1
	전체	3.4	6.0	5.8	5.3	5.8

출처: 보건복지부(각 연도). 국민건강영양조사: 조성일 외(2008), p. 71, 재인용.

꾸준히 감소하고 있는 추세다. 그런데 〈표 12-2〉를 보면 50대 이상의 경우 전체 평균흡연율보다 낮게 나타나는 데 반해, 20대~40대는 평균흡연율을 상회하는 현상을 보이고 있어 젊은 층일수록 흡연문제가 더욱 심각함을 알 수 있다. 여성의 경우는 전체적으로 흡연율 비율이 낮다고 볼 수 있지만, 가임기에 있는 20~40대 여성의 흡연율은 2배 이상 증가하고 있다. 그리하여 여성의 흡연문제를 쉽게 간과하기가 어렵다고 하겠다.

생애주기별 흡연의 영향은 15세 이하에서 흡연을 시작하는 경우 비흡연자에 비해 폐암으로 사망할 확률이 19배 이상이며, 20세 이상의 성인기에 흡연할 경우는 비흡연자에 비해 약 3배의 높은 사망률을 갖는 것으로 보고되고 있다(장성옥 외, 2006). 이처럼 흡연은 개인건강, 나아가 국민건강을 위협하는 중요한 문제가 되고 있다.

이에 따라 우리나라에서는 1990년대 중반부터 국가적 차원에서 종합적인 대책을 마련하고 있다. 1990년대에 공중위생법을 개정하여 흡연구역으로 지정된

장소 이외에는 흡연을 할 수 없게 하고 있으며, 1995년에는 국민건강증진법을 제정하였고, 2002년에는 국민건강증진종합계획을 수립하여 금연정책의 강도를 드높이고 있다. 이 밖에 보건소에서는 맞춤형 금연상담 및 금연치료 프로그램(금연교실, 금연지도자 교육, 금연 클리닉 등)을 운영하고 있으며, 유해매체 환경에 대한 사회적 감시체계를 강화시키고 있다.

최근 흡연자보다 간접흡연자의 건강이 보다 위험하며, 간접흡연 폐암 환자의 경우는 치료제의 효과도 낮다는 등과 같은 다양한 연구 결과가 제시되고 있다. 그리하여 흡연을 하지 않거나 줄이는 것이 다른 사람의 생명과 삶의 복지를 보호해 주기 위한 시민의 책임이 되고 있다.

암 등 만성질환의 조기 발견을 위한 정기검진 주요 만성질환은 암과 심뇌혈관 질환으로 심뇌혈관 질환에는 심장질환, 뇌혈관성 질환, 치매가 포함된다. 심뇌혈관 질환은 암보다는 그 심각성이 덜 인지되고 있는데, 암에 맞먹을 정도로 사회적 질병 부담이 크다. 고혈압, 당뇨, 비만 등은 심뇌혈관 질환의 선행 질환으로, 이를 잘 예방하고 관리한다면 사망률을 줄이고 만성질환 치료로 인한 사회적 비용을 절감할 수 있다. 아울러 개인적으로는 건강 관련 삶의 만족도를 높일 수 있다.

암으로 인한 사망이 30대 후반부터 증가하기 시작하므로 가능한 한 35세 이후에는 정기적인 건강검진을 통해 암과 같은 고질적 만성질환을 예방하려는 노력이 중요하다. 만성질환의 조기 진단을 위하여 정기 건강검진을 받을 필요성이 높아지고 있다. 보건복지가족부는 5대암 검진 권고 이행률을 2004년 40.2%에서 2010년 60% 수준까지 끌어올릴 예정이다(보건복지가족부 질병관리과, 2009, p. 13).

2 직업 갖기

현대사회에서 직업은 필수적인 부분이다. 직업은 성인기의 발달이 일어나는 중요한 배경이며, 직업에서의 성공과 개인적인 성장 간에는 상관관계가 있다.

청년기는 직업을 선택하는 시기다. 직업을 선택하고 직장에 들어가서 그 직업이 요구하는 전문적 기술, 직업에 존재하는 권위적 관계, 독특한 요구나 위험, 인간관계 등을 평가하여야 한다. 이러한 과정에서 자신이 선택하는 직업의 장점과 대가를 파악하고, 자기의 고유한 직업 역할을 미래와 연결시켜 생각하여야 한다.

직업의 선택에는 적성, 흥미, 관심, 능력 등이 중요하다. 그러나 직업의 선택에는 이러한 요인보다 다른 외적 요인이 더 많이 작용하는 것이 사실이다. 부모의 기대, 임금 수준, 사회적 지위와 같은 외적 평가가 개인의 적성, 관심보다 더 중요한 기준이 되는 경우가 많다. 직업에 대한 적성과 흥미가 클수록 그 분야에서 더 오래 일하고 성공할 확률도 보다 높다. 이러한 이유로 최근에는 직업 선택에 도움이 되는 여러 심리검사나 적성검사가 발달되어 있다.

그러나 오늘날 청년 세대에게는 자신의 적성, 능력, 관심에 맞는 직업을 선택하라는 말이 사치처럼 들린다. 직업 자체를 갖기가 어려운 현실은 낙타가 바늘구멍 들어가는 것에 비유되며, 어떻게든 들어가고 보자는 식이 되다 보니 평생직장의 개념 또한 무너지고 있다. 노년 및 중년 세대에게는 평생직장의 개념으로 개인의 이익보다 조직에의 헌신과 충성이 당연시 되었지만, 현재의 청년 세대들에게는 직업이 단지 다양한 경력을 개발하여 보다 나은 기회를 잡기 위한 장 정도로 여겨지고 있다. 직업전환이나 이직률이 20대에서 30대 청년층에 빈번하게 나타나는 것은 어쩌면 당연한 현상이다. 통계청 자료에 따르면 2009년 5월 조사 당시 우리나라 임금근로 취업 경험자의 첫 직장 평균 근속기간은 20개월이며, 첫 직장 근속기간은 1～2년 미만(102만 3,000명, 24.4%)이 가장 높은 것으로 나타났다. 이에 반해 30～34세 임금근로 취업 경험자의 첫 직장 평균 근속기간은 36개월로, 연령이 높아지면서 근속기간도 증가하는 모습을 보였다(통계청, 2009).

3 사랑과 결혼

청년기의 주된 과업 중 하나는 이성에 대한 사랑과 그 결실로서의 결혼이다.

사랑과 결혼은 청년기에 친밀감과 성숙한 사회적 관계를 성취하는 데 중심이 되는 배경이다. 대부분의 성인에게 삶에 대한 행복은 성인생활의 어떤 영역보다도 만족스러운 결혼생활에 달려 있다.

대부분의 결혼은 사랑을 전제로 한다. 스턴버그(R. J. Sternberg)의 사랑 정의에 의하면 사랑은 친밀감(intimacy), 열정(passion), 전념(commitment)의 세 요소로 구성된다. 친밀감은 사랑의 정서적 요소로서 누군가와 매우 가깝다는 느낌이며, 열정은 사랑의 동기적 요소로서 신체적 매력이나 성적 욕망을 바탕으로 강렬하게 끌리는 느낌으로 표현된다. 그리고 전념은 사랑의 인지적 요소로서 서로에 대한 헌신과 관계를 유지하고자 하는 책임감을 기반으로 한다. 친밀감은 시간이 경과되면서 점차 높아지는 데 반해, 열정은 초기 단계에서 강렬하게 나타났다가 시간이 경과될수록 쉽게 사라진다. 결혼을 이끌어 내는 것은 열정일지 모르나, 결혼을 유지시켜 주는 것은 열정보다는 친밀감과 서로에 대한 전념이라 할 수 있다. 초기에 완전하게 느껴졌던 사랑도 시간이 지나면서 열정의 요소는 식어 가고 친밀감과 전념만 남게 될 수 있다(김태련 외, 2004). 정서적 친밀감은 결혼 만족도와 결혼 안정성을 높이는 중요한 요인이다.

결혼하게 되면 결혼 초기 몇 년은 상호적응의 과정을 겪게 된다. 오랜 기간 서로 다른 환경에서 성장한 두 남녀가 서로 적응해 가는 것이 결혼인 것이다. 실제로 결혼 초기를 보내는 것은 매우 어렵다. 그것은 성격이나 문화의 차이, 의사소통 방식에 대한 이해의 부족에 기인하기도 하지만, 한편으로는 결혼 초기에 긴장이나 갈등이 존재하리라고 예상하지 못했기 때문이기도 하다. 결혼한 부부는 갈등이 모든 관계에서 필연적인 것이며, 친밀한 관계를 잘 유지하는 것은 갈등이 없어서가 아니라 수시로 발생하는 갈등을 어떻게 잘 처리하느냐에 달려 있음을 이해하는 것이 중요하다. 잘 다루어진 부부갈등은 그 해결과정을 통해 효과적인 의사소통 방식과 문제해결 능력을 향상시킴으로써 오히려 관계의 성숙과 친밀감 증진에 도움이 될 수 있다(김영희, 정선영, 2007).

4 부모 되기

부모가 되는 것은 매우 중요한 사건이다. 부모 됨은 양육과 교육의 어려움과 경제적 비용을 초래하는 것이기도 하다. 그렇지만 부모 됨을 통해 진정한 한 인격체로서의 성장을 경험하며, 양육과정에의 동참으로 부부의 삶의 방식과 결혼생활의 변화를 경험하고, 자녀를 통한 사회관계망의 확대를 경험한다.

그러나 부모의 역할은 쉬운 일은 아니다. 대부분의 사람은 부모가 되는 것에 대한 충분한 인식이나 준비 과정 없이 갑작스럽게 부모 역할을 맡게 되어 어려움을 경험한다. 과거에는 대가족제 아래 주변 사람의 조언이나 간접적인 경험을 통해 자녀양육에 문제가 없었으나, 오늘날은 핵가족화, 소가족화, 맞벌이가족의 증가로 자녀양육에 어려움을 겪고 있다. 그리하여 자녀양육에 관한 지식과 기술의 습득 필요성이 높아지고 있다. 청년기의 젊은 부모에게는 유아의 발달 상태에 대한 지식, 바람직한 자녀 양육법과 훈육 관련 지식, 부모의 행동과 태도가 자녀에게 미치는 영향 등에 대한 지식이 필요하다.

효율적인 부모 역할은 자녀의 성장단계에 따라 다르다. 발달심리학자에 따르면 두뇌발달은 생후 초기가 중요하며, 생후 초기에 받은 적절한 자극과 환경으로부터의 경험은 이후의 발달 잠재성을 촉진시키는 데 매우 중요하다. 자녀가 영유아기일 때는 반응성, 적절한 자극 제공과 참여, 수용성의 태도를 유지하는 것이 중요하다. 그리고 자녀가 학령기에 들어가서는 이러한 부모의 역할에 변화가 있어야 한다. 학령기 아동은 신체적으로 성숙하고 또래집단과의 관계가 중심이 되어 사회적 관계의 폭이 넓어질 뿐만 아니라 학업이나 기타 사회적으로 부가되는 요구로부터 긴장을 경험하게 된다. 그러므로 학령기 아동의 부모는 이전과는 다른 상호작용 유형을 발달시켜야 하는 도전에 직면하게 된다. 학령기 부모 역할에 대해 숙명여대아동연구센터에서는 격려자, 훈육자, 근면성 발달의 조력자, 긍정적 자아개념 형성의 조력자, 학습경험 제공자로서의 역할이 중요함을 제안한 바 있다(양옥경, 김연수, 권자영, 2006).

3 청년기의 사회환경과 사회복지실천

1) 미시 수준

(1) 만혼과 비혼

결혼은 청년기의 주요 과업 중 하나다. 결혼 적정연령은 사회마다, 시대마다 그 문화적 규정이 다양하다. 과거 우리 사회는 초혼연령이 상당이 이른 편이었다. 그러나 오늘날은 '결혼 적령'이라는 개념이 퇴색되고 있다. 최근에는 초혼연령이 점차 늦춰지고 있는 추세인데, 이에는 경제적 상황, 여성의 사회활동 참여 증대, 개인의 자아실현 중시, 결혼과 가족에 대한 가치관의 변화 등 다양한 이유가 작용한다. 〈표 12-3〉의 평균 초혼연령을 보면, 2001년에는 남자 29.6세, 여자 26.8세였으나, 2008년에는 남자 31.4세, 여자 28.3세로 전반적으로 결혼을 늦추는 경향이 있음을 알 수 있다. 만혼현상은 20대 중반 이후의 미혼비율을 높이는 요인이 된다.

그러나 최근 들어 나타나는 또 다른 독특한 현상은 늦은 결혼이 아닌 결혼 자

표 12-3 남녀별 평균 초혼연령

연도	남자	여자
2001	29.6	26.8
2002	29.8	27.0
2003	30.1	27.3
2004	30.6	27.5
2005	30.9	27.7
2006	30.9	27.8
2007	31.1	28.1
2008	31.4	28.3

출처: 보건복지가족부(2009a). 2009 보건복지가족통계연보, p. 26.

체를 선택하지 않으려는 경향이 증대되고 있다는 점이다. 경제적 능력이 생길 때까지 결혼을 미루거나 아직 적합한 배우자를 만나지 못한 이유 등으로 결혼을 늦추는 것이 아니라 하나의 생활양식으로서 독신을 고집하는 사람들이 증가하고 있다. 특히 후자와 관련하여 스스로 독신을 선택했음을 강조하면서 아직 결혼을 하지 않았다는 뜻의 미혼보다는 아닐 비(非)자를 써서 비혼이라는 단어가 더 적절하다는 주장이 있기도 하다. 통계청의 자료에 따르면 '결혼은 반드시 해야 한다'는 의식은 1998년 33.6%에서 2006년 25.7%로 줄었으며, '결혼은 가급적 안 하는 것이 좋다'와 '결혼은 하지 말아야 한다'는 부정적인 의식은 미미하지만 조금씩 높아지고 있다(1998년 1.3%에서 2006년 2.2%). 만혼과 달리 비혼의 증가는 개인의 선택권, 다양한 삶의 방식에 대한 존중을 보여 준다는 점에서 사회적 인식 수준의 향상을 보여 주지만, 한편으로는 출산율을 지속적으로 저하시킴으로써 한 국가의 건전한 경제 규모를 유지하는 데 치명적인 장애로 인식되고 있다.

만혼 및 비혼 가구의 형성요인을 살펴보면, 자발적 선택에 의한 경우에서부터 이상적인 배우자를 만나지 못한 경우, 치열한 경쟁 속에서 결혼시기를 놓친 경우, 경제적 준비의 미비로 결혼을 하지 못한 경우 등 그 사유는 매우 다양하다(〈표 12-4〉 참조). 비혼의 사유로는 '적합한 배우자를 아직 만나지 못한 이유'를 제외하고는 '경제적 불안정과 준비 부족'이 16.3%로 높게 나타난 것을 알 수 있다. 이는 결혼비용 부담이 비혼에 상당히 중요한 요인으로 작용한다는 것을 보여 주는 것으로, 실제 2005년 한국결혼문화연구소에서 조사한 자료에서는 결혼비용이 평균 1억 2,944만 원이었다. 구체적으로 신랑 측은 9,609만 원, 신부 측은 3,335만 원으로 신랑 측이 신부 측보다 약 3배 정도의 비용을 부담하고 있고 대부분의 결혼비용이 주택구입비에 집중되고 있는 것으로 나타났는데, 이는 상당량의 결혼 준비자금 없이는 결혼에 진입하기 어려운 현실을 잘 보여 주고 있다(김혜영, 2007).

그다음 순위로는 '결혼할 생각이 없어서'(12.9%)가 차지하고 있는데, 이는 결혼, 가족에 대한 젊은 층의 의식에 중요한 변화가 있음을 의미한다고 볼 수 있다. 〈결혼은 미친 짓이다〉(2002)라는 우리 영화를 통해서도 알 수 있듯이 오늘날

표 12-4 만혼 및 비혼 사유

만혼 및 비혼 사유	비율
1. 경제적 불안정과 준비 부족	197(16.3)
2. 결혼하면 직장에서 불이익을 받을까 봐	2(0.2)
3. 가정과 일을 동시에 수행하기 어려워	17(1.4)
4. 아직 결혼하기에 이른 나이여서	61(5.1)
5. 결혼할 나이를 놓쳐서	91(7.6)
6. 배우자나 아이에게 구속되기 싫어서	78(6.5)
7. 결혼보다 더 중요한 게 있어서(일, 교육 등)	83(6.8)
8. 적합한 배우자를 만나지 못해	458(38.1)
9. 자녀를 낳아야 하는 부담 때문에	3(0.2)
10. 결혼제도가 남성 중심이기 때문에	8(0.7)
11. 장애 또는 만성질환 가족 수발 때문에	2(0.2)
12. 나의 건강이나 장애로 인해	18(1.5)
13. 결혼할 생각이 없어서	155(12.9)
14. 외모에 자신이 없어서	2(0.2)
15. 형이나 언니가 아직 미혼이어서	9(0.7)
16. 기타	19(1.8)
계	1,202(100.0)

출처: 김혜영(2007), p. 1051, 발췌 수정.

의 많은 젊은 층, 특히 여성은 결혼과 사랑을 분리해서 생각한다.

미시적 차원에서 결혼 기피현상에 대한 사회적 개입으로는 원인별로 상이한 해결책과 프로그램을 마련하는 것이 중요하다. 즉, 결혼의 필요성을 느끼지 못해 결혼하지 않음을 선택하는 사람의 경우는 그러한 개인적 선택을 존중해 주어야 하며, 단지 결혼 자체를 부정적으로 인식하기 때문에 결혼을 기피하는 대상의 경우는 그러한 부정적인 인식을 갖게 된 원인을 보다 세밀하게 찾아 적절한 해결방안을 마련하는 것이 중요하다. 아직까지 우리나라 정부의 현 정책은 결혼 자체보다는 출산을 장려하는 데 집중되어 있고, 결혼 결정을 하기까지가 아닌 결혼 결정을 내리고 난 이후의 단기적 지원에 국한되어 있다. 따라서 앞으로 결혼 당사자의 선택과 기회를 존중하고 다양한 대안을 허용하는 좀 더 폭넓은 접

고용불안 여파? 만혼(晩婚), 비혼(非婚) 급증

최근 보건복지가족부는 한국보건사회연구원에 의뢰해 2005년에 이어 두 번째로 '2009년 전국 결혼 및 출산 동향 조사'를 실시하였다. 이 조사에 따르면 결혼을 미루거나 심지어 결혼을 하지 않으려는 미혼남녀가 증가하고 있는 것으로 조사되었다. 구체적으로 그 결과를 살펴보면 미혼자 가운데 결혼을 하겠다는 응답은 75.7%로 2005년도의 82.5%보다 낮게 나타났다. 그리고 결혼 의사가 있는 미혼여성의 비율도 73.5%에서 73.1%로 낮아지는 등 결혼을 하지 않거나 미루는 경향이 심화되고 있다. 일반적으로 미혼여성에 비해 미혼남성의 결혼 의향이 높지만, 글로벌 경제위기에 따른 고용불안으로 남성의 경우가 하락률이 상대적으로 더 큰 것으로 나타났다. 남성은 평균 32.1세, 여성은 30.6세에 결혼하겠다고 응답해 2005년의 31.8세, 29.7세에 비해 결혼계획 연령도 늦춰지는 경향을 보이고 있다(해럴드경제, 2009년 12월 10일)

근이 필요하다 하겠다. 이는 조희금, 고선강, 어성연(2009)의 연구에 참여한 미혼여성의 의견에서도 잘 드러나는데, '결혼은 개인의 자유의지에 의한 선택의 문제이지만 결혼의 어려움을 겪는 경우 사회적 중재가 필요하다'는 것이다. 여기서 사회적 중재는 경제적 준비와 다양한 만남의 기회(일 중심에서 벗어날 수 있게 하는 사회적 지원의 확대, 소규모 집단활동의 다양화 등)를 제공하는 데 적극적인 도움을 제공하는 것을 의미한다.

그리고 남녀 모두 결혼 관련 핵심은 결혼 유무에 관계없이 여성 고용보장을 적극 지원해 주는 것이라 언급하고 있다. 이는 국제사회의 경우를 보아도 알 수 있다. 1980년대 중반 이후에는 여성 노동시장 참여율이 높은 나라일수록 출산율이 높게 나타났다. 정부부문의 고용 비중이 높은 북유럽 국가에서는 여성 근로자가 출산 후에도 직장을 다닐 수 있도록 보장되어 있으며, 노동시장이 비교적 유연한 영미권 국가에서는 여성의 취업, 출산, 재취업 과정이 용이하게 되어 있다. 그리하여 대체로 여성의 고용안정 수준이 여성 노동시장 참여율과 결혼 · 출산율을 동시에 증가시키는 요인인 것으로 밝혀지고 있다(손기태, 김민희, 2009).

이에 따라 우리나라도 '저출산고령사회기본계획'에서 직장여성을 대상으로 한 '취업 및 일-가정 양립지원'을 위한 다양한 정책을 계획 · 실행하고 있다. 먼저 여성의 경제활동 참여 증진을 위해서는 적극적 고용개선 조치 강화, 여성 친화적 직업훈련 프로그램 및 시설 확충, 여성 구직자 특성에 따른 맞춤형 지원을 제공하고, 여성이 출산 후에도 마음 놓고 일할 수 있는 분위기를 형성하기 위해 중소기업 산전후휴가급여 확대, 육아휴직 대상자녀 연령 확대(만 1~3세), 육아기 근로시간 단축제 실시, 아버지 출산휴가제 등을 마련하고 있다.

(2) 신혼기 부부갈등

서로 다른 가족환경, 생활 습관, 상이한 가치관을 가진 두 남녀가 만나 가정을 이루고 자녀를 양육하며 친척과 관계를 맺어가며 살아가는 과정에는 부부갈등이 전혀 없을 수는 없다. 특히 결혼하여 첫 자녀를 낳고 양육하는 결혼 후 5년까지가 결혼관계 유지에 중요한데, 이 기간은 부부가 결혼생활이나 배우자와 그 가족에게 적응하는 시기이기 때문에 부부갈등이 빈번히 일어나 결혼기간 중 가장 높은 이혼율을 보이는 시기다. 2007년에 이혼한 사람들의 동거기간은 결혼 후 4년까지가 27.1%, 5~9년은 20.5%, 10~14년은 17.5%, 15~19년은 14.7%, 20년 이상은 20.2%로 나타나, 결혼 후 4년 이내 이혼율이 가장 높음을 알 수 있다(통계청, 2008).

신혼기간은 남편과 부인이 서로를 살피고 탐색하면서 관계를 만들어 가는 과정이다. '신혼 때 기세를 잡아야 한다'는 말이 있듯이 신혼기간에 어떤 관계를 만드는가가 앞으로 전체 결혼생활에 중요한 역할을 한다. 우리 사회에서 여성의 지위가 많이 향상되고 남녀평등 의식이 상당히 자리 잡았다 할지라도, 부부관계에서는 여전히 남녀 수직적 · 전통적 관계가 고수되는 경우가 많다. 부부관계에 대한 인식은 향상했지만 이에 반해 부부 모두가 서로 어떻게 평등한 관계를 만들어야 하는지에 대해서는 잘 알고 있지 못하다. 부부간의 수평적 관계가 어떠한 것인지에 대해서도 제대로 이해하지 못해 많은 신혼부부가 부부관계에서 혼란을 경험하고 있다.

이러한 혼란은 결혼하고 첫아이가 태어난 이후 부모 역할에의 초기 적응과정에서 나타나기 쉽다. 첫 자녀의 출생은 주요한 인생사건이다. 아기를 돌보는 것은 기존의 생활양식과 결혼생활을 바꾸며, 아기를 돌보는 과정에 드는 많은 시간과 관심은 부부만의 자유로운 시간을 뺏는다. 이 과정에서 보통 여성이 자녀 양육과 집안일을 전적으로 떠맡기 쉬우며, 남편은 이를 피해 직장과 바깥일에 더 몰두하려는 경향을 보이기도 한다. 부부 두 사람 또는 한 사람이 낮은 자존감을 갖고 있거나 남편이 덜 세심한 경우에는 자녀가 결혼생활에 문제가 되며, 또한 너무 나이가 어리거나 교육 수준이 낮고 소득이 적으며 결혼기간이 짧은 경우에도 자녀가 스트레스가 된다(Zastrow & Kirst-Ashman, 2002).

배우자 간에는 서로의 가치관과 삶의 방식을 인정하고 그에 적응하려는 노력이 필요한데, 결혼 초기 부부가 이러한 과업을 잘 수행하였을 때에는 건강하고 독립된 부부관계가 강화될 수 있다.

2) 거시 수준

(1) 저출산

우리나라의 출산율은 지속적으로 감소하고 있다. 1960년대 평균 6.0명에서 1970년에는 4.53명, 1980년에는 2.83명, 1983년에는 2.08명을 기록하여 인구대체율[1] 수준 이하로 내려갔다. 이후 출산율은 더 하락하여 1990년대에는 1.59명, 2000년에는 1.47명, 2001년에는 1.30명으로 초저출산 사회에[2] 진입하였다. 특히 2004년에는 출산율이 1.16명으로 세계 최저 수준을 기록하면서 저출산이 사회적 이슈로 크게 부각되기 시작했다. 이에 한국 정부는 2020년의 출산율 목표를 OECD 회원국 수준인 1.6명으로 정하고 출산율을 높이기 위한 범국가적 정책을 마련하였다. 그 결과 2005년도에 합계출산율이 1.08명까지 내려갔으나 최근 다소 상승하여 2007년에는 1.26까지 올라갔고, 2007년 하반기부터 시작된 세계 금융불안의 영향으로 또다시 2008년의 합계출산율은 1.19명으로 떨어졌

1) 인구 규모 유지에 필요한 출산율로 2.1명이다.
2) 합계출산율이 1.3명 이하인 사회를 의미한다.

표 12-5 연도별 합계출산율과 모의 연령별 출산율

연도		1970	1980	1990	2000	2005	2007	2008
합계출산율		4.53	2.83	1.59	1.47	1.08	1.26	1.19
모의 연령별 출산율	20~24세	193.1	135.9	83.2	39.0	17.9	19.6	18.2
	25~29세	320.6	242.7	169.4	150.6	92.2	95.9	85.6
	30~34세	205.7	114.0	50.5	84.2	82.4	102.1	101.5
	35~39세	105.9	40.2	9.6	17.4	19.0	25.9	26.5

출처: 보건복지가족부(2009a). 2009 보건복지가족통계연보.

다(보건복지가족부, 2009a).

저출산 추이에는 국가의 종전 가족계획 정책의 영향도 크지만, 사회경제적 환경과 결혼 및 자녀에 대한 가치관의 변화도 중요한 요인으로 작용한다. 앞서 살펴보았듯이 오늘날에는 결혼 기피 및 연기로 결혼연령이 상승함과 동시에 경제적 불안요인이 결혼한 이후에도 출산을 하지 않으려는 경향을 높이고 있으며, 가족주의 가치관 중심에서 개인주의 가치관의 확산은 자녀의 필요성에 대한 인식도 변화시키고 있다. 〈표 12-5〉의 모의 연령대별 출산율을 살펴보면, 청년기에 해당하는 20~30대 여성의 출산율이 급격히 감소해 왔으며, 특히 20대의 출산율은 지속적으로 감소세에 있음을 알 수 있다. 이에 반해 30대는 1990년대를 기점으로 급격히 하락하다가 2000년대 들어 다소 증가세를 보이고 있다.

이렇듯 우리나라의 출산율 하락은 20대 여성의 출산율 하락과 직접적으로 연관이 있다고 볼 수 있는데, 20대 여성의 출산율 하락은 직접적으로는 결혼과 출산연령의 상승에 기인된다. 2008년 현재 여성의 초혼연령은 28.3세, 초산연령은 29.4세로서 세계적으로도 높은 수준이다. 그리고 20대 여성의 미혼비율은 1990년대 19.6%에서 2008년 62.8%로 급격히 증가했는데, 이 비율만으로도 20대 여성의 출산율 저하를 이해할 수 있다(〈표 12-6〉 참조).

또한 저출산 추이는 여성의 자녀에 대한 인식과 같은 가치관 변화에서도 찾아볼 수 있다. 1990년대 이후 가족 가치관의 약화는 자녀의 필요성을 크게 감소시키고 있다. 〈표 12-7〉에서 보듯이 1991년에는 자녀가 반드시 필요하다는 응답

표 12-6 여성의 초혼연령, 초산연령 및 미혼자 비율 추이 (단위: 세, %)

	1990	1995	2000	2005	2008
평균 초혼연령	24.8	25.3	26.5	27.7	28.3
평균 초산연령	25.9	26.5	27.7	29.1	29.4
25~29세 미혼비율	19.6	28.3	39.1	55.8	62.8

출처: 최경수(2009), p. 3.

표 12-7 15~44세 유배우 부인의 자녀 필요성 (단위: %)

연도	1991	1997	2000	2003	2006
반드시 필요함	90.3	73.7	58.1	54.5	53.8

출처: 한국보건사회연구원(각 연도). 전국 출산력 및 가족보건복지실태; 김승권 외(2009), p. 54.

이 90.3%로서 절대다수였으나, 이 비율이 2000년에는 58.1%, 2006년에는 53.8%로 점차 낮아져 거의 절반가량의 기혼여성이 자녀가 꼭 있어야 한다고는 생각하지 않는 것으로 조사되었다. 과거에는 자녀가 자산으로 취급되었으나, 오늘날은 한 자녀를 교육 · 결혼시키는 데까지 드는 비용이 너무 많고 또 자녀가 제대로 된 직장을 잡기가 어려운 현실에서 자녀가 젊은 부부에게 심리적 · 경제적 부담으로 작용하고 있다. 게다가 자녀가 부모의 자유를 제약한다는 생각이 젊은 부모 세대 사이에서 높아지고 있다.

급격히 저하되는 출산율을 높이기 위해 정부는 2005년부터 '새로마지 플랜'을 수립하였다. 이후 출산 및 양육에 대한 사회적 책임을 강화하고 그 일환으로 자녀 양육비 및 교육비 지원, 다양한 육아 인프라 구축, 임신 및 출산에 대한 지원 확대, 다자녀가정에 대한 인센티브 도입, 입양가정에 대한 지원 등이 이루어지고 있다.

(2) 청년 실업

청년기의 주요 과업 중 하나는 직업을 가짐으로써 경제적 자립과 진정한 자아의 독립성을 확보하는 것이다. 그러나 최근 전 세계적인 경기침체와 경기불안은 고용 없는 성장(jobless growth)을 가져왔고, 이는 구조조정을 통해 중고령층에게만 영향을 미치는 것이 아니라 직업시장에 막 진출한 청년층에게까지 그 파급효과가 매우 크다고 할 수 있다.

우리나라 실업률은 2009년 3.8%(93만 7,000명)인데, 이 중 청년층(15~29세) 실업률은 8.7%(40만 4,000명)로 전체 실업률보다 2배 이상 높다. 이는 2007년 OECD 국가 평균 11.9%에 비하면 높은 편은 아니다(이신모, 2009). 그러나 그 내면을 들여다보면 이러한 공식 집계가 열악한 현실을 제대로 반영하고 있지 못하다는 비판이 늘어나고 있다. 그 이유는 실업률 조사기간 동안 수입을 목적으로 1시간만 일해도 취업으로 간주되고, 공무원이나 고시공부를 하는 사람, 구직을 단념한 사람은 비경제활동으로 분류되어 실업자에 잡히지 않기 때문이다. 그래서 체감 실업률은 실제 보도되는 실업률보다 훨씬 높은 15~20%가 될 것으로 예상되고 있다.

동아시아연구원 중산층대책연구팀이 2002~2003년 청년층의 고용 실태(345명 대상)를 분석한 결과는 청년의 미래에 대한 보다 암울한 전망을 내놓는다. 이 연구에 따르면 비정규직에서 정규직으로 바뀐 사례는 30.7%에 불과한 반면, 비정규직에서 벗어나지 못하거나 비정규직에서 실업자로 전락한 경우는 69.3%에 달했다. 사회 초입단계에서부터 중산층으로 진입할 수 있는 통로 자체가 막혀버리고 있다는 분석이다(한국경제, 2010년 1월 9일).

이러한 사회 트렌드를 반영하여 다양한 신조어가 출현하였다. 이십대 태반이 백수라고 하여 '이태백', 장기간 미취업 상태에 있는 사람을 가리켜 '장미족', 취업을 위해 졸업을 미루는 학생을 뜻하는 '대오(대학 5학년)족', 정규 일자리를 얻지 못하고 아르바이트로 연명하는 사람을 지칭하는 '프리터(freeter)족', 재학 중도 취업 중도 아니고, 취업을 위한 직업훈련도 받고 있지 않는(Not in Employment, Education or Training) 청소년을 지칭하는 '니트(NEET)족' 등은 오늘날 청년 실업의 실상을 고스란히 보여 준다.

청년 실업의 부정적인 영향은 개인적으로는 자존감 상실, 좌절 경험을 증대시켜 근로의지를 약화시킨다. 그리고 사회적으로는 취업난을 의식한 교육기간의 장기화로 개인적 · 사회적 비용을 증대시키며, 유휴인력의 증가로 사회 전체 생산성을 떨어뜨린다. 현재 정부는 청년 취업지원을 위해 총력을 기울이고 있는데 아직 별다른 성과는 없는 편이다. 2008년 '글로벌 청년리더 양성계획' 수립, '청년고용 촉진대책' 마련에도 실효성이 떨어지자, 2009년에는 '청년고용 추가대책'을 수립하였다. 대표적인 청년고용 대책으로는 '청년인턴제', 청년취업자 1인당 일정액을 지원하는 '청년취업(고용)장려금제', 직업훈련비를 지원하는 '직업능력개발', 신재생 에너지, 녹색산업, 바이오산업 등 고부가가치 미래산업의 인력수요에 대비한 우수인력 양성을 목적으로 하는 '미래산업 청년리더 양성사업', 말 그대로 창업 및 예비사업가 양성을 위한 '청년창업지원사업', 해외 취업연수와 해외 취업알선, 해외 자원봉사 지원 등을 위한 '글로벌 청년리더 양성사업' 등이 있다.

지난해 대졸자 3명 중 1명만 취업

지난해 경기불황에 따른 취업난 속에 현재까지 대졸자 3명 중 1명 정도가 취업에 성공했다는 조사 결과가 나왔다. 취업포털 커리어는 최근 지난해 졸업자 993명을 대상으로 취업 현황을 조사한 결과 35.2%가 취업에 성공한 것으로 나타났다고 6일 밝혔다. 이는 지난해 같은 조사의 취업률 46.2%보다 11%포인트 낮아진 것이다. 취업에 성공한 사람들은 입사지원서를 제출한 횟수가 평균 34회로 집계됐는데, 50회 이상 지원했다는 응답자도 20.2%나 됐다. 면접을 본 횟수는 평균 4회로 입사지원을 8.5번 했을 때 한 번 정도 면접을 보는 것으로 나타났다. 취업한 기업의 형태는 중소기업이 44.6%로 가장 많았고, 대기업은 30.6%, 공기업은 8.8%, 외국계 기업과 벤처기업은 각각 8%였다. 정규직 비율은 73.7%로 조사됐는데, 남성(86.1%)이 여성(55.3%)보다 훨씬 많았다(헤럴드경제, 2010년 1월 6일)

요 약

오늘날 대부분의 사회에서 청년으로 간주되는 보편적인 기준은 학업을 마치고 경제적으로 독립하여 결혼을 하고 부모가 되는 시기로, 대략 10대 후반부터 30대 중후반까지를 일컫는다. 청년기의 특징은 신체 발달과 성숙이 거의 완성된다는 것으로, 신체골격은 20세 전후에 그 구조가 완전히 완성되며, 키는 20~25세까지 별다른 변화를 보이지 않고, 신체수행 능력, 체력, 정력, 지구력 등은 25~30세에 최고조에 달한다. 그리고 청년기는 인지발달과 더불어 자기조절 능력이 급격하게 향상된다. 지식을 현실에 실제 적용하고 문제에 부딪혔을 때 여러 변수를 동시에 고려하는 복합적인 사고가 발달되며, 다른 사람의 도움 없이도 어느 정도 혼자서 문제를 해결해 나갈 수 있는 능력이 발달된다. 이 과정에서 청년기에는 자아개념에 큰 변화가 생긴다. 개인적으로 삶의 중심이 가족과 또래집단에서 친밀한 이성과의 관계로 전이되고, 부모의 지위가 획득되고, 주요한 사회활동 영역이 학교에서 직장이라는 기관으로 이동된다. 이는 새로운 정체감이 형성되는 동시에 다른 정체감이 약화되는 것을 의미한다.

청년기는 신체적으로 가장 건강하고 활동적인 시기이지만, 이 시기에 잘못된 생활 습관은 중년기 이후의 삶에 심각한 질병을 초래할 수도 있다. 따라서 건강한 생활 습관을 통해 성인병 등 만성질환을 예방하려는 노력을 일찍부터 시도하여야 한다. 더욱이 청년기는 직업과 배우자를 선택하는 시기다. 직업을 선택하고 직장에 들어가서 그 직업이 요구하는 전문적 기술, 직업에 존재하는 권위적 관계, 독특한 요구나 위험, 인간관계 등을 평가하여야 한다. 이 시기에는 이성에 대한 사랑과 그 결실인 결혼이 이루어진다. 사랑과 결혼은 청년기에 친밀감과 성숙한 사회적 관계를 성취하는 데 중심이 되는 배경이다. 무엇보다 중요한 청년기의 과업은 부모가 되는 것이다. 부모가 되는 것은 매우 중요한 사건이다. 부모 됨은 양육과 교육의 어려움과 경제적 비용을 초래하기도 한다. 그렇지만 부모 됨을 통해 진정한 한 인격체로서의 성장을 경험하며, 양육과정에 동참함으로써 부부의 삶의 방식과 결혼생활의 변화를 경험하고, 자녀를 통한 사회관계망의 확대를 경험한다.

결혼, 부모 됨이 청년기의 주요한 과업이나, 오늘날은 사회경제적 · 가치관적 변화에 따라 이러한 과업을 지연시키거나 아예 포기하는 현상이 증대되고 있다. 청년기의 주된 사회적 문제로는 결혼을 늦추는 만혼이나 아예 독신주의를 고집하는 비혼의 비율 증가, 신혼 초기 이혼가정의 증가, 청년 실업 등이 있다.

핵심 용어

고용 없는 성장(jobless growth) 국가경제는 전체적으로 성장해 생산이 늘어나는데도 고용은 늘어나지 않는 현상, 즉 경제가 성장함에도 일자리가 늘어나지 않거나 오히려 줄어드는 현상.

비혼(非婚) 결혼하지 않은 상태를 의미하는 말로, '아직' 결혼을 하지 않았다는 의미의 '미혼(未婚)'과는 다른 의미로 활용됨. '비혼'은 결혼하지 않은 상태를 선택된 삶의 방식으로 보아야 한다는 의미를 담고 있으며, 독신에서부터 이혼 및 사별, 혈연이나 입양으로 이루어지지 않은 공동체 생활 등 결혼하지 않는 삶의 방식을 총칭함.

청년 실업(youth unemployment) 주로 15~29세의 일을 할 수 있고 또 일을 할 의사도 있는 청년이 일자리를 구하지 못하거나 일할 기회를 가지지 못하는 것.

합계출산율(total fertility rate) 출산 가능한 여성의 나이인 15~49세를 기준으로 한 여성이 평생 동안 낳을 수 있는 자녀의 수. 국가별 출산력 수준을 비교하는 주요 지표로 이용됨.

생각할 문제

1. 부모 역할은 가족 생애주기에 따라 달라지는데, 청년기의 부모 역할과 중·노년기의 부모 역할의 차이에 대해 알아보시오.
2. '고용 없는 성장'의 의미를 생각해 보고, 이 현상이 우리 사회에 미치는 영향을 알아보시오.
3. 청년기의 주요한 발달과업 중 하나는 결혼과 가족을 형성하는 것인데, 현재 우리 사회에 나타나고 있는 결혼 지연 및 포기 현상이 청년기의 심리적 발달에 미치는 영향에 대해 생각해 보시오.

참고문헌

김승권 외(2009). 가족정책서비스 효율화를 위한 발전방안 연구. 서울: 한국보건사회연구원.

김영희, 정선영(2007). 부부갈등과 결혼만족도: 갈등대처방식의 조절효과. 한국가정관리학회지, 25(5), 65-82.

김종서, 남정걸, 정지웅, 이종환(1983). 평생교육의 체제와 사회교육의 실태, 연구논총 82(7). 서울: 한국정신문화연구원.

김태련, 장휘숙(1987). 발달심리학. 서울: 박영사.

김태련 외 16인(2004). 발달심리학. 서울: 학지사.

김혜영(2007). 1인 가구의 비혼 사유와 가족의식. 2007 한국사회학회 후기사회학대회 논문집, 1041-1057.

박태영, 김태한, 김혜선(2009). 이혼 위기에 있는 결혼 초기 부부에 대한 부부치료 사례 연구. 한국가정관리학회지, 27(3), 93-114.

보건복지가족부 질병관리과(2009). 2009 주요만성질환 관리사업 안내.

보건복지가족부(2009a). 2009 보건복지가족통계연보.

보건복지가족부(2009b). 2008 보건복지가족백서.

손기태, 김민희(2009). 저출산의 국제비교: 노동시장을 중심으로. 오늘의 세계경제, 29(9), 1.

양옥경, 김연수, 권자영(2006). 탄력적 부모되기 프로그램의 효과성 연구. 한국사회복지학, 58(1), 143-173.

이령자, 이명자(1995). 발달과업과 교육프로그램. 발육발달, 3, 101-115.

이명자, 문병상(2000). 청년기의 발달특성 · 발육발달, 8(1), 97-107.

이신모(2009). 사회적 기업 창업을 통한 청년실업 해소. 한국경영학회 통합학술대회 자료집.

장성옥 외(2006). 생애주기별 금연을 위한 변화단계이행 영향요인 분석. 서울: 보건복지부.

장휘숙(2008a). 발달과업의 내용과 영향: 성인초기를 중심으로. 한국심리학회 연차학술대회자료집.

장휘숙(2008b). 성인초기의 발달과업과 시작시기에 관한 탐색적 연구. 한국심리학회지: 발달, 21(4), 109-126.

정옥분(2006). 발달심리학: 전생애 인간발달. 서울: 학지사.

조병구, 조윤영, 김정호(2007). 출산지원정책의 타당성 및 지원효과 분석. 서울: 한국개발연구원.

조성경, 최연실(2007). 결혼초기 기혼남녀의 원가족 특성과 갈등 및 상담요구의 관계. 한국가정관리학회지, 24(5), 17-35.

조성일 외(2008). 금연정책 변화에 따른 향후 흡연율과 흡연기여사망수의 예측 연구. 서울: 서울대학교 건강증진사업지원단.

조희금, 고선강, 어성연(2009). 결혼지연 요인에 대한 사회적 대응방안 마련. 서울: 보건복지가족부 저출산인구정책과.

최경수(2009). 출산의 노동시장 잠재비용과 여성의 출산연령 상승. 서울: 한국개발연구원.

최은진 외(2007). 청소년 음주 · 흡연 중장기 정책. 서울: 한국보건사회연구원.

최태훈, 권오일(2009). 건강교육과 관리. 서울: 이담(한국학술정보).

통계청(2008). 2007년 이혼통계 결과.

통계청(2009). 2009년 5월 청년 · 고령층 부가조사 결과.

한국경제(2009. 1. 9). 청년실업 100만 시대…… '잃어버린 세대' 현실화.

Corey, G. (2010). 심리상담과 치료의 이론과 실제(조현춘, 조현재, 문지혜, 이근배, 홍영근 공역). 서울: 시그마프레스. (원저는 8판 2009년 출간)

Havighurst, R. J. (1972). *Developmental tasks and education* (3rd ed). New York: David Mckay.

Zastrow, C., & Kirst-Ashman, K. K. (2002). 인간행동과 사회환경(김규수, 김인숙, 박미은, 박정위, 설진화 ,우국희, 홍선미 공역). 서울: 나눔의 집. (원저는 2001년 5판 출간)

제13장

장년기

1. 장년기의 정의
2. 장년기의 발달적 특성과 발달과업
3. 장년기의 사회환경과 사회복지실천

이 장에서는 인생의 주기 중 장년기에 대해 살펴본다. 장년기의 연령별 정의를 시작으로 하여 이 시기의 발달적 특성과 발달과업을 알아본다. 먼저 발달적 특성 중 신체적 측면에서는 외모와 감각기관의 변화 등과 같은 특징과 갱년기 장애 등을 살펴보고, 심리사회적 측면에서는 부부관계의 유지 및 가정의 운영과 직업안정 등에 대해 알아본다. 마지막으로 이 시기에 발생할 수 있는 위기와 그에 따른 사회복지실천의 과제로서 성인병, 이혼, 중년기 퇴직 등에 대해 살펴보고자 한다.

1 장년기의 정의

중년기 혹은 장년기라 일컬어지는 이 시기는 보통 35세부터 노년기 전까지의 연령대를 의미한다. 그러나 30대와 40대, 50대가 경험하는 발달적 특성과 가족의 발달주기가 조금씩 다르기 때문에 장년기 내에서도 연령대에 따라 신체적·심리사회적 발달에서 다소 차이가 있을 수 있다. 여기서는 우리가 흔히 중년 혹은 장년이라고 일컬을 때 떠올리게 되는 40대와 50대를 기준으로 발달적 특성을 살펴보고자 한다.

2 장년기의 발달적 특성과 발달과업

1) 발달적 특성

(1) 신체적 발달

흔히 장년기를 인생에 있어 제2의 전환기라고 한다. 장년기에는 발달의 제 측

면에서 이전의 단계보다 많은 변화를 경험하기 때문이다. 먼저 신체적인 측면을 살펴보면, 장년기에 진입하는 30대 후반과 40대 초반부터 성인은 신체적 변화를 감지하기 시작한다. 외향적으로도 흰머리가 조금씩 나기 시작하다가 40대 이후부터는 좀 더 빠르게 흰머리가 늘면서 완숙한 느낌을 더해 가기 시작한다. 얼굴에는 주름살이 생기고 피부가 건조해지며 늘어지기 시작한다.

몸의 신진대사도 이전보다 원활하지 못하며, 심장 기능이 저하되고 위장에서 소화효소의 분비가 저하되어 소화불량이나 변비를 호소하는 횟수가 늘어난다. 당뇨병의 조짐을 보일 수도 있다. 담석증과 신장결석의 빈도도 높아지며, 고혈압, 심장문제, 암 등도 젊은 시절에 비해 더 높은 비율로 나타나며, 관절염이나 류머티즘, 천식 등도 흔해진다(Zastrow & Kirst-Ashman, 2002). 이렇게 장년기에는 전반적으로 신진대사가 저하되면서 남성과 여성 모두 체중이 늘기 시작한다. 한국애보트가 2009년에 전국 주요 5개 도시에 거주하는 20~50대 성인 남녀 1,000여 명을 대상으로 비만 인식 및 실태를 조사한 결과, 여성보다는 남성이 비만율이 높고 비만 체감도는 낮아 당뇨병이나 고혈압 등 성인병에 노출될 가능성이 크며 건강관리가 필요한 것으로 나타났다(프론티어타임즈, 2009년 9월 29일).

장년기 초기인 35세부터 50대 초반까지의 주요 사망 원인을 보면 암과 심장질환 사고가 많고, 장년기 후기에는 암과 심장질환, 뇌졸중 등으로 사망하는 경우가 많은 것으로 나타난다. 이와 같은 사망사고는 모두 신체적 건강의 저하와 연관된 것이다. 그러므로 이 시기가 인생에서 가장 바쁜 시기이지만 그만큼 운동과 식이요법 등에도 관심을 갖는 것이 중요하다.

장년기에는 감각기관도 둔감해지기 시작한다. 시력이 감소하여 다중초점 안경과 돋보기 안경을 찾게 되며, 청각이나 신경세포의 둔화현상도 나타난다. 이런 쇠퇴현상은 과중한 일이나 스트레스와도 연관되므로 감각기관을 비롯한 신체적 기능의 저하를 인식하게 될 때에는 각별한 관리를 시작해야 한다.

(2) 성기능의 변화

연령의 증가에 따른 신체적 변화의 한 부분으로서 장년기의 남성과 여성은 모두 생리적 변화를 수반하는 갱년기를 경험한다. 이것은 생식 호르몬의 변화로 점차 생식능력이 감소하는 것을 의미한다. 이런 갱년기는 남성보다 여성이 좀 더 강력하게 경험하기는 하지만, 남성 역시 피해 가기는 어려운 노화의 한 과정이다. 남성 갱년기는 40대부터 골밀도 및 근육의 감소, 피로, 성기능 감퇴 등 남성기능이 전반적으로 떨어지는 현상을 의미한다. 여성이 50세를 전후해 여성 호르몬 분비의 급격한 감소에 이어 폐경에 이르게 되는 반면, 남성은 남성 호르몬의 분비가 점진적으로 감소하므로 생식능력이 완전히 소멸되지는 않는다는 점에서 차이가 있다. 가장 흔하게 보이는 증상은 성욕 및 발기력 저하, 원인을 알 수 없는 피로감 및 무기력증이며, 때로는 여성 갱년기처럼 안면홍조가 나타나기도 한다. 이런 신체적 변화를 겪으면서 일부 남성은 정신적으로는 물론 대인관계와 사회생활 전반에 걸쳐 무기력함을 느끼기도 한다. 남성 갱년기는 남성 호르몬인 테스토스테론이 감소하면서 생기는 신체적 증상이므로 이를 보충해 주고 과도한 음주나 흡연을 자제해야 한다(경향신문, 2009년 9월 2일).

한편 남성과 다르게 여성은 정상 난소주기에서 성숙난포 수가 적어지면서 에스트로겐도 감소하게 되고, 불규칙한 배란과 월경이 반복되는 기간을 경험하는 폐경 이행기를 거쳐 폐경에 이른다(장현정, 2009). 개인에 따라 폐경을 경험하는 연령은 다르며, 일부 여성 중에는 40대 이전에 폐경을 하는 경우도 있다. 그러나 일반적으로 우리나라 장년기 여성은 대부분 약 45～55세에 걸쳐 폐경을 경험한다. 즉, 40대 후반에 폐경 이행기를 경험하고, 50대 초·중반에 폐경 후기를 맞는 것으로 알려져 있다.

폐경기에 접어든 여성은 여성 호르몬의 부족으로 인한 폐경기증후군(閉經期症候群, climacterium)을 경험한다. 대표적인 증세로는 얼굴·목·가슴 등이 갑자기 달아오르며 후끈거리다가 땀이 나는 열성홍조(hot flush) 혹은 안면홍조를 들 수 있는데, 이 증세는 수분간 계속되며 하루에도 몇 번씩 나타난다. 전체 폐경 여성의 3/4이 이러한 증세를 겪으며, 폐경 후 2~5년 뒤에는 자연스럽게 소멸된다. 폐경 후 여성 호르몬 부족현상이 계속되면 관상동맥질환과 골다공증도 발생할 수 있다. 그러므로 이런 부정적 현상을 예방하고 치료하기 위해서는 여성 호르몬을 보충하고 증세에 따라 다른 치료를 병행해야 한다.

이런 증상 이외에 야간발한과 심계항진, 피부 및 점막의 위축에 의한 증세로서 위축성 질염과 유방 크기의 감소, 방광염, 요실금 등도 발생할 수 있다. 신체적인 증상 이외에도 심리적 증세로 무력감과 신경과민, 우울, 불안, 초조, 두통 등이 나타날 수 있고, 수면장애나 과민반응 등과 같은 이상을 경험하기도 한다(Yoo et al., 2008: 장현정, 2009, 재인용). 더불어 관절통, 근골격계 통증, 요통, 관절의 강직 등과 같은 근골격계 통증을 호소하는 경우도 있다. 특히 요통은 갱년기 여성의 절반가량이 경험하는 것으로 보고되고 있다(최선주, 2000).

이와 같은 폐경기 증상은 여성 호르몬 부족으로 인한 신체적 변화와 연관된 것이지만, 한편으로는 폐경에 대한 인식과도 연관된다. 폐경을 자유로움과 성숙함으로 인식하는 사람도 있지만 여성성의 상실과 동일시하는 경우도 있다. 후자의 경우는 정서적 불안과 긴장을 심화시켜 폐경기 증후를 심각하게 할 수 있다. 그러므로 폐경기를 전후로 하여 폐경에 대한 교육을 통해 정확하고 올바른 지식을 접하는 것이 중요하고 또 주변에서는 장년기의 폐경기 여성에 대한 이해와 관심이 필요하다.

(3) 인지발달

장년기의 인지발달에 대해서는 신체적인 쇠퇴현상과 유사하다는 의견과 반대 의견이 공존한다. 일반적으로는 장년기에 순발력과 같이 속도에 의존하는 능력은 다소 감소하지만 지능이 감소하는 것은 아니며, 지적 판단이나 기능 역시 이해력이나 통합능력과 연관되는 것이기 때문에 감소되는 것이라고 보지는 않는 경향이 지배적이다. 특히 어휘력과 언어능력이 발달하고 보고 읽고 듣는 것을 자신의 학습과 경험으로 통합하여 사고하는 통합적 사고능력도 향상되는 양상을 보이기 때문에 이 시기는 문제해결 능력이 정점에 달할 정도로 성숙한 것으로 평가된다.

간혹 장년기에 접어들면서 건망증과 같은 증세를 호소하는 경우도 있지만, 대부분은 장기적인 기억능력에서는 변화를 보이지 않기 때문에 사실 인지적으로 쇠퇴한다고 단언하기는 어렵다. 그보다는 새로운 자극을 받아들여 반응하기까지의 정보처리 과정이나 혹은 사고와 판단의 과정이 길어지기 때문인데, 특히 후자는 장년기의 특징인 심사숙고하고 매사에 사려 깊어지는 것과 연관이 있는 것으로 이해할 수 있다.

이런 특징 때문에 장년기에는 오히려 문제해결 능력은 향상되는 양상을 보인다. 개인정보처리기 PDA(personal digital assistant), 스마트폰(Smart Phone), 넷북(Netbook), 휴대용 멀티미디어 플레이어 PMP(Portable Multimedia Player) 등과 같은 새로운 IT 기기가 수없이 쏟아져 나오는 최근과 같은 상황에서는 그 이용방법을 학습하는 데서 '나이 듦'을 느끼는 경우도 있다.

하지만 장년기에도 새로운 기술과 사실을 계속 학습할 수 있고 이미 잘 아는 것을 기억할 수 있다. 다만 중년이 자신의 지적 능력을 충분히 활용하지 않는 경향이 있기 때문에 지적 기능이 쇠퇴하는 것처럼 인식된다. 그러나 사실 장년기에 정신기능은 정점을 이룬다. 창조적 생산성도 최고 지점에 달하며, 축적된 개발에 의존하여 창조적으로 생산하는 것일수록 인생의 후기에 나타나는 경향이 있다(Zastrow & Kirst-Ashman, 2002). 또 오랜 경험을 통해 획득한 지혜가 있기 때문에 문제해결 능력은 더욱 향상되고, 풍부한 경험과 축적된 지식과 기술 그리고 경험을 바탕으로 사회조직에서 여전히 지휘하는 세대(command generation)로서의 지위를 점하고 있다(권중돈, 김동배, 2005).

2) 발달과업

(1) 발달과업 이론

에릭슨(Erikson, 1963)에 따르면 장년기는 정립된 자아를 통해 이웃과 세계를 위한 의미 있는 일을 실천하는 단계이며, 그 어느 때보다 경제적으로 안정되어 가는 단계로서 다양한 삶의 경험을 통해 지혜를 터득하고 가정과 사회에서 중요한 역할을 수행하는 시기다. 또 생산성(generativity) 대 침체(stagnation)라는 생애 일곱 번째 위기를 경험하는 시기다. 여기서 생산성은 다음 세대를 세우고 지도하는 데 관심을 두는 것을 말한다. 즉, 사람이든 사물이든 생산하는 데 관심을 갖고 인간사회의 제 조건을 보호하고 강화하려는 데서 얻어지는 것이다. 이러한 생산성의 완성은 한 사회의 생존과 발달에 중요하다고 할 수 있다. 반면 생산성의 반대인 침체는 심리적 움직임이나 성장이 결여된 것으로, 자기중심적이거나 타인을 희생해서라도 자신의 쾌락을 극대화하거나 혹은 자신의 욕구 이상을 바라거나 타인을 돌보면서 만족을 경험하지 않는 것 등을 포함한다(Zastrow & Kirst-Ashman, 2002, 재인용).

장년기에 이른 성인은 개인적으로나 가족적으로 생산성이라는 발달과업을 잘 완수하면 만족감을 갖게 되고 인생에 있어서 황금기를 맞게 된다. 그러나 이런 황금기는 장년기에 닥치게 될 위기를 극복한 경우에 해당한다. 발달적 특성 중 신체적 발달에서 기술한 바와 같이, 장년기에는 자칫 신체적인 면에서 각종 성인병이나 질병으로 인한 어려움을 경험할 수 있으며, 가족생활이나 직업을 둘러싼 사회적인 면에서도 위기를 경험할 수 있다. 샌드위치 세대라고 불릴 정도로 노부모를 돌보고 자녀를 교육시키는 데 대한 책임과 재정적 부담뿐만 아니라 더 이상 인생의 전환점을 이루어 낼 수 없을 것이라는 느낌은 이런 위기감을 더욱 자극할 수 있다. 특히 최근과 같은 경제위기가 사회 전체에 그림자를 드리울 때에는 실직이나 고용불안과 같은 위기 때문에 가족생활에도 부정적인 영향을 미칠 수 있다. 이런 경우 위기를 잘 극복하지 못하면 개인적 만족감이 낮아지고 타인과의 친밀성보다는 주로 자기 자신에게로 지향하게 되는 침체를 경험하기도 한다.

한편 팩(Peck, 1968)은 인생의 새로운 출발점이자 전환기인 장년기에 접어들면서 성공적으로 적응하기 위해 성취해야 할 주요 과업으로서 네 가지를 제시하고 있다. 첫째는 지혜에 가치를 부여하기 대 물리적 힘에 가치를 부여하기다. 장년기에는 살아가면서 현명한 선택을 할 수 있는 능력인 지혜 대신 신체적 변화를 체감하기 시작하면서 그에 대한 반응으로서 육체적 힘을 중요시할 수도 있다. 자칫 외모나 신체적 능력이 쇠퇴하고 노화하는 문제에 몰입할 수도 있다. 그러나 장년기에는 신체적 건강을 유지하면서 그동안 축적한 지식과 경험, 지혜가 신체적 쇠퇴를 보완하여 성숙한 성인으로 발달한다는 것을 인식할 필요가 있다.

둘째, 인간관계에서의 사회화 대 성역할화다. 장년기의 신체적 변화 중 두드러진 특징 중 하나는 남녀 모두 갱년기를 경험한다는 점이다. 개인적 특성이나 성별에 따라 갱년기는 다르게 경험되지만, 성 호르몬의 감소문제에 몰입하기보다는 폭넓고 개방적인 대인관계를 형성하고 사회화하는 데 관심을 기울일 필요가 있다.

셋째, 정서적 유연성 대 정서적 빈곤성이다. 장년기는 자녀를 독립시키고, 직장에서 퇴직할 것에 대해 준비하며, 부모와 사별을 경험하는 등 많은 변화와 상실을 경험하는 시기이기도 하다. 특히 새롭게 수용하기보다는 다양한 이별을 통해 상실감을 경험하기 때문에 자칫 정서적으로 빈곤감을 경험할 수도 있다. 그러나 자녀의 독립을 새로운 사람을 가족의 일원으로 수용하게 되는 기회로 인식하고 퇴직도 새로운 활동에 재투자할 수 있는 기회로 인식하는 융통성을 경험하는 것이 바람직하다.

넷째, 정신적 유연성 대 정신적 경직성이다. 장년기에는 다양한 변화에 대해 지적으로 융통성을 갖추는 것과 엄격성을 지향하는 것 사이에서 어려움이 발생할 수 있다. 장년기는 창조성과 생산성을 통해 삶의 경험과 경력을 극대화해 가는 시기이지만, 한편으로는 청년기와 노년기의 중간단계로서 다양성과 변화에 적응해야 하는 과제에 직면하여 새로운 정보와 지식에 접하게 되면서 두려움과 무력감을 느낄 수도 있다. 하지만 이런 새로운 경험과 배움에 대해 폐쇄적인 태도를 취하기보다는 기존의 지식이나 경험과 통합하여 새로운 지혜를 창출하는 융통성을 발휘할 필요가 있다.

레빈슨(Levinson, 1978)은 동료들과 함께 35∼45세의 성인 남성 중 사업가, 행정가, 생물학자, 소설가, 노동자 등의 직업을 가진 40명을 대상으로 면접과 성격검사를 실시하여 성인기 생활 변천에 관한 발달이론을 구축하였다. 생애구조(life structure)라고 명명하는 레빈슨 이론은 '개인의 삶에 근간이 되는 패턴이나 설계가 특정한 시기에 나타난다'는 것을 핵심으로 하면서 인생의 주기를 네 개 시기로 구분하였다. 각 시기에는 생애구조와 변이와 절정 등이 속하는데, 이런 변화는 각 개인과 그들이 처한 환경과의 상호작용에 의해 발생한다. 즉, 삶은 여러 차례 변하는 것이다.

〈표 13-1〉에 제시된 바와 같이 인생의 주기는 서로 중첩되어 있으며, 이 시기 동안 사람들은 나름대로 생애구조를 형성하게 된다. 그리고 환경과 상호작용하면서 절정 혹은 변이를 경험하는 것이다. 여기서 장년기에 해당하는 남성의 발달적 특성을 살펴보면, 40~45세에 해당하는 '성인 중기의 변이'에서 남성은 생애 모든 측면에 의문을 제기하면서 민감해지고, 중년을 재평가하고 재검토하며, 내부의 갈등과 외적 압력 때문에 위기의식을 경험한다. 또 신체적 변화를 느끼면서도 중년이라 불리는 것에 대해서는 준비가 되어 있지 않은 시기로 내적으로 사려 깊고 성찰적이며 아량 있고 너그러워지려고 노력할 필요가 있다. 45~50세에 해당하는 성인 중기의 생애구조 시기에 남성은 생활구조를 새롭게 시작하

표 13-1 레빈슨의 남성발달 이론의 시기와 변이기

시기	변이
전성인기(0~22세)	성인 초기의 변이(17~22세)
성인 초기(17~45세)	성인 초기의 생애구조(22~28세) 30대의 변이(28~33세) 성인 초기에서 생애구조의 절정(33~40세) 성인 중기의 변이(40~45세)
성인 중기(40~60세)	성인 초기의 생애구조(45~50세) 50대의 변이(50~55세) 성인 중기에서 생애구조의 절정(55~60세) 성인 후기의 변이(60~65세)
성인 후기(60세 이상)	-

출처: Zastrow & Kirst-Ashman(2002), pp. 380-390.

면서 새로운 선택을 하기도 한다. 이혼과 사별 때문에 아내가 달라질 수도 있고 직업의 변동이 있을 수도 있다. 이렇게 새로운 면이 많아지는 시기인 만큼 이를 잘 활용하는 것이 이 시기의 성공 여부를 좌우하기도 한다. 50～55세는 50대의 변이에 해당하는 시기다. 이 시기에 남성은 대부분 완만한 위기를 경험하고 자신을 되돌아보거나 혹은 나아갈 방향을 계획한다. 장년기의 마지막 시기인 55～60세는 성인 중기에서 생애구조의 절정을 이루는 시기다. 이때는 안정된 시기로서 중년기를 마무리하게 된다(Levinson, 1986: Zastrow & Kirst-Ashman, 2002, 재인용).

마지막으로 장년기의 발달과 관련하여 콜라루소와 네미노프(Colarusso & Neminoff, 1981)는 인체의 노화과정을 받아들이고 여생이 얼마 남지 않고 끝나간다는 것과 죽음이 다가온다는 것을 인식하며 부부간의 친밀감을 유지하는 것을 제시하였다. 또 자녀를 떠나보냄으로써 관계에 변화가 오게 되고, 따라서 새로운 가족 구성원과의 균등성을 받아들여 통합하는 것과 자신도 조부모가 되어가고 늙어 가며 또 부모를 돌보는 것, 직장에서 능력을 발휘하고 일부는 포기하는 것, 친구관계를 형성하고 유지하는 것을 발달과제로 제시하였다(김종길, 2001, 재인용).

이와 같이 장년기는 자신을 재평가해 보고, 새로운 출발점에서 삶의 남은 부분을 계획하며, 그 이전까지는 공존할 수 없을 것이라 생각했던 경향, 즉 젊음과 늙음, 남자다움과 여자다움 등이 동시에 존재할 수도 있고 또 양극단에 위치한 것만은 아니라는 점을 받아들이는 융통성이 필요한 시기라고 할 수 있다.

(2) 장년기 발달과업

1 부부관계의 유지

인간의 적응이나 정신건강에 관한 연구에서 공통으로 강조하는 것 중 하나는 만족스러운 결혼관계와 삶의 만족도 간에는 긍정적인 관계가 있다는 것이다. 그만큼 가족생활의 핵심이라 할 수 있는 부부관계의 질은 개인적, 가족적, 사회적으로 매우 중요한 요인이라 할 수 있다.

그러나 사실 장년기는 이혼율이 가장 높은 연령대에 속한다. 최근 몇 년간의 통계자료에 따르면 이혼하는 부부의 평균연령은 남성과 여성 모두 약 40세를 전후로 하고 있다. 즉, 장년기 초기에 해당하는 연령대에서 가장 이혼율이 높은 것이다. 이것은 이전 단계에서 자녀를 양육하고 교육하는 시기에 부부관계를 형성하고 유지하는 데 많은 에너지를 쏟기보다는 주로 부모와 자녀 관계에 몰입하는 경향이 높고, 경제적으로도 이에 대한 재정 부담이 급속히 증가하며, 사회적으로 부부가 모두 매우 바쁜 시기를 보내게 되는 현실과 무관하지 않다.

한편 이혼 원인도 과거와는 다른 양상을 보이고 있다. 1990년대에 우리나라 이혼의 주된 원인은 배우자의 부정행위였다. 그러나 약 10년 이후인 2000년대에는 과거에 이혼 원인의 1순위였던 배우자의 부정행위는 줄어든 반면 성격 차이로 인한 이혼과 가족 간 불화가 증가하였다. 성격의 개념을 규정하고 범주화하는 것도 어렵지만, 부부가 성격 차이로 이혼을 한다면 과연 어떤 차이가 포함되는 것인지 정의하는 것도 사실 불가능하고 모호한 일이다. 다시 말하면, 이것은 그만큼 최근의 이혼 사유가 과거에 비해 예측하거나 단정적으로 평가하기 어려워졌음을 의미한다고 할 수 있다.

뉴먼과 뉴먼(Newman & Newman, 1987)은 장년기의 부부관계를 건강하게 유지하기 위해 필요한 조건을 제시하였는데, 그중 첫째는 각자의 개인적인 성장과 부부로서의 성장에 헌신하는 것이다. 즉, 부부라 할지라도 각자 인생의 목표와 비전을 세우고 그에 도달하기 위해 인간적인 성숙을 지향하고, 또 하나의 체계로서 부부관계를 발달시키기 위해 애정과 헌신을 기울이는 노력을 해야 한다. 둘째는 효과적인 대화체계를 개발하는 것이다. 장년기는 부부 모두 인생에 있어서 매우 바쁜 시간을 보내야 하는 시기다. 그러므로 부부간의 대화에 의미를 부여하고 계획적으로 시간을 만들고 효과적인 대화를 하도록 노력해야 한다. 셋째는 부부간의 갈등을 창의적으로 활용하는 방안을 모색하는 것이다. 어떤 단계든 부부는 다양한 삶의 영역에서 갈등을 경험할 수 있다. 게다가 장년기는 일명 샌드위치 세대로서 부모와 자녀 세대의 요구를 수용하고 돌봐야 할 책임이 막중해지기에 갈등이 증폭될 가능성이 오히려 많아진다. 그러므로 갈등이 발생할 경우

사랑해도 여건 힘들어지면 '남남으로'

이혼이 급격히 늘어나면서 예전에는 생각지도 못했던 것들이 주요한 이혼 사유가 되고 있다. 황혼이혼, 신빈곤층 이혼, 신혼 이혼과 재혼 이혼 등의 신조어가 등장할 정도로 우리 사회는 어느덧 이혼 천국으로 변해 버렸다. 이제 이혼은 결코 어렵거나 마지막까지 피해야만 할 '최악의 선택'이 아니라 현실을 피해 보려는 흔한 선택이 되고 있는 것이다.

결혼한 지 20년 이상 된 부부들이 이혼하는 비율도 엄청나게 늘고 있다. 지난 10년 간 이 같은 '늦은 이혼'은 3,300여 건에서 2만 2,800여 건으로 늘었다. 50세 이상 부부가 갈라서는 황혼 이혼율도 해당 연령 인구 1,000명당 남자는 1.4건에서 4.7건으로, 여자는 0.5건에서 1.9건으로 늘었다. 장년층의 이혼율은 건수에 있어서는 젊은 층에 비해 적지만 비율로 따지면 폭증하고 있는 추세다. 젊은 시절에는 사회의 눈총과 엄격한 가부장적 윤리, 자녀양육 때문에 서로 참아 왔던 불만이 장년기를 맞으면서 한꺼번에 폭발하여 이것이 쉽게 이혼하는 세태와 만나면서 그들의 이혼이 급증하고 있다는 게 전문가들의 분석이다(국민일보, 2009년 1월 1일에서 발췌 수정).

그것을 건전하게 해결하는 방안을 모색하고, 갈등을 통해 성숙할 수 있는 기회를 갖는다는 마음자세를 갖는 것이 중요하다. 이를 위해서는 부부가 신뢰와 공감을 바탕으로 상대방에 대해 지속적인 관심과 이해를 갖도록 노력해야 한다.

2 가정의 운영

최근 들어 부부문제, 부모자녀 문제 등과 같은 가족 구성원 간의 문제가 사회적 문제로 등장하는 사례가 빈번해지면서 가족 및 가정의 운영에 대한 관심도 증가하고 있다. 가족은 저절로 발달하고 유지되는 것이 아니며 친밀한 가족관계를 형성하고 발달시키기 위해 다양한 노력과 관심을 기울여야 한다는 인식이 생겨나는 것이다.

장년기는 자녀의 아동기와 청소년기, 청년기를 거치면서 바람직한 가정환경을 만들기 위해 노력하는 시기다. 성숙한 성인으로서 개별화와 내적 성찰이 심화되며, 부모로서 자녀교육에 힘쓰고 주택을 마련하여 안정적인 주거환경을 이루고자 한다. 또 노부모의 부양과 직업안정에도 많은 관심을 기울여야 한다.

그러나 이렇게 다방면의 요구와 발달과업이 있음에도 정작 가족 구성원 간의 유대감이나 결속력을 높이고 의사소통을 원활히 하는 데에는 소홀하기 쉬운 시기이기도 하다. 부부 모두 가장 바쁜 시간을 보내므로 부부관계뿐만 아니라 자녀와의 관계에 있어서도 당면한 발달과업의 성취 여부를 중심으로 가족관계가 이루어지다 보면 내면의 욕구와 관심을 간과하는 경우가 생길 수 있다.

이런 이유로 장년기는 사회적으로 가장 활발한 시기이지만 가정적으로는 부부갈등뿐만 아니라 부모와 자녀 간의 갈등이 증폭되어 가정을 운영하는 데 많은 문제를 겪기도 한다. 이런 가운데 만성질환을 앓고 있는 노부모의 부양 부담과 가족 구성원의 실직, 자녀의 학업부진 등과 같은 문제가 발생하면 가정운영에 심각한 어려움을 초래할 수 있다. 그러므로 샌드위치 세대인 장년기 성인이 가족문제를 예방하고 효과적으로 가정을 운영하기 위해서는 가족 성원의 욕구를 파악하는 노력이 필요하다. 또 가정과 직장 간의 균형을 이룰 수 있도록 시간을 조직화하고 다른 사회적 체계와도 원만하고 조화로운 관계를 확립하는 데에도 관심을 기울여야 한다.

3 자녀양육

장년기의 부모가 다루게 되는 자녀의 연령대는 보통 학령전기부터 자녀의 독립기까지다. 그러나 최근 들어 결혼연령이 높아지고 자녀 수가 감소하면서 자녀의 연령대는 좀 더 낮아지는 경향을 보이는 반면 자녀의 진수기는 단축되는 경향을 보이고 있다.

자녀의 아동기와 청소년기를 거치면서 장년기에 이른 부모는 자녀의 신체적 · 심리적 발달뿐만 아니라 학업, 대인관계, 진로 문제에 이르기까지 예측하지 못하였던 다양한 어려움과 과제에 직면한다. 자녀가 아동기일 때에는 신체적 · 심리사회적 발달과 훈육 등이 주요한 관심사가 되고, 자녀의 사회화를 담당하기 때문에 부모이자 교육자로서의 역할에 주력해야 한다. 하지만 자녀가 청소년기에 접어들면 사춘기의 특징적인 발달과업뿐만 아니라 진로문제까지 겹쳐져 부모의 자녀 양육 및 교육에 대한 부담은 매우 커진다. 이때는 자녀의 독립적 선택을 지지하면서도 한계를 규정함으로써 사회의 규칙과 제도를 인식하고 적응해 가도록 해야 한다. 또 자녀가 청년기에 이르게 되면 자녀를 성인으로서 인정하면서 자녀가 직업 선택과 결혼에 대해 관심을 갖고 올바른 선택을 하도록 도와야 한다.

이와 같이 자녀의 발달단계에 따라 부모의 역할과 주안점이 달라져야 한다. 그러므로 건강한 가정생활을 유지하기 위해서는 자녀의 발달단계에 따른 발달적 특징과 발달과제에 대한 지식과 정보를 습득하고 부모와 자녀 간의 관계 개선 및 의사소통에 많은 관심을 기울여야 한다.

④ 직업관리

직업은 노동을 통해 삶의 만족을 높이고 경제적 안정을 이루며 신체적·정신적 건강을 유지하는 것과 직접적으로 연관된다. 특히 장년기에는 새로운 직업을 찾고 적응하기보다는 기존의 직업 안에서 경력을 쌓고 발전해 나감으로써 사회적 인정과 성취를 이루어 나간다.

직업활동을 통해 성인은 자신을 신뢰할 수 있는 존재로 인식시키고 대인관계에서의 대화기술이나 집단 혹은 팀으로 일할 수 있는 능력을 갖춤으로써 타인에게 영향력을 발휘할 수 있다. 또 자신의 직업에 존재하는 권력의 구조를 확인하고 그 구조 내에서 자신의 위치를 확립하게 되며, 직업에 따라 요구되는 기술을 지속적으로 학습함으로써 지적 발달에도 영향을 받는다.

그러나 최근 경제위기가 반복되면서 장년기의 고용불안 및 실직 문제가 사회문제로 부각되고 있다. 고용불안은 타인에 의해 일자리를 잃고 실직을 하게 될지도 모른다는 불안감의 원인이 되어 정신적 고통을 초래할 수 있으며, 그 결과로서 변화에의 저항, 이직 의도, 조직 몰입, 노조 몰입, 직무 만족, 직업에의 노력과 작업의 성과, 스트레스 등에 영향을 미칠 수 있다. 장년기 성인 318명을 대상으로 조사한 연구(조경아, 2005)에서도 고용불안이 높은 경우에는 직장이동이나 의기소침, 직무태만, 건강 악화 등의 문제가 나타났다. 이런 문제는 의학의 발달로 평균수명이 연장되고 있는 데 비해 일할 수 있는 기간은 오히려 단축되는 경향 때문에 더욱 심화될 가능성이 있어 사회복지의 주요 관심사가 되고 있다.

3 장년기의 사회환경과 사회복지실천

1) 미시 수준

(1) 성인병

장년기에는 신체의 노화문제, 경제적 현안문제, 사회적 문화 적응의 문제, 이별과 상실감으로 인한 정신적 스트레스 문제 등 다양한 위기에 직면하게 된다. 이 중 신체적 노화의 측면에서 보면, 장년기에는 생물학적인 호르몬 변화를 포함한 신체적 변화가 나타난다. 이전의 시기보다 신진대사가 원활하지 않고 신체적 기능이 저하되는 반면, 과로와 스트레스로 인한 피로가 누적되고 식생활이 변화되면서 동맥경화증, 고혈압, 당뇨병, 퇴행성 관절염, 복부비만 등과 같은 성인병의 위험에 노출되는 비율도 높아진다.

우리나라는 1970년대 이후에 평균수명이 늘어나고 노인인구가 증가하면서 성인병에 걸리는 인구가 급격히 늘어나고 있다. 이런 성인병은 노화과정 중에 발생하는 것이지만, 건강한 식생활과 적당한 운동, 적당한 음주 등 건강한 생활 태도와 습관을 통해 성인병을 예방하고 조기에 발견하여 치료하는 것이 중요하다.

우리나라는 음주로 인한 중년 남성의 사망률도 매우 높은 편이다. 우리나라 국내 성인의 5대 사망 원인 중 하나인 간암과 간질환 중 특히 음주와 관계가 깊은 간질환은 40대와 50대 남성 사망 원인 중 2위를 차지하고 있다. 간암과 간질환을 합치면 중년 남성의 사망 원인의 가장 큰 원인은 음주인 셈이다. 구체적인 실태를 보면, 2001년을 기준으로 국내 인구 10만 명당 간암 사망자는 21.3명(남자 32.2명, 여자 10.4명), 만성 간질환 사망자는 22.3명(남자 35.6명, 여자 8.8명)으로 각각 세계 최고 수준이다. 우리나라의 음주문화를 최대한 반영하여 음주로 인한 사망자를 추계해 보면, 2000년의 경우 2만 2,726명에 달해 전체 질병 사망자의 9.19%에 해당된다(김광기, 2002).

성인병의 대표 질환이라 할 수 있는 고혈압도 그 유병률이 매우 높은 편이다. 고혈압은 심근경색, 뇌졸중, 심부전, 말초혈관질환 등 심혈관 질환을 일으킴으로써 이환율과 사망률을 높이는 매우 중요한 질병이다. 국민건강영양조사(2007)의 결과에 따르면, 만 30세 이상 성인의 고혈압 유병률은 남자가 27.1%이고 여자가 22.1%이며, 남녀 모두 연령이 높을수록 증가하는 경향이 있다(조명찬, 2009). 과거에 비해 이런 성인병에 대한 인지도는 많이 증가하였지만, 사실 예방 차원에서의 스트레스 관리나 생활 습관의 변화 등에 대한 사회적 관심은 여전히 미흡한 실정이다.

40~50대 성인병 방치 땐 노년기 병상에서 보낼 수도

성인병이라고 불리던 생활습관병은 말 그대로 생활 습관의 잘못으로 생기거나 악화되는 병으로서 대표적으로 비만, 당뇨, 고혈압, 심장병 등이 포함된다. 사고나 자살에 의한 사망을 제외하면 대부분의 사망 원인은 이 생활습관병과 직접적으로 관련되어 있다. 예전에는 나이가 들면 자연적으로 질병에 걸린다고 생각하였으나 실제로 당뇨병, 고혈압, 심혈관계 질환 등은 대부분 자신의 생활 습관의 잘못으로 발병한다고 보아야 한다. (중략)

요양병원에 입원하여 노년기의 대부분을 병상에서 투병하는 환자를 보면 대부분 고혈압, 당뇨병, 뇌혈관 질환 등을 가지고 있으며, 원인 질환은 40~50대 등 중년기에 시작되어 장기간 진행과정을 거친 후 중증 질환으로 발전하는 것을 볼 수 있다. 어떻게 생각하면 질병은 아주 긴 시간 동안 사람이 잘못된 길을 되돌릴 수 있는 시간적 여유를 충분히 주었다고 생각된다. 다만 질병에 걸린다는 것은 사람이 그 수많은 기회를 저버린 참혹한 결과라 할 것이다. 담배 한 개비로 폐암에 걸리지 않으며 설탕 한 스푼으로 당뇨병에 걸리지는 않겠지만, 무시하고 지나가는 수많은 잘못이 모여 치명적인 질병으로 발전하게 된다. 건강한 중년기를 보내지 않고는 행복한 노후는 절대 오지 않는다는 것은 거의 확실한 진실이다(김철준의 Wellness 칼럼, 중동일보, 2009년 11월 19일에서 발췌 수정)

성인병이 발병한 이후에는 더 많은 사회적 · 경제적 비용과 그로 인한 가족의 고통이 뒤따른다. 현재 이와 같은 문제점을 예방하기 위해 지역사회 복지관과 공공기관에서는 고혈압, 당뇨병, 알코올 문제, 스트레스 관리 등 다양한 주제를 가지고 주민교육을 실시하고 있으며, 홍보지나 소식지를 통해 관련 정보나 지식을 제공하고 있다. 앞으로는 예방적 차원의 정보 제공과 함께 성인병으로 인한 만성질환 때문에 심각한 어려움을 경험하는 클라이언트와 그 가족을 위해 심리사회적 지지와 사례관리 서비스 등을 제공하여 성인병과 만성질환으로 인한 가족문제에도 사회복지실천을 확대해 나가야 할 것이다.

한편 장년기 여성은 갱년기 장애로 신체적 · 심리적 어려움을 호소하기도 한다. 이를 건강하게 극복하기 위해서는 무엇보다 여성 자신과 주변 사람의 폐경에 대한 긍정적인 인식이 필요하고, 폐경기의 단계 및 특징에 대한 올바른 지식과 정보를 보유하는 것이 중요하다. 그러므로 사회복지관에서는 지역사회의 장년기 여성을 위해 폐경기 증후군 예방교육이나 폐경기 관리를 위한 교육 프로그램을 개발하여 제공할 필요가 있다.

(2) 이혼

장년기는 자녀의 아동기를 거쳐 청소년기, 자녀 독립기로 이행되는 과정에서 여러 가지 발달상의 위기와 과제에 직면하는 만큼, 부부관계와 부모-자녀 관계에서도 위기를 경험할 수 있다. 최근에는 과거와 달리 신혼파경보다는 황혼이혼의 증가가 두드러지게 나타나고 있다. 하지만 전체 연령대로 보면 여전히 장년기 부부의 이혼율이 가장 높다.

일반적으로는 법적인 기준을 가지고 조이혼율[1)]과 한 해의 결혼율 대비 이혼율의 비율을 가장 많이 활용하는 경향이 있다. 경제위기 이전인 1995년도에는 조이혼율이 1.5%로서 비교적 낮았다. 그러나 약 5년간 이혼율이 지속적으로 증가하면서 2000년도에는 2.5%까지 증가하였다. 이런 추세는 2003년도까지 지속

1) 조이혼율은 1년간 발생한 총 이혼 건수를 당해 연도의 연앙인구(7월 1일 기준)로 나눈 수치를 1,000분비로 나타낸 것으로, '연간 이혼 건수÷총인구(연앙인구)×1,000'으로 계산한다.

표 13-2 총 이혼 건수 및 조이혼율 (단위: 천 건, %)

구분	2000	2001	2002	2003	2004	2005	2006	2007	2008
이혼 건수	119.5	134.6	144.9	166.6	138.9	128	124.5	124.1	116.5
증감 건수	2	15.2	10.3	21.7	-27.7	-10.9	-3.5	-0.5	-7.5
증감률	1.7	12.7	7.7	15	-16.6	-7.8	-2.7	-0.4	-6.1
조이혼율	2.5	2.8	3	3.4	2.9	2.6	2.5	2.5	2.4

출처: 통계청(2000~2008). 이혼통계.

되어 최고치인 3.5%를 기록하였다가 2004년도부터 감소 추세로 돌아서면서 2007년도에는 약 2.4%의 조이혼율을 보이고 있다.

당해 연도의 이혼 건수를 당해 연도의 결혼 건수로 나누어 그 비율을 제시하는 '결혼에 대한 이혼율'의 경우 1996년도에는 18.4%로 나타났다. 즉, 1995년도에는 100쌍이 결혼하면 다른 한편에서 18쌍이 이혼을 한 것이다. 이러한 결혼율에 대한 이혼율의 비율은 조이혼율과 마찬가지로 2003년도까지 지속적으로 증가하여 약 54.8%를 기록하였다. 한편에서 약 100쌍이 결혼하면 다른 한편에서는 약 55쌍이 이혼할 정도로 이혼율이 높아진 것이다. 그러나 2004년도 이후부터 감소하기 시작하여 2007년도에는 36.0%까지 감소하였으나 이 비율도 10여 년 전에 비하면 약 2배 이상 증가한 것이다(통계청, 2007).

여기서 관심을 가져야 할 것은 이혼율의 증가현상만이 아니라 이혼을 전후로 다양하고 복합적인 어려움과 변화에 직면하게 된다는 점이다. 이혼은 심리정서적, 정신적, 경제적, 사회적 모든 측면에서 기존의 연대를 재정비하고 심지어 단절해야 하는 일련의 과정을 포함한다. 이런 이유로 이혼은 스트레스 정도가 가장 높은 사별 다음의 순위에 속할 정도로 높은 수준의 스트레스를 유발하는 사건으로, 심각하게는 신체적 · 심리적 건강을 위협하기도 한다. 중년인 핀란드인 1,449명의 자료를 바탕으로 분석한 스웨덴의 캐롤닌스카이 연구소에 따르면, 중년기 이혼을 해 독신인 상태인 사람과 젊었을 때 배우자를 사별하여 독신 상태로 있는 사람들의 경우 향후 치매가 발병할 위험이 각각 3배, 6배 높은 것으로 나타났다. 반면 중년기 배우자와 단란한 가정을 이루고 있거나 교제 중인 사람이 있을 시에는 치매 발병 위험은 50%가량 감소되는 것으로 나타났다.

이와 같이 이혼은 그 직후뿐만 아니라 장기적으로도 부정적인 영향을 미칠 가능성이 매우 높은 사건이다. 하지만 중년 대부분은 자녀양육과 일에 몰두하는 과정에서 부부관계에는 소홀하거나 무관심해지는 경향이 있다. 이런 가운데 가정폭력이나 외도, 실직 등과 같은 위기사건이 발생하게 되면 이혼으로 이어지기도 한다. 이런 상황을 예방하기 위해서는 무엇보다 배우자의 관심과 욕구를 파악하고 의사소통을 원활히 함으로써 이혼을 예방하는 것이 중요하다.

지역사회 주민과 가장 밀접한 공공기관 중 하나인 사회복지관에서는 이와 같은 이혼을 예방하기 위해 다양한 부부 중심의 프로그램을 개발할 필요가 있다. 중장년기 남성과 여성의 차이를 이해하고, 의사소통을 개선하며, 갈등을 조정하는 방법에 대한 교육 프로그램을 개발하거나 관련 정보를 제공하는 것은 시급히 이루어져야 할 사회복지 서비스 중 하나다.

설사 이혼을 결심하였다 할지라도 이혼을 준비할 수 있도록 법적 · 경제적 영향에 관한 정보를 제공하고, 이혼 숙려기간 동안 전문가의 상담을 통해 후회할 만한 결론을 내리지 않도록 해야 한다. 또 이혼 이후에는 이혼이 자녀에게 미치는 영향을 알고 상실감과 죄의식, 자녀양육의 어려움, 그리고 경제적 문제를 해결하도록 지지 서비스나 정보 제공 등의 사회복지 서비스를 제공하고 자조모임이나 공적 부조, 민간단체의 지원 등에 관한 정보를 제공함으로써 이혼의 어려움을 극복할 수 있도록 지원해야 한다.

2) 거시 수준

(1) 중년의 실직과 빈곤 문제

1990년대 후반, 경제위기를 겪으면서부터 40대의 명예퇴직 혹은 조기 퇴직에 관한 뉴스가 흘러나오기 시작하면서 가장의 실직으로 인한 부부갈등, 별거, 이혼, 가출, 폭력 등 심각한 사회문제도 함께 주목받기 시작했다. 그만큼 중년기의 실직과 고용 문제는 가정과 사회에 심각한 영향을 미치는 사회적 사건이기 때문이다.

최근 경기침체가 깊어지면서 기업 구조조정, 폐업 등 고용불안 현상에 따라 조기 퇴직하거나 실직하는 중년 남성이 늘고 있다. 한 취업 포털 사이트의 조사 결과에 따르면 요즘 직장인이 체감하는 자신의 예상 정년은 평균 48.4세였다. 20～50대 직장인, 1,155명을 대상으로 '현 직장에서의 예상정년'에 대해 물은 결과, 50대는 59.3세로 답한 반면 20대는 40.8세로 답해 연령대가 낮을수록 예상 정년도 짧았다(파이낸스투데이, 2009년 6월 15일).

이와 같이 경제활동이 가장 활발한 시기인 장년기에 퇴직률이 높은 현상은 가계의 경제를 아버지가 주로 책임지는 우리나라 현실에 비추어 볼 때 개인적으로나 가정적으로 여러 가지 부정적인 결과를 낳을 수 있다. 직장과 자신을 동일시하며 보통 '일하는 남성'으로 사회관계를 만들어 온 가장이 퇴직 후 가정에서 텅 빈 자기 역할을 채우는 데는 개인적으로도 상당한 시간이 걸릴 뿐더러, 조기 퇴직으로 인해 주택 마련을 위한 대출금을 갚지 못했거나 자녀가 교육을 마치지 못한 경우, 그리고 노후자금이 여유롭지 못한 상태에서 퇴직한 경우에는 그 고통이 더욱 커진다(뉴스토마토, 2009년 6월 15일). 그래서 장년기에 이른 성인은 직무 상황의 연속성이나 미래의 직업 영속성에 대한 걱정을 하는 이른바 '실직공포' '고용불안'을 경험하는데, 이런 부정적인 상황은 직장이동, 의기소침, 직무태만, 건강악화 등 부정적인 현상을 초래할 가능성이 높아 관심을 기울일 필요가 있다(조경아, 2005).

장년기 남성 성인의 고용불안에 따라 이른바 '은퇴 남편 증후군'으로 속병을 앓는 주부도 생겨나고 있다. 얼마 전 취업 포털 커리어가 지난해 하반기 이후 취업시장과 직장생활에 등장한 신조어 및 유행어를 정리한 바에 따르면, 주부가 실직한 남편 때문에 스트레스를 받아 정신적·육체적 이상을 겪는 '은퇴 남편 증후군'이 포함됐다. 은퇴 남편 증후군은 원래 1990년대 초반 일본에서 생겨난 말로, 은퇴 후 별다른 일 없이 집에서만 지내고 아내의 주위만 맴돌며 귀찮게 구는 남편을 신발에 붙어 잘 떨어지지 않는 거추장스러운 낙엽에 빗대어 '젖은 낙엽'이라고 불렀다. 이와 같은 현상에 대해 변화순(2009)은 남편이 돈을 벌고 부

은퇴 남편 증후군, 집에서 노는 남편 보면 가슴 답답

전업주부 진모(59)씨는 음식점 폐업으로 주차관리 일자리를 잃은 남편(63) 때문에 다시 화병이 도졌다. 이미 진 씨의 남편은 50대에 사업에 실패한 후 변변한 직장을 구하지 못해 백수 경력만 10여 년으로 가장으로서의 책임감 상실과 무능력함에 실망한 지 오래다. 하루 종일 집에서 빈둥대는 남편이 꼴 보기 싫고 밥 먹는 모습만 봐도 부아가 치밀어 오른다. 매사에 의욕이 없고 우울증에다 극심한 스트레스로 눈 밑이 떨리는 증상까지 생겨 병원에서 처방받은 약물을 복용하고 있다. 경제적으로도 너무 힘든데 남편으로 인한 심적 · 육체적 고통으로 더 괴롭다. 진 씨는 "자식들이 벌어오는 돈으로 근근이 생계를 이어 가고 있는데 언제쯤 이 어둡고 긴 터널의 끝이 보일지 암울하기만 하다."며 "자식들에게도 미안하고 나도 더 이상 버텨 내기 힘들어 이혼을 고려하고 있다."라고 말했다. 정신과 전문의들은 은퇴 남편 증후군으로 인해 화병, 우울증, 불면증, 소화불량, 피부 트러블 등 다양한 질환이 생길 수 있다고 말한다(여성신문, 2009년 2월 20일에서 발췌 수정).

인은 집안일을 해야 한다는 고정된 성역할 인식에서 탈피해 역할을 재정립하고 유연한 성역할 분담이 필요하다고 말한다. 즉, 남편으로서, 아버지로서의 역할에 대한 기대를 바꿀 필요가 있으며 가족 내의 지위 역할 변화에 따른 대응이 있어야 한다는 것이다(여성신문, 2009년 2월 20일).

한편 장년기 성인의 실직으로 인한 문제를 해결하기 위해서는 사회적인 차원의 대응 노력도 필요하다. 최근 경제위기에 대응하기 위해 명예퇴직제, 구조조정 등이 이루어지고, 한편으로는 저출산 문제로 인한 경제활동인구의 감소문제가 대두되면서 그 대응책으로서 정년연장이나 임금 피크제, 일자리 나누기 등이 거론되고 있다. 여기서 임금 피크제란 일정 나이가 지나면 정년 때까지 총액 임금을 유지하는 보상제도를 말한다. 그리고 정년연장은 퇴직시기를 연장하는 것을 의미한다. 이런 제도는 고령화 사회의 도래와 연관이 있다.

이런 제도에 대해 사용자 측에서는 인건비 부담을 늘리지 않고 고용을 보장해줄 수 있는 유일한 방법으로 평가하며, 노동자 측에서도 정년 연장에 따른 고용보장 효과가 있을 것으로 평가하고 있다. 하지만 청년 실업문제와 맞물려 있어

찬반 여론이 팽배하며, 충분한 사회적 논의와 공감대를 형성할 필요성이 강조되고 있다.

정부에서도 고용보험과 고용지원, 취업알선 프로그램 이외에 고령자의 고용안정 및 확대를 위한 각종 지원제도를 도입하기 위해 마련된 고령자고용촉진법을 통해 50대 이상의 취업가능 인력을 대상으로 하는 각종 지원을 실시하고 있다. 또 공공예산을 투입하여 가사, 간병, 장애인 도우미 등 각종 사회 서비스 일자리를 확대하고 있으며, 급식도우미, 교통질서 안내원, 시험감독관 등 다양한 일자리를 제공하고 있다. 하지만 그러한 일자리가 직업경력에 적합한 것인지에 대해서는 이견이 많다. 대부분 중장년층은 사무, 관리, 전문직을 제외한 직종에 종사하는 경우가 많으며, 사무·관리직이라 할지라도 사회적 보호가 낮은 일자리인 경우가 많다. 하지만 중장년기의 직업경력은 이 시기의 경제 상태뿐만 아니라 노년기의 생활 수준에도 직접적인 영향을 미치므로, 양적인 고용기회의 확대뿐만 아니라 그들의 경제적 생활 실태를 개선하고 빈곤문제를 해결할 수 있는 괜찮은 일자리를 확대하도록 노력해야 한다(이성균, 2008). 즉, 성과 연령, 학력, 건강 상태 등과 같은 인적자원과 직업경력 등 다양한 변수를 고려하여 좋은 일자리를 개발하는 방안을 적극적으로 모색함으로써 빈곤의 악순환과 이것이 더 큰 사회문제로 확산되는 것을 예방할 수 있다.

요 약

일반적으로 35세부터 50대 후반까지를 의미하는 중장년기는 이전의 단계와는 달리 성숙의 절정을 향해 나아가면서도 쇠퇴를 경험하는 시기다. 신체적 발달 면에서 머리카락이 희어지거나 피부에 주름이 생기는 등 외모가 변하고, 신진대사가 저하되며, 성인병에 걸릴 가능성도 높아진다. 성기능 면에서도 남성과 여성 모두 생리적 변화에 따른 갱년기를 경험한다. 인지발달 면에서는 간혹 건망증을 보이고 새로운 자극에 대한 정보

처리 과정이 과거보다 좀 더 오래 걸리기는 하지만 전반적으로 쇠퇴한다고 보기는 어려우며, 통합능력이나 문제해결 능력은 향상되는 경향을 보이기도 한다.

이와 같은 장년기의 발달적 특성 및 위기를 에릭슨은 다음 세대를 생산하고 사회적 조건을 강화하고자 하는 생산성의 과업을 잘 이루고자 하는 생산성과 자기중심적이거나 혹은 타인의 희생을 통해서라도 자신의 욕구를 충족하고자 하는 침체의 개념으로 설명한다. 팩은 이 시기에 성취해야 할 과업으로서 지혜와 인간관계의 사회화, 정서적·정신적 유연성이 매우 중요하다고 본다. 만약 인생의 전환기인 장년기에 이런 과업을 잘 성취하지 못하면 물리적 힘에 치우치고 정서적으로 빈곤해지거나 정신적으로 경직될 수 있다고 하였다.

그러므로 장년기의 발달과업을 잘 완수하기 위해서는 부부관계와 가정을 잘 유지하고 자녀와의 관계에서도 올바른 훈육과 부모-자녀 관계를 수립해야 한다. 또한 은퇴시기가 빨라지고 있는 만큼 직업을 유지함으로써 가계의 경제를 위협하지 않도록 관리하는 것이 매우 중요하다.

하지만 이 시기에 많은 과업과 책임을 감당해야 하는 만큼 여러 가지 어려움이 발생할 수 있다. 장년기에 들어선 성인은 신체적으로는 고혈압과 당뇨병, 비만 등 성인병에 걸릴 가능성이 높고, 다양한 위험에 노출되면서 그동안 부부관계를 재조정하는 노력을 꾸준히 해 오지 않았다면 이혼하는 부부도 증가할 수 있다. 또한 실직이나 은퇴에 직면하면서 가계의 재정문제나 은퇴 이후의 미래 설계 등 부담스러운 상황에 놓일 수 있다. 따라서 장년기에 접어들면서 미리 노년기에 대비하는 노력이 필요하다.

핵심 용어

생산성(generativity)　에릭슨의 인간발달이론 중장년기의 발달과업으로 제시한 것으로, 다음 세대를 양육하고 능동적으로 직업활동에 몰두하며 사회의 발전과 타인에 대한 관심을 중시하는 것.

성인병(adult disease)　성인이 되면서 발생하는 질병을 총칭하는 말. 특히 장년기에 이르면서 신진대사의 저하, 과도한 스트레스, 과도한 음주나 흡연, 운동 부족 등으로 인해 고혈압, 당뇨병, 동맥경화증, 퇴행성 관절염 등의 증가율이 높아지는 것.

이혼(divorce) 가족의 핵을 이루는 부부가 어떤 이유로든 가족의 공동생활을 하지 못하고 혼인과 가족의 관계를 해소하는 생활사건.

장년기(middle adulthood) 연령으로는 35세 이후부터 노년기가 시작되는 60대 초반까지를 의미하는 말. 신체적 변화와 부부간의 관계를 재정립하고, 직업활동에 몰두하면서 노년기를 대비해야 하는 샌드위치 세대가 속한 시기.

침체(stagnation) 장년기에 경험할 수 있는 위기를 잘 극복하지 못하게 되어 개인적 만족감이 낮아지고 타인과의 친밀성보다는 주로 자기 자신에게로 지향하게 되는 것.

폐경기(menopause) 여성의 생리중단 현상이 일어나는 시기를 말하며 갱년기(更年期)라고도 함. 대개 40~55세 사이에 나타나며, 폐경기 동안 에스트로겐과 프로게스테론이라는 호르몬의 생산이 서서히 감소.

생각할 문제

1. 성인병을 예방할 수 있는 방안 중 하나로서 음식과 운동의 중요성에 대해 각자 가지고 있는 의견을 토론해 보시오.
2. 갱년기 장애에 대해 부정적인 인식이 존재하는 이유에 대해 생각해 보고, 폐경기 증후군을 극복할 수 있는 방안에 대해 토론해 보시오.
3. 장년기의 중요한 발달과업인 가정운영의 과제를 잘 완수하도록 돕기 위해 사회복지관에서 실천할 수 있는 방안은 무엇인지 토론해 보시오.
4. 저출산 문제와 경제활동인구의 감소문제에 대한 대응책으로 생각해 볼 수 있는 방안에 대해 토론해 보시오.
5. 최근에는 취직과 함께 은퇴에 대한 준비를 해야 한다고 할 정도로 은퇴 준비의 중요성이 커지고 있다. 이런 현상이 왜 나타나고 있는지 그 이유를 설명하고, 자신의 부모는 어떤 은퇴 준비를 하고 있는지 알아본 다음 필요한 방안에 대해 토론해 보시오.

참고문헌

곽은경(2006). 중년기 여성의 폐경지식, 태도, 증상 및 관리. 건국대학교 대학원 석사학위논문.

권중돈, 김동배(2005). 인간행동과 사회환경. 서울: 학지사.

김락형, 김수연, 권보형(2000). 산후우울증에 대한 임상적 연구. 동의신경정신과학회지, 11(2), 123-130.

김종길(2001). 장년기 여성의 정신건강. 서울: 한국모자보건학회.

송명숙(2003). 중 · 장년기 여성의 특성과 노후대책간의 관계에 관한 연구. 경기대학교 대학원 석사학위논문.

장현정(2009). 폐경단계에 따른 폐경증상, 근골격계 통증 및 우울 간 관계. 충남대학교 대학원 석사학위논문.

조경아(2005). 장년기 작업자의 고용불안 대처행동 분석. 경기대학교 대학원 석사학위논문.

조명찬(2009). 고혈압의 새로운 치료방법. 대한내과학회지, 76(4), 409-415.

최윤선(2005). 산욕초기 초산모의 모성역할 적응과 산후우울과의 관계. 이화여자대학교 임상보건과학대학원 석사학위논문.

통계청(2000~2008). 이혼통계.

현석경(2002). 중년여성의 폐경지식. 폐경관리와 폐경증상에 관한 연구. 이화여자대학교 대학원 석사학위논문.

국민일보(2009. 1. 1.). 사랑해도 여건 힘들어지면 '남남으로'.

경향신문(2009. 9. 2.). 성기능 저하 피로감 무기력증 남성갱년기, 호르몬 보충을.

뉴스토마토(2009. 6. 15.). 직장 가정서 찬밥… 고개 숙인 父.

메디컬투데이(2008. 7. 30.). '사별 이혼' 중년기 혼자 된 사람, 치매 위험 3~6배.

에프엔뉴스(2002. 12. 13.). 중년 남성 사망원인 1위, 음주. 식품환경신문.

여성신문(2009. 2. 20.). 은퇴 남편 증후군, 집에서 노는 남편 보면 가슴 답답.

조선닷컴(2010. 1. 8.). 샌드위치세대.

파이낸스투데이(2009. 6. 15.). 아빠의 위기.

프론티어타임즈(2009. 9. 29.). 20대-50대 남성 42% 비만 주의보! 여성 19%에 비해 약 2배 이상 높아. http://www.frontoertimes.com.

Levinson, D. J. (1978). *Seasons of a man's life*. New York: Knopf.

Newman, B. M., & Newman, P. R. (1987). *Development through life: A psychosocial approach* (4th ed.). Chicago: Dorsey Press.

Peck, R. C. (1968). Psychological developments in the second half of life. In B. L. Neugarten (Ed.), *Middle age and aging* (pp. 88-92). Chicago: University of Chicago Press.

Zastrow, C., & Kirst-Ashman, K. K. (2002). 인간환경과 사회환경(김규수, 김인숙, 박미은, 설진화, 우국희, 홍선미 역). 서울: 나눔의 집. (원저는 2001년 5판 출간)

〈참고 사이트〉

대한폐경학회 http://www. koreanmenopause.co.kr/

제14장

노년기

1. 노년기의 정의
2. 노년기의 발달적 특성과 발달과업
3. 노년기의 사회환경과 사회복지실천

이 장에서는 노년기의 정의와 노년기의 발달적 특성에 대해 살펴보고, 노년기 발달과업 이론에 근거하여 이 시기에 수행하여야 할 주요 발달과업을 이해한다. 노년기 주요 발달과업으로는 노화와 죽음 수용하기, 죽음불안과 우울 등 정서적 문제에 대처하기, 가족관계 재정립하기, 퇴직 후 삶에 적응하기 등이 있다. 또한 노년기에 나타날 수 있는 가족 및 사회 문제로서 치매노인 가족, 노인 자살, 황혼이혼, 노인 취업, 장기요양보호를 이해하고 이를 해결하기 위한 사회적 노력을 살펴본다.

1 노년기의 정의

노년기는 인생주기의 마지막 단계다. 일반적으로 노년기는 노인이 되는 시기와 일치하기 때문에 노인을 규정하는 방식에 따라 노년기의 출발점이 달라질 수 있다. 일반적으로 노년기는 연대기적 연령으로 규정하는 경향이 있다. 노인을 연대기적 연령으로 규정지을 때, 대부분의 산업사회는 65세를 기준으로 한다. 65세가 중년기와 노년기를 구분하는 분기점이 된 시초는 1883년 독일이 노령연금 수급시기를 65세로 정한 것인데, 여기에는 특별한 이유나 과학적인 근거가 있었던 것은 아닌 것으로 전해지고 있다. 연대기적 연령 외에도 노인을 규정하는 대표적인 방식은 노인을 퇴직자로 보고, 퇴직 시점을 노년기의 시작 시점으로 보는 것이다. 이는 주로 노동 관련 정책에서 노인을 규정하는 방식으로, 우리나라 노동 관련법에는 노인(고령자)을 55세 이상으로 잡고 있다. 심리학적인 관점에서 레빈슨 등(Levinson, Darrow, Klein, Levinson & Mckee, 1974)은 노년기를 60세 이상으로 규정지으면서, 노년기의 특징을 기능의 쇠퇴를 인식하고 노화에 대한 불안을 경험하면서 힘과 지위의 상실이 시작되고 죽음에 대한 수용이 일어나는 시기로 보았다(김종일, 최혜지, 2006, 재인용).

여기에서는 노년기를 60세 이상으로 규정하면서 특별히 고용 관련 제도나 정책을 언급할 때는 55세 이상의 시기를 노년기로 보기로 한다. 그런데 오늘날은 평균수명의 연장과 의학기술의 발달로 인해 건강한 노인, 활동적인 노인의 증가가 일반화되고 있어 60세 이상의 노인에게 일괄적으로 기존의 취약한 노인의 특성을 그대로 적용하는 데는 한계가 있음을 인식할 필요가 있다.

2 노년기의 발달적 특성과 발달과업

1) 발달적 특성

생물학적으로 말하면, 노화는 출생과 더불어 시작되는 과정으로서 인생 전반에 걸쳐 지속되는 자연스러운 과정이다. 그러나 일반적으로 노화라는 용어는 일정 연령 이상인 사람, 즉 65세 이상의 노인에게 적용되는 것으로 이해된다. 이로 인해 노년기의 노화에 대해서는 보다 부정적으로 인식하는 경향이 있다. 오늘날 평균수명의 연장으로 다양한 노인층이 등장하며, 그 발달적 특성도 획일적으로 이야기하기가 어려워지고 있다. 서구에서는 노인집단 내의 다양성에 주목하여 학문적 · 정책적으로 노인을 4개 군의 연령집단으로 구분하고 있다. 55~64세의 연소 노인(the young-old), 65~74세의 노인(the old), 75~84세의 고령 노인(the older-old), 85세 이상의 최고령 노인(the oldest-old)의 구분이 그것이다(Harrigan & Farmer, 2000). 최근에는 이러한 구분 외에 노년층을 제3의 연령과 제4의 연령으로 구분짓기도 하는데, 전자는 비교적 건강하고 활동적인 노인층으로, 후자는 80세 이상의 최고령 연령층으로 장애 및 질병의 고통을 받기 쉬운 노인층으로 받아들이고 있다. 특히 제3의 연령은 건강하고 활동적이며, 빈곤하지 않은 인생과정의 한 시점과 연결되고 있는데, 이는 노인을 국가의 짐 혹은 해결되어야 할 사회적 문제로 바라보는 관점에서 벗어날 수 있게 했다는 긍정적 기여를 한 것으로 평가되기도 한다. 건강하고 활동적인 젊은 노인층의 등장은 기존의 노화와 노년기 특성에 대해 알려진 많은 사실이 잘못된 정보임을 주지케 한다. 그러나 일반적으로 다음과 같은 정보는 노년기의 보편적인 발달적 특성으로 이해되고 있다.

(1) 신체적 발달

노화는 신체적 특성에서의 변화를 통해 가장 직접적으로 인식된다. 먼저 신체 외적으로는 주름살이 늘고, 피부가 얇고 창백해지며, 얼룩 반점이 많이 생긴다. 탄력성을 유지시켜 줄 조직이 점점 쇠퇴하고 피하지방의 감소로 주름살이 생기게 되며 수축력이 줄어든다. 피하조직의 손실과 피부의 신경세포 수 감소 등으로 인해 노인은 체온을 일정하게 유지할 수 있는 능력이 감퇴되어 추위를 더 심하게 탄다. 척추의 디스크 수축으로 신장도 다소 줄어들며, 칼슘이 고갈됨에 따라 뼈가 가벼워지고 밀도도 낮아져 골다공증이 생기며 신체 접합 부분이 약화된다. 뼈의 골밀도가 낮아진다 함은 단순한 넘어짐으로도 심각한 부상을 입을 수 있음을 말해 준다. 한 번 넘어지면 뼈가 접합되고 완치되는 데 몇 개월이 걸리며, 오래 누워 있다 보면 피부가 물러져 곪아 가는 욕창이 발생하여 더 큰 문제가 될 수 있다.

생리적인 측면에서는 소화기능과 호흡기능의 약화가 두드러진다. 소화기능은 침, 소화효소, 위액 분비의 감소와 치아기능의 저하로 감퇴되는데, 근육 약화와 함께 위의 연동활동의 약화는 노인의 공통된 질병인 변비를 가져온다. 그리고 한 번의 호흡으로 들이마시고 내쉴 수 있는 폐활량은 연령에 따라 감소하는데, 70세의 폐활량은 50세에 비해 50%도 안 된다. 이는 산소의 전달과 확산을 빈약하게 하여 각 세포에 산소 부족을 가져올 수 있다. 이러한 호흡기능의 저하로 기관지질환과 같은 호흡기 질환의 감염이 흔히 노인에게서 발생하게 된다. 신장기능의 약화도 연령이 증가함에 따라 나타나며, 노인에서 공통적으로 나타나는 빈번한 배뇨현상이 그 결과다. 특히 여성 노인의 경우 노화와 폐경, 여성 호르몬의 감소, 자궁적출술 등에 의해 골반저 근육기능이 약해지고 골반구조의 탄력이 저하되어 요실금 현상이 나타난다. 그런데 요실금과 같은 배뇨기관의 통제 상실은 노인에게 당혹감과 상실감을 줄 수 있는 정서적 중요성을 가지며 사회생활에도 심각한 지장을 미친다.

노년기의 생물학적 특성 중 가장 오랫동안 편견을 받았던 영역은 노인의 성적 기능이다. 우리 사회에는 얼마 전까지 노인의 성과 관련하여 고정관념이 존재했다. 성욕은 젊은 층의 특징으로 그 이후 연령대에는 성욕이 전형적이지도 않고 정상적이지도 않다는 인식이 있었다. 노인에게는 성적 욕구 자체가 없으며, 노인은 비록 원한다 할지라도 할 수 있는 능력이 없다, 노인에게 성생활은 오히려 위험하다, 노인은 성적 매력이 없다는 인식이 일반적이었다. 그러나 최근 이러한 정보는 모두 사회적 편견에 기인된 것임이 밝혀지고 있다. 노인은 빈도나 유형 면에서는 연령에 따라 변화하지만 대체로 성생활을 계속하고 있음이 보고되고 있다. 남성은 테스토스테론 수준이 중년기부터 감소하기 시작하여 60~65세에 남성의 약 18~40% 정도만이 임포텐스를 경험한다. 여성의 경우 폐경기와 함께 변화가 시작되나 그 이후에는 노화와 상관없이 큰 변화가 없다. 스타와 와이너(Starr & Weiner, 1981)는 60~91세 노인을 대상으로 한 조사에서 응답자의 99%가 성적 욕구를 갖고 있음을 발견했으며, 성활동 빈도가 연령 증가에 따라 감소하기는 하지만 대체적으로 남성의 70%, 여성의 20%는 60세 이상에서도 성적으로 활동적임을 보여 주었다(Harrigan & Farmer, 2000, 재인용).

(2) 심리적 발달

노화의 심리적 발달은 감각적 측면과 지적 측면 그리고 정서 및 성격 측면으로 나누어 생각해 볼 수 있다.

① 감각기능의 변화

노년기에는 다양한 감각기관의 기능 감소를 경험한다. 사실 이러한 기능의 감소는 중년기부터 이미 나타나는 것으로 단지 그것이 노년기가 될때까지 주목되지 않을 뿐이다. 청력의 경우 고음과 낮은 소리에 대한 민감성이 이미 50대부터 떨어지기 시작하다가, 점점 노화가 진행되면서 보다 낮은 소리와 큰 소리를 듣는 데도 어려움을 겪게 된다. 청력의 약화 혹은 상실은 단순히 신체기능상 문제로 국한되지 않고 사회적 · 심리적 영향을 초래한다. 예를 들어, 노인이 소리를 지르거나 의사소통이 원활하지 않은 경우 주변 사람은 노인의 청력을 의심하기보다 노인은 으레 고집이 세고 말이 안 통한다는 편견으로 대하기 쉽다. 이러한 대인관계상의 문제는 노인의 사회적 관계를 위축시키고, 결과적으로 우울증을 초래하기 쉽다.

시각기능은 40대 이후에 약해지기 시작하여 70세 정도가 되면 교정 안경을 쓰고도 정상시력을 유지하기가 어렵게 되며, 또 수정체에 섬유질이 증가하여 시각이 흐려지는 백내장이 발병되는 경우가 많다(최성재, 장인협, 2006).

미각은 후각과 관련이 있다. 80세 이상에서는 5명 중 4명이 후각기능에 주요한 손상을 입고 있으며, 1/2 이상은 전혀 냄새를 맡지 못한다. 미각과 후각은 20대 후반부터 서서히 감퇴되다가 70세에 이르면 그 기능의 상당 부분이 상실된다. 미국에서 이루어진 한 조사에서는 65~80세 노인의 60%가 상당한 정도로 냄새기능을 상실했으며 25%는 완전히 상실한 것으로 나타났다(Harrigan & Farmer, 2000). 미각과 후각은 특히 노인의 영양 상태와 관련하여 중요한 함의를 갖는데, 이 두 감각이 손상된 사람은 식욕을 잃게 되어 영양 부족에 걸리기 쉽다.

촉각과 통각의 경우 아직까지 결정적인 증거는 제시되고 있지 않으나 노년기에 이 두 기능의 민감성이 떨어지는 것으로 보고되고 있다. 촉각과 통각 기능의 감소는 노인이 보다 위험한 상황에 더 오래 견딜 가능성을 짐작케 한다. 즉, 뜨거움이나 고통을 주는 물체를 재빨리 느끼지 못해 상처를 더 크게 입을 가능성이 높다.

2 정신기능

오늘날의 생애주기 이론가들은 인간의 성장이 성인기에 멈춘다는 견해에 반대하며, 인간은 죽을 때까지 지속적으로 성장한다는 견해를 받아들이고 있다. 이러한 입장을 가능케 한 것은 인간의 정신능력에 대한 새로운 발견에 기인된 바 크다. 정신기능은 인간을 동물과 구별 지어 주는 인간만이 갖는 특유의 기능으로 지능, 학습, 문제해결 능력, 창의성 등 다양한 요소로 구성되어 있다. 이 중 노화에 따라 현저하게 변화는 정신기능도 있지만, 비교적 변화가 적은 혹은 노년기에 들어올수록 더 향상되는 정신기능도 있다.

지금까지 가장 편견이 심했던 정신기능은 지능이다. 지능은 연령이 증가할수록 떨어지는 것으로 이해되어 왔다. 그러나 최근에는 지능의 다양한 영역이 존재함을 인식하고, 나이가 들수록 추리력이나 도형지각 능력은 떨어져도 이해력이나 언어능력은 오히려 향상되기 때문에 전체적으로 지능 점수에는 큰 변화가 없다는 것이 받아들여지고 있다. 지능의 한 부분인 기억력의 경우, 노인은 과거 오래된 일에 대한 기억력은 유지되는 반면 최근 일일수록 잘 기억해 내지 못하는 경향이 있다. 학습능력의 경우도 노인의 반응 속도를 고려하여 학습시킨다면 학습능력에 전혀 문제가 없음이 보고되고 있다.

3 성격 변화

일부 학자는 성격이 성년기 이후 거의 변화 없이 안정되고 일관성을 유지하므로 노화에 의한 영향은 없다고 주장한다. 이전에는 이러한 가설에 입각하여 노년기 성격에 대한 연구가 부족하였다. 그러나 최근의 많은 연구는 성격이 노화와 함께 변화한다고 보고 있다. 노년기에도 새로운 역할을 취득하고, 그에 따른 새로운 경험을 하게 됨에 따라 이전의 습관적인 반응양식이 변화되어 성격이 변화되는 것이다. 노인의 성격에 관한 연구는 비교적 최근에 시행되어 아직까지 노인의 성격 특성에 관해서는 분명한 부분이 많지 않다. 그러나 대체적으로 노인의 일반적인 성격 특성을 개관해 보면 다음과 같은 특징을 갖는다.

- 배우자나 친한 친구의 죽음, 경제적 빈곤, 질병, 가족으로부터의 소외, 지나온 세월에 대한 회환 등에서 오는 우울증이 증가한다. 우울증은 불면증, 체중 감소, 강박관념, 증오심 등의 증상을 초래하기도 한다.
- 적극적인 문제해결 행동이 감소되고 의존적이 되는 내향성, 수동성이 증가한다. 의존성은 병리적인 현상이 아니라 인생주기상 나타나는 정상적인 현

상이며, 특히 유아기와 노년기는 절대 의존기에 속한다고 볼 수 있다. 그러나 사회적으로는 노인을 성인으로 규정지음에 따라 노년기의 의존에 대해 부정적으로 인식하는 경향이 강하다. 20세기 미국의 주요한 복지 개혁가인 대니얼 패트릭 모이니핸(Daniel Patrick Moynihan)은 "의존은 삶에서 불완전한 상태이며, 어린이의 경우에는 이것이 정상적이지만 성인의 경우에는 비정상적인 것이다."라고 언급하였다(Sennett, 2004). 의존성은 그 원인에 따라 신체적 의존, 정서적 의존, 사회적 의존, 경제적 의존 등으로 분류될 수 있는데, 연령 증가에 따라 심리적 · 정서적 의존성이 가장 크게 증가하게 된다.

- 새로운 것보다는 익숙한 것에서 안정감을 느끼려는 경향이 강하다. 익숙함에 대한 정서적 밀착은 경직성 보수성으로 비춰지기도 한다. 이는 새로운 것을 배울 수 있는 노인의 학습능력이나 문제해결 능력을 저해하는 요인이 되기도 하지만, 자기가 살아온 삶에 대한 연속성을 유지하고 자아정체감을 보호하려는 노력이다.

(3) 사회적 발달

노년기의 사회적 발달 측면에서 가장 큰 변화를 보이는 영역은 지위와 역할이다. 노년기는 그동안 수행해 오던 역할이 줄어들고 또 역할수행 방법 면에서 변화가 오는 시기이며, 자녀의 독립으로 인해 노부부만 남는 빈 둥지 시기이자 퇴직으로 인한 경제적 위기가 초래되는 시기다.

노년기에는 새로운 지위의 획득보다는 기존의 지위와 역할이 줄어드는 경험을 보다 많이 한다. 대표적으로는 배우자나 가까운 친지의 상실, 퇴직으로 인한 직업 역할과 기타 관련된 공식 역할의 상실이 있다. 반면 새로이 획득되는 역할은 조부모로서의 역할 정도다. 공식적 지위의 감소와 더불어 축소되는 역할은 결국 노인을 '무역할'의 상태에 이르게 하는데, 역할이 없음은 오늘날 빈곤, 질병, 소외와 함께 노인의 4중고를 구성하는 핵심 요소로 이해되고 있다. 평균수명이 길어지고 의학기술의 발달로 건강 수준 또한 높아지고 있는 데 반해, 사회나 가정 내에서 노인에게 줄 수 있는 역할은 제한되고 책임과 의무 또한 거의 주어지지 않고 있다. 그리하여 노인은 존엄성과 존재 가치감을 거의 경험하지 못한다.

노년기를 보내는 방식과 관련하여 이 과정은 여성 노인보다 남성 노인에게 보다 낯설고 힘들다. 노후를 사는 일반적인 방식이 여성에게는 예전부터 존재했지만 남성에게는 없었다. 여성 노인은 나이가 들어도 손자녀를 돌보거나 집안일을 돕는 데 적절한 역할을 수행할 수 있지만, 남성 노인은 가정이라는 새로운 환경에 적응하려고 적극적으로 노력하지 않는 한 가족 내에서 그 존재의 의미가 매우 미약하다.

2) 발달과업

(1) 노년기 발달과업 이론

1 펙의 발달과업 이론

펙(Peck, 1968)은 에릭슨의 7단계와 8단계를 통합하여 7단계 모델을 제시하면서, 7단계인 노년기를 의미 있고 만족스럽게 보내기 위해서는 다음의 세 가지 차원에서 심리적 적응을 해야 한다고 제안했다(Zastrow & Kirst-Ashman, 2002, 재인용). 첫 번째는 직업 역할 몰두에서 자기 분화로 전환되는 과정에 잘 적응하는 것이다. 퇴직 이후에는 직업 역할 이외의 다른 역할을 통하여 자아정체감을 유지하는 것이 무엇보다 중요하다. 노년기의 자아정체감을 잘 유지하기 위해서는 이미 중년기부터 직업 역할 이외의 다양한 역할을 통해 자아를 잘 분화시켜 놓는 노력이 필요하며, 나아가 그들에게 직장에서의 일보다 훨씬 다양하고 풍부한 일이 열려 있음을 인식하는 것이 중요하다.

두 번째는 신체 몰두에서 신체 초월로 이동하는 것이다. 노년기에 접어들면 사람들은 신체적 외양, 건강 문제에 신경을 많이 쓰게 된다. 그러나 이 시기의 신체적 변화는 자연스러운 것으로 자기 신체에 몰두할수록 대인관계나 사회적 활동에 자신감을 상실하기가 쉽다. 이 때문에 펙은 노년기에는 신체나 외모를 초월하여 다른 만족스러운 사회적 관계나 창조적인 활동을 행함으로써 삶의 의미와 행복을 추구하는 것이 필요하다고 보았다.

세 번째는 자기 몰두에서 자기 초월로 나아가는 것이다. 노년기에는 죽음을 불가피한 것으로 받아들여야 한다. 죽음을 앞둔 쓸모없는 존재로 자신을 바라보지 말고 남은 인생을 보다 의미 있고 행복하게 만들기 위해 현재 자신이 할 수 있는 일은 무엇인지를 생각함으로써 죽음을 긍정적으로 수용하려는 노력이 필요하다.

2 헤비거스트의 발달과업 이론

헤비거스트(Havighurst, 1970)는 생의 주기를 6단계로 구분하였으며, 마지막 6단계인 노령기의 발달과업을 여섯 가지로 제시하였다(최성재, 장인협, 2006, 재인용).

① 약화되는 신체적 힘과 건강에 적응하기
② 퇴직과 경제적 수입 감소에 적응하기
③ 배우자의 죽음에 적응하기
④ 자기 동년배 집단과의 유대관계 강화시키기
⑤ 사회적 역할을 융통성 있게 수행하고 적응하기
⑥ 생활에 적합한 물리적 생활환경을 조성하기

3 우리나라 노년기 발달과업

김종서 등(1982)은 마지막 7단계인 노년기의 발달과업을 지적 영역, 정서적 영역, 사회적 영역, 신체적 영역의 네 가지 영역으로 구분하여 다음과 같이 제시하고 있다(최성재, 장인협, 2006, 재인용).

① 지적 영역
- 세대차와 사회 변화 이해하기

- 은퇴생활에 필요한 지식과 생활 배우기
- 정치, 경제, 사회, 문화에 대한 최신 동향 알기
- 건강 증진을 위한 폭넓은 지식 찾기

② 정서적 영역

- 적극적으로 일하고 생활하려는 태도 유지하기
- 취미를 계속 살리고 여가를 즐겁게 보내기
- 정년퇴직과 수입 감소에 적응하기
- 소외감과 허무감을 극복하고 인생의 의미 찾기
- 배우자 사망 후의 생활에 적응하기
- 동료 또는 자신의 죽음에 대하여 심리적으로 준비하기

③ 사회적 영역

- 동년배 노인과 친교 유지하기
- 가정과 직장에서 일과 책임을 합당하게 물려주기
- 가정이나 사회에서 어른 구실하기
- 자녀 또는 손자와 원만한 관계 유지하기

④ 신체적 영역

- 저하되는 체력과 건강에 적응하기
- 노년기에 알맞은 간단한 운동을 규칙적으로 하기
- 건강 유지에 필요한 알맞은 섭생하기
- 지병이나 쇠약에 대해 바른 처방하기

(2) 노년기 발달과업

1 노화를 이해하고 받아들이기

노인은 스스로 무엇인가를 할 수 있는 한 그 자신을 노인으로 생각하지 않는 경향이 있다. 사회적으로 60세 이상이 되면 노인이라 칭해지고 노인으로 대우하기 시작하지만, 노인 자신은 그들이 건강하여 활동하는 데 지장이 없고 경제적으로 의존적이 되기 전까지는 스스로를 노인으로 간주하지 않는다. 그러나 노인

이 노화를 가장 직접적으로 경험하는 부분은 외모와 신체적 노화다. 주름살이 많아지고 감각기능이 감퇴하여 사회적 상호작용에 어려움을 경험하면서, 그리고 건강이 악화되어 다른 사람의 도움 없이는 생활하기가 어려워지면서 급속히 노인의 이미지를 받아들이고 그 이미지에 스스로를 구속시킨다. 실제로 우리나라 노인 대상으로 스스로를 노인으로 인식하게 된 계기를 질문한 한 조사에서도 노인은 사회적 연령규범이나 사회적 인식보다는 '건강이 나빠진 이후'에 가장 많은 응답을 보였다(이금룡, 2005).

신체적 · 정신적 노화는 불가피한 현상임에도 자연스럽게 받아들이기가 쉽지 않다. 노화는 질병과 달리 자연의 섭리다. 노년기의 이러한 변화를 자연스럽게 받아들이고 잘 적응하는지의 여부는 노년기 삶을 결정하는 데 있어 매우 중요하다. 노년기에 접어들면 생활양식에 변화가 생기고 신체적 한계를 겪게 되지만, 모든 사람이 무기력하게 지내는 것은 아니고 여전히 질적인 삶을 유지하는 경우가 많다. 이를 보더라도 생물학적 · 신체적 노화가 중요한 것이 아니라 노인이 그러한 변화에 심리적으로 어떻게 반응하고 적응하느냐가 중요함을 알 수 있다.

2 죽음과 죽음불안에 대처하기

죽음불안은 죽음이라는 사건과 죽어 가는 과정에 대해 가지는 공포, 혐오감, 부인 등의 부정적인 감정을 유발하는 심리적 사건으로 정의된다. 사람들은 보편적으로 죽음에 대해 근본적인 불안을 느끼며, 죽음과 노화는 인간이 피할 수 없는 자연스러운 현상이다. 그럼에도 죽음에 가장 가까이 있는 사람이 노인이기 때문에 죽음불안은 다른 연령층보다 노인에게 더 직접적인 영향을 미친다(여인숙, 김춘경, 2006).

한국 사회는 전통적으로 죽음을 부정적인 것으로 여겨 죽음에 대해 얘기를 꺼내는 것을 꺼리고, 공적인 논의에서도 죽음은 금기시되는 주제 중 하나였다. 이에 반해 서구에서는 1960년대부터 죽음이라는 주제가 공론화되었으며, 이를 시발로 어린 시절에서부터 노인에 이르기까지 생애 전 과정 걸쳐 죽음을 체계적으로 교육시키고 있다. 죽음교육의 필요성은 죽음에 대한 일상적인 관심이 현재 살아가는 방식에 영향을 줄 수 있다는 데 있다. 다시 말해, 죽음은 죽음 자체나 사후세계에 대한 관심보다는 현실에서의 삶의 문제, 다시 말해 '우리는 어떻게 살아야 하는가'의 실존문제와 밀접하게 관련되어 있기 때문에 중요하다. 죽음은 인간으로 하여금 삶의 유한성을 깨닫게 하고, 유한한 존재로서의 인식은 지나간 삶을 성찰하고 남아 있는 삶을 충실히 살아가려는 의지로 작용한다. 철학자 야스퍼스는 인간이 자신의 한계 상황인 죽음을 통해 자신의 실존을 돌아보게 되고, 그 스스로 불안을 이겨 나가고자 매 순간 삶에 충실하게 된다고 했다. 하이데거는 한 인간이 참된 존재인지의 여부는 죽음에 대한 그 사람의 태도를 통해 파악된다고 하였다(이진희, 2008). 죽음을 두려워하는 것은 삶을 잘못 살았다거나 잘못 살고 있다는 것을 말하며, 이는 에릭슨의 노년기 과업인 자아통합과도 연결된다. 에릭슨에게 통합성은 일생 동안 일어났던 사실을 두려워하지 않고 있는 그대로 수용하며, 좋지 못했던 일을 부인하지 않고 좋았던 일을 크게 과장하지도 않는, 그래서 죽음조차 자연스럽게 직면할 수 있는 능력을 의미한다.

3 우울과 기타 정서적 문제에 대처하기

노인이 경험하는 가장 큰 고통 중의 하나는 소외감과 외로움이다. 배우자의 죽음, 친한 동료와 친지의 사망, 축소된 사회활동 등으로 노인의 사회관계망은 제한되고 노인은 진한 외로움을 경험하게 된다. 특히 배우자 사망의 영향은 그 어떤 것보다 크다. 배우자 사망을 경험한 노인은 일반적으로 부부가 함께 살아가는 노인보다 우울증 발생률이 높은데, 남성은 아내와의 사별 후 6개월 이내에 죽을 가능성이 많으며, 여성은 남편의 사망 후 만성질환에 걸리기가 보다 쉽다 (Zastrow & Kirst-Ashman, 2002).

우울증은 일상의 삶에 대하여 흥미를 느끼지 못하고 절망하는, 즉 사는 맛을 알지 못하게 되는 병을 말한다. 우울증은 성인 10명 중 1명은 일생 동안 한 번 이상 경험하며, 일생 동안에 우울증에 걸릴 확률은 30%에 달한다. 이에 비해 노인의 경우는 일반 성인보다 우울증이 높은 것으로 나타난다. 우울증이 진행될 경우 자신이 아무 쓸모없다는 생각, 자녀에게 부담만 된다는 생각, 건강에 대한 자신감 상실 등으로 무력감이 증대되며, 그 외 흥미 상실, 체중 감소, 수면장애, 죄책감, 초조 등의 전형적인 증상을 보이게 된다. 심지어 우울증이 심해질 때 자살로 이어지기도 한다. 따라서 노년기에는 우울증과 같은 정서적 고통을 잘 다루는 것이 무엇보다 중요하다. 이를 위해서는 다양한 지지집단에 참여하고, 새로운 일자리나 자원봉사활동 등 다른 활동에 깊이 관여하려는 노력이 중요하다.

④ 가족관계 재정립하기

오늘날 가족관계는 가족 중심, 연장자 중심의 가족윤리보다 개인적 성취와 독립, 가족 내 평등관계를 지향한다. 부모나 연장자의 권위를 존중하고 따르기보다 개인의 능력과 개인의 독립을 추구한다. 이러한 가치관의 변화와 시대적 흐름은 노인에게도 그대로 요구된다. 노인은 자녀나 젊은 세대에게 무조건 의존하기보다는 신체적, 심리적, 경제적 독립을 추구하도록 요구된다. 오늘날의 노인세대들은 전통적인 가치만을 고수하여 자녀 세대가 자기를 무조건 이해하고 배려해 주기를 기대하기보다 이러한 시대적 변화와 가치관의 변화를 수용하고 젊은 세대들의 관심과 어려움을 이해하려는 노력을 해야 한다.

그리고 부부관계에서는 부부간의 역할이 바뀌게 되는 '역할전환' 을 경험하게 되는데, 노년기에는 전통적인 성역할이 거의 구분되지 않고 심리적 양성성이 많이 나타나게 된다. 특히 남성 노인은 여성 노인과 달리 과거 사회생활을 할 때 외부로만 향해 있었던 관심을 가정 안으로 돌리게 됨으로써 더 많은 적응 노력이 필요하다. 아내는 자녀를 완전히 독립시킨 이후부터 그들 자신의 자유로운 삶을 추구하기 시작하는 데 반해, 남편은 가정 안으로 돌아와 배우자인 아내와 함께 시간을 보내려는 경향이 증가하며, 집안일에 대한 간섭이 빈번하여 배우자와 갈등을 경험하게 된다. 사회적 관계의 폭이 좁아진 노년기에 부부관계는 각자의 삶과 생활방식을 존중하되 어느 정도는 부부간에 함께 할 수 있는 역할과 취미를 공유하려는 노력이 중요하다. 적절한 상호작용을 유지하는 노력이 병행되어야 원만하고 친밀한 관계가 지속될 수 있고 서로에 대한 만족감도 높아질 수 있다.

5 퇴직 이후 삶에 적응하기

퇴직은 노년기의 가장 중요한 생애 사건이자 전환점이다. 퇴직의 영향은 노년기의 삶에 직접적인 영향을 미치는데, 자아정체감의 혼란, 소득 감소로 인한 경제적 수준의 저하, 직업 상실로 인한 역할의 감소가 대표적이다.

퇴직은 단순히 직업 역할의 상실로 끝나는 것이 아니라 퇴직 이후의 변화된 삶에 심리적, 사회적 적응을 요하는 커다란 생애사건이다. 오늘날과 같은 노동지향적 산업사회에서 직업은 개인의 자아정체감을 구성하는 핵심 요소라 평가될 정도로 중요한 의미를 갖는다. 현재의 노인 세대는 가정과 직장의 분리에 익숙해 있으며, 특히 남성의 경우는 대부분의 시간을 직장 내에서 직장 동료와 함께 보내며 일 중심적인 생활을 해 왔다. 퇴직은 이러한 기존의 생활방식을 전면적으로 뒤엎고, 직장이 아닌 가정 내에서, 일이 아닌 여가나 '그냥 쉼'이 대부분인 일상에서 살아가게 한다. 최근 퇴직자의 충격과 심리적 갈등을 완화시키기 위해 퇴직준비 프로그램이 기업이나 사회단체를 중심으로 다양하게 개발되고 있다. 이는 퇴직한 이후부터 퇴직자로서의 삶을 계획하기보다 퇴직 전부터 퇴직을 예견하고 그에 대한 준비를 해 오는 것만이 적절한 대비책이 될 수 있음을 반영하는 것이다.

평균수명이 80세 이상으로 연장된 현대사회에서 평균정년은 55세 이하다. 50대 중반은 가족 생애주기 면에서 자녀 교육 및 출가 등으로 가장 지출이 많을 때이며, 개인의 건강이나 활동 면에서는 적극적으로 사회활동에 참여할 수 있을 정도로 여전히 높은 건강 수준을 유지하고 있을 때다. 그러므로 이 시기의 퇴직은 자발적인 퇴직이 아닌 이상 당사자와 그 가족에게 상당한 충격으로 다가온다.

3 노년기의 사회환경과 사회복지실천

1) 미시 수준

(1) 노인성 치매와 가족

노년기에는 신체적 기능의 상실, 특정 영역에서의 지적 능력의 감퇴가 일반적이지만, 그 정도가 심각할 경우 노인 자신과 그 가족의 삶의 질에 상당히 중요한 영향을 미친다. 노인에게 중요하면서 가장 흔한 정신장애 중 하나는 치매다. 평균수명의 증가를 축복이 아닌 두려움과 공포로 느끼게 하는 데는 치매노인의 증가가 그 중심에 놓여 있다. 그런데 지금까지 치매는 노화현상으로 인한 불치병으로 생각하는 경향이 많았으며, 이로 인해 치료나 관리를 포기하는 경우가 많았다. 그러나 오늘날 치매에 대한 연구가 발전됨에 따라 알츠하이머 치매를 포함하여 모든 유형의 치매가 적절한 관리와 치료를 지속할 경우 완전한 치료는 어려울지 몰라도 증상의 악화를 예방하거나 병의 진전은 지연시킬 수 있음이 밝혀지고 있다. 즉, 70여 종에 이르는 치매의 다수가 조기에 발견하여 적절히 치료하면 진행을 지연시키거나 심지어 10~15% 정도에서는 치료를 통해 증상을 호전시킬 수 있다.

〈표 14-1〉을 보면, 2008년 현재 우리나라 65세 이상 노인인구의 경우 전체인구는 500만 명인데 이 중 치매노인은 약 42만 1,000명으로, 치매 유병률은 약 8.4%로 추정된다. 향후 2010년에는 치매노인 수가 44만 5,000명(8.6%), 2020년에는 75만 명(9.7%), 2050년에는 212만 7,000명(13.2%)에 이를 것으로 전망되고 있다(보건복지가족부, 2009). 치매가 당사자인 노인뿐만 아니라 그 가족에게도 고통을 부가한다는 점을 감안한다면, 2010년 치매노인 수가 약 46만 명이지만 실제 노인 환자와 그 가족을 포함할 경우 치매로 인해 영향을 받는 이는 100만 명이 넘는다고 볼 수 있다.

표 14-1 치매노인 수 추계 (단위: 천 명)

	2008	2009	2010	2020	2030	2040	2050
65+ 인구수	5,016	5,193	5,357	7,701	11,811	15,041	16,156
65+ 치매 노인 수	421	445	469	750	1,135	1,685	2,127
치매 유병률(%)	8.4	8.6	8.8	9.7	9.6	11.2	13.2

출처: 보건복지가족부(2009). 2009 주요업무참고자료, p. 281.

치매노인이나 거동이 불편한 노인의 수적 증가에 반해 노인을 돌보는 가족의 기능은 과거보다 훨씬 약해졌다. 핵가족의 확산, 취업여성의 증가, 출산율의 저하 등과 같은 사회경제적 변화는 전통사회에서처럼 가족이 노인부양을 전적으로 책임지는 것을 어렵게 하고 있다. 또한 전체적인 인구의 노령화 현상은 60대의 자녀가 90대의 부모를 수발하는 것을 일반화한다. 이러한 사회 변화는 현재의 가족이 과거보다 훨씬 어려운 여건에서 장애 상태가 좀 더 심각한 노인을 더 오래 돌보고 있으며 또 앞으로 그런 상황에 처하게 될 것임을 추정할 수 있게 한다. 가족은 하나의 체계로서 기능하기 때문에 가족 중 한 명의 질병은 가족 전체에 영향을 미친다. 그중에서도 '숨겨진 희생자'라 불리는 치매노인의 직접적인 부양자가 경험하는 문제는 다방면에 걸쳐 있고 그 정도도 매우 크다.

노인을 돌보는 사람에게서 공통으로 나타나는 일반적인 증상은 우울, 불확실한 미래로 인한 불안, 잘 돌보지 못한다는 죄책감, 과도한 요구 사항에 대한 분노 등과 같은 부정적 감정뿐만 아니라 노인 병수발로 인한 만성적인 피로, 친구 및 사회활동의 상실에서 오는 사회적 고립, 병원비 지출로 인한 경제적 부담 등이 있다. 서구에서 이러한 증상은 수발자의 약물남용, 심각한 가족갈등, 노인의 영구적인 시설 배치를 예측 가능하게 하는 중요한 지표로 제시되었다. 특히 부모나 배우자를 돌보는 일에서 경험하는 부담감이나 스트레스를 밖으로 표출하는 것을 금기시하고, 단지 돌보는 가족에게 인내만을 강요하는 문화가 지배적인 우리의 경우는 부양에 대한 책임에다 사회적 압력이 가중됨에 따라 더욱 큰 부담감을 갖는다고 할 수 있다. 지나치게 감당하기 어려운 부담은 정신건강이나 신체건강에 위협을 주는 요인으로 작용하며, 이는 실제로 쉼 없이 요구되는 간호 요구에 지쳐 간호하는 가족원 자신이 입원하는 경우에서도 잘 입증된다.

수발자의 부담감을 완화시키기 위한 개입은 신체적 · 재정적 부담과 같은 객관적 · 심리정서적 부담을 의미하는 주관적 부담을 구분하여 개입하는 것이 보다 실용적이고 효과적이다. 객관적 부담과 주관적 부담은 상호 관련되어 있지만 그 원인이 상이하므로 한 형태의 부담을 완화시키려는 개입이 다른 형태의 부담에 거의 영향을 미칠 수 없다. 과업의 종류와 수, 사회적 지지 여부에 영향을 받는 객관적 부담은 수발자가 수행하는 과업의 수를 줄여 주는 프로그램이나 서비스, 예를 들어 재가봉사원 서비스, 단기보호 서비스, 주간보호 서비스 등을 통해 어느 정도 줄일 수 있다. 반면 수발 상황을 어떻게 받아들이는지, 다시 말해 상황 및 그들이 돌보는 노인에 대한 개인의 주관적 인식에 영향을 받는 주관적 부담은 그 예측인자가 쉽게 변경될 수 없는 수발자의 특성(연령, 소득)에 관련되어 있기 때문에 개입으로 많은 효과를 보기 어렵다. 하지만 노인이나 가족과의 관계 갈등은 상담이나 가족치료, 인지재구조 전략 등을 통해 어느 정도 완화될 수 있다.

(2) 노인 자살

오늘날에는 자살이 전 세계적으로 꾸준히 증가하고 있으며, 자살은 개인문제로 이해되기보다 사회현상으로서 접근되고 있다. 이에 따라 각국에서는 자살을 방지하고 예방하기 위한 국가대책을 마련하고 있다. 우리나라는 현재 OECD 국가 중 자살률 1위(인구 10만 명당 24.8명) 국가로서 하루 평균 34명이 자살하는 것으로 보고되고 있다. 자살은 최근 사망 원인으로 암, 뇌혈관성 질환, 심장질환 다음으로 높은 순위를 차지하고 있다.

우리나라의 자살 관련 특징 중 하나는 연령이 높을수록 자살률도 높다는 것이다. 다른 연령층의 자살률은 소폭 증가하는 데 반해, 60세 이상의 노인층에서는 자살로 인한 사망률이 다른 연령층보다 월등히 높아 80세 이상의 경우에는 인구

10만 명당 127.1명으로 전체 평균의 5배에 달한다. 지금까지 노인 자살에 대한 사회적 관심은 상대적으로 적었다. 이는 어느 정도 노인에 대한 차별적 인식, 경로사상 등에 반하는 노인 자살을 은폐하려는 경향, 노인 자살은 수명이 다한 노인의 죽음 정도로 인식하는 경향에 기인된 바 크다.

자살의 유형은 연령층별로 상이하다. 청소년 자살은 주로 충동적으로, 단일 요인에 의해, 즉각적인 반응으로 발생한다. 반면 성인의 경우는 경제적인 문제로 인해 자살하는 경우가 많으며, 충동적인 자살보다는 스트레스 사건 이후 일정 시간이 경과된 후 자살행동을 보이는 경향이 많다. 노인 자살은 청소년 및 성인 자살과 구별되는 또 다른 특성을 가진다. 남자가 여자보다 자살비율이 높으며, 자살이 주거환경과 관련된다. 즉, 도시로의 이주, 독거생활, 최근 주거지를 변경한 노인에게서 자살률이 높으며, 그 외 건강으로 인한 자살률이 높은 것으로 나타난다. 따라서 노인의 자살 징후는 다양한 경로를 통해 사전에 감지가 가능한 경우가 많다고 볼 수 있다. 노인자살을 예방하기 위해 최근 게이트 키퍼(Gate-keeper)를 양성하고 있는데, 이미 서구에서는 노인자살예방 게이트 키퍼가 노인 자살률을 감소시키는 데 효과적임이 입증되고 있다. 게이트 키퍼는 자살위험성이 높은 노인을 지속적으로 관리하고 응급상황 시 신속하게 전문적 서비스에 연계시켜 줌으로써 노인 자살을 사전에 예방하거나 혹은 최악의 상황을

최근 3년간 자살통계 분석(2005~2007)

- 사망 원인 순위에서 자살은 2005년 4위, 2006년 5위, 2007년 4위를 차지함
- 남자는 20~30대, 여자는 10~20대에서 자살이 2007년 사망 원인 1위 차지
- 자살률이 가장 높은 혼인 상태는 이혼으로 이혼자 1,000명당 1명이 자살
- 자살률이 가장 높은 교육 정도는 무학으로 남성은 약 1,000명 중 1명, 여성은 약 0.5명이 자살
- 2007년 자살방법으로는 질식(49.7%), 음독(23.7%), 추락(12.5%) 순으로 나타남
- 20세 미만에서는 추락, 20~50대는 질식, 60대 이상에서는 중독이 가장 많은 비중을 차지함(보건복지가족부, 2009, p. 134).

피할 수 있게 한다.

(3) 부부갈등과 황혼이혼

평균수명이 연장되어 자녀를 다 출가시킨 후 부부만 남게 되는 '빈 둥지(empty nest)' 시기가 길어짐에 따라 노년기의 부부관계는 무엇보다 중요하게 인식되고 있다. 배우자는 인생의 동반자로서, 병이 들었을 때 가장 주요한 수발자로서 노년기를 성공적으로 보내는 데 필수적인 요소로 인식될 정도로 그 존재의미는 매우 크다. 과거 노년기 부부관계는 별다른 관심을 받지 못했으나, 최근 황혼이혼이 사회적 이슈가 되면서 노년기 부부관계, 노년기 부부갈등이 더욱 주목을 받고 있다. 최근 대법원이 발간한 사법연감을 보면 지난해 결혼 20년 이상된 부부의 이혼율, 즉 황혼이혼율은 전체 11만 6,000여 건에서 2만 7,000건으로 23.1%로 나타났는데, 이는 2007년의 20.1보다 3% 포인트나 증가한 것이다. 전체 이혼 건수는 전년에 비해 1만 건 가까이 줄어드는 등 최근 5년 동안 줄어들고 있는데 반해, 황혼이혼은 2004년에는 18.3%에서 2005년에는 18.6%, 2006년에는 19.1%로 최근 5년 동안 꾸준한 증가세를 보이고 있다(미디어데일리, 2009년 09월 13일).

은퇴로 인한 사회적 관계의 축소, 경제적 자원의 감소, 질병과 장애로 인한 신체적 기능의 감퇴 등과 같은 전반적인 환경의 변화를 경험하면서, 노년기의 부부는 젊은 시절의 부부관계와는 다른 새로운 관계 정립을 요한다. 이러한 변화와 요구에 적절히 대응할 때 부부관계는 더욱 공고해지지만, 여러 측면에서의 자원 감소는 그 변화를 긍정적으로 발전시킬 여지를 최소화시키고 부부갈등을 야기한다(김경신, 이선미, 2003). 지금까지 부부갈등 완화를 위한 사회적 개입과 프로그램은 신혼기 부부, 중년기 부부에게만 초점을 두어 왔으며, 노년기 부부와 부부갈등 해소를 위한 전문적 관심은 미미하였다. 그러나 최근 노년기 부부관계의 중요성과 그 양상이 다양하게 소개되면서 이를 다루기 위한 전문적 프로그램의 필요성이 높아지고 있다. 자아인식과 배우자에 대한 이해 증진, 부부간 의사소통 기술 향상, 친밀감 증진, 행동수정 기술, 성적인 만족 증진 등과 관련

98세 부부 '세계 최고령' 황혼이혼

사랑이 그렇듯, 이별에도 나이는 숫자에 불과했다. 영국의 한 부부가 100세를 얼마 남기지 않고 이혼한 사실이 뒤늦게 알려져 이목이 집중됐다. 영국 데일리메일에 따르면 한때 하트퍼드셔 주에 살았던 벌티와 제시 우드 부부가 고령에도 불구하고 황혼이혼을 택했다. 1972년 재혼한 두 사람은 콘월 주로 이사하며 36년간 부부생활을 이어 갔으나 2008년 이들은 부부의 연을 끊었다. 두 사람 모두 100세를 2년 앞둔 시점이었다. 세계에서 최고령 황혼이혼이라는 기록을 남긴 만큼 이혼 이유를 두고 세간의 관심이 모아졌지만 자식들은 이유를 밝히지 않았다. 제시의 딸인 폴린 로(65)는 "부모의 이혼은 가족의 가슴에 너무나 큰 상처를 남겨 말하고 싶지 않다."라고 대답을 피했다. 이웃에 따르면 부인인 제시는 현재 복지시설에 머무는 중이며 벌티는 이혼한 지 몇 달 뒤 숨을 거둔 것으로 알려졌다(서울신문, 2009년 11월 9일).

한 정보를 교육시키는 것이 중요하다. 이러한 프로그램에 참여한 노년기 부부의 만족감과 갈등대처 능력이 향상되었다는 조사 결과도 나타나고 있다.

2) 거시 수준

(1) 노인 취업

노년기의 소득 감소를 해소하기 위한 전략 중 하나는 고용을 통한 소득보장이다. 노인 취업은 노년기에 부족한 소득 보충의 목적 외에도 사회참여 기회 제공, 건강 증진 등 다양한 목적을 동시에 달성할 수 있게 한다. 고령자를 대상으로 하는 고용정책은 은퇴 전과 후로 나누어질 수 있다. 은퇴 전과 관련하여서는 최근 정년 연장을 통한 고령자 고용확대 정책이 있으며, 은퇴 후에는 재취업의 형태인 노인 맞춤형 일자리사업이 대표적이다.

정년제는 대표적인 노인차별 제도로서, '정년연령에 도달했으니 당연히 퇴직하여야 한다'는 이러한 논리는 권리적 관점에서 고령자 노동권의 제약이자 합리적인 근거가 없는 차별이다. 근로자를 연령상의 이유로 해고할 수 없도록 법제화하고 있는 국가는 미국이다. 미국은 이미 1968년 연령에 의한 고용차별금지법을 제정하였으며, 현재는 미국 이외에 캐나다, 프랑스, 호주, 영국이 관련법을 통과시키고 있다. 그러나 대부분의 다른 나라는 정년제를 없애기보다는 정년제도를 유지하면서 정년연령을 연장하여 고령자의 일할 권리를 보장하는 방법을 추구하고 있다. 이러한 관점은 정년제의 유지 이유를 고령자 고용 유지를 위한 보호제도로 들고 있다. 즉, '정년연령이 남아 있기 때문에 고령자를 함부로 퇴출시키지 못한다'는 것이다.

우리나라는 선진국에 비해 임금근로자의 은퇴연령이 빠른 편으로, 개인적으로는 노후의 경제적 곤란을 초래하고 사회적으로는 부양 부담을 증가시키고 있다. 이러한 이유로 정부는 2006년 '고령자고용촉진기본계획'을 마련하였는데, 2021년까지 저출산 고령사회에 대응한 고령자 고용정책을 추진하여 활동적 고령사회(active society)를 실현시키기 위해 5개년 계획을 추진 중이다. 1차 계획(2007~2011년)은 60세 이상 고용 확보, 2차 계획(2012~2016년)은 62세 이상 고용 확보, 3차 계획은 고령사회의 성공적 정착을 목표로 하고 있다. 이에 따라 2008년 3월 21일 공포된 고용상 연령차별금지 및 고령자고용촉진에 관한 법률(시행은 2009년 3월 21일)에서는 사업주가 근로자의 정년을 정하는 경우 그 정년이 60세 이상이 되도록 노력하여야 함을 규정하고 있다(제19조). 그리고 정부는 정년을 연장하거나 임금 피크제를 도입한 기업을 지원할 계획이다.

정년 연장과는 별도로 노인 재취업을 강화시키고 있는데, 노인 재취업의 대표적 형태는 노인일자리사업이다. 노인일자리는 65세 이상 노인인구를 위한 사회적 일자리를 의미한다. 사회적 일자리라는 표현에서 수익 혹은 고부가가치의 창출이 목적이 아니라 근로활동을 통한 노인의 사회적 기여의 의미가 부각됨을 알 수 있다. 즉, 노인일자리사업은 한편으로는 노인의 소외와 소득 보충의 의미를 가지면서 다른 한편으로는 노인이 다른 사람에게서 도움만 받는 것이 아니라 다른 사회적 취약계층과 지역사회의 복리를 위해 기여할 수 있다는 것을 강조한다.

노인일자리사업 유형은 정부가 참여노인 인건비와 부대경비 전액을 지원하는

표 14-2 노인일자리 사업 유형

유형		정의	참여자 1인 지원예산			
			인건비/월	참여 기간	부대 경비	계
공공 분야	공익	공공의 이익에 부합하고 사회적으로 유용성이 강한 일자리	20만 원	7개월	13만 원	151~155만 원
	교육	참여노인의 전문능력과 경험, 지식을 전달할 수 있는 일자리				
	복지	지역사회 내 다양한 사회 서비스를 제공하는 일자리				
민간 분야	인력 파견	수요처의 요구에 적합한 능력을 갖춘 노인을 해당 수요처에 파견	-	연중	15만 원	10~15만 원
	시장	소규모 창업 및 전문직종 사업단을 공동으로 운영	-	연중	130만 원	130만 원
	창업 모델	노인창업 유도 및 노인창업 아이템 발굴	-	연중	-	사업단별 차등 지원

공공형(사회공헌형)과 기업 등 노인인력 활용업체에서 노인 인건비를 지급하고 정부는 부대경비만을 지원하는 민간형(시장참여형)으로 구분된다. 그리고 공공형은 다시 공익형, 교육형, 복지형으로 구분되고, 참여노인 1인당 인건비로 월 20만 원씩 7개월을 지원된다. 민간형은 인력파견형, 시장형, 창업모델형이 있다.

(2) 노인의 건강보호: 노인장기요양보험제도

노인인구의 증가는 만성질환자 수의 증가를 가져왔다. 만성질환은 복합적·장기적이며 현재까지 치료가 아닌 장기적 관리가 필요한 질병으로 이해되고 있다. 향후 사회가 고령사회로 갈수록 질병관리체제는 치료 위주에서 관리 위주로 전환될 필요성이 증대된다. 고령화가 진행될수록 장기요양보호를 요하는 노인의 수는 급증하기 마련이다. 노인 치매 및 중풍 등으로 요양보호를 요하는 노인인구 수가 2004년에는 약 62만 명이었으나 2020년경에는 114만 명 이상 증대할 것으로 추정되고 있다(보건복지부, 2008). 이에 반해 여성 취업률, 소가족화, 노

표 14-3 한국 노인장기요양보험제도의 주요 내용

구분	내용
근거법	2007. 4. 27. 법률 제8403호, 2007. 9. 27. 대통령령 제20287호, 2007. 10. 17 보건복지부령 제418호
가입자	국민건강보험 가입자, 의료급여수급자
보험자	국민건강보험공단
보험급여 내용	• 현물급여 - 시설급여: 노인요양시설급여 및 노인요양공동생활가정급여 - 재가급여: 방문요양급여, 방문목욕급여, 방문간호급여, 주야간보호급여, 단기보호급여, 기타급여(재활, 복지용구 제공 등) • 현금급여 - 가족요양비: 도서벽지 거주, 천재지변 발생, 신체 · 정신상의 이유 - 특례요양비: 비장기 요양기관에서의 서비스 수급 시 - 요양병원간병비: 요양병원 입원 시
서비스 수급 조건	• 65세 이상인 경우, 원인불문하고 장기요양 신청 가능 • 65세 미만인 경우, 특정의 노인성 질환(치매, 중풍 등) 보유 조건 • 신체기능 등 장애 정도, 서비스 필요도에 따른 장기요양 등급(1 · 2 · 3등급) 구분 • 서비스 이용 가능의 월한도 급여액 설정 - 노인요양시설급여액: 등급별 일일 27,000～38,310원 - 노인전문요양시설급여액: 등급별 일일 37,000～48,120원 - 노인요양공동생활가정급여액: 등급별 일일 37,000～48,120원 - 방문요양급여액: 1회당 10,680～39,500원 - 방문목욕급여액: 1회당 39,590～71,290원 - 방문간호급여액: 1회당 27,360～43,260원 - 주야간보호급여액: 등급별 일일 31,140～40,580원 - 단기보호급여액: 등급별 일일 35,230～42,490원 • 이용자 본인부담액: 시설급여비용의 20%, 재가급여의 15%(기초생활수급자는 무료, 저소득계층은 1/2 경감)
재원조달	• 국고부담, 보험료 및 이용자 본인 부담액 등으로 재원 구성 - 국고부담: 보험료 예상수입의 20%, 의료급여수급자의 급여비용 등, 관운영비 - 장기요양보험료: 건강보험료액의 4.05%(2008년 월평균 2,700원)

출처: 선우덕(2008), p. 504.

인부부 및 노인단독가구는 지속적으로 증가하고 있어 노인의 장기요양보호는 더 이상 가족의 책임으로 국한하기가 어렵다. 이에 따라 정부는 2003년 4월 공적 노인요양보장체계의 도입을 발표하였으며, 그 결과 2007년 4월 노인장기요양보험법이 제정되고 2008년 7월부터 본격적으로 시행되고 있다. 노인장기요양보험제도는 고령이나 치매, 중풍과 같은 노인성 질환으로 일상생활을 혼자서 수행하기 어려운 노인에게 신체활동 또는 가사활동 지원 등을 제공하고 노인을 돌보아 오던 중장년층 자녀들의 경제적, 정신적, 육체적 부담을 덜어 주는 데 주요한 목적이 있다. 노인장기요양보험제도의 서비스 내용과 비용 부담액은 〈표 14-3〉과 같다.

요 약

노년기는 인생주기의 마지막 단계다. 노년기는 신체적, 생리적 특성에서의 변화를 통해 가장 직접적으로 인식된다. 주름살이 늘고, 피부가 얇고 창백해지며, 얼룩 반점이 많이 생기며, 소화기능과 호흡기능의 약화가 두드러진다. 소화기능은 침, 소화효소, 위액 분비의 감소와 치아기능의 저하로 감퇴되는데, 근육 약화와 함께 위의 연동활동의 약화는 노인의 공통된 질병인 변비를 가져온다. 그리고 노년기는 그동안 수행해 오던 역할이 줄어들고 역할수행 방법 면에서도 변화가 오는 시기이며, 자녀의 독립으로 인해 노부부만 남는 빈 둥지 시기이자 퇴직으로 인한 경제적 위기가 초래되는 시기다. 노년기에는 새로운 지위의 획득보다는 기존의 지위와 역할이 줄어드는 경험을 더 많이 한다. 대표적으로는 배우자나 가까운 친지의 상실, 퇴직으로 인한 직업 역할과 기타 관련된 공식 역할의 상실이 있으며, 새로이 획득되는 역할은 조부모로서의 역할 정도다. 공식적 지위의 감소와 더불어 축소되는 역할은 결국 노인을 '무역할' 상태로 이르게 하는데, 역할이 없음은 오늘날 빈곤, 질병, 소외와 함께 노인의 4중고를 구성하는 핵심 요소로 이해되고 있다.

노년기의 이러한 변화에 대응하여 발달시켜야 할 주요 과업은 신체적 · 정신적 노화를 자연스럽게 받아들이기, 가까운 친지의 죽음뿐만 아니라 자신의 죽음까지도 불가피한 것으로 긍정적으로 수용하기, 퇴직으로 인한 경제적 수입 감소와 가족 내에서의 변화된 역할에 적응하기, 자기 동년배 집단과의 유대관계 강화하기, 직업 역할 몰두에서 벗어나 다양한 사회적 역할을 융통성 있게 수행함으로써 노년기의 외로움이나 소외감과 같은 정서적 문제에 대처하기 등이 있다.

오늘날 노인의 문제는 개인적 차원에 그치지 않고 그들의 가족과 나아가 사회, 국가 차원에까지 영향을 미치고 있다. 대표적인 사회현상으로는 노인성 치매, 노인 자살, 황혼이혼이 있으며, 이러한 현상은 점차 그 발생률이 증가하고 있어 시급하게 적절한 사회적 · 정책적 방안이 모색되어야 할 시점에 놓여 있다. 이 외에도 거시적으로는 경제활동인구의 감소에 대비한 고령인구의 노동력화, 가족기능의 약화에 따른 만성장애 노인의 사회적 보호가 중요하게 접근되고 있다.

핵심 용어

노인성 치매(senile dementia) 노년층에서 일어나는 뇌조직의 위축과 신경조직의 광범위한 소실로 지적 능력의 상실과 성격 변화가 오는 질환.

노인일자리사업(job creation project for older adults) 65세 이상 노인인구에게 제공되는 사회적 일자리. 수익 혹은 고부가가치의 창출이 아니라 노인의 소외 해소, 소득 보충, 노인의 사회적 공헌을 목적으로 창출된 일자리.

신체 초월(body transcendence) 노년기에 신체나 외모를 초월하여 다른 만족스러운 사회적 관계나 창조적인 활동을 행하는 것을 통해 삶의 의미와 행복을 추구하는 것.

임금 피크제(wage-peak system) 일정한 나이까지는 연공서열에 따라 급여를 올려주고 그 이후부터는 일정 급여를 깎는 대신 정년까지 고용을 보장해 주는 제도. 사용자 측에서는 인건비 부담을 늘리지 않고 고용을 보장해 줄 수 있는 유일한 방법으로 평가됨.

황혼이혼(elderly couples' divorce) 노년기에 하는 이혼. 1990년대 초반에 생긴 신조어로 일본 경제가 불황에 접어들자 봉급생활자 가운데 퇴직금을 탄 후에 부인으로부터 이혼소송을 제기당하는 경우가 많아졌다는 내용을 한국 언론에서 보도하면서 등장하기 시작함. 협의의 의미에서는 60~70대 이후의 이혼을 말하지만, 광의의 의미에서는 자녀들이 출가하였거나 대학생이 되어 독립할 수 있게 된 후의 이혼을 포함함(브리태니커 백과사전).

생각할 문제

1. 노년기 이혼의 특성과 이에 대한 사회적 대응방안을 모색해 보시오.
2. 노인 자살과 다른 연령층 자살 간의 차이점에 대해 알아보시오.
3. 우리 주변에는 활동적 노인, 건강한 노인을 많이 발견할 수 있다. 이에 반해 치매노인, 만성장애 노인의 수도 늘어나고 있다. 노인인구 내의 다변화는 오늘날 우리 사회의 노인에 대한 인식과 태도에 어떤 영향을 미치고 있는지 생각해 보시오.

참고문헌

김경신, 이선미(2003). 노년기 부부의 갈등과 생활만족도. 대한가정학회지, 41(1), 139-153.

김정진, 박지영, 조홍식(2008). 노인자살 예방을 위한 실천적 정책 수립방안을 위한 연구. 서울: 한국자살예방협회 · 보건복지부.

김종일, 최혜지(2006). 쉽게 쓴 노인복지론. 서울: 청목출판사.

보건복지가족부(2008). 치매종합관리대책.

보건복지가족부(2009). 2009 주요업무참고자료.

선우덕(2008). 한국장기요양보험제도의 실상과 발전적 모색. 한국사회복지학회 2008년 춘계학술대회자료집.

여인숙, 김춘경(2006). 노년기 우울과 죽음불안 감소를 위한 생애회고적 이야기치료 집단프로그램의 효과. 한가정관리학회지, 24(5), 113-128.

이금룡(2005). 한국사회의 노년기 연령규범에 관한 연구. 한국노년학, 26(1), 143-159.

이진희(2008). 죽음과 도덕 교육에 대한 일 연구. 윤리연구, 71, 199-223.

최성재, 장인협(2006). 노인복지학. 서울: 서울대학교출판부.

미디어데일리(2009. 09. 13.). '황혼이혼' 계속 늘어난다.
서울신문(2009. 11. 09.). 98세 부부 '세계 최고령' 황혼이혼.

Harringan, M., & Farmer, R. (2000). The miths and facts of aging. In F. Schneider, N. Kropf, & A. Kisor (Eds.), *Gerontological social work* (2nd ed., pp. 26-64). Pacific Grove, CA: Brooks/Cole.

Levinson, D., Darrow, C., Klein, E., Levinson, M., & Mckee, B. (1974). The psychosocial development of men in elderly edulthood and midlife transition. In D. F. Ricks, A. Thomas, & M. Roff (Eds.), *Life history research in psychopathology*. Minneapolis, MN: University of Minnesota Press.

Sennett, R. (2004). 불평등 사회의 인간존중(유강은 역). 서울: 문예출판사. (원저는 2003년 출간)

Zastrow, C., & Kirst-Ashman, K. K. (2002). 인간행동과 사회환경(김규수, 김인숙, 박미은, 박정위, 설진화, 우국희, 홍선미 공역). 서울: 나눔의 집. (원저는 2001년 5판 출간)

찾아보기

《인 명》

고선강 390
공계순 269
공자 207
구인회 330
권보형 237
권석만 294
권오일 381
권이종 353
권자영 386
권중돈 74, 97, 108, 153, 158, 198, 312, 325, 344, 407,
김경신 449
김광기 417
김동배 74, 97, 108, 153, 158, 198, 312, 321, 325, 344, 407
김락형 237
김민정 341
김민희 390
김상균 211
김수연 237
김승권 238
김연수 386
김연옥 55
김영희 385
김완희 206
김융일 55
김인숙 299
김정휘 232, 234
김종길 411
김종일 431
김춘경 441
김태련 374-376
김혜란 211, 299
김혜래 268, 299, 312
김혜련 299
김혜영 388

남미애 342
노안영 139, 140, 142, 143

도미향 341, 364

문병상 376

박미은 97
박성혜 364
박현선 269
방은령 352
백수희 52
변미희 341
변화순 421

서미경 97
손광훈 227, 229, 248, 291
손기태 390
손병덕 120, 131
손승영 238
손홍숙 238
송명자 194, 196
송하나 194, 196
신영화 268, 299, 312
신은주 299
신호철 231

안기주 236
양옥경 386
어성연 390
여인숙 441
오승환 269
오정수 331
윤영민 52
윤지영 234, 236
윤혜미 268, 271, 299, 312, 320, 321, 326
이근홍 249, 278, 280, 285, 317, 356
이금룡 441
이명자 376, 380
이상균 269
이선미 449
이성균 423
이소희 322, 341, 351
이신모 395
이용교 342, 345
이은경 352
이인재 330
이인정 35, 89, 116, 130, 132, 196, 198, 230
이재연 268
이제마 209
이진희 442
이현수 35
이현주 269
이혜영 330
이혜원 302
이황 204
임병노 52

장성옥 382
장인협 171, 174, 378, 435, 439
장현정 405, 406
장휘숙 375, 379
전석균 97
정선영 385
정옥분 103, 107-109, 375
정익중 331, 341
정태충 52
조경아 415, 421
조명찬 417

조홍식 55, 211, 299
조희금 390

천정웅 345
최경숙 194, 196
최경원 169
최선주 406
최성재 211, 378, 435, 439
최옥채 97, 105, 108, 114, 117, 121
최윤선 237
최일섭 211
최정훈 127, 139, 143
최태훈 381
최해경 35, 89, 116, 130, 132, 196, 198, 230
최혜지 431

한동석 205
한종혜 325
한치근 52
홍봉선 342
홍성태 52
홍충선 52
황숙연 55

Adler, A. 80, 113, 128, 133
Ashford, J. B. 255, 311

Baer, B. L. 26
Bandura, A. 104
Bartlett, H. M. 171
Baumrind, D. 320
Beck, U. 29, 109, 113, 114
Benedict, R. 133
Berk, L. E. 261, 282, 285
Bertalanffy, L. V. 153, 154
Binet, A. 110
Binswanger, L. 141
Bowlby, J. 261
Bronfenbrenner, U. 164
Brüke E. 63
Buber, M. 141
Büher, C. 373

Combs, A. 128
Compton, B. R. 154, 163
Corey, G. 65, 71, 84, 105, 116, 377

Darrow, C. 431

Ellis, A. 109, 116, 117
Erikson, E. H. 63, 73, 75, 262, 312, 407

Farmer, R. 432, 434, 435
Federico, R. C. 26
Frankl, V. 141
Freud, A. 63
Freud, S. 63, 213, 312
Fromm, E. 133

Galaway, B. 154, 163
Gelman, R. 284
Germain, C. B. 169, 170, 172-174, 177, 178, 182
Gibson, W. 51
Gitterman, A. 169, 178, 182
Glaser, W. 114
Goldstein, H. 154
Goldstein, K. 138

Harrigan, M. 432, 434, 435
Havighurst, R. J. 322, 353, 378, 439
Heidegger, M. 141
Horejsi, C. R. 181

Jung, C. G. 85, 213

Kail, R. V. 253, 284, 286-291
Kier-kegaard, S. A. 141
Kim, I. K. 238
Kirst-Ashman, K. K. 37, 42, 46, 317, 318, 322, 324, 373, 376, 392, 404, 408, 411, 438, 442
Klein, E. 431
Kuhn, D. 53

Lazarus, A. 114
LeCroy, C. W. 255, 311
Levinson, D. J. 373, 409, 411, 431
Levinson, M. 431
Lortie, K. L. 255, 311
Lutz, W. 154, 238

Maslow, A. 133, 134, 214
May, R. 141
Mckee, B. 431
Meichenbaum, D. 98
Meyer, C. H. 154, 157, 173
Minahan, A. 154
Moynihan, D. P. 437

Newman, B. M. 412
Newman, P. M. 412
Nietzsche, F. W. 141

Parsons, T. 161
Pavlov, I. 97, 98
Peck, R. C. 408, 438
Perls, F. 138
Piaget, J. 109, 213, 254, 312
Pincus, A. 154

Rank, O. 128
Richmond, M. 89
Rogers, C. R. 128, 129
Rosenhan, D. L. 33

Schriver, J. M. 54
Schulz, D. 78
Schulz, S. E. 78
Seligman, M. E. P. 33
Sennett, R. 437
Sheafer, B. W. 181
Silverman, D. 161
Siporin, M. 154
Skinner, B. E. 101, 103
Skirbekk, V. 238
Sternberg, R. J. 385

Thorndike, E. L. 97
Thurstone, L. L. 317
Tillich, P. 141
Turner, F. J. 146

Wadsworth, B. J. 110, 113
Warren, K. J. 56, 162

Yalom, I. 141

Zastrow, C. 37, 42, 46, 317, 318, 322, 324, 373, 376, 392, 404, 408, 411, 438, 442

《내 용》

가상공간 51, 52
가상적 목표 82
가역성 113
가이아이론 57
가정위탁 270, 332
가족 49, 158
가족 생애주기 444
가족주의 가치관 393
가족형상 83
각인 118
간접흡연 383
감각운동 단계 112
감각운동기 254, 255
감정조절 286
강점이론 55
강화 100, 103
개구기 226
개방체계 154, 155, 169
개인심리학 81
개인적 무의식 86
개인적 우화 350
개인주의 가치관 393
갱년기 405
갱년기 장애 418
거경궁리 204
거시체계 43, 167
격물치지 204
결정성 지능 375
결핍동기 136, 137
결혼 기피 389, 393
결혼 만족도 385
결혼 안정성 385
결혼비용 388
경계 154, 155
경기 불안/침체 394
경제적 의존 437
고령자 고용정책 451
고령자고용촉진기본계획 451
고용 없는 성장 395
고용차별금지법 451
고전적 조건형성 97, 100
고정관념 형성 289
골다공증 433
골밀도 433
공공형(사회공헌형) 452
공동생활가정 361
공유영역 38
공익형 452
공적 노인요양보장체계 454
공중위생법 382
관료조직 175
교사문화 353
교육형 452
구강기 71
구체적 조작기 316
구체적 조작단계 113
국민건강증진법 383
국민건강증진종합계획 383
근면성 대 열등감 77
글로벌 청년리더 양성사업 396
금연정책 383
긍정적 자아개념 형성 386
기관지질환 433
기억 106

낙관론 128
낙인 116
남근기 71
남성 갱년기 405
내담자중심 130
내부 환경 37
내적 본성 134
노년기 431
노년기 부부갈등 449
노년기 부부관계 449
노인 431, 432, 440
노인 맞춤형 일자리사업 450
노인 자살 431, 447, 448, 455
노인 취업 431, 450
노인 치매 452
노인단독가구 454
노인성 치매 445, 455
노인의 4중고 437, 454
노인일자리사업 451, 455
노인자살예방 게이트 키퍼 448
노인장기요양보험법 452, 454
노인차별 제도 450
노화 432, 433, 434, 440
뇌병변장애 265
뇌혈관성 질환 447
다문화가정 아동 327
다문화사회 179
다양성 45
다운증후군 232
다중체계 42
단기보호 서비스 447
단선적 접근 163
대리강화 107
대상영속성 255
대처 39, 174
대처기술 39
대천문 228
도당기 311
도식 110, 114
독립과업 356
동기유발 106
동일시 70
동화 111
등교거부증 318
또래집단 321, 325

리비도 64

만혼 373, 387
맞벌이가족 386
메타동기 137
명예퇴직 420
모델링/모방 105
무망감 115
무역할 437, 454
무의식 65
문화 51, 178
물리적 환경 174, 176
미각 435
미래산업 청년리더 양성사업 396
미숙아 227
미시체계 43, 165
미해결 과제와 회피 140
미혼모 240
미혼부모 359

바빈스키반사 229
반동형성 68
반사운동 229
반응성 386

반응적 행동 101
반항기 366
발달과업 197, 198, 311, 322, 353
발달단계 196, 197, 213, 322
발달이정표 251
변별화 101
변화매개체계 154
보보 인형 연구 104, 105
보상 70
보존 113, 282, 316
복지형 452
부담감 446, 447
부모 되기 386
부모 역할 386, 391
부부갈등 385, 449
부부관계 378
부인 68
부적 강화인 103
부적응행동 33
분류 316
비경제활동 395
비만 380
비정규직 395
비지시적 접근 130
비합리적 신념 117
비혼 373, 387
빈 둥지 시기 437, 454

사망률 447
사이버스페이스 51
사정도구 180
사춘기 344, 366
사회관계망 175
사회관계망 지도 181
사회복지 교육 영역 24
사회복지 교육의 전제 가치 22
사회복지사 체계 48
사회복지실천 28, 89
사회일탈 34
사회적 의존 437
사회적 일자리 451
사회적 자아존중감 320
사회적 지지 447
사회적 참조 260
사회적 환경 174, 175
사회적 힘 44, 105
사회체계 48
사회학습이론 98, 104
사회환경 37
산전후휴가급여 391
산출 154
산후우울증 237
상상의 청중 350
상호결정론 107
상호교류 171
상호의존 40
상호작용 38
상호작용성 169
상황 속의 인간 121, 171
새로마지 플랜 394
샌드위치 세대 414
생리-심리-사회체계 44
생리적 욕구 135
생산성 408
생산성 대 침체 79
생식기 72
생애구조 410
생애사건 45, 444
생애주기 196, 211
생태도 181
생태여성주의 56
생활 모델 182
생활양식 82, 113
생활주기 197
선천적 지능 375
성 인지적 관점 364
성격 30, 31
성격 변화 436
성격 형성 요인 31
성년 전환기 373
성년 절정기 373
성년기 436
성년기 진입기 373
성년의 날 374
성인 자살 448
성인기 383
성인병 416
성장급등기 344, 366
성장동기 136, 137
성장집단 160
성장통 313
성찰적 근대성 29
소가족화 386, 452
소멸 100, 104
소외감 442
소천문 229
소화기능 433
수발자 447
수업문화 353
수용성 386
수정 222
순수 알코올 소비량 381
숨겨진 희생자 446
슈퍼우먼 콤플렉스 378
스키너 상자 103
스타트 프로그램 301
스트레스 173, 446
승화 69
시각기능 435
시간 174, 177
시간체계 168
시소와 그네 사업 303
시장참여형 452
시장형 452
신경성 식욕부진증 345
신경성 폭식증 345
신경증적 불안 67
신념체계 119
신뢰감 대 불신감 76, 262
신생아기 221, 227
신체 몰두 438
신체 초월 438, 455
신체적 노화 441
신체적 의존 437
신체적 자아존중감 320
신혼기 부부 449
신혼기 부부갈등 391
신혼기간 391
실업자 395
실존적 불안 143
실존주의 127, 128
심뇌혈관 질환 383
심리사회적 발달단계 75
심리사회적 유예 354
심리적 이유기 344, 366
심장질환 다음 447

아동기 311
아동인권보호조례 366
아동학대 297
아버지 출산휴가제 391
안전의 욕구 135
안정 상태 154, 156
알츠하이머 치매 445

암 447
애정과 소속의 욕구 135
애착이론 261
양육태도 265, 320
억압 68
엔트로피 155
엘렉트라 콤플렉스 72, 90
여성 노동시장 참여율 390
역량강화 55, 121
역할수행 방법 437
연대기적 연령 431
연속성 113, 316
열등감 82
영유아보육법 268
오이디푸스 콤플렉스 71, 90
외부 환경 37
외부체계 158, 166
요실금 433
욕구위계이론 133
우울 431, 442
우울증 435, 436, 442
우월 82
운동재생 106
원초아 74
원형 86
위계 154, 155
위스타트 302
위험사회 29
유동성 지능 375
유아기 277
음양오행 205
음주 380
의사소통장애 294
의존기 437
의존성 436
이상행동 33
이차집단 160
이혼 418
인간발달 193
인간발달의 원리 196
인간본성 139
인간우월주의 29
인간중심 치료 129
인공유산 236
인공환경 37, 176
인구대체율 392
인력파견형 452
인본주의 127
인지발달 315
인지삼제 115
인지이론 108
인지적 행동치료 98
인지치료 116
일반적 인간발달 영역 194
일반체계이론 154
일차집단 160
임금 피크제 422, 455
임신 1단계 222
임신 2단계 224
임신 3단계 225
임신 초기 223
임파워먼트 363
임포텐스 434
입양 270

자각과 책임감 140
자궁구 226
자극일반화 100
자기 몰두 439
자기 분화 438
자기 초월 439
자기대화 117
자기조절 능력 376
자기통제력 290
자기효능감 108
자살률 447, 448
자살행동 448
자아 74, 86
자아개념 287, 319, 324, 376
자아방어기제 67
자아실현 131
자아실현의 욕구 136
자아심리이론 74
자아이상 67
자아정체감 354, 376, 438, 444
자아존중감 288
자아존중감의 욕구 136
자아중심성 350
자아통제 75
자아통합 442
자아통합 대 절망 79
자연적 환경 176
자유연상 64
자율성 대 수치심과 의심 76, 263
자폐장애 296
잠복기 72, 311
장기요양보호 431, 452, 454
장년기 403
재가봉사원 서비스 447
저출산 238, 373, 392, 393
저출산 고령사회 451
저출산고령사회기본계획 390
적응 39, 110, 173
적응적 적합성 164, 172
전의식 65
전조작기 281
전조작단계 112
전체론적 관점 129
전치 69
점성원리 75
정년제 450, 451
정상과학 53
정서발달지수 318
정서적 빈곤성 409
정서적 유연성 409
정서적 의존 437
정신기능 435, 436
정신분석학 127
정신역동 63
정신장애 34
정신적 경직성 409
정신적 노화 441
정적 강화인 103
정체감 대 정체감 혼란 78
정체감 혼란 354
정체성 성취 355
정체성 혼란 367
제2의 전환기 403
제3의 연령 432
제4의 연령 432
조건반사 99, 100
조건형성 99
조기 진단 383
조기 퇴직 420
조력자 386
조작 281
조작적 조건형성 103
조작적 행동 102
조절 111
조직 49, 160
조직이론 168
조직체계 47
조직체계와 제도적 가치체계 47
조직화 110

주간보호 서비스 447
주관적 부담 447
주도성 대 죄의식 77, 293
주도적 학습자 377
주변인 344, 366
주의 106
주의력결핍 과잉행동장애 295
죽음 143, 144, 441
죽음교육 441
죽음불안 431, 441
중간체계 43, 165
중고령층 395
중년기 431
중년기 부부 449
중심화 282
지각주의 127
지금-여기 129, 140
지능 375, 436
지능검사 317
지역사회 50, 162
지역사회이론 168
지위 437
지적장애 264
직업 상실 444
직업 역할 몰두 438
직업관리 415
직업능력개발 396
직업전환 384
직접강화 107
질풍노도 344
집단 49, 160
집단무의식 86
집단의 역동성 160

창업모델형 452
처벌 104
처벌인 104
청년 실업 373
청년 취업지원 396
청년고용 촉진대책 396
청년기 373, 375, 377, 393, 394
청년기 발달과업 373, 379
청년기 발달과업 이론 378
청년기의 심리적 발달 376
청년인턴제 396
청년창업지원사업 396
청년취업(고용)장려금제 396
청력 434, 435
청소년 자살 448
청소년기 341
체계영향 모델 45
체계이론 153, 157
초경 346
초저출산 사회 392
초혼연령 387
촉각 435
최고령 노인 432
출산 226
출산율 390, 392
출산율 저하 446
출생순위 84
취업여성 증가 446
치료적 관계 147
치료집단 160
치매 445
치매노인 431, 445, 446
친밀감 376, 385
친밀감 대 소외 78
침체 408

콤플렉스 86
클라이언트 146
클라이언트 체계 46, 154
클라인펠터증후군 231

태아 221, 224
태아기 221
터너증후군 231
테스토스테론 434
통각 435
통과의례 341
퇴직 431, 437, 454
퇴행 70
투사 69
투입 154
티칭머신 101

파악반사 229
패러다임 53
페르소나 87
평균 초혼연령 387
평균수명 432, 437, 444
평균정년 444
평균흡연율 382
평형화 111
폐경 405, 433
폐경기 434
폐경기증후군 405
폐쇄체계 154, 155, 169
폐활량 433
표적체계 154

하위문화 179
학교문화 352
학동기 311
학생문화 353
학생인권 364, 365
학생인권조례 364
학습능력 436
학습이론 97
학업적 자아존중감 319
한부모가족지원법 240
합계출산율 392
합리적 신념 117
합리적 정서행동치료 118
합리화 69
항문기 71
항상성 154, 156, 169
핵가족 확산 446
핵가족화 386
행동주의 127
행동체계 154
현상학 128, 138
형식적 조작기 316
형식적 조작단계 113
형식적 조작사고 350
형태주의 138
호흡기 질환 433
호흡기능 433
혼돈이론 56
환경 속의 인간 21, 28, 41, 90, 153, 200
환류 154, 157
황혼이혼 431, 449, 455
후각 435
후산기 226
후천적 지능 375
훈육자 386
훌륭한 삶 131
흡연 380
흡연율 381
히스테리 증상 64

저자소개

조홍식 서울대학교 사회복지학과 교수
김혜례 꽃동네현도사회복지대학교 사회복지학과 교수
신은주 평택대학교 사회복지학과 교수
우국희 서울기독대학교 사회복지과 교수
오승환 울산대학교 사회복지전공 교수
성정현 협성대학교 사회복지학과 교수
이지수 군산대학교 사회복지학과 교수

인간행동과 사회환경

2010년 9월 15일 1판 1쇄 발행
2023년 1월 20일 1판 19쇄 발행

지은이 • 조홍식 · 김혜래 · 신은주 · 우국희 · 오승환 · 성정현 · 이지수
펴낸이 • 김 진 환
펴낸곳 • (주) 학지사
04031 서울특별시 마포구 양화로 15길 20 마인드월드빌딩 5층
대표전화 • 02) 330-5114 팩스 • 02) 324-2345
등록번호 • 제313-2006-000265호
홈페이지 • http://www.hakjisa.co.kr
페이스북 • https://www.facebook.com/hakjisabook

ISBN 978-89-6330-524-0 93330

정가 19,000원